한국주택 금융공사

NCS + 전공 + 최종점검 모의고사 5회

SD에듀
(주)시대고시기획

2024 최신판 SD에듀 한국주택금융공사
NCS + 전공 + 최종점검 모의고사 5회 + 무료NCS특강

Always **with you**

사람의 인연은 길에서 우연하게 만나거나 함께 살아가는 것만을 의미하지는 않습니다.
책을 펴내는 출판사와 그 책을 읽는 독자의 만남도 소중한 인연입니다.
SD에듀는 항상 독자의 마음을 헤아리기 위해 노력하고 있습니다. 늘 독자와 함께하겠습니다.

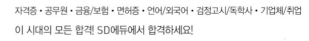

국민의 주거행복을 책임지는 지속가능 주택금융의 선도기관인 한국주택금융공사는 2024년에 신입직원을 채용할 예정이다. 한국주택금융공사의 채용절차는 「입사지원서 접수 ➡ 서류전형 ➡ 필기전형 ➡ 면접 참고자료 ➡ 1차 면접전형 ➡ 2차 면접전형 ➡ 임용」 순서로 이루어지며, 필기전형은 직업기초능력평가와 전공으로 진행한다. 직업기초능력평가는 의사소통능력, 수리능력, 문제해결능력을 평가하며, 전공은 행정직의 경우 경영, 경제 중 선택하여 평가한다. 또한, 필기전형 고득점자 순으로 채용예정인원의 4~6배수를 선발하여 면접전형을 진행하므로 필기전형에 대비하기 위해 다양한 유형에 대한 폭넓은 학습과 문제풀이능력을 높이는 등 철저한 준비가 필요하다.

한국주택금융공사 필기전형 합격을 위해 SD에듀에서는 NCS 도서 시리즈 누적 판매량 1위의 출간 경험을 토대로 다음과 같은 특징을 가진 도서를 출간하였다.

도서의 특징

❶ 기출복원문제를 통한 출제 유형 확인!
- 2023년 주요 공기업 NCS 기출문제를 복원하여 공기업별 NCS 필기 유형을 파악할 수 있도록 하였다.
- 2023년 주요 공기업 전공 기출문제를 복원하여 공기업별 전공 출제경향을 파악할 수 있도록 하였다.

❷ 한국주택금융공사 필기전형 출제 영역 맞춤 문제를 통한 실력 상승!
- 직업기초능력평가 출제유형분석&실전예제를 수록하여 유형별로 대비할 수 있도록 하였다.
- 전공(경영ㆍ경제) 적중예상문제를 수록하여 필기전형에 완벽히 대비할 수 있도록 하였다.

❸ 최종점검 모의고사를 통한 완벽한 실전 대비!
- 철저한 분석을 통해 실제 유형과 유사한 최종점검 모의고사를 수록하여 자신의 실력을 점검할 수 있도록 하였다.

❹ 다양한 콘텐츠로 최종 합격까지!
- 한국주택금융공사 채용 가이드와 면접 기출질문을 수록하여 채용을 준비하는 데 부족함이 없도록 하였다.
- 온라인 모의고사와 AI면접 응시 쿠폰을 무료로 제공하여 채용 전반에 대비할 수 있도록 하였다.

끝으로 본 도서를 통해 한국주택금융공사 채용을 준비하는 모든 수험생 여러분이 합격의 기쁨을 누리기를 진심으로 기원한다.

SDC(Sidae Data Center) 씀

미션

> 주택금융의 장기적·안정적 공급을 통해
> _____ 국민 복지 증진과 국민 경제 발전에 기여

비전

> 국민의 주거행복을 책임지는 지속가능 주택금융의 선도기관

핵심가치

공익성　　　전문성　　　신뢰성

⟳ 전략목표 및 전략과제

생애주기 맞춤형 주택금융 고도화	▶	• 무주택 국민 주거안정 지원 강화 • 실수요자 내집 마련 금융지원 확대 • 안정적 노후소득 보장체계 강화
미래지향 주택금융 인프라 강화	▶	• 디지털 혁신 기반 주택금융 선도 • 글로벌 금융시장 선도적 역할 수행 • 미래금융 전문역량 축적 강화
지속가능 책임경영 실현	▶	• ESG 경영 기반 주택금융 활성화 • 민간혁신성장 및 지역사회 상생생태계 확대 • 안전 및 청렴 기반 책임경영 확립
효율적 혁신경영 기반 강화	▶	• 재무건전성 및 선제적 리스크 관리 강화 • 업무효율화 및 규제개혁 실현 • 국민중심 소통과 참여문화 확산

⟳ 인재상

창조인	▶	• 창의적으로 사고하고 능동적으로 행동하는 사람 • 유연한 사고를 바탕으로 혁신을 선도하는 사람 • 끊임없는 도전으로 미래를 개척하는 사람
전문인	▶	• 적극적인 자기개발을 통해 최고를 추구하는 사람 • 국제사회에서 통용될 수 있는 경쟁력을 갖춘 사람 • 자기분야의 전문성을 갖추기 위해 꾸준히 노력하는 사람 • 호기심과 도전의식을 가지고 끊임없이 학습하는 사람
화합인	▶	• 건전한 가치관과 도덕을 가지고 인류, 국가, 사회, 고객의 발전을 위해 봉사할 수 있는 사람 • 집단 및 개인 이기주의를 버리고 진정한 동료애를 발휘할 줄 아는 사람

신입 채용 안내 INFORMATION

지원자격(공통)

❶ 학력 · 연령 · 성별 등 : 제한 없음

　　※ 단, 접수마감일 기준 공사 정년(만 60세)을 초과한 자는 지원 불가

❷ 임용일 즉시 근무 가능한 자(입사 유예 불가)

❸ 한국주택금융공사 「채용세칙」 제16조(채용금지자)에 해당하는 경우 지원 불가

필기전형

구분	시험과목	출제내용	평가내용	
행정	직무능력평가	직업기초능력평가 (30문항, 30점)	의사소통능력, 수리능력, 문제해결능력	
		전공 객관식 (60문항, 70점)	경영	경영학, 재무관리, 회계학
			경제	미시 · 거시경제학, 국제경제학, 화폐금융론

면접전형

구분	면접유형	내용	주요 검증역량
1차 면접	PT면접	전공 주제에 대한 발표 및 질의응답	전공 지식, 논리력, 기획 · 발표력 등
	심층면접	직무능력 검증을 위한 입사지원서 기반 질의응답 등	공사이해도, 직무능력 등
2차 면접	인성면접	창의성, 적극성, 인성 등	

❖ 위 채용 안내는 2023년 채용공고를 기준으로 작성하였으므로 세부사항은 확정된 채용공고를 확인하기 바랍니다.

총평

한국주택금융공사 필기전형은 피듈형으로 출제되었으며, 직업기초능력평가의 난이도는 평이하였으나, 전공의 난이도가 높았다는 후기가 많았다. 직업기초능력평가의 경우 수리능력에서는 응용 수리 문제가 많이 출제되었으며, 문제해결능력에서 명제 추론 문제가 출제되었다. 또한, 전공의 경우 다양한 계산 문제가 출제되었으므로 주어진 시간에 맞춰 문제를 푸는 연습을 해야 한다.

의사소통능력

출제 특징	• 경청 및 의사표현 문제가 출제됨 • 맞춤법 문제가 출제됨
출제 키워드	• 비트코인, 자외선 차단 등

수리능력

출제 특징	• 도형 문제가 출제됨 • 표준편차 문제가 출제됨
출제 키워드	• 소금물, 복리 계산, 피보나치 수열 등

문제해결능력

출제 특징	• 명제 추론 문제가 출제됨
출제 키워드	• 표, 3C, SWOT 등

경영

출제 키워드	• 손실함수, 유니온 숍, 감가상각비, 환율, 옵션, 재무제표 등

경제

출제 키워드	• 조세 계산, 내생적 경제성장, 탄력성, 대체효과 등

NCS 문제 유형 소개 NCS TYPES

PSAT형

※ 다음은 K공단의 국내 출장비 지급 기준에 대한 자료이다. 이어지는 질문에 답하시오. **[15~16]**

〈국내 출장비 지급 기준〉

① 근무지로부터 편도 100km 미만의 출장은 공단 차량 이용을 원칙으로 하며, 다음 각호에 따라 "별표 1"에 해당하는 여비를 지급한다.
   ㉠ 일비
      ⓐ 근무시간 4시간 이상 : 전액
      ⓑ 근무시간 4시간 미만 : 1일분의 2분의 1
   ㉡ 식비 : 명령권자가 근무시간이 모두 소요되는 1일 출장으로 인정한 경우에는 1일분의 3분의 1 범위 내에서 지급
   ㉢ 숙박비 : 편도 50km 이상의 출장 중 출장일수가 2일 이상으로 숙박이 필요할 경우, 증빙자료 제출 시 숙박비 지급
② 제1항에도 불구하고 공단 차량을 이용할 수 없어 개인 소유 차량으로 업무를 수행한 경우에는 일비를 지급하지 않고 이사장이 따로 정하는 바에 따라 교통비를 지급한다.
③ 근무지로부터 100km 이상의 출장은 "별표 1"에 따라 교통비 및 일비는 전액을, 식비는 1일분의 3분의 2 해당액을 지급한다. 다만, 업무 형편상 숙박이 필요하다고 인정할 경우에는 출장기간에 대하여 숙박비, 일비, 식비 전액을 지급할 수 있다.

〈별표 1〉

구분	교통비				일비 (1일)	숙박비 (1박)	식비 (1일)
	철도임	선임	항공임	자동차임			
임원 및 본부장	1등급	1등급	실비	실비	30,000원	실비	45,000원
1, 2급 부서장	1등급	2등급	실비	실비	25,000원	실비	35,000원
2, 3, 4급 부장	1등급	2등급	실비	실비	20,000원	실비	30,000원
4급 이하 팀원	2등급	2등급	실비	실비	20,000원	실비	30,000원

1. 교통비는 실비를 기준으로 하되, 실비 정산은 국토해양부장관 또는 특별시장·광역시장·도지사·특별자치도지사 등이 인허한 요금을 기준으로 한다.
2. 선임 구분표 중 1등급 해당자는 특별, 2등급 해당자는 1등을 적용한다.
3. 철도임 구분표 중 1등급은 고속철도 특실, 2등급은 고속철도 일반실을 적용한다.
4. 임원 및 본부장의 식비가 위 정액을 초과하였을 경우 실비를 지급할 수 있다.
5. 운임 및 숙박비의 할인이 가능한 경우에는 할인 요금으로 지급한다.
6. 자동차임 실비 지급은 연료비와 실제 통행료를 지급한다.
   (연료비)=[여행거리(km)]×(유가)÷(연비)
7. 임원 및 본부장을 제외한 직원의 숙박비는 70,000원을 한도로 실비를 정산할 수 있다.

특징 ▶ 대부분 의사소통능력, 수리능력, 문제해결능력을 중심으로 출제(일부 기업의 경우 자원관리능력, 조직이해능력을 출제)
▶ 자료에 대한 추론 및 해석 능력을 요구

대행사 ▶ 엑스퍼트컨설팅, 커리어넷, 테드솔루션, 한국행동과학연구소(행과연), 휴노 등

모듈형

| 대인관계능력

60 다음 자료는 갈등해결을 위한 6단계 프로세스이다. 3단계에 해당하는 대화의 예로 가장 적절한 것은?

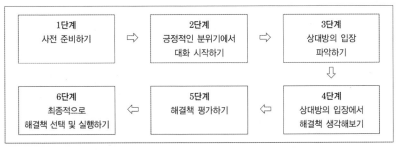

1단계	2단계	3단계
사전 준비하기	긍정적인 분위기에서 대화 시작하기	상대방의 입장 파악하기

6단계	5단계	4단계
최종적으로 해결책 선택 및 실행하기	해결책 평가하기	상대방의 입장에서 해결책 생각해보기

① 그럼 A씨의 생각대로 진행해 보시죠.

특징
▶ 이론 및 개념을 활용하여 푸는 유형
▶ 채용 기업 및 직무에 따라 NCS 직업기초능력평가 10개 영역 중 선발하여 출제
▶ 기업의 특성을 고려한 직무 관련 문제를 출제
▶ 주어진 상황에 대한 판단 및 이론 적용을 요구

대행사 ▶ 인트로맨, 휴스테이션, ORP연구소 등

피듈형(PSAT형 + 모듈형)

| 문제해결능력

60 P회사는 직원 20명에게 나눠 줄 추석 선물 품목을 조사하였다. 다음은 유통업체별 품목 가격과 직원들의 품목 선호도를 나타낸 자료이다. 이를 참고하여 P회사에서 구매하는 물품과 업체를 바르게 연결한 것은?

〈업체별 품목 금액〉

구분		1세트당 가격	혜택
A업체	돼지고기	37,000원	10세트 이상 주문 시 배송 무료
	건어물	25,000원	
B업체	소고기	62,000원	20세트 주문 시 10% 할인
	참치	31,000원	
C업체	스팸	47,000원	50만 원 이상 주문 시 배송 무료
	김	15,000원	

〈구성원 품목 선호도〉

특징
▶ 기초 및 응용 모듈을 구분하여 푸는 유형
▶ 기초인지모듈과 응용업무모듈로 구분하여 출제
▶ PSAT형보다 난도가 낮은 편
▶ 유형이 정형화되어 있고, 유사한 유형의 문제를 세트로 출제

대행사 ▶ 사람인, 스카우트, 인크루트, 커리어케어, 트리피, 한국사회능력개발원 등

주요 공기업 적중 문제 TEST CHECK

브레인스토밍 ▶ 키워드

※ 다음 글에서 설명하는 의사결정 방법으로 가장 적절한 것을 고르시오. [13~14]

13

> 조직에서 의사결정을 하는 대표적인 방법으로 여러 명이 한 가지 문제를 놓고 아이디어를 비판 없이 제시하여 그중에서 최선책을 찾아내는 방법이다. 다른 사람이 아이디어를 제시할 때 비판하지 않고, 아이디어를 최대한 많이 공유하고 이를 결합하여 해결책을 마련하게 된다.

① 만장일치
② 다수결
③ 브레인스토밍
④ 의사결정나무
⑤ 델파이 기법

참 거짓 ▶ 유형

13 제시된 〈조건〉을 바탕으로 〈보기〉 중 항상 참이 되는 것은?

조건
• 사각 테이블에 사장과 A, B, C부서의 임원이 2명씩 앉아 있다.
• 사장은 사각 테이블의 어느 한 면에 혼자 앉아 있다.
• A부서의 임원들은 나란히 앉아 있다.
• C부서의 임원은 서로 마주보고 있으며, 그중 한 임원은 B부서의 임원 사이에 있다.
• 사각 테이블의 한 면에는 최대 4명이 앉을 수 있다.

보기
A : C부서의 한 임원은 어느 한 면에 혼자 앉아 있다.
B : 테이블의 어느 한 면은 항상 비어있다.

① A만 옳다.
② B만 옳다.
③ A, B 모두 옳다.
④ A, B 모두 틀리다.
⑤ A, B 모두 옳은지 틀린지 판단할 수 없다.

HUG 주택도시보증공사

손익 계산 ▶ 키워드

29 다음은 H회사에서 공개한 2021년 구분 손익계산서이다. 자료에 대한 설명으로 옳은 것은?

〈2021년 구분 손익계산서〉

(단위 : 억 원)

| 구분 | 합계 | 손실보전대상사업 | | | | | 토지은행사업 | 일반사업 |
		공공주택(보금자리)	산업단지개발	주택관리사업	행정중심복합도시	혁신도시개발		
매출액	180,338	68,245	7,349	13,042	6,550	2,617	2,486	80,049
매출원가	146,978	55,230	4,436	22,890	3,421	1,846	2,327	56,828
매출총이익	33,360	13,015	2,913	−9,848	3,129	771	159	23,221
판매비와 관리비	7,224	2,764	295	1,789	153	7	60	2,156
영업이익	26,136	10,251	2,618	−11,637	2,976	764	99	21,065
기타수익	9,547	296	77	96	56	133	0	8,889
기타비용	3,451	68	5	1	1	11	1	3,364
기타이익(손실)	−60	−7	0	0	0	−3	0	−50
금융수익	2,680	311	18	0	112	13	0	2,226
금융원가	6,923	−2,610	487	6,584	585	−7	57	1,827
지분법적용관계기업이익(손실)	33	0	0	0	0	0	0	33
법인세비용								

건축물 ▶ 키워드

10 다음 상황에 근거할 때, 〈보기〉에서 옳은 것을 모두 고르면?

〈상황〉

• A건설회사가 신축하고 있는 건물의 예상되는 친환경 건축물 평가점수는 63점이고 에너지효율은 3등급이다.
• 친환경 건축물 평가점수를 1점 높이기 위해서는 1,000만 원, 에너지효율을 한 등급 높이기 위해서는 2,000만 원의 추가 투자비용이 든다.
• 신축 건물의 감면 전 취·등록세 예상액은 총 20억 원이다.
• A건설회사는 경제적 이익을 극대화하고자 한다.
※ 경제적 이익 또는 손실 : (취·등록세 감면액)−(추가 투자액)
※ 기타 비용과 이익은 고려하지 않는다.

보기

ㄱ. 추가 투자함으로써 경제적 이익을 얻을 수 있는 최소 투자금액은 1억 1,000만 원이다.
ㄴ. 친환경 건축물 우수 등급, 에너지효율 1등급을 받기 위해 추가 투자할 경우 경제적 이익이 가장 크다.
ㄷ. 에너지효율 2등급을 받기 위해 추가 투자하는 것이 3등급을 받는 것보다 A건설회사에 경제적으로 더 이익이다.

① ㄱ
② ㄷ
③ ㄱ, ㄴ
④ ㄴ, ㄷ
⑤ ㄱ, ㄴ, ㄷ

주요 공기업 적중 문제 TEST CHECK

금융감독원

07 다음 제시된 단락을 읽고, 이어질 내용을 논리적 순서대로 바르게 나열한 것은?

> 우리는 자본주의 체제에서 살고 있다. '우리는 자본주의라는 체제의 종말보다 세계의 종말을 상상하는 것이 더 쉬운 시대에 살고 있다.'고 할 만큼 현재 세계는 자본주의의 논리 아래에 굴러가고 있다. 이러한 자본주의는 어떻게 발생하였을까?

> (가) 그러나 1920년대에 몰아친 세계 대공황은 자본주의가 완벽하지 않은 체제이며 수정이 필요함을 모든 사람에게 각인시켜줬다. 학문적으로 보자면 대표적으로 존 메이너드 케인스의 『고용・이자 및 화폐에 관한 일반이론』 등의 저작을 통해 수정자본주의가 피해졌다.
>
> (나) 애덤 스미스로부터 학문화된 자본주의는 데이비드 리카도의 비교우위론 등의 이론을 포섭해 나가며 자신의 영역을 공고히 했다. 자본의 폐해에 대한 마르크스 등의 경고가 있었지만, 자본주의는 그 위세를 계속 떨칠 것 같이 보였다.
>
> (다) 1950년대에는 중산층의 신화가 이루어지면서 수정자본주의 체제는 영원할 것 같이 보였지만, 오일 쇼크 등으로 인해서 수정자본주의 또한 그 한계를 보이게 되었고, 빈 학파로부터 파생된 신자유주의 이론이 가미되기 시작하였다.
>
> (라) 자본주의의 시작이라 하면 대부분 애덤 스미스의 『국부론』을 떠올리겠지만, 역사학자인 페르낭 브로델에 의하면 자본주의는 16세기 이탈리아에서부터 시작된 것이라고 한다. 이를 학문적으로 정립한 최초의 저작이 『국부론』이다.

① (나) – (라) – (다) – (가)
② (나) – (라) – (가) – (다)
③ (라) – (나) – (다) – (가)
④ (라) – (나) – (가) – (다)

75 A ~ E 5명이 다음 〈조건〉에 따라 일렬로 나란히 자리에 앉는다고 할 때, 바르게 추론한 것은?

> **조건**
> • 자리의 순서는 왼쪽을 기준으로 첫 번째 자리로 한다.
> • D는 A의 바로 왼쪽에 있다.
> • B와 D 사이에 C가 있다.
> • A는 마지막 자리가 아니다.
> • A와 B 사이에 C가 있다.
> • B는 E의 바로 오른쪽에 앉는다.

① D는 두 번째에 앉을 수 있다.
② E는 네 번째 자리에 앉을 수 있다.
③ C는 두 번째 자리에 앉을 수 있다.
④ C는 E의 오른쪽에 앉을 수 있다.

신용보증기금

공정 관리 ▶ 유형

16 다음은 도서에 부여되는 ISBN의 끝자리 숫자를 생성하는 과정을 나타낸 자료이다. 최종 결괏값 (가)로 옳은 것은?

ISBN 978-89-9235-778-[가]

- 과정 1 : ISBN의 '－'을 제외한 12개 숫자의 홀수 번째에는 1을, 짝수 번째에는 3을 곱한 후 그 값들을 모두 더한다.
- 과정 2 : 과정 1에서 구한 값을 10으로 나누어 나머지를 얻는다(단, 나머지가 0인 경우 과정 3은 생략한다).
- 과정 3 : 과정 2에서 얻은 나머지를 2로 나눈다.

① 0
② 1
③ 2
④ 3
⑤ 4

기술보증기금

경청 ▶ 유형

03 다음 중 경청하는 태도로 적절하지 않은 것은?

김사원 : 직원교육시간이요. 조금 귀찮기는 하지만 다양한 주제에 대해서 들을 수 있어서 좋은 것 같아요.
한사원 : 그렇죠? 이번 주 강의도 전 꽤 마음에 들더라고요. 그러고 보면 어떻게 하면 말을 잘 할지 는 생각해볼 수 있지만 잘 듣는 방법에는 소홀하기 쉬운 것 같아요.
김사원 : 맞아요. 잘 듣는 것이 대화에서 큰 의미를 가지는데도 그렇죠. 오늘 강의에서 들은 내용대 로 노력하면 상대방이 전달하는 메시지를 제대로 이해하는 데 문제가 없을 것 같아요.

① 상대방의 이야기를 들으면서 동시에 그 내용을 머릿속으로 정리한다.
② 선입견이 개입되면 안 되기 때문에 나의 경험은 이야기와 연결 짓지 않는다.
③ 상대방의 이야기를 들을 때 상대가 다음에 무슨 말을 할지 예상해본다.
④ 이야기를 듣기만 하는 것이 아니라 대화 내용에 대해 적극적으로 질문한다.
⑤ 내용뿐만 아니라 말하는 사람의 모든 것에 집중해서 듣는다.

도서 200% 활용하기 STRUCTURES

1 기출복원문제로 출제경향 파악

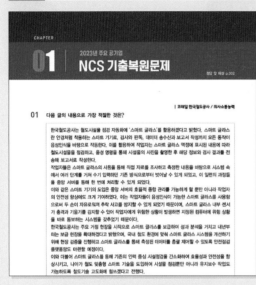

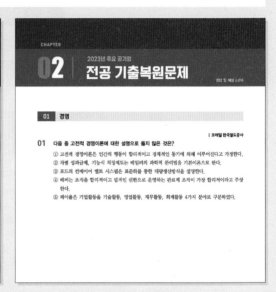

▶ 2023년 주요 공기업 NCS 기출문제를 복원하여 공기업별 NCS 필기 유형을 파악할 수 있도록 하였다.

▶ 2023년 주요 공기업 전공 기출문제를 복원하여 공기업별 전공 출제경향을 파악할 수 있도록 하였다.

2 출제유형분석 + 유형별 실전예제로 필기전형 완벽 대비

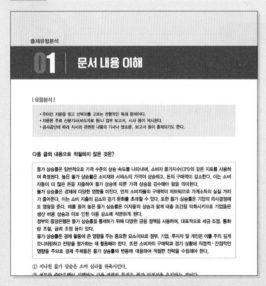

▶ NCS 출제 영역에 대한 출제유형분석과 유형별 실전예제를 수록하여 NCS 문제에 대한 접근 전략을 익히고 점검할 수 있도록 하였다.

▶ 전공(경영·경제) 적중예상문제를 수록하여 전공까지 효과적으로 학습할 수 있도록 하였다.

3 최종점검 모의고사 + OMR을 활용한 실전 연습

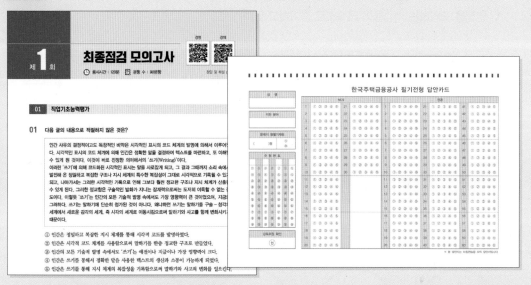

▶ 최종점검 모의고사와 OMR 답안카드를 수록하여 실제로 시험을 보는 것처럼 최종 마무리 연습을 할 수 있도록 하였다.
▶ 모바일 OMR 답안채점/성적분석 서비스를 통해 필기전형에 대비할 수 있도록 하였다.

4 인성검사부터 면접까지 한 권으로 최종 마무리

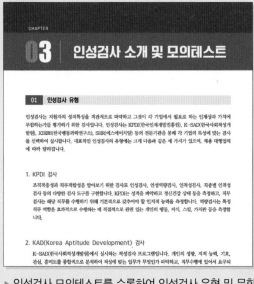

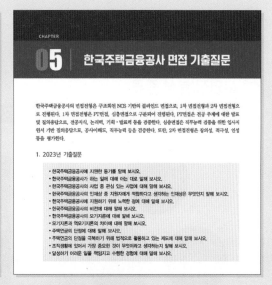

▶ 인성검사 모의테스트를 수록하여 인성검사 유형 및 문항을 확인할 수 있도록 하였다.
▶ 한국주택금융공사 면접 기출질문을 통해 실제 면접에서 나오는 질문을 미리 파악하고 연습할 수 있도록 하였다.

AI면접 소개 AI INTERVIEW

소개

▸ AI면접전형은 '공정성'과 '객관적 평가'를 면접과정에 도입하기 위한 수단으로, 최근 채용과정에 AI 면접을 도입하는 기업들이 급속도로 증가하고 있다.

▸ AI기반의 평가는 서류전형 또는 면접전형에서 활용된다. 서류전형에서는 AI가 모든 지원자의 자기 소개서를 1차적으로 스크리닝한 후, 통과된 자기소개서를 인사담당자가 다시 평가하는 방식으로 활용되고 있다. 또한 면접전형에서는 서류전형과 함께, 또는 면접 절차를 대신하여 AI면접의 활용을 통해 지원자의 전반적인 능력을 종합적으로 판단하여 채용에 도움을 준다.

AI면접 프로세스

서류전형 ▸ 필기전형 ▸ 1차 면접 (AI면접 포함) ▸ 2차 면접 ▸ 입사

AI면접 분석 종류

자기분석 — 기본면접 / 상황면접 / 인성검사

뇌과학분석 — 게이미피케이션

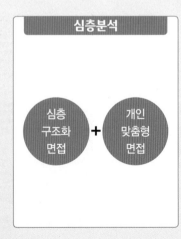

심층분석 — 심층 구조화 면접 + 개인 맞춤형 면접

AI면접 진행과정 AI INTERVIEW

AI면접 정의
뇌신경과학 기반의 인공지능 면접

소요시간
60분 내외(1인)

진행순서
❶ 웹캠/음성체크　　　　　　❷ 안면 등록
❸ 기본 질문　　　　　　　　❹ 탐색 질문
❺ 상황 질문　　　　　　　　❻ 뇌과학게임
❼ 심층/구조화 질문　　　　　❽ 종합평가

▸ 뇌과학게임 : 게임 형식의 AI면접을 통해 지원자의 성과 역량, 성장 가능성 분석
▸ 기본 질문, 상황 질문, 탐색 질문을 통해 지원자의 강점, 약점을 분석하여 심층/구조화 질문 제시

| 기본적인 질문 및
상황 질문 | 지원자의 특성을
분석하기 위한 질문 | 지원자의 강점 /
약점 실시간 분석 | 심층 / 구조화 질문 |

평가요소
종합 코멘트, 주요 및 세부 역량 점수, 응답신뢰 가능성 등을 분석하여 종합평가 점수 도출

❶ 성과능력지수	스스로 성과를 내고 지속적으로 성장하기 위해 갖춰야 하는 성과 지향적 태도 및 실행력
❷ 조직적합지수	조직에 적응하고 구성원들과 시너지를 내기 위해 갖춰야 하는 심리적 안정성
❸ 관계역량지수	타인과의 관계를 좋게 유지하기 위해 갖춰야 하는 고객지향적 태도 및 감정 파악 능력
❹ 호감지수	대면 상황에서 자신의 감정과 의사를 적절하게 전달할 수 있는 소통 능력

AI면접 준비 AI INTERVIEW

면접 환경 점검

Windows 7 이상 OS에 최적화되어 있다. 웹카메라와 헤드셋(또는 이어폰과 마이크)은 필수 준비물이며, 크롬 브라우저도 미리 설치해 놓는 것이 좋다. 또한, 주변 정리정돈과 복장을 깔끔하게 해야 한다.

이미지

AI면접은 동영상으로 녹화되므로 지원자의 표정이나 자세, 태도 등에서 나오는 전체적인 이미지가 상당히 중요하다. 특히, '상황 제시형 질문'에서는 실제로 대화하듯이 답변해야 하므로 표정과 제스처의 중요성은 더더욱 커진다. 그러므로 자연스럽고 부드러운 표정과 정확한 발음은 기본이자 필수요소이다.

▸ 시선 처리 : 눈동자가 위나 아래로 향하는 것은 피해야 한다. 대면면접의 경우 아이컨택(Eye Contact)이 가능하기 때문에 대화의 흐름상 눈동자가 자연스럽게 움직일 수 있지만, AI면접에서는 카메라를 보고 답변하기 때문에 다른 곳을 응시하거나 시선이 분산되는 경우에는 불안감으로 눈빛이 흔들린다고 평가될 수 있다. 따라서 카메라 렌즈 혹은 모니터를 바라보면서 대화를 하듯이 면접을 진행하는 것이 가장 좋다. 시선 처리는 연습하는 과정에서 동영상 촬영을 하며 확인하는 것이 좋다.

▸ 입 모양 : 좋은 인상을 주기 위해서는 입꼬리가 올라가도록 미소를 짓는 것이 좋으며, 이때 입꼬리는 양쪽 꼬리가 동일하게 올라가야 한다. 그러나 입만 움직이게 되면 거짓된 웃음으로 보일 수 있기에 눈과 함께 미소 짓는 연습을 해야 한다. 자연스러운 미소 짓기는 쉽지 않기 때문에 매일 재미있는 사진이나 동영상, 아니면 최근 재미있었던 일 등을 떠올리면서 자연스러운 미소를 지을 수 있는 연습을 해야 한다.

▸ 발성·발음 : 답변을 할 때, 말을 더듬는다거나 '음…', '아…' 하는 소리를 내는 것은 마이너스 요인이다. 질문마다 답변을 생각할 시간을 함께 주지만, 지원자의 의견을 체계적으로 정리하지 못한 채 답변을 시작한다면 발생할 수 있는 상황이다. 생각할 시간이 주어진다는 것은 답변에 대한 기대치가 올라간다는 것을 의미하므로 주어진 시간 동안에 빠르게 답변구조를 구성하는  연습을 진행해야 하고, 말끝을 흐리는 습관이나 조사를 흐리는 습관을 교정해야 한다. 이때, 연습 과정을 녹음하여 체크하는 것이 효과가 좋고, 답변에 관한 부분 또한 명료하고 체계적으로 답변할 수 있도록 연습해야 한다.

답변방식

AI면접 후기를 보다 보면, 대부분 비슷한 유형의 질문패턴이 진행되는 것을 알 수 있다. 따라서 대면면접 준비 방식과 동일하게 질문 리스트를 만들고 연습하는 과정이 필요하다. 특히, AI면접은 질문이 광범위하기 때문에 출제 유형 위주의 연습이 이루어져야 한다.

▶ 유형별 답변방식 습득
- **기본 필수 질문** : 지원자들에게 필수로 질문하는 유형으로, 지원자만의 답변이 확실하게 구성되어 있어야 한다.
- **상황 제시형 질문** : AI면접에서 주어지는 상황은 크게 8가지 유형으로 분류된다. 유형별로 효과적인 답변 구성 방식을 연습해야 한다.
- **심층/구조화 질문(개인 맞춤형 질문)** : 가치관에 따라 선택을 해야 하는 질문이 대다수를 이루는 유형으로, 여러 예시를 통해 유형을 익히고 그에 맞는 답변을 연습해야 한다.

▶ 유성(有聲) 답변 연습 : AI면접을 연습할 때에는 같은 유형의 예시를 연습한다고 해도, 실제 면접에서의 세부 소재는 거의 다르다고 할 수 있다. 따라서 새로운 상황이 주어졌을 때 유형을 빠르게 파악하고 답변의 구조를 구성하는 반복연습이 필요하며, 항상 목소리를 내어 답변하는 연습을 하는 것이 좋다.

▶ 면접에 필요한 연기 : 면접은 연기가 반이라고 할 수 있다. 물론 가식적이고 거짓된 모습을 보이라는 것이 아닌, 상황에 맞는 적절한 행동과 답변의 인상을 극대화시킬 수 있는 연기를 해야 한다는 것이다. 면접이 무난하게 흘러가면 무난하게 탈락할 확률이 높다. 이 때문에 하나의 답변에도 깊은 인상을 전달해 주어야 하고, 이때 필요한 것이 연기이다. 특히 AI면접에서는 답변 내용에 따른 표정변화가 필요하고, 답변에 연기를 더할 수 있는 부분까지 연습이 되어있다면 면접 준비가 완벽히 되어있다고 말할 수 있다.

지원자의 외면적 요소 V4를 활용한 정서 및 성향, 거짓말 파악

 Vision Analysis   미세 표정(Micro Expression)

 Voice Analysis   보디 랭귀지(Body Language)

 Verbal Analysis   진술 분석 기법(Scientific Contents Analysis)

Vital Analysis   자기 최면 기법(Auto Hypnosis)

AI면접의 V4를 대비하는 방법으로 미세 표정, 보디 랭귀지, 진술 분석 기법, 자기 최면 기법을 활용

AI면접 구성 AI INTERVIEW

**기본
필수 질문**

모든 지원자가 공통으로 받게 되는 질문으로, 기본적인 자기소개, 지원동기, 성격의 장·단점 등을 질문하는 구성으로 되어 있다. 이는 대면면접에서도 높은 확률로 받게 되는 질문 유형이므로, AI면접에서 답변한 내용을 대면면접에서도 다르지 않게 답변해야 한다.

**탐색 질문
(인성검사)**

인적성 시험의 인성검사와 일치하는 유형으로, 정해진 시간 내에 해당 문장과 지원자의 가치관이 일치하는 정도를 빠르게 체크해야 하는 단계이다.

상황 제시형 질문

특정한 상황을 제시하여, 제시된 상황 속에서 어떻게 대응할지에 대한 답변을 묻는 유형이다. 기존의 대면면접에서는 이러한 질문에 대하여 지원자가 어떻게 행동할지에 대한 '설명'에 초점이 맞춰져 있었다면, AI면접에서는 실제로 '행동'하며, 상대방에게 이야기하듯 답변이 이루어져야 한다.

게임

약 5가지 유형의 게임이 출제되고, 정해진 시간 내에 해결해야 하는 유형이다. 인적성 시험의 새로운 유형으로, AI면접을 실시하는 기업의 경우, 인적성 시험을 생략하는 기업도 증가하고 있다. AI면접 중에서도 비중이 상당한 게임 문제풀이 유형이다.

**심층 / 구조화 질문
(개인 맞춤형 질문)**

인성검사 과정 중 지원자가 선택한 항목들에 기반한 질문에 답변을 해야 하는 유형이다. 그렇기 때문에 인성검사 과정에서 인위적으로 접근하지 않는 것이 중요하고, 주로 가치관에 대하여 묻는 질문이 많이 출제되는 편이다.

도형 옮기기 유형

01 기둥에 각기 다른 모양의 도형이 꽂혀져 있다. 왼쪽 기본 형태에서 도형을 한 개씩 이동시켜서 오른쪽의 완성 형태와 동일하게 만들기 위한 최소한의 이동 횟수를 고르시오.

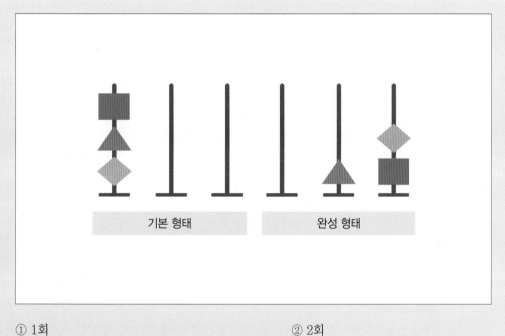

기본 형태　　　　　완성 형태

① 1회　　　　　　　　　　　② 2회
③ 3회　　　　　　　　　　　④ 4회
⑤ 5회

해설

왼쪽 기둥부터 1~3번이라고 칭할 때, 사각형을 3번 기둥으로 먼저 옮기고, 삼각형을 2번 기둥으로 옮긴 뒤 마름모를 3번 기둥으로 옮기면 된다. 따라서 정답은 ③이다.

Solution

온라인으로 진행하게 되는 AI면접에서는 도형 이미지를 드래그하여 실제 이동 작업을 진행하게 된다. 문제 해결의 핵심은 '최소한의 이동 횟수'에 있는데, 문제가 주어지면 머릿속으로 도형을 이동시키는 시뮬레이션을 진행해 보고 손을 움직여야 한다. 해당 유형에 익숙해지기 위해서는 다양한 유형을 접해 보고, 가장 효율적인 이동 경로를 찾는 연습을 해야 하며, 도형의 개수가 늘어나면 다소 난도가 올라가므로 연습을 통해 유형에 익숙해지도록 해야 한다.

동전 비교 유형

02 두 개의 동전이 있다. 왼쪽 동전 위에 쓰인 글씨의 의미와 오른쪽 동전 위에 쓰인 색깔의 일치 여부를 판단하시오.

① 일치   ② 불일치

해설

왼쪽 동전 글씨의 '의미'와 오른쪽 동전 글씨의 '색깔' 일치 여부를 선택하는 문제이다. 제시된 문제의 왼쪽 동전 글씨 색깔은 빨강이지만 의미 자체는 노랑이다. 또한, 오른쪽 동전 글씨 색깔은 초록이지만 의미는 파랑이다. 따라서 노랑과 초록이 일치하지 않으므로 왼쪽 동전 글씨의 의미와 오른쪽 동전의 색깔은 불일치한다.

Solution

빠른 시간 내에 다수의 문제를 풀어야 하기 때문에 혼란에 빠지기 쉬운 유형이다. 풀이 방법의 한 예는 오른쪽 글씨만 먼저 보고, 색깔을 소리 내어 읽어보는 것이다. 입으로 내뱉은 오른쪽 색깔이 왼쪽 글씨에 그대로 쓰여 있는지를 확인하도록 하는 등 본인만의 접근법 없이 상황을 판단하다 보면 실수를 할 수밖에 없기 때문에 연습을 통해 유형에 익숙해져야 한다.

❶ 오른쪽 글씨만 보고, 색깔을 소리 내어 읽는다.
❷ 소리 낸 단어가 왼쪽 글씨의 의미와 일치하는지를 확인한다.

무게 비교 유형

03 A~D 4개의 상자가 있다. 시소를 활용하여 무게를 측정하고, 무거운 순서대로 나열하시오(단, 무게 측정은 최소한의 횟수로 진행해야 한다).

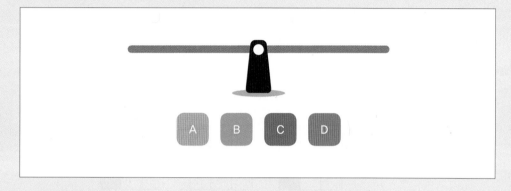

해설

온라인으로 진행하게 되는 AI면접에서는 제시된 물체의 이미지를 드래그하여 계측기 위에 올려놓고, 무게를 측정하게 된다. 비교적 쉬운 유형에 속하나 계측은 최소한의 횟수로만 진행해야 좋은 점수를 받을 수 있다. 측정의 핵심은 '무거운 물체 찾기'이므로 가장 무거운 물체부터 덜 무거운 순서로 하나씩 찾아야 하며, 이전에 진행한 측정에서 무게 비교가 완료된 물체들이 있다면, 그중 무거운 물체를 기준으로 타 물체와의 비교가 이루어져야 한다.

Solution

❶ 임의로 두 개의 물체를 선정하여 무게를 측정한다.

❷·❸ 더 무거운 물체는 그대로 두고, 가벼운 물체를 다른 물체와 교체하여 측정한다.

❹ 가장 무거운 물체가 선정되면, 남은 3가지 물체 중 2개를 측정한다.

❺ 남아 있는 물체 중 무게 비교가 안 된 상자를 최종적으로 측정한다.

따라서 무거운 상자 순서는 'C > B > A > D'이다.

n번째 이전 도형 맞추기 유형

04 제시된 도형이 2번째 이전 도형과 모양이 일치하면 Y를, 일치하지 않으면 N을 기입하시오.

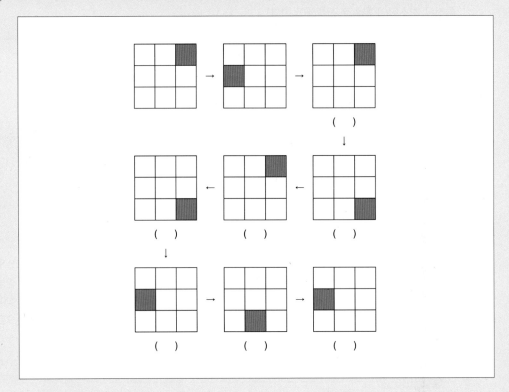

해설

n번째 이전에 나타난 도형과 현재 주어진 도형의 모양이 일치하는지에 대한 여부를 판단하는 유형이다. 제시된 문제는 3번째 도형부터 2번째 이전의 도형인 1번째 도형과 비교해 나가면 된다. 따라서 진행되는 순서를 기준으로 'Y → N → Y → Y → N → N → Y'이다.

Solution

온라인 AI면접에서는 도형이 하나씩 제시되며, 화면이 넘어갈 때마다 n번째 이전 도형과의 일치 여부를 체크해야 한다. 만약 '2번째 이전'이라는 조건이 주어졌다면 인지하고 있던 2번째 이전 도형의 모양을 떠올려 현재 도형과의 일치 여부를 판단함과 동시에 현재 주어진 도형의 모양 역시 암기해 두어야 한다. 이는 판단과 암기가 동시에 이루어져야 하는 문항으로 난도는 상급에 속한다. 순발력과 암기력이 동시에 필요한 어려운 유형이기에 접근조차 못하는 지원자들도 많지만, 끊임없는 연습을 통해 유형에 익숙해질 수 있다. 풀이 방법의 한 예로 여분의 종이를 활용하여 문제를 가린 상태에서 도형을 하나씩 순서대로 보면서 문제를 풀어나가는 것이 있다.

분류코드 일치 여부 판단 유형

05 도형 안에 쓰인 자음, 모음 또는 숫자의 결합이 '분류코드'와 일치하면 Y를, 일치하지 않으면 N을
체크하시오.

ㄹ8

분류코드 : 홀수
(Y / N)

해설

분류코드에는 짝수, 홀수, 자음, 모음 4가지가 존재한다. 분류코드로 짝수 혹은 홀수가 제시된 경우, 도형
안에 있는 자음이나 모음은 신경 쓰지 않아도 되며, 제시된 숫자가 홀수인지 짝수인지만 판단하면 된다.
반대로, 분류코드로 자음 혹은 모음이 제시된 경우에는 숫자를 신경 쓰지 않아도 된다. 제시된 문제에서
분류코드로 홀수가 제시되었지만, 도형 안에 있는 숫자 8은 짝수이므로 N이 정답이다.

Solution

개념만 파악한다면 쉬운 유형에 속한다. 문제는 순발력으로, 정해진 시간 내에 최대한 많은 문제를 풀어
야 한다. 계속해서 진행하다 보면 쉬운 문제도 혼동될 수 있으므로 시간을 정해 빠르게 문제를 해결하는
연습을 반복하고 실전에 임해야 한다.

표정을 통한 감정 판단 유형

06 주어지는 인물의 얼굴 표정을 보고 감정 상태를 판단하시오.

① 무표정   ② 기쁨

③ 놀람   ④ 슬픔

⑤ 분노   ⑥ 경멸

⑦ 두려움   ⑧ 역겨움

> **Solution**
>
> 제시된 인물의 사진을 보고 어떤 감정 상태인지 판단하는 유형의 문제이다. AI면접에서 제시되는 표정은 크게 8가지로, '무표정, 기쁨, 놀람, 슬픔, 분노, 경멸, 두려움, 역겨움'이다. '무표정, 기쁨, 놀람, 슬픔'은 쉽게 인지가 가능하지만, '분노, 경멸, 두려움, 역겨움'에 대한 감정은 비슷한 부분이 많아 혼동이 될 수 있다. 사진을 보고 나서 5초 안에 정답을 선택해야 하므로 깊게 고민할 시간이 없다. 사실 해당 유형이 우리에게 완전히 낯설지는 않은데, 우리는 일상생활 속에서 다양한 사람들을 마주하게 되며 이때 무의식적으로 상대방의 얼굴 표정을 통해 감정을 판단하기 때문이다. 즉, 누구나 어느 정도의 연습이 되어 있는 상태이므로 사진을 보고 즉각적으로 드는 느낌이 정답일 확률이 높다. 따라서 해당 유형은 직관적으로 정답을 선택하는 것이 중요하다. 다만, 대다수의 지원자가 혼동하는 표정에 대한 부분은 어느 정도의 연습이 필요하다.

카드 조합 패턴 파악 유형

07 주어지는 4장의 카드 조합을 통해 대한민국 국가 대표 야구 경기의 승패 예측이 가능하다. 카드 무늬와 앞뒷면의 상태를 바탕으로 승패를 예측하시오(문제당 제한 시간 3초).

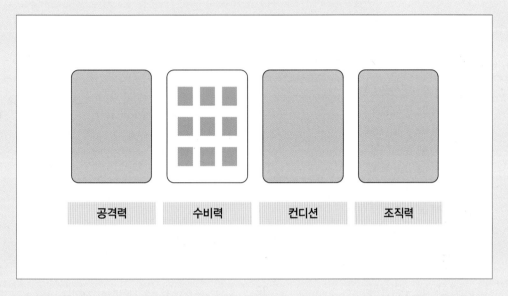

① 승리 ② 패배

Solution

계속해서 제시되는 카드 조합을 통해 정답의 패턴을 파악하는 유형이다. 온라인으로 진행되는 AI면접에서는 답을 선택하면 곧바로 정답 여부를 확인할 수 있다. 이에 따라 하나씩 정답을 확인한 후, 몇 번의 시행착오 과정을 바탕으로 카드에 따른 패턴을 유추해 나갈 수 있게 된다. 그렇기 때문에 초반에 제시되는 카드 조합의 정답을 맞히기는 어려우며, 앞서 얻은 정보들을 잘 기억해 두는 것이 핵심이다. 제시된 문제의 정답은 패배이다.

이 책의 차례 CONTENTS

Add+

특별부록

※ 기출복원문제는 수험생들의 후기를 통해 SD에듀에서 복원한 문제로 실제 문제와 다소 차이가 있을 수 있으며, 본 저작물의 무단전재 및 복제를 금합니다.

01 | 2023년 주요 공기업 NCS 기출복원문제

정답 및 해설 p.002

| 코레일 한국철도공사 / 의사소통능력

01 다음 글의 내용으로 가장 적절한 것은?

> 한국철도공사는 철도시설물 점검 자동화에 '스마트 글라스'를 활용하겠다고 밝혔다. 스마트 글라스란 안경처럼 착용하는 스마트 기기로, 검사와 판독, 데이터 송수신과 보고서 작성까지 모든 동작이 음성인식을 바탕으로 작동한다. 이를 활용하여 작업자는 스마트 글라스 액정에 표시된 내용에 따라 철도시설물을 점검하고, 음성 명령을 통해 시설물의 사진을 촬영한 후 해당 정보와 검사 결과를 전송해 보고서로 작성한다.
>
> 작업자들은 스마트 글라스의 사용을 통해 직접 자료를 조사하고 측정한 내용을 바탕으로 시스템 속에서 여러 단계를 거쳐 수기 입력하던 기존 방식으로부터 벗어날 수 있게 되었고, 이 일련의 과정들을 중앙 서버를 통해 한 번에 처리할 수 있게 되었다.
>
> 이와 같은 스마트 기기의 도입은 중앙 서버의 효율적 종합 관리를 가능하게 할 뿐만 아니라 작업자의 안전성 향상에도 크게 기여하였다. 이는 작업자들이 음성인식이 가능한 스마트 글라스를 사용함으로써 두 손이 자유로워져 추락 사고를 방지할 수 있게 되었기 때문이며, 스마트 글라스 내부 센서가 충격과 기울기를 감지할 수 있어 작업자에게 위험한 상황이 발생하면 지정된 컴퓨터에 위험 상황을 바로 통보하는 시스템을 갖추었기 때문이다.
>
> 한국철도공사는 주요 거점 현장을 시작으로 스마트 글라스를 보급하여 성과 분석을 거치고 내년부터는 보급 현장을 확대하겠다고 밝혔으며, 국내 철도 환경에 맞춰 스마트 글라스 시스템을 개선하기 위해 현장 검증을 진행하고 스마트 글라스를 통해 측정된 데이터를 총괄 제어할 수 있도록 안전점검 플랫폼망도 마련할 예정이다.
>
> 이와 더불어 스마트 글라스를 통해 기존의 인력 중심 시설점검을 간소화하여 효율성과 안전성을 향상시키고, 나아가 철도 맞춤형 스마트 기술을 도입하여 시설물 점검뿐만 아니라 유지보수 작업도 가능하도록 철도기술 고도화에 힘쓰겠다고 전했다.

① 작업자의 음성인식을 통해 철도시설물의 점검 및 보수 작업이 가능해졌다.

② 스마트 글라스의 도입으로 철도시설물 점검의 무인작업이 가능해졌다.

③ 스마트 글라스의 도입으로 철도시설물 점검 작업 시 안전사고 발생 횟수가 감소하였다.

④ 스마트 글라스의 도입으로 철도시설물 작업 시간 및 인력이 감소하고 있다.

⑤ 스마트 글라스의 도입으로 작업자의 안전사고 발생을 바로 파악할 수 있게 되었다.

02 다음 글에 대한 설명으로 적절하지 않은 것은?

2016년 4월 27일 오전 7시 20분경 임실역에서 익산으로 향하던 열차가 전기 공급 중단으로 멈추는 사고가 발생해 약 50분간 열차 운행이 중단되었다. 바로 전차선에 지어진 까치집 때문이었는데, 까치가 집을 지을 때 사용하는 젖은 나뭇가지나 철사 등이 전선과 닿거나 차로에 떨어져 합선과 단전을 일으킨 것이다.

비록 이번 사고는 단전에서 끝났지만, 고압 전류가 흐르는 전차선인 만큼 철사와 젖은 나뭇가지만으로도 자칫하면 폭발사고로 이어질 우려가 있다. 지난 5년간 까치집으로 인한 단전사고는 한 해 평균 3 ~ 4건 발생해 왔으며, 한국철도공사는 사고방지를 위해 까치집 방지 설비를 설치하고 설비가 없는 구간은 작업자가 육안으로 까치집 생성 여부를 확인해 제거하고 있는데, 이렇게 제거해 온 까치집 수가 연평균 8,000개에 달한다. 하지만 까치집은 빠르면 불과 4시간 만에 완성되어 작업자들에게 큰 곤욕을 주고 있다.

이에 한국철도공사는 전차선로 주변 까치집 제거의 효율성과 신속성을 높이기 위해 인공지능(AI)과 사물인터넷(IoT) 등 첨단 기술을 활용하기에 이르렀다. 열차 운전실에 영상 장비를 설치해 달리는 열차에서 전차선을 촬영한 화상 정보를 인공지능으로 분석함으로써 까치집 등의 위험 요인을 찾아 해당 위치와 현장 이미지를 작업자에게 실시간으로 전송하는 '실시간 까치집 자동 검출 시스템'을 개발한 것이다. 하지만 시속 150km로 빠르게 달리는 열차에서 까치집 등의 위험 요인을 실시간으로 판단해 전송하는 것이다 보니 그 정확도는 65%에 불과했다.

이에 한국철도공사는 전차선과 까치집을 정확하게 식별하기 위해 인공지능이 스스로 학습하는 '딥러닝' 방식을 도입했고, 전차선을 구성하는 복잡한 구조 및 까치집과 유사한 형태를 빅데이터로 분석해 이미지를 구분하는 학습을 실시한 결과 까치집 검출 정확도는 95%까지 상승했다. 또한 해당 이미지를 실시간 문자메시지로 작업자에게 전송해 위험 요소와 위치를 인지시켜 현장에 적용할 수 있다는 사실도 확인했다. 현재는 이와 더불어 정기열차가 운행하지 않거나 작업자가 접근하기 쉽지 않은 차량 정비 시설 등에 드론을 띄워 전차선의 까치집을 발견 및 제거하는 기술도 시범 운영하고 있다.

① 인공지능도 학습을 통해 그 정확도를 향상시킬 수 있다.
② 빠른 속도에서 인공지능의 사물 식별 정확도는 낮아진다.
③ 사람의 접근이 불가능한 곳에 위치한 까치집의 제거도 가능해졌다.
④ 까치집 자동 검출 시스템을 통해 실시간으로 까치집 제거가 가능해졌다.
⑤ 인공지능 등의 스마트 기술 도입으로 까치집 생성의 감소를 기대할 수 있다.

03 다음 글을 이해한 내용으로 적절하지 않은 것은?

> 열차 내에서의 범죄가 급격하게 증가함에 따라 한국철도공사는 열차 내 범죄 예방과 안전 확보를 위해 2023년까지 현재 운행하고 있는 열차의 모든 객실에 CCTV를 설치하고, 모든 열차 승무원에게 바디캠을 지급하겠다고 밝혔다.
>
> CCTV는 열차 종류에 따라 운전실에서 비상시 실시간으로 상황을 파악할 수 있는 '네트워크 방식'과 각 객실에서의 영상을 저장하는 '개별 독립 방식'이라는 2가지 방식으로 사용 및 설치가 진행될 예정이며, 객실에는 사각지대를 없애기 위해 4대가량의 CCTV가 설치된다. 이 중 2대는 휴대 물품 도난 방지 등을 위해 휴대 물품 보관대 주변에 위치하게 된다.
>
> 이에 따라 한국철도공사는 CCTV 제품 품평회를 가져 제품의 형태와 색상, 재질 등에 대한 의견을 나누고 각 제품이 실제로 열차 운행 시 진동과 충격 등에 적합한지 시험을 거친 후 도입할 예정이다.

① 현재는 모든 열차의 객실 전부에 CCTV가 설치되어 있진 않을 것이다.

② 과거에 비해 승무원에 대한 승객의 범죄행위 증거 취득이 유리해질 것이다.

③ CCTV 설치를 통해 인적 피해와 물적 피해 모두 예방할 수 있을 것이다.

④ CCTV 설치를 통해 실시간으로 모든 객실을 모니터링할 수 있을 것이다.

⑤ CCTV의 내구성뿐만 아니라 외적인 디자인도 제품 선택에 영향을 줄 수 있을 것이다.

04 작년 K대학교에 재학 중인 학생 수는 6,800명이었고 남학생과 여학생의 비는 8 : 9였다. 올해 남학생 수와 여학생 수의 비가 12 : 13만큼 줄어들어 7 : 8이 되었다고 할 때, 올해 K대학교의 전체 재학생 수는?

① 4,440명

② 4,560명

③ 4,680명

④ 4,800명

⑤ 4,920명

05 다음 자료에 대한 설명으로 가장 적절한 것은?

- KTX 마일리지 적립
  - KTX 이용 시 결제금액의 5%가 기본 마일리지로 적립됩니다.
  - 더블적립(×2) 열차로 지정된 열차는 추가로 5%가 적립됩니다(결제금액의 총 10%).
    ※ 더블적립 열차는 홈페이지 및 코레일톡 애플리케이션에서만 승차권 구매 가능
  - 선불형 교통카드 Rail+(레일플러스)로 승차권을 결제하는 경우 1% 보너스 적립도 제공되어 최대 11% 적립이 가능합니다.
  - 마일리지를 적립받고자 하는 회원은 승차권을 발급받기 전에 코레일 멤버십카드 제시 또는 회원번호 및 비밀번호 등을 입력해야 합니다.
  - 해당 열차 출발 후에는 마일리지를 적립받을 수 없습니다.
- 회원 등급 구분

구분	등급 조건	제공 혜택
VVIP	• 반기별 승차권 구입 시 적립하는 마일리지가 8만 점 이상인 고객 또는 기준일부터 1년간 16만 점 이상 고객 중 매년 반기 익월 선정	• 비즈니스 회원 혜택 기본 제공 • KTX 특실 무료 업그레이드 쿠폰 6매 제공 • 승차권 나중에 결제하기 서비스 (열차 출발 3시간 전까지)
VIP	• 반기별 승차권 구입 시 적립하는 마일리지가 4만 점 이상인 고객 또는 기준일부터 1년간 8만 점 이상인 고객 중 매년 반기 익월 선정	• 비즈니스 회원 혜택 기본 제공 • KTX 특실 무료 업그레이드 쿠폰 2매 제공
비즈니스	• 철도 회원으로 가입한 고객 중 최근 1년간 온라인에서 로그인한 기록이 있거나, 회원으로 구매실적이 있는 고객	• 마일리지 적립 및 사용 가능 • 회원 전용 프로모션 참가 가능 • 열차 할인상품 이용 등 기본서비스와 멤버십 제휴서비스 등 부가서비스 이용
패밀리	• 철도 회원으로 가입한 고객 중 최근 1년간 온라인에서 로그인한 기록이 없거나, 회원으로 구매실적이 없는 고객	• 멤버십 제휴서비스 및 코레일 멤버십 라운지 이용 등의 부가서비스 이용 제한 • 휴면 회원으로 분류 시 별도 관리하며, 본인 인증 절차로 비즈니스 회원으로 전환 가능

  - 마일리지는 열차 승차 다음 날 적립되며, 지연료를 마일리지로 적립하신 실적은 등급 산정에 포함되지 않습니다.
  - KTX 특실 무료 업그레이드 쿠폰 유효기간은 6개월이며, 반기별 익월 10일 이내에 지급됩니다.
  - 실적의 연간 적립 기준일은 7월 지급의 경우 전년도 7월 1일부터 당해 연도 6월 30일까지 실적이며, 1월 지급은 전년도 1월 1일부터 전년도 12월 31일까지의 실적입니다.
  - 코레일에서 지정한 추석 및 설 명절 특별수송기간의 승차권은 실적 적립 대상에서 제외됩니다.
  - 회원 등급 조건 및 제공 혜택은 사전 공지 없이 변경될 수 있습니다.
  - 승차권 나중에 결제하기 서비스는 총 편도 2건 이내에서 제공되며, 3회 자동 취소 발생(열차 출발 전 3시간 내 미결제) 시 서비스가 중지됩니다. 리무진+승차권 결합 발권은 2건으로 간주되며, 정기권, 특가상품 등은 나중에 결제하기 서비스 대상에서 제외됩니다.

① 코레일에서 운행하는 모든 열차는 이용 때마다 결제금액의 최소 5%가 KTX 마일리지로 적립된다.
② 회원 등급이 높아져도 열차 탑승 시 적립되는 마일리지는 동일하다.
③ 비즈니스 등급은 기업회원을 구분하는 명칭이다.
④ 6개월간 마일리지 4만 점을 적립하더라도 VIP 등급을 부여받지 못할 수 있다.
⑤ 회원 등급이 높아도 승차권을 정가보다 저렴하게 구매할 수 있는 방법은 없다.

〈2023년 한국의 국립공원 기념주화 예약 접수〉

- 우리나라 자연환경의 아름다움과 생태 보전의 중요성을 널리 알리기 위해 K공사는 한국의 국립공원 기념주화 3종(설악산, 치악산, 월출산)을 발행할 예정임
- 예약 접수일 : 3월 2일(목) ~ 3월 17일(금)
- 배부 시기 : 2023년 4월 28일(금)부터 예약자가 신청한 방법으로 배부
- 기념주화 상세

화종	앞면	뒷면
은화Ⅰ – 설악산		
은화Ⅱ – 치악산		
은화Ⅲ – 월출산		

- 발행량 : 화종별 10,000장씩 총 30,000장
- 신청 수량 : 단품 및 3종 세트로 구분되며 단품과 세트에 중복신청 가능
  - 단품 : 1인당 화종별 최대 3장
  - 3종 세트 : 1인당 최대 3세트
- 판매 가격 : 액면금액에 판매 부대비용(케이스, 포장비, 위탁판매수수료 등)을 부가한 가격
  - 단품 : 각 63,000원(액면가 50,000원+케이스 등 부대비용 13,000원)
  - 3종 세트 : 186,000원(액면가 150,000원+케이스 등 부대비용 36,000원)
- 접수 기관 : 우리은행, 농협은행, K공사
- 예약 방법 : 창구 및 인터넷 접수
  - 창구 접수
    신분증[주민등록증, 운전면허증, 여권(내국인), 외국인등록증(외국인)]을 지참하고 우리·농협은행 영업점을 방문하여 신청
  - 인터넷 접수
    ① 우리·농협은행의 계좌를 보유한 고객은 개시일 9시부터 마감일 23시까지 홈페이지에서 신청
    ② K공사 온라인 쇼핑몰에서는 가상계좌 방식으로 개시일 9시부터 마감일 23시까지 신청
- 구입 시 유의사항
  - 수령자 및 수령지 등 접수 정보가 중복될 경우 단품별 10장, 3종 세트 10세트만 추첨 명단에 등록
  - 비정상적인 경로나 방법으로 접수할 경우 당첨을 취소하거나 배송을 제한

06 다음 중 한국의 국립공원 기념주화 발행 사업의 내용으로 옳은 것은?

① 국민들을 대상으로 예약 판매를 실시하며, 외국인에게는 판매하지 않는다.

② 1인당 구매 가능한 최대 주화 수는 10장이다.

③ 기념주화를 구입하기 위해서는 우리·농협은행 계좌를 사전에 개설해 두어야 한다.

④ 사전예약을 받은 뒤, 예약 주문량에 맞추어 제한된 수량만 생산한다.

⑤ K공사를 통한 예약 접수는 온라인에서만 가능하다.

07 외국인 A씨는 이번에 발행되는 기념주화를 예약 주문하려고 한다. 다음 상황을 참고했을 때 A씨가 기념주화 구매 예약을 할 수 있는 방법으로 옳은 것은?

〈외국인 A씨의 상황〉

• A씨는 국내 거주 외국인으로 등록된 사람이다.
• A씨의 명의로 국내은행에 개설된 계좌는 총 2개로, 신한은행, 한국씨티은행에 1개씩이다.
• A씨는 우리은행이나 농협은행과는 거래이력이 없다.

① 여권을 지참하고 우리은행이나 농협은행 지점을 방문한다.

② K공사 온라인 쇼핑몰에서 신용카드를 사용한다.

③ 계좌를 보유한 신한은행이나 한국씨티은행의 홈페이지를 통해 신청한다.

④ 외국인등록증을 지참하고 우리은행이나 농협은행 지점을 방문한다.

⑤ 우리은행이나 농협은행의 홈페이지에서 신청한다.

08 다음은 기념주화를 예약한 5명의 신청내역이다. 이 중 가장 많은 금액을 지불한 사람의 구매 금액은?

(단위 : 세트, 장)

구매자	3종 세트	단품		
		은화Ⅰ - 설악산	은화Ⅱ - 치악산	은화Ⅲ - 월출산
A	2	1	-	-
B	-	2	3	3
C	2	1	1	-
D	3	-	-	-
E	1	-	2	2

① 558,000원 ② 561,000원

③ 563,000원 ④ 564,000원

⑤ 567,000원

척추는 신체를 지탱하고, 뇌로부터 이어지는 중추신경인 척수를 보호하는 중요한 뼈 구조물이다. 보통 사람들은 허리에 심한 통증이 느껴지면 허리디스크(추간판탈출증)를 떠올리는데, 디스크 이외에도 통증을 유발하는 척추 질환은 다양하다. 특히 노인 인구가 증가하면서 척추관협착증(요추관협착증)의 발병 또한 늘어나고 있다. 허리디스크와 척추관협착증은 사람들이 혼동하기 쉬운 척추 질환으로, 발병 원인과 치료법이 다르기 때문에 두 질환의 차이를 이해하고 통증 발생 시 질환에 맞춰 적절하게 대응할 필요가 있다.

허리디스크는 척추 뼈 사이에 쿠션처럼 완충 역할을 해주는 디스크(추간판)에 문제가 생겨 발생한다. 디스크는 찐득찐득한 수핵과 이를 둘러싸는 섬유륜으로 구성되는데, 나이가 들어 탄력이 떨어지거나, 젊은 나이에도 급격한 충격에 의해서 섬유륜에 균열이 생기면 속의 수핵이 빠져나오면서 주변 신경을 압박하거나 염증을 유발한다. 허리디스크가 발병하면 초기에는 허리 통증으로 시작되어 점차 허벅지에서 발까지 찌릿하게 저리는 방사통을 유발하고, 디스크에서 수핵이 흘러나오는 상황이기 때문에 허리를 굽히거나 앉아 있으면 디스크에 가해지는 압력이 높아져 통증이 더욱 심해진다. 허리디스크는 통증이 심한 질환이지만, 흘러나온 수핵은 대부분 대식세포에 의해 제거되고, 자연치유가 가능하기 때문에 병원에서는 주로 통증을 줄이고, 안정을 취하는 방법으로 보존치료를 진행한다. 하지만 염증이 심해져 중앙 척수를 건드리게 되면 하반신 마비 등의 증세가 나타날 수 있는데, 이러한 경우에는 탈출된 디스크 조각을 물리적으로 제거하는 수술이 필요하다.

반면, 척추관협착증은 대표적인 척추 퇴행성 질환으로 주변 인대(황색 인대)가 척추관을 압박하여 발생한다. 척추관은 척추 가운데 신경 다발이 지나갈 수 있도록 속이 빈 공간인데, 나이가 들면서 척추가 흔들리게 되면 흔들리는 척추를 붙들기 위해 인대가 점차 두꺼워지고, 척추 뼈에 변형이 생겨 결과적으로 척추관이 좁아지게 된다. 이렇게 오랜 기간 동안 변형된 척추 뼈와 인대가 척추관 속의 신경을 눌러 발생하는 것이 척추관협착증이다. 척추관 속의 신경이 눌리게 되면 통증과 함께 저리거나 당기게 되어 보행이 힘들어지며, 지속적으로 압박받을 경우 척추 신경이 경색되어 하반신 마비 증세로 악화될 수 있다. 일반적으로 서 있을 경우보다 허리를 구부렸을 때 척추관이 더 넓어지므로 허리디스크 환자와 달리 앉아 있을 때 통증이 완화된다. 척추관협착증은 자연치유가 되지 않고 척추관이 다시 넓어지지 않으므로 발병 초기를 제외하면 일반적으로 변형된 부분을 제거하는 수술을 하게 된다.

이와 같이 허리디스크와 척추관협착증은 똑같이 허리 통증을 유발하지만 원인과 증상, 치료법이 서로 상이하다. 비교적 고령인 60대 이상의 사람이 만성적으로 서 있을 때 통증이 나타난다면 _____ ㉠ _____ 을/를 의심해야 하며, 비교적 젊은 20 ~ 50대의 사람이 앉아 있을 때 통증이 급작스럽게 나타날 때는 _____ ㉡ _____ 을/를 의심해야 한다. 척추는 우리의 몸을 지탱하는 중요한 골격이며, 신경계와 밀접한 관련이 있으므로 통증이 발생한다면 자신의 몸 상태를 잘 파악하고, 초기에 치료를 받는 것이 중요하다.

| 국민건강보험공단 / 의사소통능력

09 다음 중 윗글의 내용으로 적절하지 않은 것은?

① 일반적으로 허리디스크는 척추관협착증에 비해 급작스럽게 증상이 나타난다.

② 허리디스크는 서 있을 때 통증이 더 심해진다.

③ 허리디스크에 비해 척추관협착증은 외과적 수술 빈도가 높다.

④ 허리디스크와 척추관협착증 모두 증세가 심해지면 하반신 마비의 가능성이 있다.

10 다음 중 빈칸 ㉠과 ㉡에 들어갈 단어가 바르게 연결된 것은?

	㉠	㉡
①	허리디스크	추간판탈출증
②	허리디스크	척추관협착증
③	척추관협착증	요추관협착증
④	척추관협착증	허리디스크

11 다음 문단을 논리적 순서대로 바르게 나열한 것은?

> (가) 주장애관리는 장애정도가 심한 장애인이 의원뿐만 아니라 병원 및 종합병원급에서 장애 유형별 전문의에게 전문적인 장애관리를 받을 수 있는 서비스이다. 이전에는 대상 관리 유형이 지체장애, 시각장애, 뇌병변장애로 제한되어 있었으나, 3단계부터는 지적장애, 정신장애, 자폐성장애까지 확대되어 더 많은 중증장애인들이 장애관리를 받을 수 있게 되었다.
>
> (나) 이와 같이 3단계 장애인 건강주치의 시범사업은 기존 1・2단계 시범사업보다 더욱 확대되어 많은 중증장애인들의 참여를 예상하고 있다. 장애인 건강주치의 시범사업에 신청하기 위해서는 국민건강보험공단 홈페이지의 건강IN에서 장애인 건강주치의 의료기관을 찾은 후 해당 의료기관에 방문하여 장애인 건강주치의 이용 신청사실 통지서를 작성하면 신청할 수 있다.
>
> (다) 장애인 건강주치의 제도가 제공하는 서비스는 일반건강관리, 주(主)장애관리, 통합관리로 나누어진다. 일반건강관리 서비스는 모든 유형의 중증장애인이 만성질환 등 전반적인 건강관리를 받을 수 있는 서비스로, 의원급에서 원하는 의사를 선택하여 참여할 수 있다. 1・2단계까지의 사업에서는 만성질환관리를 위해 장애인 본인이 검사비용의 30%를 부담해야 했지만, 3단계부터는 본인부담금 없이 질환별 검사바우처로 제공한다.
>
> (라) 마지막으로 통합관리는 일반건강관리와 주장애관리를 동시에 받을 수 있는 서비스로, 동네에 있는 의원급 의료기관에 속한 지체・뇌병변・시각・지적・정신・자폐성 장애를 진단하는 전문의가 주장애관리와 만성질환관리를 모두 제공한다. 이 3가지 서비스들은 거동이 불편한 환자를 위해 의사나 간호사가 직접 집으로 방문하는 방문 서비스를 제공하고 있으며 기존까지는 연 12회였으나, 3단계 시범사업부터 연 18회로 증대되었다.
>
> (마) 보건복지부와 국민건강보험공단은 2021년 9월부터 3단계 장애인 건강주치의 시범사업을 진행하였다. 장애인 건강주치의 제도는 중증장애인이 인근 지역에서 주치의로 등록 신청한 의사 중 원하는 의사를 선택하여 장애로 인한 건강문제, 만성질환 등 건강상태를 포괄적이고 지속적으로 관리받을 수 있는 제도로, 2018년 5월 1단계 시범사업을 시작으로 2단계 시범사업까지 완료되었다.

① (다) - (가) - (마) - (나) - (라)　　② (다) - (마) - (라) - (가) - (나)
③ (마) - (가) - (라) - (나) - (다)　　④ (마) - (다) - (가) - (라) - (나)

12 다음은 K지역의 연도별 건강보험금 부과액 및 징수액에 대한 자료이다. 직장가입자 건강보험금 징수율이 가장 높은 해와 지역가입자의 건강보험금 징수율이 가장 높은 해를 바르게 짝지은 것은?

〈건강보험금 부과액 및 징수액〉

(단위 : 백만 원)

구분		2019년	2020년	2021년	2022년
직장가입자	부과액	6,706,712	5,087,163	7,763,135	8,376,138
	징수액	6,698,187	4,898,775	7,536,187	8,368,972
지역가입자	부과액	923,663	1,003,637	1,256,137	1,178,572
	징수액	886,396	973,681	1,138,763	1,058,943

※ [징수율(%)]=$\dfrac{(징수액)}{(부과액)} \times 100$

	직장가입자	지역가입자
①	2022년	2020년
②	2022년	2019년
③	2021년	2020년
④	2021년	2019년

13 다음은 K병원의 하루 평균 이뇨제, 지사제, 진통제 사용량에 대한 자료이다. 이에 대한 설명으로 옳지 않은 것은?

〈하루 평균 이뇨제, 지사제, 진통제 사용량〉

구분	2018년	2019년	2020년	2021년	2022년	1인 1일 투여량
이뇨제	3,000mL	3,480mL	3,360mL	4,200mL	3,720mL	60mL/일
지사제	30정	42정	48정	40정	44정	2정/일
진통제	6,720mg	6,960mg	6,840mg	7,200mg	7,080mg	60mg/일

※ 모든 의약품은 1인 1일 투여량을 준수하여 투여했다.

① 전년 대비 2022년 사용량 감소율이 가장 큰 의약품은 이뇨제이다.
② 5년 동안 지사제를 투여한 환자 수의 평균은 18명 이상이다.
③ 이뇨제 사용량은 증가와 감소를 반복하였다.
④ 매년 진통제를 투여한 환자 수는 이뇨제를 투여한 환자 수의 2배 이하이다.

14 다음은 분기별 상급병원, 종합병원, 요양병원의 보건인력 현황에 대한 자료이다. 분기별 전체 보건인력 중 전체 사회복지사 인력의 비율로 옳지 않은 것은?

〈상급병원, 종합병원, 요양병원의 보건인력 현황〉

(단위 : 명)

구분		2022년 3분기	2022년 4분기	2023년 1분기	2023년 2분기
상급병원	의사	20,002	21,073	22,735	24,871
	약사	2,351	2,468	2,526	2,280
	사회복지사	391	385	370	375
종합병원	의사	32,765	33,084	34,778	33,071
	약사	1,941	1,988	2,001	2,006
	사회복지사	670	695	700	720
요양병원	의사	19,382	19,503	19,761	19,982
	약사	1,439	1,484	1,501	1,540
	사회복지사	1,887	1,902	1,864	1,862
합계		80,828	82,582	86,236	86,707

※ 보건인력은 의사, 약사, 사회복지사 인력 모두를 포함한다.

① 2022년 3분기 : 약 3.65%

② 2022년 4분기 : 약 3.61%

③ 2023년 1분기 : 약 3.88%

④ 2023년 2분기 : 약 3.41%

15 다음은 건강생활실천지원금제에 대한 자료이다. 〈보기〉의 신청자 중 예방형과 관리형에 해당하는 사람을 바르게 분류한 것은?

〈건강생활실천지원금제〉

• 사업설명 : 참여자 스스로 실천한 건강생활 노력 및 건강개선 결과에 따라 지원금을 지급하는 제도
• 시범지역

지역	예방형	관리형
서울	노원구	중랑구
경기·인천	안산시, 부천시	인천 부평구, 남양주시, 고양일산(동구, 서구)
충청권	대전 대덕구, 충주시, 충남 청양군(부여군)	대전 동구
전라권	광주 광산구, 전남 완도군, 전주시(완주군)	광주 서구, 순천시
경상권	부산 중구, 대구 남구, 김해시, 대구 달성군	대구 동구, 부산 북구
강원·제주권	원주시, 제주시	원주시

• 참여대상 : 주민등록상 주소지가 시범지역에 해당되는 사람 중 아래에 해당하는 사람

구분	조건
예방형	만 20~64세인 건강보험 가입자(피부양자 포함) 중 국민건강보험공단에서 주관하는 일반건강검진 결과 건강관리가 필요한 사람*
관리형	고혈압·당뇨병 환자

*건강관리가 필요한 사람 : 다음에 모두 해당하거나 ①, ② 또는 ①, ③에 해당하는 사람

① 체질량지수(BMI) 25kg/m^2 이상
② 수축기 혈압 120mmHg 이상 또는 이완기 혈압 80mmHg 이상
③ 공복혈당 100mg/dL 이상

보기

신청자	주민등록상 주소지	체질량지수	수축기 혈압 / 이완기 혈압	공복혈당	기저질환
A	서울 강북구	22kg/m^2	117mmHg / 78mmHg	128mg/dL	–
B	서울 중랑구	28kg/m^2	125mmHg / 85mmHg	95mg/dL	–
C	경기 안산시	26kg/m^2	142mmHg / 92mmHg	99mg/dL	고혈압
D	인천 부평구	23kg/m^2	145mmHg / 95mmHg	107mg/dL	고혈압
E	광주 광산구	28kg/m^2	119mmHg / 78mmHg	135mg/dL	당뇨병
F	광주 북구	26kg/m^2	116mmHg / 89mmHg	144mg/dL	당뇨병
G	부산 북구	27kg/m^2	118mmHg / 75mmHg	132mg/dL	당뇨병
H	강원 철원군	28kg/m^2	143mmHg / 96mmHg	115mg/dL	고혈압
I	제주 제주시	24kg/m^2	129mmHg / 83mmHg	108mg/dL	–

※ 단, 모든 신청자는 만 20~64세이며, 건강보험에 가입하였다.

	예방형	관리형		예방형	관리형
①	A, E	C, D	②	B, E	F, I
③	C, E	D, G	④	F, I	C, H

16 K동에서는 임신한 주민에게 출산장려금을 지원하고자 한다. 출산장려금 지급 기준 및 K동에 거주하는 임산부에 대한 정보가 다음과 같을 때, 출산장려금을 가장 먼저 받을 수 있는 사람은?

〈K동 출산장려금 지급 기준〉

- 출산장려금 지급액은 모두 같으나, 지급 시기는 모두 다르다.
- 지급 순서 기준은 임신일, 자녀 수, 소득수준 순서이다.
- 임신일이 길수록, 자녀가 많을수록, 소득수준이 낮을수록 먼저 받는다(단, 자녀는 만 19세 미만의 아동 및 청소년으로 제한한다).
- 임신일, 자녀 수, 소득수준이 모두 같으면 같은 날에 지급한다.

〈K동 거주 임산부 정보〉

임산부	임신일	자녀	소득 수준
A	150일	만 1세	하
B	200일	만 3세	상
C	100일	만 10세, 만 6세, 만 5세, 만 4세	상
D	200일	만 7세, 만 5세, 만 3세	중
E	200일	만 20세, 만 16세, 만 14세, 만 10세	상

① A임산부
② B임산부
③ D임산부
④ E임산부

17 다음 글의 주제로 가장 적절한 것은?

현재 우리나라의 진료비 지불제도 중 가장 주도적으로 시행되는 지불제도는 행위별수가제이다. 행위별수가제는 의료기관에서 의료인이 제공한 의료서비스(행위, 약제, 치료 재료 등)에 대해 서비스별로 가격(수가)을 정하여 사용량과 가격에 의해 진료비를 지불하는 제도로, 의료보험 도입 당시부터 채택하고 있는 지불제도이다. 그러나 최근 관련 전문가들로부터 이러한 지불제도를 개선해야 한다는 목소리가 많이 나오고 있다.

조사에 의하면 우리나라의 국민의료비를 증대시키는 주요 원인은 고령화로 인한 진료비 증가와 행위별수가제로 인한 비용의 무한 증식이다. 현재 우리나라의 국민의료비는 OECD 회원국 중 최상위를 기록하고 있으며 앞으로 더욱 심화될 것으로 예측된다. 특히 행위별수가제는 의료행위를 할수록 지불되는 진료비가 증가하므로 CT, MRI 등 영상검사를 중심으로 의료 남용이나 과다 이용 문제가 발생하고 있고, 병원의 이익 증대를 위하여 환자에게는 의료비 부담을, 의사에게는 업무 부담을, 건강보험에는 재정 부담을 증대시키고 있다.

이러한 행위별수가제의 문제점을 개선하기 위해 일부 질병군에서는 환자가 입원해서 퇴원할 때까지 발생하는 진료에 대하여 질병마다 미리 정해진 금액을 내는 제도인 포괄수가제를 시행 중이며, 요양병원, 보건기관에서는 입원 환자의 질병, 기능 상태에 따라 입원 1일당 정액수가를 적용하는 정액수가제를 병행하여 실시하고 있지만 비용 산정의 경직성, 의사 비용과 병원 비용의 비분리 등 여러 가지 문제점이 있어 현실적으로 효과를 내지 못하고 있다는 지적이 나오고 있다.

기획재정부와 보건복지부는 시간이 지날수록 건강보험 적자가 계속 증대되어 머지않아 고갈될 위기에 있다고 발표하였다. 당장 행위별수가제를 전면적으로 폐지할 수는 없으므로 기존의 다른 수가제의 문제점을 개선하여 확대하는 등 의료비 지불방식의 다변화가 구조적으로 진행되어야 할 것이다.

① 신포괄수가제의 정의
② 행위별수가제의 한계점
③ 의료비 지불제도의 역할
④ 건강보험의 재정 상황
⑤ 다양한 의료비 지불제도 소개

18 다음 중 제시된 단어와 그 뜻이 바르게 연결되지 않은 것은?

① 당위(當爲) : 마땅히 그렇게 하거나 되어야 하는 것

② 구상(求償) : 자연적인 재해나 사회적인 피해를 당하여 어려운 처지에 있는 사람을 도와줌

③ 명문(明文) : 글로 명백히 기록된 문구 또는 그런 조문

④ 유기(遺棄) : 어떤 사람이 종래의 보호를 거부하여 그를 보호받지 못하는 상태에 두는 일

⑤ 추계(推計) : 일부를 가지고 전체를 미루어 계산함

19 질량이 2kg인 공을 지표면으로부터 높이가 50cm인 지점에서 지표면을 향해 수직으로 4m/s의 속력으로 던져 공이 튀어 올랐다. 다음 〈조건〉을 보고 가장 높은 지점에서 공의 위치에너지를 구하면?(단, 에너지 손실은 없으며, 중력가속도는 10m/s^2으로 가정한다)

> **조건**
> - (운동에너지)$=\left[\dfrac{1}{2}\times(\text{질량})\times(\text{속력})^2\right]$J
> - (위치에너지)$=[(\text{질량})\times(\text{중력가속도})\times(\text{높이})]$J
> - (역학적 에너지)$=[(\text{운동에너지})+(\text{위치에너지})]$J
> - 에너지 손실이 없다면 역학적 에너지는 어떠한 경우에도 변하지 않는다.
> - 공이 지표면에 도달할 때 위치에너지는 0이고, 운동에너지는 역학적 에너지와 같다.
> - 공이 튀어 오른 후 가장 높은 지점에서 운동에너지는 0이고, 위치에너지는 역학적 에너지와 같다.
> - 운동에너지와 위치에너지를 구하는 식에 대입하는 질량의 단위는 kg, 속력의 단위는 m/s, 중력가속도의 단위는 m/s^2, 높이의 단위는 m이다.

① 26J

② 28J

③ 30J

④ 32J

⑤ 34J

20 A부장이 시속 200km의 속력으로 달리는 기차로 1시간 30분 걸리는 출장지에 자가용을 타고 출장을 갔다. 시속 60km의 속력으로 가고 있는데, 속력을 유지한 채 가면 약속시간보다 1시간 늦게 도착할 수 있어 도중에 시속 90km의 속력으로 달려 약속시간보다 30분 일찍 도착하였다. A부장이 시속 90km의 속력으로 달린 거리는?(단, 달리는 동안 속력은 시속 60km로 달리는 도중에 시속 90km로 바뀌는 경우를 제외하고는 그 속력을 유지하는 것으로 가정한다)

① 180km
② 210km
③ 240km
④ 270km
⑤ 300km

21 S공장은 어떤 상품을 원가에 23%의 이익을 남겨 판매하였으나, 잘 팔리지 않아 판매가에서 1,300원 할인하여 판매하였다. 이때 얻은 이익이 원가의 10%일 때, 상품의 원가는?

① 10,000원
② 11,500원
③ 13,000원
④ 14,500원
⑤ 16,000원

22 A ~ G 7명은 일렬로 배치된 의자에 다음 〈조건〉과 같이 앉는다. 이때 가능한 경우의 수는?

> 조건
> • A는 양 끝에 앉지 않는다.
> • G는 가운데에 앉는다.
> • B는 G의 바로 옆에 앉는다.

① 60가지
② 72가지
③ 144가지
④ 288가지
⑤ 366가지

23 S유치원에 다니는 아이 11명의 평균 키는 113cm이다. 키가 107cm인 원생이 유치원을 나가게 되어 원생이 10명이 되었을 때, 남은 유치원생 10명의 평균 키는?

① 113cm

② 113.6cm

③ 114.2cm

④ 114.8cm

⑤ 115.4cm

24 다음 글과 같이 한자어 및 외래어를 순화한 내용으로 적절하지 않은 것은?

> 열차를 타다 보면 한 번쯤은 다음과 같은 안내방송을 들어 봤을 것이다.
> "○○역 인근 '공중사상사고' 발생으로 KTX 열차가 지연되고 있습니다."
> 이때 들리는 안내방송 중 한자어인 '공중사상사고'를 한 번에 알아듣기란 일반적으로 쉽지 않다. 실제로 S교통공사 관계자는 승객들로부터 안내방송 문구가 적절하지 않다는 지적을 받아 왔다고 밝혔으며, 이에 S교통공사는 국토교통부와 협의를 거쳐 보다 이해하기 쉬운 안내방송을 전달하기 위해 문구를 바꾸는 작업에 착수하기로 결정하였다고 전했다.
> 우선 가장 먼저 수정하기로 한 것은 한자어 및 외래어로 표기된 철도 용어이다. 그중 대표적인 것이 '공중사상사고'이다. S교통공사 관계자는 이를 '일반인의 사상사고'나 '열차 운행 중 인명사고' 등과 같이 이해하기 쉬운 말로 바꿀 예정이라고 밝혔다. 이 외에도 열차 지연 예상 시간, 사고복구 현황 등 열차 내 안내방송을 승객에게 좀 더 알기 쉽고 상세하게 전달할 것이라고 전했다.

① 열차시격 → 배차간격

② 전차선 단전 → 선로 전기 공급 중단

③ 우회수송 → 우측 선로로 변경

④ 핸드레일(Handrail) → 안전손잡이

⑤ 키스 앤 라이드(Kiss and Ride) → 환승정차구역

25 다음 글에서 언급되지 않은 내용은?

> 전 세계적인 과제로 탄소중립이 대두되자 친환경적 운송 수단인 철도가 주목받고 있다. 특히 국제에너지기구는 철도를 에너지 효율이 가장 높은 운송 수단으로 꼽으며, 철도 수송을 확대하면 세계 수송 부문에서 온실가스 배출량이 그렇지 않을 때보다 약 6억 톤이 줄어들 수 있다고 하였다.
>
> 특히 철도의 에너지 소비량은 도로의 22분의 1이고, 온실가스 배출량은 9분의 1에 불과해, 탄소 배출이 높은 도로 운행의 수요를 친환경 수단인 철도로 전환한다면 수송 부문 총배출량이 획기적으로 감소될 것이라 전망하고 있다.
>
> 이에 발맞춰 우리나라의 S철도공단도 '녹색교통'인 철도 중심 교통체계를 구축하기 위해 박차를 가하고 있으며, 정부 역시 '2050 탄소중립 실현' 목표에 발맞춰 저탄소 철도 인프라 건설·관리로 탄소를 지속적으로 감축하고자 노력하고 있다.
>
> S철도공단은 철도 인프라 생애주기 관점에서 탄소를 감축하기 위해 먼저 철도 건설 단계에서부터 친환경·저탄소 자재를 적용해 탄소 배출을 줄이고 있다. 실제로 중앙선 안동 ~ 영천 간 궤도 설계 당시 철근 대신에 저탄소 자재인 유리섬유 보강근을 콘크리트 궤도에 적용했으며, 이를 통한 탄소 감축효과는 약 6,000톤으로 추정된다. 이 밖에도 저탄소 철도 건축물 구축을 위해 2025년부터 모든 철도건축물을 에너지 자립률 60% 이상(3등급)으로 설계하기로 결정했으며, 도심의 철도 용지는 지자체와 협업을 통해 도심 속 철길 숲 등 탄소 흡수원이자 지역민의 휴식처로 철도부지 특성에 맞게 조성되고 있다.
>
> S철도공단은 이와 같은 철도로의 수송 전환으로 약 20%의 탄소 감축 목표를 내세웠으며, 이를 위해서는 정부의 노력도 필요하다고 강조하였다. 특히 수송 수단 간 공정한 가격 경쟁이 이루어질 수 있도록 도로 차량에 집중된 보조금 제도를 화물차의 탄소배출을 줄이기 위한 철도 전환교통 보조금으로 확대하는 등 실질적인 방안의 필요성을 제기하고 있다.

① 녹색교통으로 철도 수송이 대두된 배경
② 철도 수송 확대를 통해 기대할 수 있는 효과
③ 국내의 탄소 감축 방안이 적용된 설계 사례
④ 정부의 철도 중심 교통체계 구축을 위해 시행된 조치
⑤ S철도공단의 철도 중심 교통체계 구축을 위한 방안

26 다음 글의 주제로 가장 적절한 것은?

지난 5월 아이슬란드에 각종 파이프와 열교환기, 화학물질 저장탱크, 압축기로 이루어져 있는 '조지올라 재생가능 메탄올 공장'이 등장했다. 이곳은 이산화탄소로 메탄올을 만드는 첨단 시설로, 과거 2011년 아이슬란드 기업 '카본리사이클링인터내셔널(CRI)'이 탄소 포집·활용(CCU) 기술의 실험을 위해서 지은 곳이다.

이곳에서는 인근 지열발전소에서 발생하는 적은 양의 이산화탄소(CO_2)를 포집한 뒤 물을 분해해 조달한 수소(H_2)와 결합시켜 재생 메탄올(CH_3OH)을 제조하였으며, 이때 필요한 열과 냉각수 역시 지열발전소의 부산물을 이용했다. 이렇게 만들어진 메탄올은 자동차, 선박, 항공 연료는 물론 플라스틱 제조 원료로 활용되는 등 여러 곳에서 활용되었다.

하지만 이렇게 메탄올을 만드는 것이 미래 원료 문제의 근본적인 해결책이 될 수는 없었다. 왜냐하면 메탄올이 만드는 에너지보다 메탄올을 만드는 데 들어가는 에너지가 더 필요하다는 문제점에 더하여 액화천연가스(LNG)를 메탄올로 변환할 경우 이전보다 오히려 탄소배출량이 증가하고, 탄소배출량을 감소시키기 위해서는 태양광과 에너지 저장장치를 활용해 메탄올 제조에 필요한 에너지를 모두 조달해야만 하기 때문이다.

또한 탄소를 포집해 지하에 영구 저장하는 탄소포집 저장방식과 달리, 탄소를 포집해 만든 연료나 제품은 사용 중에 탄소를 다시 배출할 가능성이 있어 이에 대한 논의가 분분한 상황이다.

① 탄소 재활용의 득과 실
② 재생 에너지 메탄올의 다양한 활용
③ 지열발전소에서 탄생한 재활용 원료
④ 탄소 재활용을 통한 미래 원료의 개발
⑤ 미래의 에너지 원료로 주목받는 재활용 원료, 메탄올

27 다음은 A ~ C철도사의 연도별 차량 수 및 승차인원에 대한 자료이다. 이에 대한 설명으로 옳지 않은 것은?

〈철도사별 차량 수 및 승차인원〉

구분	2020년			2021년			2022년		
	A	B	C	A	B	C	A	B	C
차량 수(량)	2,751	103	185	2,731	111	185	2,710	113	185
승차인원 (천 명/년)	775,386	26,350	35,650	768,776	24,746	33,130	755,376	23,686	34,179

① C철도사가 운영하는 차량 수는 변동이 없다.
② 3년간 전체 승차인원 중 A철도사 철도를 이용하는 승차인원의 비율이 가장 높다.
③ A ~ C철도사의 철도를 이용하는 연간 전체 승차인원 수는 매년 감소하였다.
④ 3년간 차량 1량당 연간 평균 승차인원 수는 B철도사가 가장 적다.
⑤ C철도사의 차량 1량당 연간 승차인원 수는 200천 명 미만이다.

28 다음은 A ~ H국의 연도별 석유 생산량에 대한 자료이다. 이에 대한 설명으로 옳은 것은?

〈연도별 석유 생산량〉

(단위 : bbl/day)

국가	2018년	2019년	2020년	2021년	2022년
A	10,356,185	10,387,665	10,430,235	10,487,336	10,556,259
B	8,251,052	8,297,702	8,310,856	8,356,337	8,567,173
C	4,102,396	4,123,963	4,137,857	4,156,121	4,025,936
D	5,321,753	5,370,256	5,393,104	5,386,239	5,422,103
E	258,963	273,819	298,351	303,875	335,371
F	2,874,632	2,633,087	2,601,813	2,538,776	2,480,221
G	1,312,561	1,335,089	1,305,176	1,325,182	1,336,597
H	100,731	101,586	102,856	103,756	104,902

① 석유 생산량이 매년 증가한 국가는 6곳이다.
② 2018년 대비 2022년에 석유 생산량 증가량이 가장 많은 국가는 A이다.
③ 매년 E국가의 석유 생산량은 H국가 석유 생산량의 3배 미만이다.
④ 연도별 석유 생산량 상위 2개 국가의 생산량 차이는 매년 감소한다.
⑤ 2018년 대비 2022년에 석유 생산량 감소율이 가장 큰 국가는 F이다.

29 A씨는 최근 승진한 공무원 친구에게 선물로 개당 12만 원인 수석을 보내고자 한다. 다음 부정청탁 및 금품 등 수수의 금지에 관한 법률에 따라 선물을 보낼 때, 최대한 많이 보낼 수 있는 수석의 수는?(단, A씨는 공무원인 친구와 직무 연관성이 없는 일반인이며, 선물은 한 번만 보낸다)

> **금품 등의 수수 금지(부정청탁 및 금품 등 수수의 금지에 관한 법률 제8조 제1항)**
> 공직자 등은 직무 관련 여부 및 기부·후원·증여 등 그 명목에 관계없이 동일인으로부터 1회에 100만 원 또는 매 회계연도에 300만 원을 초과하는 금품 등을 받거나 요구 또는 약속해서는 아니 된다.

① 7개   ② 8개
③ 9개   ④ 10개
⑤ 11개

30 S대리는 업무 진행을 위해 본사에서 거래처로 외근을 가고자 한다. 본사에서 거래처까지 가는 길이 다음과 같을 때, 본사에서 출발하여 C와 G를 거쳐 거래처로 간다면 S대리의 최소 이동거리는?(단, 어떤 곳을 먼저 가도 무관하다)

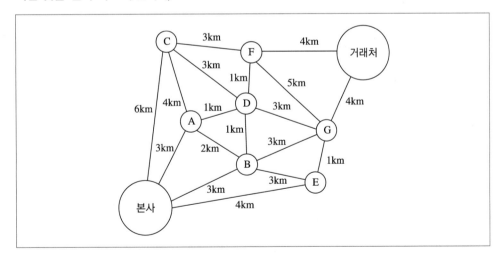

① 8km   ② 9km
③ 13km   ④ 16km
⑤ 18km

31 총무부에 근무하는 A사원은 각 부서에 필요한 사무용품을 조사한 결과, 볼펜 30자루, 수정테이프 8개, 연필 20자루, 지우개 5개가 필요하다고 한다. 다음 〈조건〉에 따라 비품을 구매할 때, 지불할 수 있는 가장 저렴한 금액은?(단, 필요한 비품 수를 초과하여 구매할 수 있고, 지불하는 금액은 배송료를 포함한다)

> **조건**
>
> • 볼펜, 수정테이프, 연필, 지우개의 판매 금액은 다음과 같다(단, 모든 품목은 낱개로 판매한다).
>
> | 품목 | 가격(원/1EA) | 비고 |
> |---|---|---|
> | 볼펜 | 1,000 | 20자루 이상 구매 시 개당 200원 할인 |
> | 수정테이프 | 2,500 | 10개 이상 구매 시 개당 1,000원 할인 |
> | 연필 | 400 | 12자루 이상 구매 시 연필 전체 가격의 25% 할인 |
> | 지우개 | 300 | 10개 이상 구매 시 개당 100원 할인 |
>
> • 품목당 할인을 적용한 금액의 합이 3만 원을 초과할 경우, 전체 금액의 10% 할인이 추가로 적용된다.
> • 전체 금액의 10% 할인 적용 전 금액이 5만 원 초과 시 배송료는 무료이다.
> • 전체 금액의 10% 할인 적용 전 금액이 5만 원 이하 시 배송료 5,000원이 별도로 적용된다.

① 51,500원   ② 51,350원

③ 46,350원   ④ 45,090원

⑤ 42,370원

32 S사는 개발 상품 매출 순이익에 기여한 직원에게 성과급을 지급하고자 한다. 기여도에 따른 성과급 지급 기준과 〈보기〉를 참고하여 성과급을 차등지급할 때, 가장 많은 성과급을 지급받는 직원은? (단, 팀장에게 지급하는 성과급은 기준 금액의 1.2배이다)

〈기여도에 따른 성과급 지급 기준〉

매출 순이익	개발 기여도			
	1% 이상 5% 미만	5% 이상 10% 미만	10% 이상 20% 미만	20% 이상
1천만 원 미만	–	–	매출 순이익의 1%	매출 순이익의 2%
1천만 원 이상 3천만 원 미만	5만 원	매출 순이익의 1%	매출 순이익의 2%	매출 순이익의 5%
3천만 원 이상 5천만 원 미만	매출 순이익의 1%	매출 순이익의 2%	매출 순이익의 3%	매출 순이익의 5%
5천만 원 이상 1억 원 미만	매출 순이익의 1%	매출 순이익의 3%	매출 순이익의 5%	매출 순이익의 7.5%
1억 원 이상	매출 순이익의 1%	매출 순이익의 3%	매출 순이익의 5%	매출 순이익의 10%

보기

직원	직책	매출 순이익	개발 기여도
A	팀장	4,000만 원	25%
B	팀장	2,500만 원	12%
C	팀원	1억 2,500만 원	3%
D	팀원	7,500만 원	7%
E	팀원	800만 원	6%

① A
② B
③ C
④ D
⑤ E

33 다음은 S시의 학교폭력 상담 및 신고 건수에 대한 자료이다. 이에 대한 설명으로 옳지 않은 것은?

〈학교폭력 상담 및 신고 건수〉

(단위 : 건)

구분	2022년 7월	2022년 8월	2022년 9월	2022년 10월	2022년 11월	2022년 12월
상담	977	805	3,009	2,526	1,007	871
상담 누계	977	1,782	4,791	7,317	8,324	9,195
신고	486	443	1,501	804	506	496
신고 누계	486	929	2,430	3,234	3,740	4,236
구분	2023년 1월	2023년 2월	2023년 3월	2023년 4월	2023년 5월	2023년 6월
상담	( )	( )	4,370	3,620	1,004	905
상담 누계	9,652	10,109	14,479	18,099	19,103	20,008
신고	305	208	2,781	1,183	557	601
신고 누계	4,541	4,749	7,530	( )	( )	( )

① 2023년 1월과 2023년 2월의 학교폭력 상담 건수는 같다.

② 학교폭력 상담 건수와 신고 건수 모두 2023년 3월에 가장 많다.

③ 전월 대비 학교폭력 상담 건수가 가장 크게 감소한 월과 학교폭력 신고 건수가 가장 크게 감소한 월은 다르다.

④ 전월 대비 학교폭력 상담 건수가 증가한 월은 학교폭력 신고 건수도 같이 증가하였다.

⑤ 2023년 6월까지의 학교폭력 신고 누계 건수는 10,000건 이상이다.

34 다음은 5년 동안 발전원별 발전량 추이에 대한 자료이다. 이에 대한 설명으로 옳지 않은 것은?

〈2018 ~ 2022년 발전원별 발전량 추이〉

(단위 : GWh)

발전원	2018년	2019년	2020년	2021년	2022년
원자력	127,004	138,795	140,806	155,360	179,216
석탄	247,670	226,571	221,730	200,165	198,367
가스	135,072	126,789	138,387	144,976	160,787
신재생	36,905	38,774	44,031	47,831	50,356
유류 · 양수	6,605	6,371	5,872	5,568	5,232
합계	553,256	537,300	550,826	553,900	593,958

① 매년 원자력 자원 발전량과 신재생 자원 발전량의 증감 추이는 같다.

② 석탄 자원 발전량의 전년 대비 감소폭이 가장 큰 해는 2021년이다.

③ 신재생 자원 발전량 대비 가스 자원 발전량이 가장 큰 해는 2018년이다.

④ 매년 유류 · 양수 자원 발전량은 전체 발전량의 1% 이상을 차지한다.

⑤ 전체 발전량의 전년 대비 증가폭이 가장 큰 해는 2022년이다.

35 다음 중 〈보기〉에 해당하는 문제해결방법이 바르게 연결된 것은?

> **보기**
>
> ㉠ 중립적인 위치에서 그룹이 나아갈 방향과 주제에 대한 공감을 이룰 수 있도록 도와주어 깊이 있는 커뮤니케이션을 통해 문제점을 이해하고 창조적으로 해결하도록 지원하는 방법이다.
> ㉡ 상이한 문화적 토양을 가진 구성원이 사실과 원칙에 근거한 토론을 바탕으로 서로의 생각을 직설적인 논쟁이나 협상을 통해 의견을 조정하는 방법이다.
> ㉢ 구성원이 같은 문화적 토양을 가지고 서로를 이해하는 상황에서 권위나 공감에 의지하여 의견을 중재하고, 타협과 조정을 통해 해결을 도모하는 방법이다.

	㉠	㉡	㉢
①	하드 어프로치	퍼실리테이션	소프트 어프로치
②	퍼실리테이션	하드 어프로치	소프트 어프로치
③	소프트 어프로치	하드 어프로치	퍼실리테이션
④	퍼실리테이션	소프트 어프로치	하드 어프로치
⑤	하드 어프로치	소프트 어프로치	퍼실리테이션

36 A ~ G 7명은 주말 여행지를 고르기 위해 투표를 진행하였다. 다음 〈조건〉과 같이 투표를 진행하였을 때, 투표를 하지 않은 사람을 모두 고르면?

> **조건**
>
> • D나 G 중 적어도 한 명이 투표하지 않으면, F는 투표한다.
> • F가 투표하면, E는 투표하지 않는다.
> • B나 E 중 적어도 한 명이 투표하지 않으면, A는 투표하지 않는다.
> • A를 포함하여 투표한 사람은 모두 5명이다.

① B, E
② B, F
③ C, D
④ C, F
⑤ F, G

37 다음과 같이 G마트에서 파는 물건을 상품코드와 크기에 따라 엑셀 프로그램으로 정리하였다. 상품 코드가 S3310897이고, 크기가 '중'인 물건의 가격을 구하는 함수로 옳은 것은?

◢	A	B	C	D	E	F
1						
2		상품코드	소	중	대	
3		S3001287	18,000	20,000	25,000	
4		S3001289	15,000	18,000	20,000	
5		S3001320	20,000	22,000	25,000	
6		S3310887	12,000	16,000	20,000	
7		S3310897	20,000	23,000	25,000	
8		S3311097	10,000	15,000	20,000	
9						

① $=$ HLOOKUP(S3310897,\$B\$2:\$E\$8,6,0)

② $=$ HLOOKUP("S3310897",\$B\$2:\$E\$8,6,0)

③ $=$ VLOOKUP("S3310897",\$B\$2:\$E\$8,2,0)

④ $=$ VLOOKUP("S3310897",\$B\$2:\$E\$8,6,0)

⑤ $=$ VLOOKUP("S3310897",\$B\$2:\$E\$8,3,0)

38 다음 중 Windows Game Bar 녹화 기능에 대한 설명으로 옳지 않은 것은?

① 〈Windows 로고 키〉+〈Alt〉+〈G〉를 통해 백그라운드 녹화 기능을 사용할 수 있다.

② 백그라운드 녹화 시간은 변경할 수 있다.

③ 녹화한 영상의 저장 위치는 변경할 수 없다.

④ 각 메뉴의 단축키는 본인이 원하는 키 조합에 맞추어 변경할 수 있다.

⑤ 게임 성능에 영향을 줄 수 있다.

우리나라에서 500MW 규모 이상의 발전설비를 보유한 발전사업자(공급의무자)는 신재생에너지 공급의무화 제도(RPS; Renewable Portfolio Standard)에 의해 의무적으로 일정 비율 이상을 기존의 화석연료를 변환시켜 이용하거나 햇빛·물·지열·강수·생물유기체 등 재생 가능한 에너지를 변환시켜 이용하는 에너지인 신재생에너지로 발전해야 한다. 이에 따라 공급의무자는 매년 정해진 의무공급비율에 따라 신재생에너지를 사용하여 전기를 공급해야 하는데 의무공급비율은 매년 확대되고 있으므로 여기에 맞춰 태양광, 풍력 등 신재생에너지 발전설비를 추가로 건설하기에는 여러 가지 한계점이 있다. ___㉠___ 공급의무자는 의무공급비율을 외부 조달을 통해 충당하게 되는데 이를 인증하는 것이 신재생에너지 공급인증서(REC; Renewable Energy Certificates)이다. 공급의무자는 신재생에너지 발전사에서 판매하는 REC를 구매하는 것으로 의무공급비율을 달성하게 되며, 이를 이행하지 못할 경우 미이행 의무량만큼 해당 연도 평균 REC 거래가격의 1.5배 이내에서 과징금이 부과된다.

신재생에너지 공급자가 공급의무자에게 REC를 판매하기 위해서는 먼저 「신에너지 및 재생에너지 개발·이용·보급 촉진법(신재생에너지법)」 제12조의7에 따라 공급인증기관(에너지관리공단 신재생에너지센터, 한국전력거래소 등)으로부터 공급 사실을 증명하는 공급인증서를 신청해야 한다. 인증 신청을 받은 공급인증기관은 신재생에너지 공급자, 신재생에너지 종류별 공급량 및 공급기간, 인증서 유효기간을 명시한 공급인증서를 발급해 주는데, 여기서 공급인증서의 유효기간은 발급받은 날로부터 3년이며, 공급량은 발전방식에 따라 실제 공급량에 가중치를 곱해 표기한다. 이렇게 발급받은 REC는 공급인증기관이 개설한 거래시장인 한국전력거래소에서 거래할 수 있으며, 거래시장에서 공급의무자가 구매하여 의무공급량에 충당한 공급인증서는 효력을 상실하여 폐기하게 된다.

RPS 제도를 통한 REC 거래는 최근 더욱 확대되고 있다. 시행 초기에는 전력거래소에서 신재생에너지 공급자와 공급의무자 간 REC를 거래하였으나, 2021년 8월 이후 에너지관리공단에서 운영하는 REC 거래시장을 통해 한국형 RE100에 동참하는 일반기업들도 신재생에너지 공급자로부터 REC를 구매할 수 있게 되었고 여기서 구매한 REC는 기업의 온실가스 감축실적으로 인정되어 인센티브 등 다양한 혜택을 받을 수 있게 된다.

| 한국남동발전 / 의사소통능력

39 다음 중 윗글의 내용으로 적절하지 않은 것은?

① 공급의무자는 의무공급비율 달성을 위해 반드시 신재생에너지 발전설비를 건설해야 한다.

② REC 거래를 위해서는 먼저 공급인증기관으로부터 인증서를 받아야 한다.

③ 일반기업도 REC 구매를 통해 온실가스 감축실적을 인정받을 수 있다.

④ REC에 명시된 공급량은 실제 공급량과 다를 수 있다.

40 다음 중 빈칸 ㉠에 들어갈 접속부사로 가장 적절한 것은?

① 한편
② 그러나
③ 그러므로
④ 예컨대

41 다음 자료를 토대로 신재생에너지법상 바르게 거래된 것은?

〈REC 거래내역〉

(거래일 : 2023년 10월 12일)

설비명	에너지원	인증서 발급일	판매처	거래시장 운영소
A발전소	풍력	2020.10.06	E기업	에너지관리공단
B발전소	천연가스	2022.10.12	F발전	한국전력거래소
C발전소	태양광	2020.10.24	G발전	한국전력거래소
D발전소	수력	2021.04.20	H기업	한국전력거래소

① A발전소
② B발전소
③ C발전소
④ D발전소

※ 다음 기사를 읽고 이어지는 질문에 답하시오. [42~43]

N전력공사가 밝힌 에너지 공급비중을 살펴보면 2022년 우리나라의 발전비중 중 가장 높은 것은 석탄 (32.51%)이고, 두 번째는 액화천연가스(27.52%) 즉 LNG 발전이다. LNG의 경우 석탄에 비해 탄소 배출량이 적어 화석연료와 신재생에너지의 전환단계인 교량 에너지로서 최근 크게 비중이 늘었지만, 여전히 많은 양의 탄소를 배출한다는 문제점이 있다. 지구 온난화 완화를 위해 어떻게든 탄소 배출량을 줄여야 하는 상황에서 이에 대한 현실적인 대안으로 수소혼소 발전이 주목받고 있다. _____(가)_____

수소혼소 발전이란 기존의 화석연료인 LNG와 친환경에너지인 수소를 혼합 연소하여 발전하는 방식이다. 수소는 지구에서 9번째로 풍부하여 고갈될 염려가 없고, 연소 시 탄소를 배출하지 않는 친환경에너지이다. 발열량 또한 1kg당 142MJ로, 다른 에너지원에 비해 월등이 높아 같은 양으로 훨씬 많은 에너지를 생산할 수 있다. _____(나)_____

그러나 수소를 발전 연료로서 그대로 사용하기에는 여러 가지 문제점이 있다. 수소는 LNG에 비해 7 ~ 8배 빠르게 연소되므로 제어에 실패하면 가스 터빈에서 급격하게 발생한 화염이 역화하여 폭발할 가능성이 있다. 또한 높은 온도로 연소되므로 그만큼 공기 중의 질소와 반응하여 많은 질소산화물(NOx)을 발생시키는데, 이는 미세먼지와 함께 대기오염의 주요 원인이 된다. 마지막으로 연료로 사용할 만큼 정제된 수소를 얻기 위해서는 물을 전기분해해야 하는데, 여기에는 많은 전력이 들어가므로 수소 생산 단가가 높아진다는 단점이 있다. _____(다)_____

이러한 수소의 문제점을 해결하기 위한 대안이 바로 수소혼소 발전이다. 인프라적인 측면에서 기존의 LNG 발전설비를 활용할 수 있기 때문에 수소혼소 발전은 친환경에너지로 전환하는 사회적·경제적 충격을 완화할 수 있다. 또한 수소를 혼입하는 비율이 많아질수록 그만큼 LNG를 대체하게 되므로 기술발전으로 인해 혼입하는 수소의 비중이 높아질수록 발전으로 인한 탄소의 발생을 줄일 수 있다. 아직 많은 기술적·경제적 문제점이 남아있지만, 세계의 많은 나라들은 탄소 배출량 저감을 위해 수소혼소 발전 기술에 적극적으로 뛰어들고 있다. 우리나라 또한 2024년 세종시에 수소혼소 발전이 가능한 열병합발전소가 들어설 예정이며, 한화, 포스코 등 많은 기업들이 수소혼소 발전 실현을 위해 사업을 추진하고 있다. _____(라)_____

| 한국남동발전 / 의사소통능력

42 다음 중 윗글의 내용으로 적절하지 않은 것은?

① 수소혼소 발전은 기존 LNG 발전설비를 활용할 수 있다.
② 수소를 연소할 때에도 공해물질은 발생한다.
③ 수소혼소 발전은 탄소를 배출하지 않는 발전 기술이다.
④ 수소혼소 발전에서 수소를 더 많이 혼입할수록 탄소 배출량은 줄어든다.

| 한국남동발전 / 의사소통능력

43 다음 중 〈보기〉의 문장이 들어갈 위치로 가장 적절한 곳은?

> 보기
> 따라서 수소는 우리나라의 2050 탄소중립을 실현하기 위한 최적의 에너지원이라 할 수 있다.

① (가)
② (나)
③ (다)
④ (라)

44 다음은 N사의 비품 구매 신청 기준이다. 부서별로 비품 수량 현황과 기준을 참고하여 비품을 신청해야 할 때, 비품 신청 수량이 바르게 연결되지 않은 부서는?

〈비품 구매 신청 기준〉

비품	연필	지우개	볼펜	수정액	테이프
최소 수량	30자루	45개	60자루	30개	20개

• 팀별 비품 보유 수량이 비품 구매 신청 기준 이하일 때, 해당 비품을 신청할 수 있다.
• 각 비품의 신청 가능한 개수는 최소 수량에서 부족한 수량 이상 최소 보유 수량의 2배 이하이다.
예 연필 20자루, 지우개 50개, 볼펜 50자루, 수정액 40개, 테이프 30개가 있다면 지우개, 수정액, 테이프는 신청할 수 없고, 연필은 10자루 이상 60자루 이하, 볼펜은 10자루 이상 120자루 이하를 신청할 수 있다.

〈N사 부서별 비품 수량 현황〉

팀 \ 비품	연필	지우개	볼펜	수정액	테이프
총무팀	15자루	30개	20자루	15개	40개
연구개발팀	45자루	60개	50자루	20개	30개
마케팅홍보팀	40자루	40개	15자루	5개	10개
인사팀	25자루	50개	80자루	50개	5개

	팀	연필	지우개	볼펜	수정액	테이프
①	총무팀	15자루	15개	40자루	15개	0개
②	연구개발팀	0자루	0개	100자루	20개	0개
③	마케팅홍보팀	20자루	10개	50자루	50개	40개
④	인사팀	45자루	0개	0자루	0개	30개

※ 다음은 N사 인근의 지하철 노선도 및 관련 정보이다. 이어지는 질문에 답하시오. [45~47]

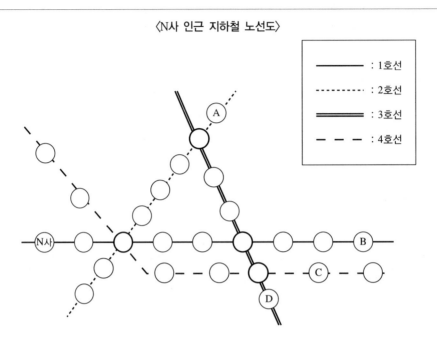

〈N사 인근 지하철 노선도〉

〈N사 인근 지하철 관련 정보〉

• 역 간 거리 및 부과요금은 다음과 같다.

지하철 노선	역 간 거리	기본요금	거리비례 추가요금
1호선	900m	1,200원	5km 초과 시 500m마다 50원 추가
2호선	950m	1,500원	5km 초과 시 1km마다 100원 추가
3호선	1,000m	1,800원	5km 초과 시 500m마다 100원 추가
4호선	1,300m	2,000원	5km 초과 시 1.5km마다 150원 추가

• 모든 노선에서 다음 역으로 이동하는 데 걸리는 시간은 2분이다.
• 모든 노선에서 환승하는 데 걸리는 시간은 3분이다.
• 기본요금이 더 비싼 열차로 환승할 때에는 부족한 기본요금을 추가로 부과하며, 기본요금이 더 저렴한 열차로 환승할 때에는 요금을 추가로 부과하거나 공제하지 않는다.
• 1회 이상 환승할 때의 거리비례 추가요금은 이용한 열차 중 기본요금이 가장 비싼 열차를 기준으로 적용한다.
  예 1호선으로 3,600m 이동 후 3호선으로 환승하여 3,000m 더 이동했다면, 기본요금 및 거리비례 추가요금은 3호선 기준이 적용되어 1,800+300=2,100원이다.

45 다음 중 N사와 A지점을 왕복하는 데 걸리는 최소 이동시간은?

① 28분 ② 34분

③ 40분 ④ 46분

46 다음 중 N사로부터 이동거리가 가장 짧은 지점은?

① A지점 ② B지점

③ C지점 ④ D지점

47 다음 중 N사에서 이동하는 데 드는 비용이 가장 적은 지점은?

① A지점 ② B지점

③ C지점 ④ D지점

SF 영화나 드라마에서만 나오던 3D 푸드 프린터를 통해 음식을 인쇄하여 소비하는 모습은 더 이상 먼 미래의 모습이 아니게 되었다. 2023년 3월 21일 미국의 컬럼비아 대학교에서는 3D 푸드 프린터와 땅콩버터, 누텔라, 딸기잼 등 7가지의 반죽형 식용 카트리지로 7겹 치즈케이크를 만들었다고 국제학술지 'NPJ 식품과학'에 소개하였다. (가) 특히 이 치즈케이크는 베이킹 기능이 있는 레이저와 식물성 원료를 사용한 비건식 식용 카트리지를 통해 만들어졌다. ㉠ 그래서 이번 발표는 대체육과 같은 다른 관련 산업에서도 많은 주목을 받게 되었다.

3D 푸드 프린터는 산업 현장에서 사용되는 일반적인 3D 프린터가 사용자가 원하는 대로 3차원의 물체를 만드는 것처럼 사람이 섭취가 가능한 페이스트, 반죽, 분말 등을 카트리지로 사용하여 사용자가 원하는 디자인으로 압출·성형하여 음식을 만들어 내는 것이다. (나) 현재 3D 푸드 프린터는 산업용 3D 프린터처럼 페이스트를 층층이 쌓아서 만드는 FDM(Fused Deposition Modeling) 방식, 분말형태로 된 재료를 접착제로 굳혀 찍어내는 PBF(Powder Bed Fusion), 레이저로 굳혀 찍어내는 SLS(Selective Laser Sintering) 방식이 주로 사용된다.

(다) 3D 푸드 프린터는 아직 대중화되지 않았지만, 많은 장점을 가지고 있어 미래에 활용가치가 아주 높을 것으로 예상되고 있다. ㉡ 예를 들어 증가하는 노령인구에 맞춰 씹고 삼키는 것이 어려운 사람을 위해 질감과 맛을 조정하거나, 개인별로 필요한 영양소를 첨가하는 등 사용자의 건강관리를 수월하게 해 준다. ㉢ 또한 우주 등 음식을 조리하기 어려운 곳에서 평소 먹던 음식을 섭취할 수 있게 하는 등 활용도는 무궁무진하다. 특히 대체육 부분에서 주목받고 있는데, 3D 푸드 프린터로 육류를 제작하게 된다면 동물을 키우고 도살하여 고기를 얻는 것보다 환경오염을 줄일 수 있다. (라) 대체육은 식물성 원료를 소재로 하는 것이므로 일반적인 고기보다는 맛은 떨어지게 된다. 실제로 대체육 전문 기업인 리디파인 미트(Redefine Meat)에서는 대체육이 축산업에서 발생하는 일반 고기보다 환경오염을 95% 줄일 수 있다고 밝히고 있다.

㉣ 따라서 3D 푸드 프린터는 개발 초기 단계이므로 아직 개선해야 할 점이 많다. 가장 중요한 것은 맛이다. 3D 푸드 프린터에 들어가는 식용 카트리지의 주원료는 식물성 재료이므로 실제 음식의 맛을 내기까지는 아직 많은 노력이 필요하다. (마) 디자인의 영역도 간과할 수 없는데, 길쭉한 필라멘트(3D 프린터에 사용되는 플라스틱 줄) 모양으로 성형된 음식이 '인쇄'라는 인식과 함께 음식을 섭취하는 데 심리적인 거부감을 주는 것도 해결해야 하는 문제이다. ㉤ 게다가 현재 주로 사용하는 방식은 페이스트, 분말을 레이저나 압출로 성형하는 것이므로 만들 수 있는 요리의 종류가 매우 제한적이며, 전력 소모 또한 많다는 것도 해결해야 하는 문제이다.

48 윗글의 내용에 대한 추론으로 적절하지 않은 것은?

① 설탕케이크 장식 제작은 SLS 방식의 3D 푸드 프린터가 적절하다.

② 3D 푸드 프린터는 식감 등으로 발생하는 편식을 줄일 수 있다.

③ 3D 푸드 프린터는 사용자 맞춤 식단을 제공할 수 있다.

④ 현재 3D 푸드 프린터로 제작된 음식은 거부감을 일으킬 수 있다.

⑤ 컬럼비아 대학교에서 만들어 낸 치즈케이크는 PBF 방식으로 제작되었다.

49 윗글의 (가) ~ (마) 중 삭제해야 할 문장으로 가장 적절한 것은?

① (가)   ② (나)

③ (다)   ④ (라)

⑤ (마)

50 윗글의 접속부사 ㉠ ~ ㉤ 중 문맥상 적절하지 않은 것은?

① ㉠   ② ㉡

③ ㉢   ④ ㉣

⑤ ㉤

02 | 2023년 주요 공기업
전공 기출복원문제

정답 및 해설 p.016

01 경영

| 코레일 한국철도공사

01 다음 중 고전적 경영이론에 대한 설명으로 옳지 않은 것은?

① 고전적 경영이론은 인간의 행동이 합리적이고 경제적인 동기에 의해 이루어진다고 가정한다.

② 차별 성과급제, 기능식 직장제도는 테일러의 과학적 관리법을 기본이론으로 한다.

③ 포드의 컨베이어 벨트 시스템은 표준화를 통한 대량생산방식을 설명한다.

④ 베버는 조직을 합리적이고 법적인 권한으로 운영하는 관료제 조직이 가장 합리적이라고 주장한다.

⑤ 페이욜은 기업활동을 기술활동, 영업활동, 재무활동, 회계활동 4가지 분야로 구분하였다.

| 코레일 한국철도공사

02 다음 중 광고의 소구 방법에 대한 설명으로 옳지 않은 것은?

① 감성적 소구는 브랜드에 대한 긍정적 느낌 등 이미지 향상을 목표로 하는 방법이다.

② 감성적 소구는 논리적인 자료 제시를 통해 높은 제품 이해도를 이끌어 낼 수 있다.

③ 유머 소구, 공포 소구 등이 감성적 소구 방법에 해당한다.

④ 이성적 소구는 정보제공형 광고에 사용하는 방법이다.

⑤ 이성적 소구는 구매 시 위험이 따르는 내구재나 신제품 등에 많이 활용된다.

03 다음 중 마이클 포터의 가치사슬에 대한 설명으로 옳지 않은 것은?

① 가치사슬은 거시경제학을 기반으로 하는 분석 도구이다.

② 기업의 수행활동을 제품설계, 생산, 마케팅, 유통 등 개별적 활동으로 나눈다.

③ 구매, 제조, 물류, 판매, 서비스 등을 기업의 본원적 활동으로 정의한다.

④ 기술개발, 조달활동 등을 기업의 지원적 활동으로 정의한다.

⑤ 가치사슬에서 말하는 이윤은 수입에서 가치창출을 위해 발생한 모든 비용을 제외한 값이다.

04 다음 〈보기〉 중 JIT시스템의 장점으로 옳지 않은 것을 모두 고르면?

> **보기**
> ⊙ 현장 낭비 제거를 통한 생산성 향상
> ⓒ 다기능공 활용을 통한 작업자 노동부담 경감
> ⓒ 소 LOT 생산을 통한 재고율 감소
> ⓔ 단일 생산을 통한 설비 이용률 향상

① ⊙, ⓒ   ② ⊙, ⓒ

③ ⓒ, ⓒ   ④ ⓒ, ⓔ

⑤ ⓒ, ⓔ

05 다음 중 주식회사의 특징으로 옳지 않은 것은?

① 구성원인 주주와 별개의 법인격이 부여된다.

② 주주는 회사에 대한 주식의 인수가액을 한도로 출자의무를 부담한다.

③ 주주는 자신이 보유한 지분을 자유롭게 양도할 수 있다.

④ 설립 시 발기인은 최소 2인 이상을 필요로 한다.

⑤ 소유와 경영을 분리하여 이사회로 경영권을 위임한다.

06 다음 중 주식 관련 상품에 대한 설명으로 옳지 않은 것은?

① ELS : 주가지수 또는 종목의 주가 움직임에 따라 수익률이 결정되며, 만기가 없는 증권이다.

② ELB : 채권, 양도성 예금증서 등 안전자산에 주로 투자하며, 원리금이 보장된다.

③ ELD : 수익률이 코스피200지수에 연동되는 예금으로, 주로 정기예금 형태로 판매한다.

④ ELT : ELS를 특정금전신탁 계좌에 편입하는 신탁상품으로, 투자자의 의사에 따라 운영한다.

⑤ ELF : ELS와 ELD의 중간 형태로, ELS를 기초 자산으로 하는 펀드를 말한다.

07 다음 중 인사와 관련된 이론에 대한 설명으로 옳지 않은 것은?

① 허즈버그는 욕구를 동기요인과 위생요인으로 나누었으며, 동기요인에는 인정감, 성취, 성장 가능성, 승진, 책임감, 직무 자체가 해당되고, 위생요인에는 보수, 대인관계, 감독, 직무안정성, 근무환경, 회사의 정책 및 관리가 해당된다.

② 브룸은 동기 부여에 대해 기대이론을 적용하여 기대감, 적합성, 신뢰성을 통해 구성원의 직무에 대한 동기 부여를 결정한다고 주장하였다.

③ 매슬로는 욕구의 위계를 생리적 욕구, 안전의 욕구, 애정과 공감의 욕구, 존경의 욕구, 자아실현의 욕구로 나누어 단계별로 욕구가 작용한다고 설명하였다.

④ 맥그리거는 인간의 본성에 대해 부정적인 관점인 X이론과 긍정적인 관점인 Y이론이 있으며, 경영자는 조직목표 달성을 위해 근로자의 본성(X, Y)을 파악해야 한다고 주장하였다.

⑤ 로크는 인간이 합리적으로 행동한다는 가정하에 개인이 의식적으로 얻으려고 설정한 목표가 동기와 행동에 영향을 미친다고 주장하였다.

08 다음 글에 해당하는 마케팅 STP 단계는 무엇인가?

> • 서로 다른 욕구를 가지고 있는 다양한 고객들을 하나의 동질적인 고객집단으로 나눈다.
> • 인구, 지역, 사회, 심리 등을 기준으로 활용한다.
> • 전체시장을 동질적인 몇 개의 하위시장으로 구분하여 시장별로 차별화된 마케팅을 실행한다.

① 시장세분화

② 시장매력도 평가

③ 표적시장 선정

④ 포지셔닝

⑤ 재포지셔닝

09 다음 K기업 재무회계 자료를 참고할 때, 기초부채를 계산하면 얼마인가?

- 기초자산 : 100억 원
- 기말자본 : 65억 원
- 총수익 : 35억 원
- 총비용 : 20억 원

---

① 35억 원   ② 40억 원

③ 50억 원   ④ 60억 원

10 다음 중 ERG 이론에 대한 설명으로 옳지 않은 것은?

① 매슬로의 욕구 5단계설을 발전시켜 주장한 이론이다.

② 인간의 욕구를 중요도 순으로 계층화하여 정의하였다.

③ 인간의 욕구를 존재욕구, 관계욕구, 성장욕구의 3단계로 나누었다.

④ 상위에 있는 욕구를 충족시키지 못하면 하위에 있는 욕구는 더욱 크게 감소한다.

11 다음 중 기업이 사업 다각화를 추진하는 목적으로 볼 수 없는 것은?

① 기업의 지속적인 성장 추구

② 사업위험 분산

③ 유휴자원의 활용

④ 기업의 수익성 강화

12 다음 중 종단분석과 횡단분석의 비교가 옳지 않은 것은?

구분	종단분석	횡단분석
방법	시간적	공간적
목표	특성이나 현상의 변화	집단의 특성 또는 차이
표본 규모	큼	작음
횟수	반복	1회

① 방법
② 목표
③ 표본 규모
④ 횟수

13 다음 중 향후 채권이자율이 시장이자율보다 높아질 것으로 예상될 때 나타날 수 있는 현상으로 옳은 것은?

① 별도의 이자 지급 없이 채권발행 시 이자금액을 공제하는 방식을 선호하게 된다.
② 1년 만기 은행채, 장기신용채 등의 발행이 늘어난다.
③ 만기에 가까워질수록 채권가격 상승에 따른 이익을 얻을 수 있다.
④ 채권가격이 액면가보다 높은 가격에 거래되는 할증채 발행이 증가한다.

14 다음 중 BCG 매트릭스에 대한 설명으로 옳은 것은?

① 스타(Star) 사업 : 높은 시장점유율로 현금창출은 양호하나, 성장 가능성은 낮은 사업이다.
② 현금젖소(Cash Cow) 사업 : 성장률과 시장점유율이 모두 낮아 철수가 필요한 사업이다.
③ 개(Dog) 사업 : 성장률과 시장점유율이 모두 높아서 계속 투자가 필요한 유망 사업이다.
④ 물음표(Question Mark) 사업 : 신규 사업 또는 현재 시장점유율은 낮으나, 향후 성장 가능성이 높은 사업이다.

15 다음 중 테일러의 과학적 관리법의 특징에 대한 설명으로 옳지 않은 것은?

① 작업능률을 최대로 높이기 위하여 노동의 표준량을 정한다.
② 작업에 사용하는 도구 등을 개별 용도에 따라 다양하게 제작하여 성과를 높인다.
③ 작업량에 따라 임금을 차등하여 지급한다.
④ 관리에 대한 전문화를 통해 노동자의 태업을 사전에 방지한다.

| 서울교통공사

01 다음 중 수요의 가격탄력성에 대한 설명으로 옳지 않은 것은?

① 수요의 가격탄력성은 가격의 변화에 따른 수요의 변화를 의미한다.

② 분모는 상품 가격의 변화량을 상품 가격으로 나눈 값이다.

③ 대체재가 많을수록 수요의 가격탄력성은 탄력적이다.

④ 가격이 1% 상승할 때 수요가 2% 감소하였으면 수요의 가격탄력성은 2이다.

⑤ 가격탄력성이 0보다 크면 탄력적이라고 할 수 있다.

| 서울교통공사

02 다음 중 대표적인 물가지수인 GDP 디플레이터를 구하는 계산식으로 옳은 것은?

① (실질 GDP)÷(명목 GDP)×100

② (명목 GDP)÷(실질 GDP)×100

③ (실질 GDP)+(명목 GDP)÷2

④ (명목 GDP)-(실질 GDP)÷2

⑤ (실질 GDP)÷(명목 GDP)×2

| 서울교통공사

03 다음 〈조건〉을 참고할 때, 한계소비성향(MPC) 변화에 따른 현재 소비자들의 소비 변화폭은?

> **조건**
> • 기존 소비자들의 연간 소득은 3,000만 원이며, 한계소비성향은 0.6을 나타내었다.
> • 현재 소비자들의 연간 소득은 4,000만 원이며, 한계소비성향은 0.7을 나타내었다.

① 700 ② 1,100

③ 1,800 ④ 2,500

⑤ 3,700

04 다음 글의 빈칸에 들어갈 단어가 바르게 나열된 것은?

> • 환율이 ___㉠___ 하면 순수출이 증가한다.
> • 국내이자율이 높아지면 환율은 ___㉡___ 한다.
> • 국내물가가 오르면 환율은 ___㉢___ 한다.

	㉠	㉡	㉢
①	하락	상승	하락
②	하락	상승	상승
③	하락	하락	하락
④	상승	하락	상승
⑤	상승	하락	하락

05 다음 중 독점적 경쟁시장에 대한 설명으로 옳지 않은 것은?

① 독점적 경쟁시장은 완전경쟁시장과 독점시장의 중간 형태이다.
② 대체성이 높은 제품의 공급자가 시장에 다수 존재한다.
③ 시장진입과 퇴출이 자유롭다.
④ 독점적 경쟁기업의 수요곡선은 우하향하는 형태를 나타낸다.
⑤ 가격경쟁이 비가격경쟁보다 활발히 진행된다.

06 다음 중 고전학파와 케인스학파에 대한 설명으로 옳지 않은 것은?

① 케인스학파는 경기가 침체할 경우, 정부의 적극적 개입이 바람직하지 않다고 주장하였다.
② 고전학파는 임금이 매우 신축적이어서 노동시장이 항상 균형상태에 이르게 된다고 주장하였다.
③ 케인스학파는 저축과 투자가 국민총생산의 변화를 통해 같아지게 된다고 주장하였다.
④ 고전학파는 실물경제와 화폐를 분리하여 설명한다.
⑤ 케인스학파는 단기적으로 화폐의 중립성이 성립하지 않는다고 주장하였다.

07 다음 사례에서 나타나는 현상으로 옳은 것은?

> • 물은 사용 가치가 크지만 교환 가치가 작은 반면, 다이아몬드는 사용 가치가 작지만 교환 가치는 크게 나타난다.
> • 한계효용이 작을수록 교환 가치가 작으며, 한계효용이 클수록 교환 가치가 크다.

① 매몰비용의 오류　　　　　　　　② 감각적 소비
③ 보이지 않는 손　　　　　　　　　④ 가치의 역설
⑤ 희소성

08 다음 자료를 참고하여 실업률을 구하면 얼마인가?

> • 생산가능인구 : 50,000명
> • 취업자 : 20,000명
> • 실업자 : 5,000명

① 10%　　　　　　　　　　　　　② 15%
③ 20%　　　　　　　　　　　　　④ 25%
⑤ 30%

09 J기업이 다음 〈조건〉과 같이 생산량을 늘린다고 할 때, 한계비용은 얼마인가?

> **조건**
> • J기업의 제품 1단위당 노동가격은 4, 자본가격은 6이다.
> • J기업은 제품 생산량을 50개에서 100개로 늘리려고 한다.
> • 평균비용 $P = 2L + K + \dfrac{100}{Q}$ (L : 노동가격, K : 자본가격, Q : 생산량)

① 10　　　　　　　　　　　　　　② 12
③ 14　　　　　　　　　　　　　　④ 16

10 다음은 A국과 B국이 노트북 1대와 TV 1대를 생산하는 데 필요한 작업 시간을 나타낸 자료이다. A국과 B국의 비교우위에 대한 설명으로 옳은 것은?

구분	노트북	TV
A국	6시간	8시간
B국	10시간	8시간

① A국이 노트북, TV 생산 모두 비교우위에 있다.

② B국이 노트북, TV 생산 모두 비교우위에 있다.

③ A국은 노트북 생산, B국은 TV 생산에 비교우위가 있다.

④ A국은 TV 생산, B국은 노트북 생산에 비교우위가 있다.

11 다음 중 다이내믹 프라이싱에 대한 설명으로 옳지 않은 것은?

① 동일한 제품과 서비스에 대한 가격을 시장 상황에 따라 변화시켜 적용하는 전략이다.

② 호텔, 항공 등의 가격을 성수기 때 인상하고, 비수기 때 인하하는 것이 대표적인 예이다.

③ 기업은 소비자별 맞춤형 가격을 통해 수익을 극대화할 수 있다.

④ 소비자 후생이 증가해 소비자의 만족도가 높아진다.

12 다음 〈보기〉 중 빅맥 지수에 대한 설명으로 옳은 것을 모두 고르면?

> **보기**
> ㉠ 빅맥 지수를 최초로 고안한 나라는 미국이다.
> ㉡ 각 나라의 물가수준을 비교하기 위해 고안된 지수로, 구매력 평가설을 근거로 한다.
> ㉢ 맥도날드 빅맥 가격을 기준으로 한 이유는 전 세계에서 가장 동질적으로 판매되고 있는 상품이기 때문이다.
> ㉣ 빅맥 지수를 구할 때 빅맥 가격은 제품 가격과 서비스 가격의 합으로 계산한다.

① ㉠, ㉡

② ㉠, ㉢

③ ㉡, ㉢

④ ㉡, ㉣

13 다음 중 확장적 통화정책의 영향으로 옳은 것은?

① 건강보험료가 인상되어 정부의 세금 수입이 늘어난다.

② 이자율이 하락하고, 소비 및 투자가 감소한다.

③ 이자율이 상승하고, 환율이 하락한다.

④ 은행이 채무불이행 위험을 줄이기 위해 더 높은 이자율과 담보 비율을 요구한다.

14 다음 중 노동의 수요공급곡선에 대한 설명으로 옳지 않은 것은?

① 노동 수요는 파생수요라는 점에서 재화시장의 수요와 차이가 있다.

② 상품 가격이 상승하면 노동 수요곡선은 오른쪽으로 이동한다.

③ 토지, 설비 등이 부족하면 노동 수요곡선은 오른쪽으로 이동한다.

④ 노동에 대한 인식이 긍정적으로 변화하면 노동 공급곡선은 오른쪽으로 이동한다.

15 다음 〈조건〉에 따라 S씨가 할 수 있는 최선의 선택은?

> **조건**
> • S씨는 퇴근 후 운동을 할 계획으로 헬스, 수영, 자전거, 달리기 중 하나를 고르려고 한다.
> • 각 운동이 주는 만족도(이득)는 헬스 5만 원, 수영 7만 원, 자전거 8만 원, 달리기 4만 원이다.
> • 각 운동에 소요되는 비용은 헬스 3만 원, 수영 2만 원, 자전거 5만 원, 달리기 3만 원이다.

① 헬스   ② 수영

③ 자전거   ④ 달리기

아이들이 답이 있는 질문을 하기 시작하면 그들이 성장하고 있음을 알 수 있다.

-존 J. 플롬프-

PART 1

직업기초능력평가

의사소통능력

합격 Cheat Key

의사소통능력은 평가하지 않는 공사·공단이 없을 만큼 필기시험에서 중요도가 높은 영역으로, 세부 유형은 문서 이해, 문서 작성, 의사 표현, 경청, 기초 외국어로 나눌 수 있다. 문서 이해·문서 작성과 같은 지문에 대한 주제 찾기, 내용 일치 문제의 출제 비중이 높으며, 문서의 특성을 파악하는 문제도 출제되고 있다.

1 문제에서 요구하는 바를 먼저 파악하라!

의사소통능력에서 가장 중요한 것은 제한된 시간 안에 빠르고 정확하게 답을 찾아내는 것이다. 의사소통능력에서는 지문이 아니라 문제가 주인공이므로 지문을 보기 전에 문제를 먼저 파악해야 하며, 문제에 따라 전략적으로 빠르게 풀어내는 연습을 해야 한다.

2 잠재되어 있는 언어 능력을 발휘하라!

세상에 글은 많고 우리가 학습할 수 있는 시간은 한정적이다. 이를 극복할 수 있는 방법은 다양한 글을 접하는 것이다. 실제 시험장에서 어떤 내용의 지문이 나올지 아무도 예측할 수 없으므로 평소에 신문, 소설, 보고서 등 여러 글을 접하는 것이 필요하다.

3 상황을 가정하라!

업무 수행에 있어 상황에 따른 언어 표현은 중요하다. 같은 말이라도 상황에 따라 다르게 해석될 수 있기 때문이다. 그런 의미에서 자신의 의견을 효과적으로 전달할 수 있는 능력을 평가하는 것이다. 업무를 수행하면서 발생할 수 있는 여러 상황을 가정하고 그에 따른 올바른 언어표현을 정리하는 것이 필요하다.

4 말하는 이의 입장에서 생각하라!

잘 듣는 것 또한 하나의 능력이다. 상대방의 이야기에 귀 기울이고 공감하는 태도는 업무를 수행하는 관계 속에서 필요한 요소이다. 그런 의미에서 다양한 상황에서 듣는 능력을 평가하는 것이다. 말하는 이가 요구하는 듣는 이의 태도를 파악하고, 이에 따른 판단을 할 수 있도록 언제나 말하는 사람의 입장이 되는 연습이 필요하다.

01 | 문서 내용 이해

| 유형분석 |

- 주어진 지문을 읽고 선택지를 고르는 전형적인 독해 문제이다.
- 지문은 주로 신문기사(보도자료 등)나 업무 보고서, 시사 등이 제시된다.
- 공사공단에 따라 자사와 관련된 내용의 기사나 법조문, 보고서 등이 출제되기도 한다.

다음 글의 내용으로 적절하지 않은 것은?

물가 상승률은 일반적으로 가격 수준의 상승 속도를 나타내며, 소비자 물가지수(CPI)와 같은 지표를 사용하여 측정된다. 높은 물가 상승률은 소비재와 서비스의 가격이 상승하고, 돈의 구매력이 감소한다. 이는 소비자들이 더 많은 돈을 지출하여 물가 상승에 따른 가격 상승을 감수해야 함을 의미한다.

물가 상승률은 경제에 다양한 영향을 미친다. 먼저 소비자들의 구매력이 저하되므로 가계소득의 실질 가치가 줄어든다. 이는 소비 지출의 감소와 경기 둔화를 초래할 수 있다. 또한 물가 상승률은 기업의 의사결정에도 영향을 준다. 예를 들어 높은 물가 상승률은 이자율의 상승과 함께 대출 조건을 악화시키므로 기업들은 생산 비용 상승과 이로 인한 이윤 감소에 직면하게 된다.

정부와 중앙은행은 물가 상승률을 통제하기 위해 다양한 금융 정책을 사용하며, 대표적으로 세금 조정, 통화량 조절, 금리 조정 등이 있다.

물가 상승률은 경제 활동에 큰 영향을 주는 중요한 요소이므로 정부, 기업, 투자자 및 개인은 이를 주의 깊게 모니터링하고 전망을 평가하는 데 활용해야 한다. 또한 소비자의 구매력과 경기 상황에 직접적·간접적인 영향을 주므로 경제 주체들은 물가 상승률의 변동에 대응하여 적절한 전략을 수립해야 한다.

① 지나친 물가 상승은 소비 심리를 위축시킨다.
② 정부와 중앙은행이 실행하는 금융 정책의 목적은 물가 안정성을 유지하는 것이다.
③ 중앙은행의 금리 조정으로 지나친 물가 상승을 진정시킬 수 있다.
④ 소비재와 서비스의 가격이 상승하므로 기업의 입장에서는 물가 상승률이 커질수록 이득이다.

정답 ④

높은 물가 상승률은 이자율의 상승과 함께 대출 조건을 악화시키므로 기업들은 생산 비용 상승과 이로 인한 이윤 감소에 직면하게 된다.

풀이 전략!

주어진 선택지에서 키워드를 체크한 후, 지문의 내용과 비교해 가면서 내용의 일치 유무를 빠르게 판단한다.

01　다음 중 '비트코인'의 특징으로 적절하지 않은 것은?

> 비트코인은 지폐나 동전과 달리 물리적인 형태가 없는 온라인 가상화폐(디지털 통화)로, 디지털 단위인 '비트(Bit)'와 '동전(Coin)'을 합친 용어다. 나카모토 사토시라는 가명의 프로그래머가 빠르게 진전되는 온라인 추세에 맞춰 갈수록 기능이 떨어지는 달러화, 엔화, 원화 등과 같은 기존의 법화(Legal Tender)를 대신할 새로운 화폐를 만들겠다는 발상에서 2009년 비트코인을 처음 개발했다. 특히 2009년은 미국발(發) 금융위기가 한창이던 시기여서 미연방준비제도(Fed)가 막대한 양의 달러를 찍어내 시장에 공급하는 양적완화가 시작된 해로, 달러화 가치 하락 우려가 겹치면서 비트코인이 대안 화폐로 주목받기 시작했다.
>
> 비트코인의 핵심은 정부나 중앙은행, 금융회사 등 어떤 중앙집중적 권력의 개입 없이 작동하는 새로운 화폐를 창출하는 데 있다. 그는 인터넷에 남긴 글에서 "국가 화폐의 역사는 (화폐의 가치를 떨어뜨리지 않을 것이란) 믿음을 저버리는 사례로 충만하다."고 비판했다.
>
> 비트코인은 은행을 거치지 않고 개인과 개인이 직접 돈을 주고받을 수 있도록 '분산화된 거래장부' 방식을 도입했다. 시스템상에서 거래가 이뤄질 때마다 공개된 장부에는 새로운 기록이 추가된다. 이를 '블록체인'이라고 한다. 블록체인에 저장된 거래기록이 맞는지 확인해 거래를 승인하는 역할을 맡은 사람을 '채굴자'라고 한다. 컴퓨팅 파워와 전기를 소모해 어려운 수학 문제를 풀어야 하는 채굴자의 참여를 독려하기 위해 비트코인 시스템은 채굴자에게 새로 만들어진 비트코인을 주는 것으로 보상한다. 채굴자는 비트코인을 팔아 이익을 남길 수 있지만, 채굴자 간 경쟁이 치열해지거나 비트코인 가격이 폭락하면 어려움에 처한다.
>
> 비트코인은 완전한 익명으로 거래된다. 컴퓨터와 인터넷만 되면 누구나 비트코인 계좌를 개설할 수 있다. 이 때문에 비트코인은 돈세탁이나 마약거래에 사용되는 문제점도 드러나고 있다. 또 다른 특징은 통화 공급량이 엄격히 제한된다는 점이다. 현재 10분마다 25개의 새 비트코인이 시스템에 추가되지만 21만 개가 발행될 때마다 반감되어 앞으로 10분당 추가되는 비트코인은 12.5개, 6.25개로 줄다가 0으로 수렴한다. 비트코인의 총발행량은 2,100만 개로 정해져 있다. 이는 중앙은행이 재량적으로 통화공급량을 조절하면 안 된다는 미국의 경제학자 밀턴 프리드먼 주장과 연결되어 있다. 다만 비트코인은 소수점 8자리까지 분할할 수 있어 필요에 따라 통화량을 늘릴 수 있는 여지를 남겨놨다. 가상화폐 지갑회사 블록체인인포에 따르면 2017년 12월 7일까지 채굴된 비트코인은 1,671만 개 정도로 채굴 한도 2,100만 개의 80%가 채굴된 셈이다.
>
> 사용자들은 인터넷에서 내려받은 '지갑' 프로그램을 통해 인터넷뱅킹으로 계좌이체 하듯 비트코인을 주고받을 수 있다. 또한, 인터넷 환전 사이트에서 비트코인을 구매하거나 현금화할 수 있으며 비트코인은 소수점 여덟 자리까지 단위를 표시해 사고팔 수 있다.

① 비트코인은 희소성을 가지고 있다.
② 비트코인을 얻기 위해서는 시간과 노력이 필요하다.
③ 비트코인은 돈세탁이나 마약거래에 이용되기도 한다.
④ 비트코인은 가상화폐로 온라인상에서만 사용 가능하다.
⑤ 비트코인과 기존 화폐의 큰 차이점 중 하나는 통화발행주체의 존재 여부이다.

02 다음 글의 내용으로 가장 적절한 것은?

선물환거래란 계약일로부터 일정시간이 지난 뒤, 특정일에 외환의 거래가 이루어지는 것으로, 현재 약정한 금액으로 미래에 결제하게 되기 때문에 선물환계약을 체결하게 되면, 약정된 결제일까지 매매 쌍방 모두 결제가 이연된다. 선물환거래는 보통 환리스크를 헤지(Hedge)하기 위한 목적으로 이용된다. 예를 들어 1개월 이후 달러로 거래 대금을 수령할 예정인 수출한 기업은 1개월 후 달러를 매각하는 대신 원화를 수령하는 선물환계약을 통해 원/달러 환율변동에 따른 환리스크를 헤지할 수 있다.

이외에도 선물환거래는 금리차익을 얻는 것과 투기적 목적 등을 가지고 있다. 선물환거래에는 일방적으로 선물환을 매입하는 것 또는 매도 거래만 발생하는 Outright Forward 거래가 있으며, 선물환거래가 스왑거래의 일부분으로써 현물환거래와 같이 발생하는 Swap Forward 거래가 있다. Outright Forward 거래는 만기 때 실물 인수도가 일어나는 일반 선물환거래와 만기 때 실물의 인수 없이 차액만을 정산하는 차액결제선물환(NDF; Non-Deliverable Forward) 거래로 구분된다.

옵션(Option)이란 거래당사자들이 미리 가격을 정하고, 그 가격으로 미래의 특정시점이나 그 이전에 자산을 사고파는 권리를 매매하는 계약으로, 선도 및 선물, 스왑거래 등과 같은 파생금융상품이다. 옵션은 매입권리가 있는 콜옵션(Call Option)과 매도권리가 있는 풋옵션(Put Option)으로 구분된다. 옵션거래로 매입이나 매도할 수 있는 권리를 가지게 되는 옵션매입자는 시장가격의 변동에 따라 자기에게 유리하거나 불리한 경우를 판단하여, 옵션을 행사하거나 포기할 수도 있다. 옵션매입자는 선택할 권리에 대한 대가로 옵션매도자에게 프리미엄을 지급하고, 옵션매도자는 프리미엄을 받는 대신 옵션매입자가 행사하는 옵션에 따라 발생하는 것에 대해 이해하는 책임을 가진다. 옵션거래의 손해와 이익은 행사가격, 현재가격 및 프리미엄에 의해 결정된다.

① 선물환거래는 투기를 목적으로 사용되기도 한다.
② 선물환거래는 권리를 행사하거나 포기할 수 있다.
③ 옵션은 환율변동 리스크를 해결하는 데 좋은 선택이다.
④ 옵션은 미래에 조건이 바뀌어도 계약한 금액을 지불해야 한다.
⑤ 선물환거래는 행사가격, 현재가격, 프리미엄에 따라 손해와 이익이 발생한다.

03 다음 글의 내용으로 적절하지 않은 것은?

경제학에서는 가격이 한계비용과 일치할 때를 가장 이상적인 상태라고 본다. '한계비용'이란 재화의 생산량을 한 단위 증가시킬 때 추가되는 비용을 말한다. 한계비용 곡선과 수요 곡선이 만나는 점에서 가격이 정해지면 재화의 생산 과정에 들어가는 자원이 낭비 없이 효율적으로 배분되며, 이때 사회 전체의 만족도가 가장 커진다. 가격이 한계비용보다 높아지면 상대적으로 높은 가격으로 인해 수요량이 줄면서 거래량이 따라 줄고, 결과적으로 생산량도 감소한다. 이는 사회 전체의 관점에서 볼 때 자원이 효율적으로 배분되지 못하는 상황이므로 사회 전체의 만족도가 떨어지는 결과를 낳는다.

위에서 설명한 일반 재화와 마찬가지로 수도, 전기, 철도와 같은 공익 서비스도 자원배분의 효율성을 생각하면 한계비용 수준으로 가격, 즉 공공요금을 결정하는 것이 바람직하다. 대부분의 공익 서비스는 초기 시설 투자비용은 막대한 반면 한계비용은 매우 적다. 이러한 경우, 한계비용으로 공공요금을 결정하면 공익 서비스를 제공하는 기업은 손실을 볼 수 있다.

예컨대 초기 시설 투자비용이 6억 달러이고, 톤당 1달러의 한계비용으로 수돗물을 생산하는 상수도 서비스를 가정해 보자. 이때 수돗물 생산량을 '1톤, 2톤, 3톤, …'으로 늘리면 총비용은 '6억 1달러, 6억 2달러, 6억 3달러, …'로 늘어나고, 톤당 평균비용은 '6억 1달러, 3억 1달러, 2억 1달러, …'로 지속적으로 줄어든다. 그렇지만 평균비용이 계속 줄어들더라도 한계비용 아래로는 결코 내려가지 않는다. 따라서 한계비용으로 수도 요금을 결정하면 총비용보다 총수입이 적으므로 수도 사업자는 손실을 보게 된다.

이를 해결하는 방법에는 크게 두 가지가 있다. 하나는 정부가 공익 서비스 제공 기업에 손실분만큼 보조금을 주는 것이고, 다른 하나는 공공요금을 평균비용 수준으로 정하는 것이다. 전자의 경우 보조금을 세금으로 충당한다면 다른 부문에 들어갈 재원이 줄어드는 문제가 있다. 평균비용 곡선과 수요 곡선이 교차하는 점에서 요금을 정하는 후자의 경우에는 총수입과 총비용이 같아져 기업이 손실을 보지는 않는다. 그러나 요금이 한계비용보다 높기 때문에 사회 전체의 관점에서 자원의 효율적 배분에 문제가 생긴다.

① 자원이 효율적으로 배분될 때 사회 전체의 만족도가 극대화된다.

② 정부는 공공요금을 한계비용 수준으로 유지하기 위하여 보조금 정책을 펼 수 있다.

③ 공익 서비스와 일반 재화의 생산 과정에서 자원을 효율적으로 배분하기 위한 조건은 서로 같다.

④ 가격이 한계비용보다 높은 경우에는 한계비용과 같은 경우에 비해 결국 그 재화의 생산량이 줄어든다.

⑤ 평균비용이 한계비용보다 큰 경우, 공공요금을 평균비용 수준에서 결정하면 자원의 낭비를 방지할 수 있다.

02 | 주제·제목

| 유형분석 |

- 주어진 지문을 파악하여 전달하고자 하는 핵심 주제를 고르는 문제이다.
- 정보를 종합하고 중요한 내용을 구별하는 능력이 필요하다.
- 설명문부터 주장, 반박문까지 다양한 성격의 지문이 제시되므로 글의 성격별 특징을 알아두는 것이 좋다.

다음 글의 주제로 가장 적절한 것은?

멸균이란 곰팡이, 세균, 박테리아, 바이러스 등 모든 미생물을 사멸시켜 무균 상태로 만드는 것을 의미한다. 멸균 방법에는 물리적, 화학적 방법이 있으며, 멸균 대상의 특성에 따라 적절한 멸균 방법을 선택하여 실시할 수 있다. 먼저 물리적 멸균법에는 열이나 화학약품을 사용하지 않고 여과기를 이용하여 세균을 제거하는 여과법, 병원체를 불에 태워 없애는 소각법, 100℃에서 10 ~ 20분간 물품을 끓이는 자비소독법, 미생물을 자외선에 직접 노출시키는 자외선 소독법, 160 ~ 170℃의 열에서 1 ~ 2시간 동안 건열 멸균기를 사용하는 건열법, 포화된 고압증기 형태의 습열로 미생물을 파괴시키는 고압증기 멸균법 등이 있다. 다음으로 화학적 멸균법은 화학약품이나 가스를 사용하여 미생물을 파괴하거나 성장을 억제하는 방법으로, E.O 가스, 알코올, 염소 등 여러 가지 화학약품이 사용된다.

① 멸균의 중요성
② 뛰어난 멸균 효과
③ 다양한 멸균 방법
④ 멸균 시 발생할 수 있는 부작용
⑤ 멸균 시 사용하는 약품의 종류

정답 ③

제시문에서는 멸균에 대해 언급하며, 멸균 방법을 물리적·화학적으로 구분하여 다양한 멸균 방법에 대해 설명하고 있다. 따라서 글의 주제로는 ③이 가장 적절하다.

풀이 전략!

'결국', '즉', '그런데', '그러나', '그러므로' 등의 접속어 뒤에 주제가 드러나는 경우가 많다는 것에 주의하면서 지문을 읽는다.

01 다음 기사문의 제목으로 가장 적절한 것은?

> 정부는 '미세먼지 저감 및 관리에 관한 특별법(이하 미세먼지 특별법)' 제정·공포안이 의결되어 내년 2월부터 시행된다고 밝혔다. 미세먼지 특별법으로 그동안 수도권 공공·행정기관을 대상으로 시범·시행한 '고농도 미세먼지 비상저감조치'의 법적 근거가 마련되었다. 이로 인해 미세먼지 관련 정보와 통계의 신뢰도를 높이기 위해 국가미세먼지 정보센터를 설치하게 되고, 시·도지사는 미세먼지 농도가 비상저감조치 요건에 해당하면 자동차 운행을 제한하거나 대기오염물질 배출시설의 가동시간을 변경할 수 있다. 또한 비상저감조치를 시행할 때 관련 기관이나 사업자에 휴업, 탄력적 근무제도 등을 권고할 수 있게 되었으며, 환경부 장관은 관계 중앙행정기관이나 지방자치단체의 장, 시설운영자에게 대기오염물질 배출시설의 가동률 조정을 요청할 수도 있다.
>
> 미세먼지 특별법으로 시·도지사, 시장, 군수, 구청장은 어린이나 노인 등이 이용하는 시설이 많은 지역을 '미세먼지 집중관리구역'으로 지정해 미세먼지 저감사업을 확대할 수 있게 되었다. 그리고 집중관리구역 내에서는 대기오염 상시측정망 설치, 어린이 통학차량의 친환경차 전환, 학교 공기정화시설 설치, 수목 식재, 공원 조성 등을 위한 지원이 우선적으로 이뤄지게 된다.
>
> 국무총리 소속의 '미세먼지 특별대책위원회'와 이를 지원하기 위한 '미세먼지 개선기획단'도 설치된다. 국무총리와 대통령이 지명한 민간위원장은 위원회의 공동위원장을 맡는다. 위원회와 기획단의 존속 기간은 5년이며 연장하려면 만료되기 1년 전에 실적을 평가해 국회에 보고해야 한다.
>
> 아울러 정부는 5년마다 미세먼지 저감 및 관리를 위한 종합계획을 수립하고 시·도지사는 이에 따른 시행계획을 수립하고 추진실적을 매년 보고하도록 했다. 또한 미세먼지 특별법은 입자의 지름이 $10\mu m$ 이하인 먼지는 '미세먼지', $2.5\mu m$ 이하인 먼지는 '초미세먼지'로 구분하기로 확정했다.

① 미세먼지 특별법의 제정과 시행

② 미세먼지 특별대책위원회의 역할

③ 미세먼지 집중관리구역 지정 방안

⑤ 미세먼지와 초미세먼지 구분 방법

⑤ 미세먼지 저감을 위한 대기오염 상시측정망의 효과

02 다음 글의 제목으로 가장 적절한 것은?

> 일반적으로 소비자들은 합리적인 경제 행위를 추구하기 때문에 최소 비용으로 최대 효과를 얻으려 한다는 것이 소비의 기본 원칙이다. 그들은 '보이지 않는 손'이라고 일컬어지는 시장 원리 아래에서 생산자와 만난다. 그러나 이러한 일차적 의미의 합리적 소비가 언제나 유효한 것은 아니다. 생산보다는 소비가 화두가 된 소비 자본주의 시대에서 소비는 단순히 필요한 재화, 그리고 경제학적으로 유리한 재화를 구매하는 행위에 머물지 않는다. 최대 효과 자체에 정서적이고 사회 심리학적인 요인이 개입하면서, 이제 소비는 개인이 세계와 만나는 다분히 심리적인 방법이 되어버린 것이다. 즉, 인간의 기본적인 생존 욕구를 충족시켜 주는 합리적 소비 수준에 머물지 않고, 자신을 표현하는 상징적 행위가 된 것이다. 이처럼 오늘날의 소비문화는 물질적 소비 차원이 아닌 심리적 소비 형태를 띠게 된다.
>
> 소비 자본주의의 화두는 과소비가 아니라 '과시 소비'로 넘어가게 된 것이다. 과시 소비의 중심에는 신분의 논리가 있다. 신분의 논리는 유용성의 논리, 나아가 시장의 논리로 설명되지 않는 것들을 설명해 준다. 혈통으로 이어지던 폐쇄적 계층 사회는 소비 행위에 대해 계급에 근거한 제한을 부여했다. 먼 옛날 부족 사회에서 수장들만이 걸칠 수 있었던 장신구에서부터 제아무리 권문세가의 정승이라도 아흔아홉 칸을 넘을 수 없던 집이 좋은 예이다. 권력을 가진 자는 힘을 통해 자기의 취향을 주위 사람들과 분리시킴으로써 경외감을 강요하고, 그렇게 자기 취향을 과시함으로써 잠재적 경쟁자들을 통제한 것이다.
>
> 가시적 신분 제도가 사라진 현대 사회에서도 이러한 신분의 논리는 여전히 유효하다. 이제 개인은 소비를 통해 자신의 물질적 부를 표현함으로써 신분을 과시하려 한다.

① 계층별 소비 규제의 필요성

② 신분사회에서 의복 소비와 계층의 관계

③ 소비가 곧 신분이 되는 과시 소비의 원리

④ '보이지 않는 손'에 의한 합리적 소비의 필요성

⑤ 소득을 고려하지 않은 무분별한 과소비의 폐해

03 다음 글을 읽고 '한국인의 수면 시간'과 관련된 글을 쓴다고 할 때, 글의 주제로 적절하지 않은 것은?

인간은 평생 3분의 1 정도를 잠으로 보낸다. 잠은 낮에 사용한 에너지를 보충하고, 피로를 회복하는 중요한 과정이다. 하지만 한국인은 잠이 부족하다. 한국인의 수면 시간은 7시간 41분밖에 되지 않으며, 2016년 기준 경제협력개발기구(OECD) 회원국 가운데 꼴찌를 차지했다. 한 조사에 따르면, 전 국민의 17% 정도가 주 3회 이상 불면 증상을 갖고 있으며, 이는 연령이 높아짐에 따라 늘어났다. 이에 따라 불면증, 기면증, 수면무호흡증 등 수면장애로 병원을 찾는 사람은 2016년 기준 291만 8,976명으로 5년 사이에 13% 증가했다. 수면장애를 방치하면 삶의 질 저하는 물론 만성 두통, 심혈관계질환 등이 발생할 수 있다. 불면증은 수면 질환의 대명사로, 가장 흔하고 복합적인 질환이다. 불면증은 면역기능 저하, 인지 감퇴뿐만 아니라 일상생활에 장애를 초래할 수 있으며, 우울증, 인지장애 등을 유발할 수 있다.

코를 골며 자다가 몇 초에서 몇 분 동안 호흡을 멈추는 수면무호흡증도 있다. 이 역시 인지기능 저하와 심혈관계질환 등 합병증을 일으킨다. 특히 수면무호흡증은 비만과 관계가 깊고, 졸음운전의 원인이 되기도 한다.

최근 고령 인구 증가로 뇌 퇴행성 질환인 렘수면 행동장애(RBD; Rem Sleep Behavior Disorder)도 늘고 있다. 이 병은 잠자는 동안 악몽을 꾸면서 소리를 지르고, 팔다리를 움직이고, 벽을 치고, 침대에서 뛰어내리는 등 난폭한 행동을 한다. 이 병을 앓는 상당수는 파킨슨병, 치매 환자로 이어진다. 또한, 잠들기 전에 다리에 이상 감각이나 통증이 생기는 하지불안증후군도 수면의 질을 떨어뜨리는 병이다. 낮 동안 졸리는 기면증(嗜眠症) 역시 일상생활에 심각한 장애를 초래한다.

한 정신건강의학과 교수는 "수면 문제는 결국 심혈관계질환, 치매와 파킨슨병 등의 퇴행성 질환, 우울증, 졸음운전의 원인이 되므로 전문적인 치료를 받아야 한다."고 했다.

① 수면장애의 종류
② 수면장애의 심각성
③ 수면 마취제의 부작용
④ 한국인의 부족한 수면 시간
⑤ 전문 치료가 필요한 수면장애

03 │ 문단 나열

| 유형분석 |

- 각 문단의 내용을 파악하고 논리적 순서에 맞게 배열하는 복합적인 문제이다.
- 전체적인 글의 흐름을 이해하는 것이 중요하며, 각 문장의 지시어나 접속어에 주의한다.

다음 문단을 논리적 순서대로 바르게 나열한 것은?

(가) 여기에 반해 동양에서는 보름달에 좋은 이미지를 부여한다. 예를 들어, 우리나라의 처녀귀신이나 도깨비는 달빛이 흐린 그믐 무렵에나 활동하는 것이다. 그런데 최근에는 동서양의 개념이 마구 뒤섞여 보름달을 배경으로 악마의 상징인 늑대가 우는 광경이 동양의 영화에 나오기도 한다.

(나) 동양에서 달은 '음(陰)'의 기운을, 해는 '양(陽)'의 기운을 상징한다는 통념이 자리를 잡았다. 그래서 달을 '태음', 해를 '태양'이라고 불렀다. 동양에서는 해와 달의 크기가 같은 덕에 음과 양도 동등한 자격을 갖춘다. 즉, 음과 양은 어느 하나가 좋고 다른 하나는 나쁜 것이 아니라 서로 보완하는 관계를 이루는 것이다.

(다) 옛날부터 형성된 이러한 동서양 간의 차이는 오늘날까지 영향을 끼치고 있다. 동양에서는 달이 밝으면 달맞이를 하는데, 서양에서는 달맞이를 자살 행위처럼 여기고 있다. 특히 보름달은 서양인들에게 거의 공포의 상징과 같은 존재이다. 예를 들어, 13일의 금요일에 보름달이 뜨게 되면 사람들이 외출조차 꺼린다.

(라) 하지만 서양의 경우는 다르다. 서양에서 낮은 신이, 밤은 악마가 지배한다는 통념이 자리를 잡았다. 따라서 밤의 상징인 달에 좋지 않은 이미지를 부여하게 되었다. 이는 해와 달의 명칭을 보면 알 수 있다. 라틴어로 해를 'Sol', 달을 'Luna'라고 하는데 정신병을 뜻하는 단어 'Lunacy'의 어원이 바로 'Luna'이다.

① (가) - (나) - (라) - (다)　　　　② (나) - (라) - (가) - (다)
③ (나) - (라) - (다) - (가)　　　　④ (다) - (가) - (나) - (라)
⑤ (다) - (나) - (라) - (가)

정답 ③

제시문은 동양과 서양에서 서로 다른 의미를 부여하고 있는 달에 대해 설명하고 있는 글이다. 따라서 (나) 동양에서 나타나는 해와 달의 의미 → (라) 동양과 상반되는 서양에서의 해와 달의 의미 → (다) 최근까지 지속되고 있는 달에 대한 서양의 부정적 의미 → (가) 동양에서의 변화된 달의 이미지의 순서대로 나열하는 것이 적절하다.

풀이 전략!

상대적으로 시간이 부족하다고 느낄 때는 선택지를 참고하여 문장의 순서를 생각해 본다.

※ 다음 문단을 논리적 순서대로 바르게 나열한 것을 고르시오. [1~4]

01

(가) 그런데 '의사, 변호사, 사장' 등은 그 직업이나 직책에 있는 모든 사람을 가리키는 것이어야 함에도 불구하고, 실제로는 남성을 가리키는 데 주로 사용되고, 여성을 가리킬 때는 '여의사, 여변호사, 여사장' 등이 따로 사용되고 있다. 즉, 여성을 예외적인 경우로 취급함으로써 남녀차별의 가치관을 이 말들에 반영하고 있는 것이다.

(나) 언어에는 사회상의 다양한 측면이 반영되어 있다. 그렇기 때문에 남성과 여성의 차이도 언어에 반영되어 있다. 한편 우리 사회는 꾸준히 양성평등을 향해서 변화하고 있지만, 언어의 변화 속도는 사회의 변화 속도를 따라가지 못한다. 따라서 국어에는 남녀차별의 사회상을 알게 해 주는 증거들이 있다.

(다) 오늘날 남녀의 사회적 위치가 과거와 다르고 지금 이 순간에도 계속 변하고 있다. 여성의 사회적 지위 향상의 결과가 앞으로 언어에 반영되겠지만, 현재 언어에 남아 있는 과거의 흔적은 우리 스스로의 노력으로 지워감으로써 남녀의 '차이'가 더 이상 '차별'이 되지 않도록 노력을 기울여야 하겠다.

(라) 우리말에는 그 자체에 성별을 구분해 주는 문법적 요소가 없다. 따라서 남성을 지칭하는 말과 여성을 지칭하는 말, 통틀어 지칭하는 말이 따로 존재해야 하지만, 국어에는 그런 경우도 있고 그렇지 않은 경우도 있다. 예를 들어 '아버지'와 '어머니'는 서로 대등하게 사용되고, '어린이'도 남녀를 구별하지 않고 가리킬 때 쓰인다.

① (나) – (가) – (라) – (다)

② (나) – (라) – (가) – (다)

③ (다) – (가) – (라) – (나)

④ (다) – (나) – (라) – (가)

⑤ (다) – (라) – (나) – (가)

02

(가) 상품의 가격은 기본적으로 수요와 공급의 힘으로 결정된다. 시장에 참여하고 있는 경제 주체들은 자신이 가진 정보를 기초로 하여 수요와 공급을 결정한다.

(나) 이런 경우에는 상품의 가격이 우리의 상식으로는 도저히 이해하기 힘든 수준까지 일시적으로 뛰어오르는 현상이 나타날 가능성이 있다. 이런 현상은 특히 투기의 대상이 되는 자산의 경우 자주 나타나는데, 우리는 이를 '거품 현상'이라고 부른다.

(다) 그러나 현실에서는 사람들이 서로 다른 정보를 갖고 시장에 참여하는 경우가 많다. 어떤 사람은 특정한 정보를 갖고 있는데 거래 상대방은 그 정보를 갖고 있지 못한 경우도 있다.

(라) 일반적으로 거품 현상이란 것은 어떤 상품, 자산의 가격이 지속해서 급격히 상승하는 현상을 가리킨다. 이와 같은 지속적인 가격 상승이 일어나는 이유는 애초에 발생한 가격 상승이 추가적인 가격 상승의 기대로 이어져 투기 바람이 형성되기 때문이다.

(마) 이들이 똑같은 정보를 함께 갖고 있으며 이 정보가 아주 틀린 것이 아닌 이상 상품의 가격은 어떤 기본적인 수준에서 크게 벗어나지 않을 것이라고 예상할 수 있다.

① (가) – (다) – (나) – (라) – (마) ② (가) – (마) – (다) – (나) – (라)
③ (라) – (가) – (다) – (나) – (마) ④ (라) – (다) – (가) – (나) – (마)
⑤ (마) – (가) – (다) – (라) – (나)

03

(가) 오히려 클레나 몬드리안의 작품을 우리 조각보의 멋에 비견되는 것으로 보아야 할 것이다. 조각보는 몬드리안이나 클레의 작품보다 100여 년 이상 앞서 제작된 공간 구성미를 가진 작품이며, 시대적으로 앞설 뿐 아니라 평범한 여성들의 일상에서 시작되었다는 점 그리고 정형화되지 않은 색채감과 구성미로 독특한 예술성을 지닌다는 점에서 차별화된 가치를 지닌다.

(나) 조각보는 일상생활에서 쓰다 남은 자투리 천을 이어서 만든 것으로, 옛 서민들의 절약 정신과 소박한 미의식을 보여준다. 조각보의 색채와 공간구성 면은 공간 분할의 추상화가로 유명한 클레(Paul Klee)나 몬드리안(Peit Mondrian)의 작품과 비견되곤 한다. 그만큼 아름답고 훌륭한 조형미를 지녔다는 의미이기도 하지만 일견 돌이켜 보면 이것은 잘못된 비교이다.

(다) 기하학적 추상을 표방했던 몬드리안의 작품보다 세련된 색상 배치로 각 색상이 가진 느낌을 살렸으며, 동양적 정서가 담긴 '오방색'이라는 원색을 통해 강렬한 추상성을 지닌다. 또한 조각보를 만드는 과정과 그 작업의 내면에 가족의 건강과 행복을 기원하는 마음이 담겨 있어 단순한 오브제이기 이전에 기복신앙적인 부분이 있다. 조각보가 아름답게 느껴지는 이유는 이처럼 일상 속에서 삶과 예술을 함께 담았기 때문일 것이다.

① (가) – (나) – (다) ② (나) – (가) – (다)
③ (나) – (다) – (가) ④ (다) – (가) – (나)
⑤ (다) – (나) – (가)

04

먹을거리가 풍부한 현대인의 가장 큰 관심사 중 하나는 웰빙과 다이어트일 것이다. 현대인은 날씬한 몸매에 대한 열망이 지나쳐서 비만한 사람들이 나태하다고 생각하기도 하고, 심지어는 거식증으로 인해 사망한 패션모델까지 있었다. 이러한 사회적 경향 때문에 우리가 먹는 음식물에 포함된 지방이나 기름 성분은 몸에 좋지 않은 '나쁜 성분'으로 매도당하기도 한다. 물론 과도한 지방 섭취, 특히 몸에 좋지 않은 지방은 비만의 원인이 되고 당뇨병, 심장병, 고혈압과 같은 각종 성인병을 유발하지만, 사실 지방은 우리 몸이 정상적으로 활동하는 데 필수적인 성분이다.

(가) 먹을 것이 풍족하지 않은 상황에서 생존에 필수적인 능력은 다름 아닌 에너지를 몸에 축적하는 능력이었다.

(나) 사실 비만과 다이어트의 문제는 찰스 다윈(Charles R. Darwin)의 진화론과 밀접한 관련이 있다. 찰스 다윈은 19세기 영국의 생물학자로 『종의 기원』이라는 책을 써서 자연선택을 통한 생물의 진화 과정을 설명하였다.

(다) 약 100년 전만 해도 우리나라를 비롯한 전 세계 대부분의 국가는 식량이 그리 풍족하지 않았다. 실제로 수십만 년 지속된 인류의 역사에서 인간이 매일 끼니 걱정을 하지 않고 살게 된 것은 최근 수십 년의 일이다.

(라) 생물체가 살아남고 번식을 해서 자손을 남길 수 있느냐 하는 것은 주위 환경과의 관계가 중요한 역할을 하는데, 자연선택이란 주위 환경에 따라 생존하기에 적합한 성질 또는 기능을 가진 종들이 그렇지 못한 종들보다 더 잘 살아남게 되어 자손을 남기게 된다는 개념이다.

그러므로 인류는 이러한 축적 능력이 유전적으로 뛰어난 사람들이 그렇지 않은 사람들보다 상대적으로 더 잘 살아남았을 것이다. 그렇게 살아남은 자들의 후손인 현대인들이 달거나 기름진 음식을 본능적으로 좋아하게 된 것은 진화의 당연한 결과였다. 그리하여 음식이 풍부한 현대 사회에서는 이러한 유전적 특성은 단점으로 작용하게 되었다. 지방이 풍부한 음식을 찾는 경향은 지나치게 지방을 축적하게 했고, 결국 부작용으로 이어졌다.

① (나) – (가) – (라) – (다)
② (나) – (다) – (가) – (라)
③ (나) – (라) – (다) – (가)
④ (다) – (가) – (나) – (라)
⑤ (다) – (라) – (가) – (나)

04 | 내용 추론

| 유형분석 |

- 주어진 지문을 바탕으로 도출할 수 있는 내용을 찾는 문제이다.
- 선택지의 내용을 정확하게 확인하고 지문의 정보와 비교하여 추론하는 능력이 필요하다.

다음 글을 읽고 추론한 내용으로 적절하지 않은 것은?

> 1977년 개관한 퐁피두 센터의 정식명칭은 국립 조르주 퐁피두 예술문화 센터로, 공공정보기관(BPI), 공업창작센터(CCI), 음악·음향의 탐구와 조정연구소(IRCAM), 파리 국립 근현대 미술관(MNAM) 등이 있는 종합문화예술 공간이다. 퐁피두라는 이름은 이 센터의 창설에 힘을 기울인 조르주 퐁피두 대통령의 이름을 딴 것이다.
>
> 1969년 당시 대통령이었던 퐁피두는 파리의 중심지에 미술관이면서 동시에 조형예술과 음악, 영화, 서적 그리고 모든 창조적 활동의 중심이 될 수 있는 문화 복합센터를 지어 프랑스 미술을 더욱 발전시키고자 했다. 요즘 미술관들은 미술관의 이러한 복합적인 기능과 역할을 인식하고 변화를 시도하는 곳이 많다. 미술관은 더 이상 전시만 보는 곳이 아니라 식사도 하고 영화도 보고 강연도 들을 수 있는 곳으로, 대중과의 거리 좁히기를 시도하고 있는 것도 그리 특별한 일은 아니다. 그러나 이미 40년 전에 21세기 미술관의 기능과 역할을 미리 내다볼 줄 아는 혜안을 가지고 설립된 퐁피두 미술관은 프랑스가 왜 문화강국이라 불리는지를 알 수 있게 해준다.

① 퐁피두 미술관의 모습은 기존 미술관의 모습과 다를 것이다.
② 퐁피두 미술관을 찾는 사람들의 목적은 다양할 것이다.
③ 퐁피두 미술관은 전통적인 예술작품들을 선호할 것이다.
④ 퐁피두 미술관은 파격적인 예술작품들을 배척하지 않을 것이다.
⑤ 퐁피두 미술관은 현대 미술관의 선구자라는 자긍심을 가지고 있을 것이다.

정답 ③

제시문에 따르면 퐁피두 미술관은 모든 창조적 활동을 위한 공간이므로, 퐁피두가 전통적인 예술작품을 선호할 것이라는 내용은 추론할 수 없다.

풀이 전략!

주어진 지문이 어떠한 내용을 다루고 있는지 파악한 후 선택지의 키워드를 확실하게 체크하고, 지문의 정보에서 도출할 수 있는 내용을 찾는다.

01 다음 중 밑줄 친 ㉠의 주장으로 가장 적절한 것은?

> 문화가 발전하려면 저작자의 권리 보호와 저작물의 공정 이용이 균형을 이루어야 한다. 저작물의 공정 이용이란 저작권자의 권리를 일부 제한하여 저작권자의 허락이 없어도 저작물을 자유롭게 이용하는 것을 말한다. 비영리적인 사적 복제를 허용하는 것이 그 예이다. 우리나라의 저작권법에서는 오래전부터 공정 이용으로 볼 수 있는 저작권 제한 규정을 두었다.
>
> 그런데 디지털 환경에서 저작물의 공정 이용은 여러 장애에 부딪혔다. 디지털 환경에서는 저작물을 원본과 동일하게 복제할 수 있고 용이하게 개작할 수 있다. 따라서 저작물이 개작되더라도 그것이 원래 창작물인지 2차적 저작물인지 알기 어렵다. 그 결과 디지털화된 저작물의 이용 행위가 공정 이용의 범주에 드는 것인지 가늠하기가 더 어려워졌고 그에 따른 처벌 위험도 커졌다.
>
> 이러한 문제를 해소하기 위한 시도의 하나로 포괄적으로 적용할 수 있는 '저작물의 정한 이용' 규정이 저작권법에 별도로 신설되었다. 그리하여 저작권자의 동의가 없어도 저작물을 공정하게 이용할 수 있는 영역이 확장되었다. 그러나 공정 이용 여부에 대한 시비가 자율적으로 해소되지 않으면 예나 지금이나 법적인 절차를 밟아 갈등을 해소해야 한다.
>
> 저작물 이용자들이 처벌에 대한 불안감을 여전히 느낀다는 점에서 저작물의 자유 이용 허락 제도와 같은 '저작물의 공유' 캠페인이 주목을 받고 있다. 이 캠페인은 저작권자들이 자신의 저작물에 일정한 이용 허락 조건을 표시해서 이용자들에게 무료로 개방하는 것을 말한다. 캠페인 참여자들은 저작권자와 이용자들의 자발적인 참여를 통해 자유롭게 활용할 수 있는 저작물의 양과 범위를 확대하려고 노력한다. 이들은 저작물의 공유가 확산되면 디지털 저작물의 이용이 활성화되고 그 결과 인터넷이 더욱 창의적이고 풍성한 정보 교류의 장이 될 것이라고 본다. 그러나 캠페인에 참여한 저작물을 이용할 때 허용된 범위를 벗어난 경우 법적 책임을 질 수 있다.
>
> 한편 ㉠ 다른 시각을 가진 사람들도 있다. 이들은 저작물의 공유 캠페인이 확산되면 저작물을 창조하려는 사람들의 동기가 크게 감소할 것이라고 우려한다. 이들은 결과적으로 활용 가능한 저작물이 줄어들게 되어 이용자들도 피해를 당하게 된다고 주장한다. 또 디지털 환경에서는 사용료 지불 절차 등이 간단해져서 '저작물의 공정한 이용' 규정을 별도로 신설할 필요가 없었다고 본다. 이들은 저작물의 공유 캠페인과 신설된 공정 이용 규정으로 인해 저작권자들의 정당한 권리가 침해받고 있으므로 이를 시정하는 것이 오히려 공익에 더 도움이 된다고 말한다.

① 이용 허락 조건을 저작물에 표시하면 창작 활동이 더욱 활성화된다.

② 저작권자의 정당한 권리 보호를 위해 저작물의 공유 캠페인이 확산되어야 한다.

③ 비영리적인 경우 저작권자의 동의가 없어도 복제가 허용되는 영역을 확대해야 한다.

④ 저작권자가 자신들의 노력에 상응하는 대가를 정당하게 받을수록 창작 의욕이 더 커진다.

⑤ 자신의 저작물을 자유롭게 이용하도록 양보하는 것은 다른 저작권자의 저작권 개방을 유도하여 공익을 확장시킨다.

02 다음 글에서 '최적통화지역 이론'과 관련하여 고려하지 않은 것은?

최적통화지역은 단일 통화가 통용되거나 여러 통화들의 환율이 고정되어 있는 최적의 지리적인 영역을 지칭한다. 여기서 최적이란 대내외 균형이라는 거시 경제의 목적에 의해 규정되는데, 대내 균형은 물가 안정과 완전 고용, 대외 균형은 국제수지 균형을 의미한다.

최적통화지역 개념은 고정환율제도와 변동환율제도의 상대적 장점에 대한 논쟁 속에서 발전하였다. 최적통화지역 이론은 어떤 조건에서 고정환율제도가 대내외 균형을 효과적으로 이룰 수 있는지 고려했다.

초기 이론들은 최적통화지역을 규정하는 가장 중요한 경제적 기준을 찾으려 하였다. 먼델은 노동의 이동성을 제시했다. 노동의 이동이 자유롭다면 외부 충격이 발생할 때 대내외 균형 유지를 위한 임금 조정의 필요성이 크지 않을 것이고 결국 환율 변동의 필요성도 작을 것이다. 잉그램은 금융시장 통합을 제시하였다. 금융시장이 통합되어 있으면 지역 내 국가들 사이에 경상수지 불균형이 발생했을 때 자본 이동이 쉽게 일어날 수 있을 것이며 이에 따라 조정의 압력이 줄어들게 되므로 지역 내 환율 변동의 필요성이 감소하게 된다는 것이다. 이러한 주장들은 결국 고정환율제도 아래에서도 대내외 균형을 달성할 수 있는 조건들을 말해 주고 있는 것이다.

이후 최적통화지역 이론은 위의 조건들을 종합적으로 판단하여 단일 통화 사용에 따른 비용 - 편익 분석을 한다. 비용보다 편익이 크다면 최적통화지역의 조건이 충족되며 단일 통화를 형성할 수 있다. 단일 통화 사용의 편익은 화폐의 유용성이 증대된다는 데 있다. 단일 화폐의 사용은 시장 통합에 따른 교환의 이익을 증대시킨다는 것이다. 반면에 통화정책 독립성의 상실이 단일 통화 사용에 따른 주요 비용으로 간주된다. 단일 통화의 유지를 위해 대내 균형을 포기해야 하는 경우가 발생하기 때문이다. 이 비용은 가격과 임금이 경직될수록, 전체 통화지역 중 일부 지역들 사이에 서로 다른 효과를 일으키는 비대칭적 충격이 클수록 증가한다. 가령 한 국가에는 실업이 발생하고 다른 국가에는 인플레이션이 발생하면, 한 국가는 확대 통화정책을, 다른 국가는 긴축 통화 정책을 원하게 되는데, 양 국가가 단일 화폐를 사용한다면 서로 다른 통화정책의 시행이 불가능하기 때문이다. 물론 여기서 노동 이동 등의 조건이 충족되면 비대칭적 충격을 완화하기 위한 독립적 통화정책의 필요성은 감소한다. 반대로 두 국가에 유사한 충격이 발생한다면 서로 다른 통화정책을 택할 필요가 줄어든다. 이 경우에는 독립적 통화정책을 포기하는 비용이 감소한다.

① 시장 통합으로 인한 편익의 계산 방식
② 환율 변동을 배제한 경상수지 조정 방식
③ 화폐의 유용성과 시장 통합 사이의 관계
④ 단일 화폐 사용에 따른 비용을 증가시키는 조건
⑤ 독립적 통화정책 없이 대내 균형을 달성하는 조건

03 다음 글을 토대로 〈보기〉에서 추론할 수 있는 내용으로 가장 적절한 것은?

> 독립신문은 우리나라 최초의 민간 신문이다. 사장 겸 주필(신문의 최고 책임자)은 서재필 선생이, 국문판 편집과 교정은 최고의 국어학자로 유명한 주시경 선생이, 그리고 영문판 편집은 선교사 호머 헐버트가 맡았다. 창간 당시 독립신문은 이들 세 명에 기자 두 명과 몇몇 인쇄공들이 합쳐 단출하게 시작했다.
>
> 신문은 우리가 흔히 사용하는 'A4 용지'보다 약간 큰 '국배판(218×304mm)' 크기로 제작됐고, 총 4면 중 3면은 순 한글판으로, 나머지 1면은 영문판으로 발행했다. 제1호는 '독립신문'이고 영문판은 'Independent(독립)'로 조판했고, 내용을 살펴보면 제1면에는 대체로 논설과 광고가 실렸으며, 제2면에는 관보・외국통신・잡보가, 제3면에는 물가・우체시간표・제물포 기선 출입항 시간표와 광고가 게재됐다.
>
> 독립신문은 민중을 개화시키고 교육하기 위해 발간된 것이지만, 그 이름에서부터 알 수 있듯 스스로 우뚝 서는 독립국을 만들고자 자주적 근대화 사상을 강조했다. 창간호 표지에는 '뎨일권 뎨일호. 조선 서울 건양 원년 사월 초칠일 금요일'이라고 표기했는데, '건양(建陽)'은 조선의 연호이고, 한성 대신 서울을 표기한 점과 음력 대신 양력을 쓴 점 모두 중국 사대주의에서 벗어난 자주독립을 꾀한 것으로 볼 수 있다.
>
> 독립신문이 발행되자 사람들은 모두 깜짝 놀랄 수밖에 없었다. 순 한글로 만들어진 것은 물론 유려한 편집 솜씨에 조판과 내용까지 완벽했기 때문이다. 무엇보다 제4면을 영어로 발행해 국내 사정을 외국에 알린다는 점은 호시탐탐 한반도를 노리던 일본 당국에 큰 부담을 안겨주었고, 더는 일본 마음대로 조선의 사정을 왜곡하여 보도할 수 없게 되었다.
>
> 날이 갈수록 독립신문을 구독하려는 사람은 늘어났고, 처음 300부씩 인쇄되던 신문이 곧 500부로, 나중에는 3,000부까지 확대되었다. 오늘날에는 한 사람이 신문 한 부를 읽으면 폐지 처리하지만, 과거에는 돌려가며 읽는 경우가 많았고 시장이나 광장에서 글을 아는 사람이 낭독해 주는 일도 빈번했기에 한 부의 독자 수는 50명에서 100명에 달했다. 이런 점을 감안해 보면 실제 독립신문의 독자 수는 10만 명을 넘어섰다고 가늠해 볼 수 있다.

보기

> 우리 신문이 한문은 아니 쓰고 다만 국문으로만 쓰는 것은 상하귀천이 다 보게 함이라. 또 국문을 이렇게 구절을 떼어 쓴즉 아무라도 이 신문을 보기가 쉽고 신문 속에 있는 말을 자세히 알아보게 함이라.

① 민중을 개화시키고 교육하기 위해 발간된 것으로 역사적・정치적으로 큰 의의를 가진다.

② 교통수단도 발달하지 않던 과거에는 활자 매체인 신문이 소식 전달에 있어 절대적인 역할을 차지했다.

③ 일본이 한반도를 집어삼키려 하던 혼란기에 우리만의 신문을 펴낼 수 있었다는 것에 큰 의의가 있다.

④ 중국의 지배에서 벗어나 자주독립을 꾀하고 스스로 우뚝 서는 독립국을 만들고자 자주적 사상을 강조했다.

⑤ 한글을 사용해야 누구나 읽을 수 있다는 점을 인식해 한문우월주의에 영향을 받지 않고, 소신 있는 행보를 했다.

05 | 빈칸 넣기

| 유형분석 |

- 주어진 지문을 바탕으로 빈칸에 들어갈 내용을 찾는 문제이다.
- 선택지의 내용을 정확하게 확인하고 빈칸 앞뒤 문맥을 파악하는 능력이 필요하다.

다음 글의 빈칸에 들어갈 내용으로 가장 적절한 것은?

힐링(Healing)은 사회적 압박과 스트레스 등으로 손상된 몸과 마음을 치유하는 방법을 포괄적으로 일컫는 말이다. 우리보다 먼저 힐링이 정착된 서구에서는 질병 치유의 대체 요법 또는 영적·심리적 치료 요법 등을 지칭하고 있다. 국내에서도 최근 힐링과 관련된 갖가지 상품이 유행하고 있다. 간단한 인터넷 검색을 통해 수천 가지의 상품을 확인할 수 있을 정도이다. 종교적 명상, 자연 요법, 운동 요법 등 다양한 형태의 힐링 상품이 존재한다. 심지어 고가의 힐링 여행이나 힐링 주택 등의 상품도 나오고 있다. 그러나 _____
우선 명상이나 기도 등을 통해 내면에 눈뜨고, 필라테스나 요가를 통해 육체적 건강을 회복하여 자신감을 얻는 것부터 출발할 수 있다.

① 힐링이 먼저 정착된 서구의 힐링 상품들을 참고해야 할 것이다.
② 많은 돈을 들이지 않고서도 쉽게 할 수 있는 일부터 찾는 것이 좋을 것이다.
③ 이러한 상품들의 값이 터무니없이 비싸다고 느껴지지는 않을 것이다.
④ 자신을 진정으로 사랑하는 법을 알아야 할 것이다.

정답 ②

빈칸의 전후 문장을 통해 내용을 파악해야 한다. 우선 '그러나'라는 접속어를 통해 빈칸에는 앞의 내용에 상반되는 내용이 오는 것임을 알 수 있다. 따라서 수천 가지의 힐링 상품이나 고가의 상품들을 참고하는 것과는 상반된 내용을 찾으면 된다. 또한, 빈칸 뒤의 내용이 주위에서 쉽게 할 수 있는 힐링 방법을 통해 자신감을 얻는 것부터 출발해야 한다는 내용이므로, 빈칸에는 많은 돈을 들이지 않고도 쉽게 할 수 있는 일부터 찾아야 한다는 내용이 담긴 문장이 오는 것이 적절하다.

풀이 전략!

빈칸 앞뒤의 문맥을 파악한 후 선택지에서 가장 어울리는 내용을 찾는다. 빈칸 앞에 접속어가 있다면 이를 활용한다.

※ 다음 글의 빈칸에 들어갈 내용으로 가장 적절한 것을 고르시오. [1~3]

01

소독이란 물체의 표면 및 그 내부에 있는 병원균을 죽여 전파력 또는 감염력을 없애는 것이다. 이때, 소독의 가장 안전한 형태로는 멸균이 있다. 멸균이란 대상으로 하는 물체의 표면 또는 그 내부에 분포하는 모든 세균을 완전히 죽여 무균의 상태로 만드는 조작으로, 살아있는 세포뿐만 아니라 포자, 박테리아, 바이러스 등을 완전히 파괴하거나 제거하는 것이다.

물리적 멸균법은 열, 햇빛, 자외선, 초단파 따위를 이용하여 균을 죽여 없애는 방법이다. 열(Heat)에 의한 멸균에는 건열 방식과 습열 방식이 있는데, 건열 방식은 소각과 건식오븐을 사용하여 멸균하는 방식이다. 건열 방식이 활용되는 예로는 미생물 실험실에서 사용하는 많은 종류의 기구를 물 없이 멸균하는 것이 있다. 이는 습열 방식을 활용했을 때 유리를 포함하는 기구가 파손되거나 금속 재질로 이루어진 기구가 습기에 의해 부식할 가능성을 보완한 방법이다. 그러나 건열 방식은 습열 방식에 비해 멸균 속도가 느리고 효율이 떨어지며, 열에 약한 플라스틱이나 고무제품은 대상물의 변이 이루어져 사용할 수 없다. 예를 들어 많은 세균의 내생포자는 습열 멸균 온도 조건(121℃)에서는 5분 이내에 사멸되나, 건열 방식을 활용할 경우 이보다 더 높은 온도(160℃)에서도 약 2시간 정도가 지나야 사멸되는 양상을 나타낸다. 반면, 습열 방식은 바이러스, 세균, 진균 등의 미생물들을 손쉽게 사멸시킨다. 습열은 효소 및 구조단백질 등의 필수 단백질의 변성을 유발하고, 핵산을 분해하며 세포막을 파괴하여 미생물을 사멸시킨다. 끓는 물에 약 10분간 노출하면 대개의 영양세포나 진핵포자를 충분히 죽일 수 있으나, 100℃의 끓는 물에서는 세균의 내생포자를 사멸시키지는 못한다. 따라서 물을 끓여서 하는 열처리는 _____ 멸균을 시키기 위해서는 100℃가 넘는 온도(일반적으로 121℃)에서 압력(약 1.1kg/cm²)을 가해 주는 고압증기멸균기를 이용한다. 고압증기멸균기는 물을 끓여 증기를 발생시키고 발생한 증기와 압력에 의해 멸균을 시키는 장치이다. 고압증기멸균기 내부가 적정 온도와 압력(121℃, 약 1.1kg/cm²)에 이를 때까지 뜨거운 포화 증기를 계속 유입시킨다. 해당 온도에서 포화 증기는 15분 이내에 모든 영양세포와 내생포자를 사멸시킨다. 고압증기멸균기에 의해 사멸되는 미생물은 고압에 의해서라기보다는 고압하에서 수증기가 얻을 수 있는 높은 온도에 의해 사멸되는 것이다.

① 더 많은 세균을 사멸시킬 수 있다.

② 멸균 과정에서 더 많은 비용이 소요된다.

③ 멸균 과정에서 더 많은 시간이 소요된다.

④ 소독을 시킬 수는 있으나, 멸균을 시킬 수는 없다.

⑤ 멸균을 시킬 수는 있으나, 소독을 시킬 수는 없다.

02

스마트팩토리는 인공지능(AI), 사물인터넷(IoT) 등 다양한 기술이 융합된 자율화 공장으로, 제품 설계와 제조, 유통, 물류 등의 산업 현장에서 생산성 향상에 초점을 맞췄다. 이곳에서는 기계, 로봇, 부품 등의 상호 간 정보 교환을 통해 제조 활동을 하고, 모든 공정 이력이 기록되며, 빅데이터 분석으로 사고나 불량을 예측할 수 있다. 스마트팩토리에서는 컨베이어 생산 활동으로 대표되는 산업 현장의 모듈형 생산이 컨베이어를 대체하고 IoT가 신경망 역할을 한다. 센서와 기기 간 다양한 데이터를 수집하고, 이를 서버에 전송하면 서버는 데이터를 분석해 결과를 도출한다. 서버는 AI 기계학습 기술이 적용되어 빅데이터를 분석하고 생산성 향상을 위한 최적의 방법을 제시한다.

스마트팩토리의 대표 사례로는 고도화된 시뮬레이션 '디지털 트윈'을 들 수 있다. 디지털 트윈은 데이터를 기반으로 가상공간에서 미리 시뮬레이션하는 기술이다. 시뮬레이션을 위해 빅데이터를 수집하고 분석과 예측을 위한 통신·분석 기술에 가상현실(VR), 증강현실(AR)과 같은 기술을 더한다. 이를 통해 산업 현장에서 작업 프로세스를 미리 시뮬레이션하고, VR·AR로 검증함으로써 실제 시행에 따른 손실을 줄이고, 작업 효율성을 높일 수 있다.

한편 '에지 컴퓨팅'도 스마트팩토리의 주요 기술 중 하나이다. 에지 컴퓨팅은 산업 현장에서 발생하는 방대한 데이터를 클라우드로 한 번에 전송하지 않고, 에지에서 사전 처리한 후 데이터를 선별해서 전송한다. 서버와 에지가 연동해 데이터 분석 및 실시간 제어를 수행하여 산업 현장에서 생산되는 데이터가 기하급수로 늘어도 서버에 부하를 주지 않는다. 현재 클라우드 컴퓨팅이 중앙 데이터센터와 직접 소통하는 방식이라면 에지 컴퓨팅은 기기 가까이에 위치한 일명 '에지 데이터 센터'와 소통하며, 저장을 중앙 클라우드에 맡기는 형식이다. 이를 통해 데이터 처리 지연 시간을 줄이고 즉각적인 현장 대처를 가능하게 한다.

이러한 스마트팩토리의 발전은 _____ 최근 선진국에서 나타나는 주요 현상 중의 하나는 바로 '리쇼어링'의 가속화이다. 리쇼어링이란 인건비 등 각종 비용 절감을 이유로 해외에 나간 자국 기업들이 다시 본국으로 돌아오는 현상을 의미하는 용어이다. 2000년대 초반까지는 국가적 차원에서 세제 혜택 등의 회유책을 통해 추진되어 왔지만, 스마트팩토리의 등장으로 인해 자국 내 스마트팩토리에서의 제조 비용과 중국이나 멕시코와 같은 제3국에서 제조 후 수출 비용에 큰 차이가 없어 리쇼어링 현상은 더욱 가속화되고 있다.

① 공장의 생산성을 높이고 있다.
② 공장의 위치를 변화시키고 있다.
③ 수출 비용을 줄이는 데 도움이 된다.
④ 공장의 제조 비용을 절감시키고 있다.
⑤ 공장의 세제 혜택을 사라지게 하고 있다.

03

오늘날 인류가 왼손보다 오른손을 선호하는 경향은 어디서 비롯되었을까? 오른손을 귀하게 여기고 왼손을 천대하는 현상은 어쩌면 산업화 이전 사회에서 배변 후 사용할 휴지가 없었다는 사실과 관련이 있을 법하다. 맨손으로 배변 뒤처리를 하는 것은 불쾌할 뿐더러 병균을 옮길 위험을 수반하는 일이었다. 이러한 위험성을 낮추는 간단한 방법은 음식을 먹거나 인사할 때 다른 손을 사용하는 것이었다. 기술 발달 이전의 사회에서는 대개 왼손을 배변 뒤처리에, 오른손을 먹고 인사하는 일에 사용했다.

이러한 배경은 인간 사회에 널리 나타나는 '오른쪽'에 대한 긍정과 '왼쪽'에 대한 반감을 어느 정도 설명해 줄 수 있으리라고 생각되었다. 그러나 이 설명은 왜 애초에 오른손이 먹는 일에, 그리고 왼손이 배변 처리에 사용되었는지 설명해 주지 못한다. _____ 따라서 근본적인 설명은 다른 곳에서 찾아야 할 것이다.

한쪽 손을 주로 쓰는 경향은 뇌의 좌우반구의 기능 분화와 관련되어 있는 것으로 보인다. 보고된 증거에 따르면, 왼손잡이는 읽기와 쓰기, 개념적·논리적 사고 같은 좌반구 기능에서 오른손잡이보다 상대적으로 미약한 대신 상상력, 패턴 인식, 창의력 등 전형적인 우반구 기능에서는 상대적으로 기민한 경우가 많다.

이성 대 직관의 힘겨루기, 뇌의 두 반구 사이의 힘겨루기가 오른손과 왼손의 힘겨루기로 표면화된 것이 아닐까 생각해 볼 수 있다. 즉, 오른손이 원래 왼손보다 더 능숙했기 때문이 아니라 뇌의 좌반구가 인간의 행동을 지배하는 권력을 갖게 되었기 때문에 오른손 선호에 이르렀다는 것이다.

① 기능적으로 왼손이 오른손보다 섬세하기 때문이다.
② 현대사회에 들어서 왼손잡이가 늘어나고 있기 때문이다.
③ 모든 사람들이 오른쪽을 선호하는 것이 아니기 때문이다.
④ 동서양을 막론하고 왼손잡이 사회는 확인된 바가 없기 때문이다.
⑤ 양손의 기능을 분담시키지 않는 사람이 존재할 수도 있기 때문이다.

06 | 맞춤법 및 어휘

| 유형분석 |

- 맞춤법에 맞는 단어를 찾거나 주어진 지문의 내용에 어울리는 단어를 찾는 문제가 주로 출제된다.
- 단어 사이의 관계에 대한 문제가 출제되므로 뜻이 비슷하거나 반대되는 단어를 함께 학습하는 것이 좋다.
- 자주 출제되는 단어나 헷갈리는 단어에 대한 학습을 꾸준히 하는 것이 좋다.

다음 중 밑줄 친 단어와 바꿔 사용할 수 있는 것은?

최저임금법 시행령 제5조 제1항 제2호 및 제3호는 주 단위 또는 월 단위로 지급된 임금에 대해 1주 또는 월의 소정근로시간 수로 나눈 금액을 시간에 대한 임금으로 규정하고 있다. 그러나 최저임금 산정을 위한 소정근로시간 수에 대해 고용노동부와 대법원의 해석이 <u>어긋나</u> 눈길을 끈다. 고용노동부는 소정근로시간에 유급주휴시간을 포함하여 계산하여 통상임금 산정기준 근로시간 수와 동일하게 본 반면, 대법원은 최저임금 산정을 위한 소정근로시간 수에 유급주휴시간을 제외하고 산정하였다.

① 배치되어
② 도치되어
③ 대두되어
④ 전도되어
⑤ 발생되어

정답 ①

- 어긋나다 : 방향이 비껴서 서로 만나지 못하다.
- 배치하다 : 서로 반대로 되어 어그러지거나 어긋나다.

오답분석

② 도치하다 : 차례나 위치 따위를 서로 뒤바꾸다.
③ 대두하다 : 어떤 세력이나 현상이 새롭게 나타나다.
④ 전도하다 : 거꾸로 되거나 거꾸로 하다.
⑤ 발생하다 : 어떤 일이나 사물이 생겨나다.

풀이 전략!

문제에서 물어보는 단어를 정확히 확인해야 하고, 문제에서 다루고 있는 단어의 앞뒤 내용을 읽고 글의 전체적 흐름을 생각하며 문제에 접근해야 한다.

01 다음 문장 중 어법에 맞는 것은?

① 조금 가시다가 오른쪽으로 우회전 하십시오.

② 그 단체는 인재 양성과 국가 정책 개발을 위해 만들어졌다.

③ 그 나라에 가기 전에 풍토병 예방 알약이나 백신을 맞아야 한다.

④ 김 군은 심도 있는 철학책 독서에, 최 군은 운동을 열심히 해야 한다.

⑤ 나를 위해 시 낭송이나 노래를 부르는 등 특별한 행사는 자제하는 게 좋겠네.

02 다음 중 맞춤법이 옳지 않은 것은?

① 문을 잠갔다.

② 변덕이 죽 끓듯 하다.

③ 불을 보듯 뻔한 일이다.

④ 이 자리를 빌어 감사의 뜻을 전한다.

⑤ 감기를 예방하려면 손을 깨끗이 씻어야 한다.

03 다음 빈칸 ㉠ ~ ㉢에 들어갈 단어를 순서대로 바르게 나열한 것은?

> • A씨는 작년에 이어 올해에도 사장직을 ___㉠___ 하였다.
> • 수입품에 대한 고율의 관세를 ___㉡___ 할 방침이다.
> • 은행 돈을 빌려 사무실을 ___㉢___ 하였다.

	㉠	㉡	㉢
①	역임	부여	임대
②	역임	부과	임차
③	연임	부과	임차
④	연임	부여	임대
⑤	연임	부과	임대

07 | 경청 및 의사표현

| 유형분석 |

• 주로 특정 상황을 제시한 뒤 올바른 의사소통 방법을 묻는 형태의 문제가 출제된다.
• 경청과 관련한 이론에 대해 묻거나 대화문 중에서 올바른 경청 자세를 고르는 문제가 출제되기도 한다.

다음 중 올바른 경청 자세로 적절하지 않은 것은?

① 상대를 정면으로 마주하는 자세는 상대방이 자칫 위축되거나 부담스러워할 수 있으므로 지양한다.
② 손이나 다리를 꼬지 않는 개방적인 자세는 상대에게 마음을 열어놓고 있음을 알려주는 신호이다.
③ 우호적인 눈의 접촉(Eye – Contact)은 자신이 상대방에게 관심을 가지고 있음을 알려준다.
④ 비교적 편안한 자세는 전문가다운 자신만만함과 아울러 편안한 마음을 상대방에게 전할 수 있다.

정답 ①

상대를 정면으로 마주하는 자세는 자신이 상대방과 함께 의논할 준비가 되어있다는 것을 알리는 자세이므로 경청을 하는 데 있어 올바른 자세이다.

풀이 전략!

별다른 암기 없이도 풀 수 있는 문제가 자주 출제되지만, 문제에 주어진 상황에 대한 확실한 이해가 필요하다.

01 K물류회사에 입사한 B사원은 첫 팀 회의를 앞두고 있다. 다음 중 팀 회의에서의 원활한 의사표현을 위한 방법으로 가장 적절한 것은?

① 핵심은 중요하므로 구체적으로 길게 표현해야 한다.

② 상대방이 말하는 동안 어떤 답을 할지 미리 생각해놔야 한다.

③ 상대의 인정을 얻기 위해 자신의 단점이나 실패 경험보다 장점을 부각해야 한다.

④ 이견이 있거나 논쟁이 붙었을 때는 앞뒤 말의 '논리적 개연성'만 따져보아야 한다.

⑤ 공감을 보여주는 가장 쉬운 방법은 상대편의 말을 그대로 받아서 맞장구를 치는 것이다.

02 강연을 듣고 윤수, 상민, 서희. 선미는 다음 〈보기〉와 같은 대화를 나누었다. 강연 내용에 기반하였을 때, 옳지 않은 말을 하는 사람을 모두 고르면?

> **보기**
>
> 윤수 : 말하는 것만큼 듣는 것도 중요하구나. 경청은 그저 잘 듣기만 하면 되는 줄 알았는데, 경청도 여러 가지 방법이 있는지 오늘 처음 알았어.
>
> 상민 : 맞아. 특히 오늘 강사님이 알려주신 경청을 방해하는 요인은 정말 도움이 되었어. 그동안 나도 모르게 했던 행동들 중에 해당되는 게 많더라고. 특히 내가 대답할 말을 생각하느라 상대의 말에 집중하지 않는 태도는 꼭 고쳐야겠다고 생각이 들었어.
>
> 서희 : 나도 상대에게 호의를 보인다고 상대의 말에 너무 쉽게 동의하거나 너무 빨리 동의하곤 했는데 앞으로 조심해야겠어. 그러고 보니 강사님께서 경청의 방해 요인은 예시까지 들어주시며 자세히 설명해주셨는데, 경청의 올바른 자세는 몇 가지 알려주시지 않아 아쉬웠어. 또 무엇이 있을까?
>
> 선미 : 아, 그건 강사님이 보내주신 강의 자료에 더 자세히 나와 있어. 그런데 서희야, 네가 말한 행동은 경청의 올바른 자세니까 굳이 고칠 필요 없어.

① 윤수 ② 상민

③ 서희 ④ 선미

⑤ 상민, 선미

08 | 문서 작성

| 유형분석 |

- 글의 내용을 파악하고 문맥을 읽을 줄 알아야 한다.
- 문서의 종류에 대한 이해를 묻는 문제가 자주 출제된다.

다음 중 문서의 종류와 작성법이 바르게 연결되지 않은 것은?

① 공문서 : 마지막엔 반드시 '끝' 자로 마무리한다.

② 설명서 : 복잡한 내용은 도표화한다.

③ 기획서 : 상대가 요구하는 것이 무엇인지 고려하여 작성한다.

④ 보고서 : 상대에게 어필해 상대가 채택하게끔 설득력 있게 작성한다.

정답 ④

기획서에 대한 설명이다. 보고서는 궁금한 점에 대해 질문 받을 것에 대비하고, 업무상 진행과정에서 작성하므로 핵심내용을 구체적으로 제시해야 한다.

풀이 전략!

공문서나 보고서와 같은 자주 출제되는 문서의 작성법을 반드시 숙지해야 하며, 상황이나 대화문이 제시되는 경우 대화의 흐름을 통해 문제에서 묻고 있는 문서의 종류를 빠르게 파악해야 한다.

01　다음 중 문서의 종류에 대한 설명으로 적절하지 않은 것은?

① 공문서는 정부 행정기관에서 대내적 혹은 대외적 공무를 집행하기 위해 작성하는 문서이다.

② 기안서는 회사의 업무에 대한 협조를 구하거나 의견을 전달할 때 작성하며 흔히 사내 공문서로 불린다.

③ 보고서는 특정한 일에 관한 현황이나 그 진행 상황 또는 연구·검토 결과 등을 보고하고자 할 때 작성하는 문서이다.

④ 보도 자료는 정부 기관이나 기업체, 각종 단체 등이 언론을 상대로 자신들의 정보가 기사로 보도되도록 하기 위해 보내는 자료이다.

⑤ 비즈니스 레터는 적극적으로 아이디어를 내고 기획한 하나의 프로젝트를 문서형태로 만들어, 상대방에게 그 내용을 전달하여 기획을 시행하도록 설득하는 문서이다.

02　다음 〈보기〉는 문서의 종류에 따른 문서 작성법이다. 〈보기〉와 문서의 종류가 바르게 연결된 것은?

> **보기**
>
> (가) 상품이나 제품에 대해 정확하게 기술하기 위해서는 가급적 전문용어의 사용을 삼가고 복잡한 내용은 도표화한다.
> (나) 대외문서이고, 장기간 보관되는 문서이므로 정확하게 기술해야 하며, 한 장에 담아내는 것이 원칙이다.
> (다) 보통 업무 진행 과정에서 쓰는 경우가 대부분이므로 무엇을 도출하고자 했는지 핵심내용을 구체적으로 제시한다. 이때, 간결하고 핵심적인 내용의 도출이 우선이므로 내용의 중복을 피해야 한다.
> (라) 상대가 요구하는 것이 무엇인지 고려하여 설득력을 갖추어야 하며, 제출하기 전에 충분히 검토해야 한다.

	(가)	(나)	(다)	(라)
①	공문서	보고서	설명서	기획서
②	공문서	기획서	설명서	보고서
③	설명서	공문서	기획서	보고서
④	설명서	공문서	보고서	기획서
⑤	기획서	설명서	보고서	공문서

CHAPTER 02

수리능력

합격 Cheat Key

수리능력은 사칙 연산·통계·확률의 의미를 정확하게 이해하고 이를 업무에 적용하는 능력으로, 기초 연산과 기초 통계, 도표 분석 및 작성의 문제 유형으로 출제된다. 수리능력 역시 채택하지 않는 공사·공단이 거의 없을 만큼 필기시험에서 중요도가 높은 영역이다.

특히, 난이도가 높은 공사·공단의 시험에서는 도표 분석, 즉 자료 해석 유형의 문제가 많이 출제되고 있고, 응용 수리 역시 꾸준히 출제하는 공사·공단이 많기 때문에 기초 연산과 기초 통계에 대한 공식의 암기와 자료 해석 능력을 기를 수 있는 꾸준한 연습이 필요하다.

1 응용 수리의 공식은 반드시 암기하라!

응용 수리는 공사·공단마다 출제되는 문제는 다르지만, 사용되는 공식은 비슷한 경우가 많으므로 자주 출제되는 공식을 반드시 암기하여야 한다. 문제에서 묻는 것을 정확하게 파악하여 그에 맞는 공식을 적절하게 적용하는 꾸준한 노력과 공식을 암기하는 연습이 필요하다.

2 자료의 해석은 자료에서 즉시 확인할 수 있는 지문부터 확인하라!

수리능력 중 도표 분석, 즉 자료 해석 능력은 많은 시간을 필요로 하는 문제가 출제되므로, 증가·감소 추이와 같이 눈으로 확인이 가능한 지문을 먼저 확인한 후 복잡한 계산이 필요한 지문을 확인하는 방법으로 문제를 풀이한다면 시간을 조금이라도 아낄 수 있다. 또한, 여러 가지 보기가 주어진 문제 역시 지문을 잘 확인하고 문제를 풀이한다면 불필요한 계산을 생략할 수 있으므로 항상 지문부터 확인하는 습관을 들여야 한다.

3 도표 작성에서 지문에 작성된 도표의 제목을 반드시 확인하라!

도표 작성은 하나의 자료 혹은 보고서와 같은 수치가 표현된 자료를 도표로 작성하는 형식으로 출제되는데, 대체로 표보다는 그래프를 작성하는 형태로 많이 출제된다. 지문을 살펴보면 각 지문에서 주어진 도표에도 소제목이 있는 경우가 대부분이다. 이때, 자료의 수치와 도표의 제목이 일치하지 않는 경우 함정이 존재하는 문제일 가능성이 높으므로 도표의 제목을 반드시 확인하는 것이 중요하다.

01 | 응용 수리

| 유형분석 |

- 문제에서 제공하는 정보를 파악한 뒤, 사칙연산을 활용하여 계산하는 전형적인 수리문제이다.
- 문제를 풀기 위한 정보가 산재되어 있는 경우가 많으므로 주어진 조건 등을 꼼꼼히 확인해야 한다.

세희네 가족의 올해 휴가비용은 작년 대비 교통비는 15%, 숙박비는 24% 증가하였고, 전체 휴가비용은 20% 증가하였다. 작년 전체 휴가비용이 36만 원일 때, 올해 숙박비는?(단, 전체 휴가비는 교통비와 숙박비의 합이다)

① 160,000원
② 184,000원
③ 200,000원
④ 248,000원
⑤ 268,000원

정답 ④

작년 교통비를 x원, 숙박비를 y원이라 하자.

$1.15x + 1.24y = 1.2(x+y) \cdots$ ㉠

$x + y = 36 \cdots$ ㉡

㉠과 ㉡을 연립하면 $x=16$, $y=20$이다.

따라서 올해 숙박비는 $20 \times 1.24 = 24.8$만 원이다.

풀이 전략!

문제에서 묻는 바를 정확하게 확인한 후, 필요한 조건 또는 정보를 구분하여 신속하게 풀어 나간다. 단, 계산에 착오가 생기지 않도록 유의한다.

01 농도가 10%인 소금물 200g에 농도가 15%인 소금물을 섞어서 농도가 13%인 소금물을 만들려고 한다. 이때, 농도가 15%인 소금물은 몇 g이 필요한가?

① 150g
② 200g
③ 250g
④ 300g
⑤ 350g

02 어떤 공원의 트랙 모양의 산책로를 걷는데 시작 지점에서 서로 반대 방향으로 민주는 분속 40m의 속력으로, 세희는 분속 45m의 속력으로 걷고 있다. 출발한 지 40분 후에 두 사람이 두 번째로 마주치게 된다고 할 때, 산책로의 길이는?

① 1,350m
② 1,400m
③ 1,550m
④ 1,700m
⑤ 1,750m

03 K사는 연구소를 A, B, C, D팀으로 나눠서 운영하고 있다. 작년 한 해 동안 A, B팀의 인원을 합하여 20% 감소하였고, C, D팀의 인원을 합하여 50% 감소해서 총 인원수가 205명이 되었다. 올해는 A, B팀의 인원을 합하여 80% 증가하였고, C팀의 인원이 20% 감소, D팀의 인원이 20% 증가하여 총 인원수가 390명이 되었다. 재작년 총 인원수가 350명이었다고 하면, 당시 D팀의 인원수는 몇 명인가?(단, 연구소에는 A, B, C, D팀 외의 인원은 없다)

① 25명
② 30명
③ 40명
④ 45명
⑤ 50명

04 다음 〈조건〉을 참고할 때, 가능한 乙의 나이는?

> **조건**
> • 甲과 乙은 부부이다. a는 甲의 동생, b, c는 아들과 딸이다.
> • 甲은 乙보다 나이가 많거나 동갑이다.
> • a, b, c 나이의 곱은 2,450이다.
> • a, b, c 나이의 합은 46이다.
> • a의 나이는 19 ~ 34세 중 하나이다.
> • 甲과 乙의 나이의 합은 아들과 딸 나이의 합의 4배이다.

① 42세   ② 43세

③ 44세   ④ 45세

⑤ 46세

05 K씨는 올해 초에 3,000만 원짜리 자동차를 구입하였다. 처음에 현금 1,200만 원을 내고 나머지 금액은 올해 말부터 매년 말마다 일정한 금액으로 6회에 걸쳐 갚으려고 한다. 이때 매년 얼마씩 갚아야 하는가?(단, $1.01^6 ≒ 1.06$, 연이율 1%, 1년마다 복리로 계산한다)

① 300만 원   ② 306만 원

③ 312만 원   ④ 318만 원

⑤ 324만 원

06 다음과 같은 건물에 페인트칠을 하면 $1m^2$당 200원의 인건비가 든다. K씨가 바닥을 제외한 모든 면에 페인트칠을 할 때 받는 인건비는 얼마인가?(단, 길이의 단위는 m이다)

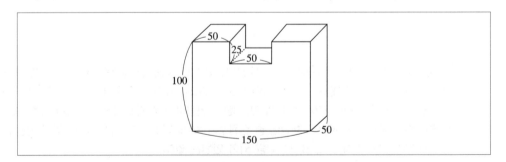

① 950만 원   ② 1,110만 원

③ 1,150만 원   ④ 1,200만 원

⑤ 1,250만 원

07 철수는 다음 그림과 같은 사각뿔에 물을 채우고자 한다. 사각뿔에 가득 채워지는 물의 부피는?

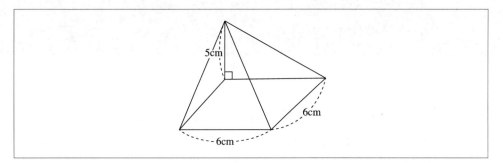

① 60cm³

② 80cm³

③ 100cm³

④ 120cm³

⑤ 140cm³

08 K회사는 사옥 옥상 정원에 있는 가로 644cm, 세로 476cm인 직사각형 모양의 뜰 가장자리에 조명을 설치하려고 한다. 네 모퉁이에는 반드시 조명을 설치하고, 일정한 간격으로 조명을 추가 배열하려고 할 때, 필요한 조명의 최소 개수는?(단, 조명의 크기는 고려하지 않는다)

① 68개   ② 72개

③ 76개   ④ 80개

⑤ 84개

02 | 수열 규칙

| 유형분석 |

- 나열된 수의 규칙을 찾아 해결하는 문제이다.
- 등차·등비수열 등 다양한 수열 규칙에 대한 사전 학습이 요구된다.

다음과 같이 일정한 규칙으로 수를 나열할 때, 빈칸에 들어갈 수는 무엇인가?

| | | 0 | 3 | 5 | 10 | 17 | 29 | 48 | ( ) | |

① 55
② 60
③ 71
④ 79

정답 ④

n을 자연수라 하면 $(n+1)$항에서 n항을 더하고 $+2$를 한 값인 $(n+2)$항이 되는 수열이다.

따라서 ( )$=48+29+2=79$이다.

풀이 전략!

- 수열을 풀이할 때는 다음과 같은 규칙이 적용되는지를 순차적으로 판단한다.
  1) 각 항에 일정한 수를 사칙연산(+, −, ×, ÷)하는 규칙
  2) 홀수 항, 짝수 항 규칙
  3) 피보나치 수열과 같은 계차를 이용한 규칙
  4) 군수열을 활용한 규칙
  5) 항끼리 사칙연산을 하는 규칙

주요 수열 규칙

구분	내용
등차수열	앞의 항에 일정한 수를 더해 이루어지는 수열
등비수열	앞의 항에 일정한 수를 곱해 이루어지는 수열
피보나치 수열	앞의 두 항의 합이 그 다음 항의 수가 되는 수열
건너뛰기 수열	두 개 이상의 수열 또는 규칙이 일정한 간격을 두고 번갈아가며 적용되는 수열
계차수열	앞의 항과 차가 일정하게 증가하는 수열
군수열	일정한 규칙성으로 몇 항씩 묶어 나눈 수열

01 다음과 같이 일정한 규칙으로 수를 나열할 때, 빈칸에 들어갈 수는 무엇인가?

1	2	8	( )	148	765	4,626	

① 12   ② 24

③ 27   ④ 33

⑤ 36

02 다음과 같이 일정한 규칙으로 수를 나열할 때, B−A를 구하면?

1	2	A	5	8	13	21	B

① 22   ② 25

③ 28   ④ 30

⑤ 31

03 200L의 물이 들어 있는 어항을 청소하면서 물을 20%만큼 버리고 20L의 물을 넣었다. 이와 같은 과정을 n번 반복한 후 어항에 남아 있는 물의 양을 a_n L라고 할 때, a_3의 값은?

① 200   ② 180

③ 164   ④ 151.2

⑤ 140.9

03 | 자료 계산

| 유형분석 |

- 문제에 주어진 자료를 분석하여 각 선택지의 값을 계산해 정답 유무를 판단하는 문제이다.
- 주로 그래프와 표로 제시되며, 경영·경제·산업 등과 관련된 최신 이슈를 많이 다룬다.
- 자료 간의 증감률·비율·추세 등을 자주 묻는다.

다음은 K국의 부양인구비를 나타낸 자료이다. 2023년 15세 미만 인구 대비 65세 이상 인구의 비율은 얼마인가?(단, 비율은 소수점 둘째 자리에서 반올림한다)

〈부양인구비〉

구분	2019년	2020년	2021년	2022년	2023년
부양비	37.3	36.9	36.8	36.8	36.9
유소년부양비	22.2	21.4	20.7	20.1	19.5
노년부양비	15.2	15.6	16.1	16.7	17.3

※ (유소년부양비)=$\dfrac{(15세\ 미만\ 인구)}{(15 \sim 64세\ 인구)} \times 100$

※ (노년부양비)=$\dfrac{(65세\ 이상\ 인구)}{(15 \sim 64세\ 인구)} \times 100$

① 72.4%

② 77.6%

③ 81.5%

④ 88.7%

정답 ④

2023년 15세 미만 인구를 x명, 65세 이상 인구를 y명, 15 ~ 64세 인구를 a명이라 하면,

15세 미만 인구 대비 65세 이상 인구 비율은 $\dfrac{y}{x} \times 100$이므로

(2023년 유소년부양비)=$\dfrac{x}{a} \times 100 = 19.5 \rightarrow a = \dfrac{x}{19.5} \times 100 \cdots \bigcirc$

(2023년 노년부양비)=$\dfrac{y}{a} \times 100 = 17.3 \rightarrow a = \dfrac{y}{17.3} \times 100 \cdots \bigcirc$

$\bigcirc$, $\bigcirc$을 연립하면 $\dfrac{x}{19.5} = \dfrac{y}{17.3} \rightarrow \dfrac{y}{x} = \dfrac{17.3}{19.5}$ 이므로, 15세 미만 인구 대비 65세 이상 인구의 비율은 $\dfrac{17.3}{19.5} \times 100 = 88.7\%$이다.

풀이 전략!

선택지를 먼저 읽고 필요한 정보를 도표에서 확인하도록 하며, 계산이 필요한 경우에는 실제 수치를 사용하여 복잡한 계산을 하는 대신, 대소 관계의 비교나 선택지의 옳고 그름만을 판단할 수 있을 정도로 간소화하여 계산해 풀이시간을 단축할 수 있도록 한다.

01 다음은 농구 경기에서 갑 ~ 정 4개 팀의 월별 득점에 대한 자료이다. 빈칸에 들어갈 수치로 옳은 것은?(단, 각 수치는 매월 일정한 규칙으로 변화한다)

〈월별 득점 현황〉

(단위 : 점)

구분	1월	2월	3월	4월	5월	6월	7월	8월	9월	10월
갑	1,024	1,266	1,156	1,245	1,410	1,545	1,205	1,365	1,875	2,012
을	1,352	1,702	2,000	1,655	1,320	1,307	1,232	1,786	1,745	2,100
병	1,078	1,423	( )	1,298	1,188	1,241	1,357	1,693	2,041	1,988
정	1,298	1,545	1,658	1,602	1,542	1,611	1,080	1,458	1,579	2,124

① 1,358

② 1,397

③ 1,450

④ 1,498

⑤ 1,522

02 K씨는 향후 자동차 구매자금을 마련하고자 한다. 이를 위해 자산관리담당자와 상담을 한 결과, 다음 자료의 3가지 금융상품에 2천만 원을 투자하기로 하였다. 6개월이 지난 후 고객이 받을 수 있는 금액은 얼마인가?

〈포트폴리오 상품내역〉

상품명	종류	기대 수익률(연)	투자비중
A	주식	10%	40%
B	채권	4%	30%
C	예금	2%	30%

※ 상품거래에서 발생하는 수수료 등 기타비용은 없다고 가정한다.

※ (투자수익)=(투자원금)+(투자원금)×(수익률)×$\dfrac{(투자월 수)}{12}$

① 2,012만 원

② 2,028만 원

③ 2,058만 원

④ 2,078만 원

⑤ 2,125만 원

04 | 자료 이해

| 유형분석 |

- 제시된 자료를 분석하여 선택지의 정답 유무를 판단하는 문제이다.
- 자료의 수치 등을 통해 변화량이나 증감률, 비중 등을 비교하여 판단하는 문제가 자주 출제된다.
- 지원하고자 하는 기업이나 산업과 관련된 자료 등이 문제의 자료로 많이 다뤄진다.

다음은 도시폐기물량 상위 10개국의 도시폐기물량지수와 한국의 도시폐기물량을 나타낸 자료이다. 이에 대한 〈보기〉 중 옳은 것을 모두 고르면?

〈도시폐기물량 상위 10개국의 도시폐기물량지수〉

순위	2020년		2021년		2022년		2023년	
	국가	지수	국가	지수	국가	지수	국가	지수
1	미국	12.05	미국	11.94	미국	12.72	미국	12.73
2	러시아	3.40	러시아	3.60	러시아	3.87	러시아	4.51
3	독일	2.54	브라질	2.85	브라질	2.97	브라질	3.24
4	일본	2.53	독일	2.61	독일	2.81	독일	2.78
5	멕시코	1.98	일본	2.49	일본	2.54	일본	2.53
6	프랑스	1.83	멕시코	2.06	멕시코	2.30	멕시코	2.35
7	영국	1.76	프랑스	1.86	프랑스	1.96	프랑스	1.91
8	이탈리아	1.71	영국	1.75	이탈리아	1.76	터키	1.72
9	터키	1.50	이탈리아	1.73	영국	1.74	영국	1.70
10	스페인	1.33	터키	1.63	터키	1.73	이탈리아	1.40

※ (도시폐기물량지수) $= \dfrac{(\text{해당 연도 해당 국가의 도시폐기물량})}{(\text{해당 연도 한국의 도시폐기물량})}$

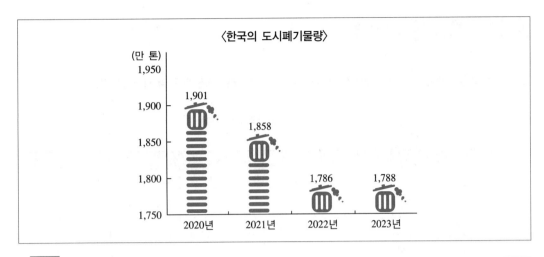

〈한국의 도시폐기물량〉

(만 톤)

연도	도시폐기물량
2020년	1,901
2021년	1,858
2022년	1,786
2023년	1,788

보기

㉠ 2023년 도시폐기물량은 미국이 일본의 4배 이상이다.
㉡ 2022년 러시아의 도시폐기물량은 8,000만 톤 이상이다.
㉢ 2023년 스페인의 도시폐기물량은 2020년에 비해 감소하였다.
㉣ 영국의 도시폐기물량은 터키의 도시폐기물량보다 매년 많다.

① ㉠, ㉢

② ㉠, ㉣

③ ㉡, ㉢

④ ㉢, ㉣

정답 ①

㉠ 제시된 자료의 각주에 의해 같은 해의 각국의 도시폐기물량지수는 그 해 한국의 도시폐기물량을 기준해 도출된다. 즉, 같은 해의 여러 국가의 도시폐기물량을 비교할 때 도시폐기물량지수로도 비교가 가능하다. 2023년 미국과 일본의 도시폐기물량지수는 각각 12.73, 2.530이며, 2.53×4=10.12<12.73이므로 옳은 설명이다.

㉢ 2020년 한국의 도시폐기물량은 1,901만 톤이므로 2020년 스페인의 도시폐기물량은 1,901×1.33=2,528.33만 톤이다. 도시폐기물량 상위 10개국의 도시폐기물량지수 자료를 보면 2023년 스페인의 도시폐기물량지수는 상위 10개국에 포함되지 않았음을 확인할 수 있다. 즉, 스페인의 도시폐기물량은 도시폐기물량지수 10위인 이탈리아의 도시폐기물량보다 적다. 2023년 한국의 도시폐기물량은 1,788만 톤이므로 이탈리아의 도시폐기물량은 1,788×1.40=2,503.2만 톤이다. 즉, 2023년 이탈리아의 도시폐기물량은 2020년 스페인의 도시폐기물량보다 적다. 따라서 2023년 스페인의 도시폐기물량은 2020년에 비해 감소했다.

오답분석

㉡ 2022년 한국의 도시폐기물량은 1,786만 톤이므로 2022년 러시아의 도시폐기물량은 1,786×3.87=6,911.82만 톤이다.
㉣ 2023년의 경우 터키의 도시폐기물량지수는 영국보다 높다. 따라서 2023년 영국의 도시폐기물량은 터키의 도시폐기물량보다 적다.

풀이 전략!

평소 변화량이나 증감률, 비중 등을 구하는 공식을 알아두고 있어야 하며, 지원하는 기업이나 산업에 관한 자료 등을 확인하여 비교하는 연습 등을 한다.

01 다음은 8개국의 무역수지에 대한 자료이다. 이에 대한 설명으로 옳지 않은 것은?

〈8개국의 무역수지 현황〉

(단위 : 백만 USD)

구분	한국	그리스	노르웨이	뉴질랜드	대만	독일	러시아	미국
7월	40,882	2,490	7,040	2,825	24,092	106,308	22,462	125,208
8월	40,125	2,145	7,109	2,445	24,629	107,910	23,196	116,218
9월	40,846	2,656	7,067	2,534	22,553	118,736	25,432	122,933
10월	41,983	2,596	8,005	2,809	26,736	111,981	24,904	125,142
11월	45,309	2,409	8,257	2,754	25,330	116,569	26,648	128,722
12월	45,069	2,426	8,472	3,088	25,696	102,742	31,128	123,557

① 한국 무역수지의 전월 대비 증가량이 가장 많았던 달은 11월이다.

② 뉴질랜드의 무역수지는 8월 이후 지속해서 증가하였다.

③ 그리스의 12월 무역수지의 전월 대비 증가율은 약 0.7%이다.

④ 10월부터 12월 사이 한국의 무역수지 변화 추이와 같은 양상을 보이는 나라는 2개국이다.

⑤ 12월 무역수지가 7월 대비 감소한 나라는 그리스, 독일, 미국이다.

02 다음은 주요 5개국의 경제 및 사회 지표이다. 이에 대한 설명으로 옳지 않은 것은?

〈주요 5개국의 경제 및 사회 지표〉

구분	1인당 GDP(달러)	경제성장률(%)	수출(백만 달러)	수입(백만 달러)	총인구(백만 명)
A국	27,214	2.6	526,757	436,499	50.6
B국	32,477	0.5	624,787	648,315	126.6
C국	55,837	2.4	1,504,580	2,315,300	321.8
D국	25,832	3.2	277,423	304,315	46.1
E국	56,328	2.3	188,445	208,414	24.0

※ (총 GDP)=(1인당 GDP)×(총인구)

① 경제성장률이 가장 큰 나라는 총 GDP가 가장 작다.

② 총 GDP는 가장 큰 나라가 가장 작은 나라보다 10배 이상 더 크다.

③ 5개국을 수출 및 수입의 규모에 따라 나열한 순위는 서로 일치한다.

④ A국이 E국보다 총 GDP가 더 크다.

⑤ 1인당 GDP에 따른 순위와 총 GDP에 따른 순위는 서로 일치한다.

03 다음은 K국의 자동차 매출에 대한 자료이다. 이에 대한 설명으로 옳은 것은?

〈2023년 10월 월매출액 상위 10개 자동차의 매출 현황〉

(단위 : 억 원, %)

자동차	순위	월매출액	시장점유율	전월 대비 증가율
A	1	1,139	34.3	60
B	2	1,097	33.0	40
C	3	285	8.6	50
D	4	196	5.9	50
E	5	154	4.6	40
F	6	149	4.5	20
G	7	138	4.2	50
H	8	40	1.2	30
I	9	30	0.9	150
J	10	27	0.8	40

※ (시장점유율)$=\dfrac{(해당\ 자동차\ 월매출액)}{(전체\ 자동차\ 월매출\ 총액)}\times100$

〈2023년 I자동차 누적매출액〉

(단위 : 억 원)

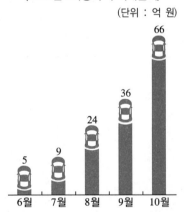

※ 월매출액은 해당 월 말에 집계됨

① 2023년 9월 C자동차의 월매출액은 200억 원 이상이다.
② 2023년 10월 월매출액 상위 6개 자동차의 순위는 전월과 동일하다.
③ 2023년 6월부터 9월 중 I자동차의 월매출액이 가장 큰 달은 9월이다.
④ 2023년 10월 월매출액 상위 5개 자동차의 10월 월매출액 기준 시장점유율은 80% 미만이다.
⑤ 2023년 10월 K국의 전체 자동차 월매출 총액은 4,000억 원 미만이다.

05 | 통계 분석

| 유형분석 |

- 통계와 관련한 이론을 활용하여 계산하는 문제이다.
- 중·고등학교 수준의 통계 이론은 숙지하고 있어야 하며, 주로 상대도수, 평균, 표준편차, 최댓값, 최솟값, 가중치 등이 활용된다.

다음은 K중학교 한 학급의 수학 성적을 조사한 자료이다. 수학 성적의 평균과 표준편차를 바르게 나열한 것은?

수학 성적(점)	도수(명)
45 이상 55 미만	2
55 이상 65 미만	9
65 이상 75 미만	27
75 이상 85 미만	11
85 이상 95 미만	1

① 60, 6 ② 60, 8

③ 70, 6 ④ 70, 8

⑤ 70, 10

정답 ④

우선 도수의 총합을 구하면 2+9+27+11+1=50이다.

각 구간의 계급값을 이용하여 평균을 구하면

$$(\text{평균})=\frac{(50\times2)+(60\times9)+(70\times27)+(80\times11)+(90\times1)}{50}=70점$$

(편차)=(계급값)-(평균)이므로

각 구간의 편차는 각각 -20, -10, 0, 10, 20이다.

편차의 제곱을 이용하여 분산을 구하면

$$(\text{분산})=\frac{\{2\times(-20)^2\}+\{9\times(-10)^2\}+(27\times0^2)+(11\times10^2)+(1\times20^2)}{50}=64$$

따라서 표준편차는 $\sqrt{64}=8$이다.

풀이 전략!

통계와 관련된 기본적인 공식은 반드시 암기해 두도록 하며, 이를 활용한 다양한 문제를 풀어보면서 풀이방법을 습득하는 연습이 필요하다.

01 다음 제시된 변량의 분산과 표준편차는?

3	7	6	8	3	9	1	6	4	3

	분산	표준편차
①	8	$2\sqrt{2}$
②	6	$\sqrt{6}$
③	4	2
④	2	$\sqrt{2}$
⑤	1	1

02 다음은 K헬스장의 2024년 3 ~ 5월 프로그램 회원 수와 2024년 6월 예상 회원 수에 대한 자료이다. 회원 수가 〈조건〉을 따를 때 b에 들어갈 수는 얼마인가?

〈K헬스장 운동 프로그램 회원 현황〉

(단위 : 명)

구분	2024년 3월	2024년 4월	2024년 5월	2024년 6월
요가	50	a	b	
G.X	90	98	c	
필라테스	106	110	126	d

조건

• $2a+b=c+d$
• 2024년 4월 요가 회원은 전월 대비 20% 증가했다.
• 2024년 3 ~ 5월 필라테스 총 회원 수는 G.X 총 회원 수보다 37명이 더 많다.
• 2024년 6월 필라테스의 예상 회원 수는 2024년 3 ~ 5월 필라테스의 월 평균 회원 수일 것이다.

① 110 ② 111
③ 112 ④ 113
⑤ 114

03

문제해결능력

합격 Cheat Key

문제해결능력은 업무를 수행하면서 여러 가지 문제 상황이 발생하였을 때, 창의적이고 논리적인 사고를 통하여 이를 올바르게 인식하고 적절히 해결하는 능력으로, 하위 능력에는 사고력과 문제처리능력이 있다.

문제해결능력은 NCS 기반 채용을 진행하는 대다수의 공사·공단에서 채택하고 있으며, 다양한 자료와 함께 출제되는 경우가 많아 어렵게 느껴질 수 있다. 특히, 난이도가 높은 문제로 자주 출제되기 때문에 다른 영역보다 더 많은 노력이 필요할 수는 있지만 그렇기에 차별화를 할 수 있는 득점 영역이므로 포기하지 말고 꾸준하게 노력해야 한다.

1 질문의 의도를 정확하게 파악하라!

문제해결능력은 문제에서 무엇을 묻고 있는지 정확하게 파악하여 먼저 풀이 방향을 설정하는 것이 가장 효율적인 방법이다. 특히, 조건이 주어지고 답을 찾는 창의적·분석적인 문제가 주로 출제되고 있기 때문에 처음에 정확한 풀이 방향이 설정되지 않는다면 문제를 제대로 풀지 못하게 되므로 첫 번째로 출제 의도 파악에 집중해야 한다.

2   중요한 정보는 반드시 표시하라!

출제 의도를 정확히 파악하기 위해서는 문제의 중요한 정보를 반드시 표시하거나 메모하여 하나의 조건, 단서도 잊고 넘어가는 일이 없도록 해야 한다. 실제 시험에서는 시간의 압박과 긴장감으로 정보를 잘못 적용하거나 잊어버리는 실수가 많이 발생하므로 사전에 충분한 연습이 필요하다.

3   반복 풀이를 통해 취약 유형을 파악하라!

문제해결능력은 특히 시간관리가 중요한 영역이다. 따라서 정해진 시간 안에 고득점을 할 수 있는 효율적인 문제 풀이 방법을 찾아야 한다. 이때, 반복적인 문제 풀이를 통해 자신이 취약한 유형을 파악하는 것이 중요하다. 정확하게 풀 수 있는 문제부터 빠르게 풀고 취약한 유형은 나중에 푸는 효율적인 문제 풀이를 통해 최대한 고득점을 맞는 것이 중요하다.

01 | 명제 추론

| 유형분석 |

- 주어진 문장을 토대로 논리적으로 추론하여 참 또는 거짓을 구분하는 문제이다.
- 대체로 연역추론을 활용한 명제 문제가 출제된다.
- 자료를 제시하고 새로운 결과나 자료에 주어지지 않은 내용을 추론해 가는 형식의 문제가 출제된다.

K공사는 공휴일 세미나 진행을 위해 인근의 가게 A ~ F에서 필요한 물품을 구매하고자 한다. 다음 〈조건〉을 참고할 때, 공휴일에 영업하는 가게의 수는?

조건

- C는 공휴일에 영업하지 않는다.
- B가 공휴일에 영업하지 않으면, C와 E는 공휴일에 영업한다.
- E 또는 F가 영업하지 않는 날이면, D는 영업한다.
- B가 공휴일에 영업하면, A와 E는 공휴일에 영업하지 않는다.
- B와 F 중 한 곳만 공휴일에 영업한다.

① 2곳 ② 3곳
③ 4곳 ④ 5곳
⑤ 6곳

정답 ①

주어진 조건을 순서대로 논리 기호화하면 다음과 같다.
- 첫 번째 조건 : ~C
- 두 번째 조건 : ~B → (C ∧ E)
- 세 번째 조건 : (~E ∨ ~F) → D
- 네 번째 조건 : B → (~A ∧ ~E)

첫 번째 조건이 참이므로 두 번째 조건의 대우[(~C ∨ ~E) → B]에 따라 B는 공휴일에 영업한다. 이때 네 번째 조건에 따라 A와 E는 영업하지 않고, 다섯 번째 조건에 따라 F도 영업하지 않는다. 마지막으로 세 번째 조건에 따라 D는 영업한다. 따라서 공휴일에 영업하는 가게는 B와 D 2곳이다.

풀이 전략!

명제와 관련한 기본적인 논법에 대해서는 미리 학습해 두며, 이를 바탕으로 각 문장에 있는 핵심단어 또는 문구를 기호화하여 정리한 후, 선택지와 비교하여 참 또는 거짓을 판단한다.

01 K공사에서는 보고서를 통과시키기 위해서 A ~ F 6명에게 결재를 받아야 한다. 다음 〈조건〉에 따라 최종 결재를 받아야 하는 사람이 C일 때, 세 번째로 결재를 받아야 할 사람은?

> **조건**
> • C 바로 앞 순서인 사람은 F이다.
> • B는 F와 C보다는 앞 순서이다.
> • E는 B보다는 앞 순서이다.
> • E와 C는 D보다 뒤의 순서다.
> • A는 E보다 앞 순서이다.
> • 결재를 받을 때는 한 사람당 한 번만 거친다.

① A ② B
③ D ④ E
⑤ F

02 오늘 K씨는 종합병원에 방문하여 A ~ C과 진료를 모두 받아야 한다. 〈조건〉이 다음과 같을 때, 가장 빠르게 진료를 받을 수 있는 경로는?(단, 주어진 조건 외에는 고려하지 않는다)

> **조건**
> • 모든 과의 진료와 예약은 오전 9시 시작이다.
> • 모든 과의 점심시간은 오후 12시 30분부터 1시 30분이다.
> • A과와 C과는 본관에 있고 B과는 별관동에 있다. 본관과 별관동 이동에는 셔틀로 약 30분이 소요되며, 점심시간에는 셔틀이 운행하지 않는다.
> • A과는 오전 10시부터 오후 3시까지만 진료를 한다.
> • B과는 점심시간 후에 사람이 몰려 약 1시간의 대기시간이 필요하다.
> • A과 진료는 단순 진료로 30분 정도 소요될 예정이다.
> • B과 진료는 치료가 필요하여 1시간 정도 소요될 예정이다.
> • C과 진료는 정밀 검사가 필요하여 2시간 정도 소요될 예정이다.

① A - B - C ② A - C - B
③ B - C - A ④ C - A - B
⑤ C - B - A

03 A ~ D 네 사람이 살고 있는 이 아파트는 1층, 2층이 있고, 층별로 1호, 2호로 구성되어 있다. 다음 〈조건〉을 참고할 때, 〈보기〉 중 옳은 것을 모두 고르면?

조건

- 각 집에는 한 명씩만 산다.
- D는 2호에 살고, A는 C보다 위층에 산다.
- B와 C는 서로 다른 호수에 산다.
- A와 B는 이웃해 있다.

보기

㉠ 1층 1호 - C	㉡ 1층 2호 - B
㉢ 2층 1호 - A	㉣ 2층 2호 - D

① ㉠, ㉡

② ㉠, ㉢

③ ㉡, ㉢

④ ㉡, ㉣

⑤ ㉠, ㉡, ㉢, ㉣

04 K는 서점에서 소설, 에세이, 만화, 잡지, 수험서를 구매했다. 다음 〈조건〉이 모두 참일 때, K가 세 번째로 구매한 책으로 옳은 것은?

조건

- 만화와 소설보다 잡지를 먼저 구매했다.
- 수험서를 가장 먼저 구매하지 않았다.
- 에세이와 만화를 연달아 구매하지 않았다.
- 수험서를 구매한 다음 곧바로 에세이를 구매했다.
- 에세이나 소설을 마지막에 구매하지 않았다.

① 소설

② 에세이

③ 만화

④ 잡지

⑤ 수험서

05 A ~ D사원은 각각 홍보부, 총무부, 영업부, 기획부 소속으로 3 ~ 6층의 서로 다른 층에서 근무하고 있다. 이들 중 한 명이 거짓말을 하고 있을 때, 다음 중 바르게 추론한 것은?(단, 각 팀은 서로 다른 층에 위치한다)

> A사원 : 저는 홍보부와 총무부 소속이 아니며, 3층에서 근무하고 있지 않습니다.
> B사원 : 저는 영업부 소속이며, 4층에서 근무하고 있습니다.
> C사원 : 저는 홍보부 소속이며, 5층에서 근무하고 있습니다.
> D사원 : 저는 기획부 소속이며, 3층에서 근무하고 있습니다.

① A사원은 홍보부 소속이다.
② B사원은 영업부 소속이다.
③ 기획부는 3층에 위치한다.
④ 홍보부는 4층에 위치한다.
⑤ D사원은 5층에서 근무하고 있다.

06 K회사에 재직 중인 김대리는 10월에 1박 2일로 할머니댁을 방문하려고 한다. 제시된 〈조건〉을 참고할 때, 다음 중 김대리가 시골로 내려가는 날짜로 가능한 날은?

> **조건**
> • 10월은 1일부터 31일까지이며, 1일은 목요일, 9일은 한글날이다.
> • 10월 1일은 추석이며, 추석 다음날부터 5일간 제주도여행을 가고, 돌아오는 날이 휴가 마지막 날이다.
> • 김대리는 이틀까지 휴가 외에 연차를 더 쓸 수 있다.
> • 제주도여행에서 돌아오는 마지막 날이 있는 주가 첫째 주이다.
> • 김대리는 셋째 주 화요일부터 4일간 외부출장이 있으며, 그 다음 주 수요일과 목요일은 프로젝트 발표가 있다.
> • 주말 및 공휴일에는 할머니댁에 가지 않는다.
> • 휴가에는 가지 않고 따로 연차를 쓰고 방문할 것이다.

① 3일, 4일
② 6일, 7일
③ 12일, 13일
④ 21일, 22일
⑤ 27일, 28일

02 | SWOT 분석

| 유형분석 |

- 상황에 대한 환경 분석 결과를 통해 주요 과제를 도출하는 문제이다.
- 주로 3C 분석 또는 SWOT 분석을 활용한 문제들이 출제되고 있으므로 해당 분석도구에 대한 사전 학습이 요구된다.

다음은 한 분식점에 대한 SWOT 분석 결과이다. 이에 대한 대응 방안으로 가장 적절한 것은?

S(강점)	W(약점)
• 좋은 품질의 재료만 사용 • 청결하고 차별화된 이미지	• 타 분식점에 비해 한정된 메뉴 • 배달서비스를 제공하지 않음
O(기회)	T(위협)
• 분식점 앞에 곧 학교가 들어설 예정 • 최근 TV프로그램 섭외 요청을 받음	• 프랜차이즈 분식점들로 포화상태 • 저렴한 길거리 음식으로 취급하는 경향이 있음

① ST전략 : 비싼 재료들을 사용하여 가격을 올려 저렴한 길거리 음식이라는 인식을 바꾼다.

② WT전략 : 다른 분식점들과 차별화된 전략을 유지하기 위해 배달서비스를 시작한다.

③ SO전략 : TV프로그램에 출연해 좋은 품질의 재료만 사용한다는 점을 부각시킨다.

④ WO전략 : TV프로그램 출연용으로 다양한 메뉴를 일시적으로 개발한다.

⑤ WT전략 : 포화 상태의 시장에서 살아남기 위해 다른 가게보다 저렴한 가격으로 판매한다.

정답 ③

SO전략은 강점을 살려 기회를 포착하는 전략이므로 TV프로그램에 출연하여 좋은 품질의 재료만 사용한다는 점을 홍보하는 것이 적절하다.

풀이 전략!

문제에 제시된 분석도구를 확인한 후, 분석 결과를 종합적으로 판단하여 각 선택지의 전략 과제와 일치 여부를 판단한다.

01 K공사에서 근무하는 A사원은 경제자유구역사업에 대한 SWOT 분석 결과를 토대로 SWOT 분석에 의한 경영전략을 세웠다. 다음 〈보기〉 중 SWOT 분석에 의한 경영전략의 내용으로 적절하지 않은 것을 모두 고르면?

〈경제자유구역사업에 대한 SWOT 분석 결과〉

구분	분석 결과
강점(Strength)	• 성공적인 경제자유구역 조성 및 육성 경험 • 다양한 분야의 경제자유구역 입주희망 국내기업 확보
약점(Weakness)	• 과다하게 높은 외자금액 비율 • 외국계 기업과 국내기업 간의 구조 및 운영상 이질감
기회(Opportunity)	• 국제경제 호황으로 인하여 타국 사업지구 입주를 희망하는 해외시장부문의 지속적 증가 • 국내진출 해외기업 증가로 인한 동형화 및 협업 사례 급증
위협(Threat)	• 국내거주 외국인 근로자에 대한 사회적 포용심 부족 • 대대적 교통망 정비로 인한 기성 대도시의 흡수효과 확대

〈SWOT 분석에 의한 경영전략〉

• SO전략 : 강점을 활용하여 기회를 선점하는 전략
• ST전략 : 강점을 활용하여 위협을 최소화하거나 극복하는 전략
• WO전략 : 기회를 활용하여 약점을 보완하는 전략
• WT전략 : 약점을 최소화하고 위협을 회피하는 전략

보기

ㄱ. 성공적인 경제자유구역 조성 노하우를 활용하여 타국 사업지구로의 진출을 희망하는 해외기업을 유인 및 유치하는 전략은 SO전략에 해당한다.
ㄴ. 다수의 풍부한 경제자유구역 성공 사례를 바탕으로 외국인 근로자를 국내주민과 문화적으로 동화시킴으로써 원활한 지역발전의 토대를 조성하는 전략은 ST전략에 해당한다.
ㄷ. 기존에 국내에 입주한 해외기업의 동형화 사례를 활용하여 국내기업과 외국계 기업의 운영상 이질감을 해소하여 생산성을 증대시키는 전략은 WO전략에 해당한다.
ㄹ. 경제자유구역 인근 대도시와의 연계를 활성화하여 경제자유구역 내 국내·외 기업 간의 이질감을 해소하는 전략은 WT전략에 해당한다.

① ㄱ, ㄴ
② ㄱ, ㄷ
③ ㄴ, ㄷ
④ ㄴ, ㄹ
⑤ ㄷ, ㄹ

02 K공사는 필리핀의 신재생에너지 시장에 진출하려고 한다. 전략기획팀의 M대리는 3C 분석 방법을 통해 다음과 같은 결과를 도출하였다. 다음 중 K공사의 필리핀 시장 진출에 대한 판단으로 가장 적절한 것은?

〈필리핀 신재생에너지 시장 진출에 대한 3C 분석 결과〉

3C	상황분석
고객(Customer)	• 아시아국가 중 전기요금이 높은 편에 속함 • 태양광, 지열 등 훌륭한 자연환경 조건 기반 • 신재생에너지 사업에 대한 정부의 적극적 추진 의지
경쟁사(Competitor)	• 필리핀 민간 기업의 투자 증가 • 중국 등 후발국의 급속한 성장 • 체계화된 기술 개발 부족
자사(Company)	• 필리핀 화력발전사업에 진출한 이력 • 필리핀의 태양광 발전소 지분 인수 • 현재 미국, 중국 등 4개국에서 풍력과 태양광 발전소 운영 중

① 필리핀은 전기요금이 높아 국민들의 전력 사용량이 많지 않을 것으로 예상되며, 열악한 전력 인프라로 신재생에너지 시장의 발전 가능성 또한 낮을 것으로 예상되므로 자사의 필리핀 시장 진출은 바람직하지 않다.

② 필리핀은 정부의 적극적 추진 의지로 신재생에너지 시장이 급성장하고 있으나, 민간 기업의 투자와 다른 아시아국가의 급속한 성장으로 경쟁이 치열하므로 자사는 비교적 경쟁이 덜한 중국 시장으로 진출하는 것이 바람직하다.

③ 풍부한 자연환경 조건을 가진 필리핀 신재생에너지 시장의 성장 가능성은 높지만, 경쟁사에 비해 체계적이지 못한 자사의 기술 개발 역량이 필리핀 시장 진출에 걸림돌이 될 것이다.

④ 훌륭한 자연환경 조건과 사업에 대한 정부의 추진 의지를 바탕으로 한 필리핀의 신재생에너지 시장에서는 필리핀 민간 기업이나 후발국과의 치열한 경쟁이 예상되나, 자사의 진출 이력을 바탕으로 경쟁력을 확보할 수 있을 것이다.

⑤ 필리핀 시장에 대한 정보가 부족한 자사가 성장 가능성이 높은 신재생에너지 시장에 진출하기 위해서는 현재 급속한 성장을 보이고 있는 중국 등과 협력하여 함께 진출하는 것이 바람직하다.

03 다음은 국내 금융기관에 대한 SWOT 분석 자료이다. 이를 통해 SWOT 전략을 세운다고 할 때, 〈보기〉 중 분석 결과에 대응하는 전략과 그 내용이 바르게 연결된 것을 모두 고르면?

국내 대부분의 예금과 대출을 국내 은행이 차지하고 있을 정도로 국내 금융기관에 대한 우리나라 국민들의 충성도는 높은 편이다. 또한 국내 금융기관은 철저한 신용 리스크 관리로 해외 금융기관과 비교해 자산건전성 지표가 매우 우수한 편이다. 시장 리스크 관리도 해외 선진 금융기관 수준에 도달한 것으로 평가받는다. 국내 금융기관은 외환위기와 글로벌 금융위기 등을 거치며 꾸준히 자산건전성을 강화해 왔기 때문이다.

그러나 은행과 이자 이익에 수익이 편중되어 있다는 점은 국내 금융기관의 가장 큰 약점이 된다. 대부분 예금과 대출 거래 중심의 영업구조로 되어 있기 때문이다. 취약한 해외 비즈니스도 문제로 들 수 있다. 최근 동남아 시장을 중심으로 해외 진출에 박차를 가하고 있지만, 아직은 눈에 띄는 성과가 많지 않은 상황이다.

많은 어려움에도 불구하고 국내 금융기관의 발전 가능성은 아직 무궁무진하다. 우선 해외 시장으로 눈을 돌리면 다양한 기회가 열려 있다. 전 세계 신용ㆍ단기 자금 확대, 글로벌 무역 회복세로 국내 금융기관의 해외 진출 여건은 양호한 편이다. 따라서 해외 시장 개척을 통해 어떻게 신규 수익원을 확보하느냐가 성장의 새로운 기회로 작용할 전망이다. IT 기술 발달에 따른 핀테크의 등장도 새로운 기회가 될 수 있다. 국내의 발달된 인터넷과 모바일뱅킹 서비스, IT 인프라를 활용한 새로운 수익 창출 가능성이 열려 있는 것이다.

그러나 역설적으로 핀테크의 등장은 오히려 국내 금융기관의 발목을 잡을 수 있다. 블록체인 기술에 기반한 암호화폐, 간편결제와 송금, 로보어드바이저, 인터넷 은행, P2P 대출 등 다양한 핀테크 분야의 새로운 서비스들이 기존 금융 서비스의 대체재로서 출현하고 있기 때문이다. 금융시장 개방에 따른 글로벌 금융기관과의 경쟁 심화도 넘어야 할 산이다. 특히 중국 은행을 비롯한 중국 금융이 급성장하고 있어 이에 대한 대비책 마련이 시급하다.

> **보기**
> ㉠ SO전략 : 높은 국내 시장 점유율을 기반으로 국내 핀테크 사업에 진출한다.
> ㉡ WO전략 : 위기관리 역량을 강화하여 해외 금융시장에 진출한다.
> ㉢ ST전략 : 해외 금융기관과 비교해 우수한 자산건전성을 강조하여 글로벌 금융기관과의 경쟁에서 우위를 차지한다.
> ㉣ WT전략 : 해외 비즈니스 역량을 강화하여 해외 금융시장에 진출한다.

① ㉠, ㉡   ② ㉠, ㉢

③ ㉡, ㉢   ④ ㉡, ㉣

⑤ ㉠, ㉡, ㉢

03 | 규칙 적용

| 유형분석 |

- 주어진 상황과 규칙을 종합적으로 활용하여 풀어 가는 문제이다.
- 일정, 비용, 순서 등 다양한 내용을 다루고 있어 유형을 한 가지로 단일화하기 어렵다.

갑은 다음 규칙을 참고하여 알파벳 단어를 숫자로 변환하고자 한다. 〈보기〉의 ㉠ ~ ㉣에서 알파벳 Z에 해당하는 자연수들을 모두 더한 값은?

〈규칙〉

① 알파벳 'A'부터 'Z'까지 순서대로 자연수를 부여한다.

　　예 A=2라고 하면 B=3, C=4, D=5이다.

② 단어의 음절에 같은 알파벳이 연속되는 경우 ①에서 부여한 숫자를 알파벳이 연속되는 횟수만큼 거듭제곱한다.

　　예 A=2이고 단어가 'AABB'이면 AA는 '2^2'이고, BB는 '3^2'이므로 '49'로 적는다.

보기

㉠ AAABBCC는 10000001020110404로 변환된다.

㉡ CDFE는 3465로 변환된다.

㉢ PJJYZZ는 1712126729로 변환된다.

㉣ QQTSR은 625282726으로 변환된다.

① 154 　　　　　　　　　　② 176

③ 199 　　　　　　　　　　④ 212

⑤ 234

정답 ④

㉠ A=100, B=101, C=102이다. 따라서 Z=125이다.

㉡ C=3, D=4, E=5, F=6이다. 따라서 Z=26이다.

㉢ P가 17임을 볼 때, J=11, Y=26, Z=27이다.

㉣ Q=25, R=26, S=27, T=28이다. 따라서 Z=34이다.

따라서 해당하는 Z값을 모두 더하면 125+26+27+34=212이다.

풀이 전략!

문제에 제시된 조건이나 규칙을 정확히 파악한 후, 선택지나 상황에 적용하여 문제를 풀어 나간다.

01 K사는 신제품의 품번을 다음과 같은 규칙에 따라 정한다고 한다. 제품에 설정된 임의의 영단어가 'INTELLECTUAL'이라면 이 제품의 품번으로 옳은 것은?

〈규칙〉

1단계 : 알파벳 A ~ Z를 숫자 1, 2, 3, …으로 변환하여 계산한다.
2단계 : 제품에 설정된 임의의 영단어를 숫자로 변환한 값의 합을 구한다.
3단계 : 임의의 영단어 속 자음의 합에서 모음의 합을 뺀 값의 절댓값을 구한다.
4단계 : 2단계와 3단계의 값을 더한 다음 4로 나누어 2단계의 값에 더한다.
5단계 : 4단계의 값이 정수가 아닐 경우에는 소수점 첫째 자리에서 버림한다.

① 120
② 140
③ 160
④ 180
⑤ 200

02 A팀과 B팀은 보안등급 상에 해당하는 문서를 나누어 보관하고 있다. 이에 따라 두 팀은 보안을 위해 아래와 같은 규칙에 따라 각 팀의 비밀번호를 지정하였다. 다음 중 A팀과 B팀에 들어갈 수 있는 암호배열은?

〈규칙〉

• 1 ~ 9까지의 숫자로 (한 자리 수)×(두 자리 수)=(세 자리 수)=(두 자리 수)×(한 자리 수) 형식의 비밀번호로 구성한다.
• 가운데에 들어갈 세 자리 수의 숫자는 156이며 숫자는 중복 사용할 수 없다. 즉, 각 팀의 비밀번호에 1, 5, 6이란 숫자가 들어가지 않는다.

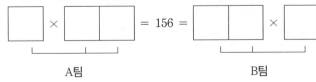

① 23
② 27
③ 29
④ 37
⑤ 39

04 | 자료 해석

| 유형분석 |

- 주어진 자료를 해석하고 활용하여 풀어가는 문제이다.
- 꼼꼼하고 분석적인 접근이 필요한 다양한 자료들이 출제된다.

다음 중 정수장 수질검사 현황에 대해 바르게 설명한 사람은?

<정수장 수질검사 현황>

급수 지역	항목						검사결과	
	일반세균 100 이하 (CFU/mL)	대장균 불검출 (수/100mL)	NH3-N 0.5 이하 (mg/L)	잔류염소 4.0 이하 (mg/L)	구리 1 이하 (mg/L)	망간 0.05 이하 (mg/L)	적합	기준 초과
함평읍	0	불검출	불검출	0.14	0.045	불검출	적합	없음
이삼읍	0	불검출	불검출	0.27	불검출	불검출	적합	없음
학교면	0	불검출	불검출	0.13	0.028	불검출	적합	없음
엄다면	0	불검출	불검출	0.16	0.011	불검출	적합	없음
나산면	0	불검출	불검출	0.12	불검출	불검출	적합	없음

① A사원 : 함평읍의 잔류염소는 가장 낮은 수치를 보였고, 기준치에 적합하네.
② B사원 : 모든 급수지역에서 일반세균이 나오지 않았어.
③ C사원 : 기준치를 초과한 곳은 없었지만 적합하지 않은 지역은 있어.
④ D사원 : 대장균과 구리가 검출되면 부적합 판정을 받는구나.
⑤ E사원 : 구리가 검출되지 않은 지역은 세 곳이야.

정답 ②

오답분석
① 잔류염소에서 가장 낮은 수치를 보인 지역은 나산면(0.12)이고, 함평읍(0.14)은 세 번째로 낮다.
③ 기준치를 초과한 곳도 없고, 모두 적합 판정을 받았다.
④ 함평읍과 학교면, 엄다면은 구리가 검출되었지만 적합 판정을 받았다.
⑤ 구리가 검출되지 않은 지역은 이삼읍과 나산면으로 두 곳이다.

풀이 전략!

문제 해결을 위해 필요한 정보가 무엇인지 먼저 파악한 후, 제시된 자료를 분석적으로 읽고 해석한다.

※ 다음은 K대학 졸업자 중 해외기업 인턴 지원자에 대한 정보이다. 이어지는 질문에 답하시오. **[1~2]**

〈K대학 졸업자 해외기업 인턴 지원자 정보〉

구분	나이	평균 학점	공인영어점수	관련 자격증 개수	희망 국가
A지원자	26세	4.10점	92점	2개	독일
B지원자	24세	4.25점	81점	0개	싱가포르
C지원자	25세	3.86점	75점	2개	일본
D지원자	28세	4.12점	78점	3개	호주
E지원자	27세	4.50점	96점	1개	영국

01 다음 〈조건〉에 따라 점수를 부여할 때, C지원자가 인턴을 갈 국가는 어디인가?

조건

- 나이가 어린 사람부터 순서대로 5 ~ 1점을 부여한다.
- 평균 학점이 높은 사람부터 순서대로 5 ~ 1점을 부여한다.
- 공인영어점수의 10%를 점수로 환산한다.
- 관련 자격증은 1개당 3점을 부여한다.
- 총점이 가장 높은 2명은 희망한 국가로, 3번째는 미국으로, 4번째는 중국으로 인턴을 가고, 5번째는 탈락한다.

① 영국　　　　　　　　　　② 일본
③ 미국　　　　　　　　　　④ 중국
⑤ 탈락

02 다음 〈조건〉과 같이 선발 기준이 변경되었을 때, 희망한 국가에 가지 못하는 지원자는 누구인가?

조건

- 나이는 고려하지 않는다.
- 평균 학점은 소수점 첫째 자리에서 반올림하여 점수를 부여한다.
- 공인영어점수의 10%를 점수로 환산한다.
- 관련 자격증은 1개당 2점을 부여한다.
- 총점이 가장 낮은 1명은 탈락하고, 나머지는 각자 희망하는 국가로 인턴을 간다.

① A지원자　　　　　　　　② B지원자
③ C지원자　　　　　　　　④ D지원자
⑤ E지원자

03 경영기획실에서 근무하는 K씨는 매년 부서별 사업계획을 정리하는 업무를 맡고 있다. 다음 중 부서별 사업계획을 간략하게 정리한 보고서를 보고 K씨가 할 수 있는 생각으로 가장 적절한 것은?

〈사업별 기간 및 소요예산〉

- A사업 : 총사업기간은 2년으로, 첫해에는 1조 원, 둘째 해에는 4조 원의 예산이 필요하다.
- B사업 : 총사업기간은 3년으로, 첫해에는 15조 원, 둘째 해에는 18조 원, 셋째 해에는 21조 원의 예산이 필요하다.
- C사업 : 총사업기간은 1년으로, 총소요예산은 15조 원이다.
- D사업 : 총사업기간은 2년으로, 첫해에는 15조 원, 둘째 해에는 8조 원의 예산이 필요하다.
- E사업 : 총사업기간은 3년으로, 첫해에는 6조 원, 둘째 해에는 12조 원, 셋째 해에는 24조 원의 예산이 필요하다.

올해를 포함한 향후 5년간 위의 5개 사업에 투자할 수 있는 예산은 아래와 같다.

〈연도별 가용예산〉

(단위 : 조 원)

1차 연도(올해)	2차 연도	3차 연도	4차 연도	5차 연도
20	24	28.8	34.5	41.5

〈규정〉

- 모든 사업은 한번 시작하면 완료될 때까지 중단할 수 없다.
- 예산은 당해 사업연도에 남아도 상관없다.
- 각 사업연도의 예산은 이월될 수 없다.
- 모든 사업을 향후 5년 이내에 반드시 완료한다.

---

① B사업을 세 번째 해에 시작하고 C사업을 최종연도에 시행한다.

② A사업과 D사업을 첫해에 동시에 시작한다.

③ 첫해에는 E사업만 시작한다.

④ D사업을 첫해에 시작한다.

⑤ 첫해에 E사업과 A사업을 같이 시작한다.

PART 2

합격의 공식 SD에듀 www.sdedu.co.kr

전공

01 | 경영 적중예상문제

정답 및 해설 p.040

01 다음 중 실적이나 자산에 비해 기업이 상대적으로 저평가됨으로써 현재 발생하는 주당 순이익에 비해 상대적으로 낮은 가격에 거래되는 주식은 무엇인가?

① 성장주
② 황금주
③ 황제주
④ 가치주
⑤ 경기순환주

02 다음 중 가중평균자본비용(WACC)에 대한 설명으로 옳지 않은 것은?

① 일반적으로 기업의 자본비용은 가중평균자본비용을 의미한다.
② 기업자산에 대한 요구수익률은 자본을 제공한 채권자와 주주가 평균적으로 요구하는 수익률을 의미한다.
③ 가중평균자본비용(WACC)은 기업의 자본비용을 시장가치 기준에 따라 총자본 중에서 차지하는 가중치로 가중평균한 것이다.
④ 부채비율을 높임으로써 가중평균자본비용은 점차 떨어지게 되지만 일정한 선을 넘어 부채비율이 상승하면 가중평균자본비용은 상승한다.
⑤ 가중치를 시장가치 기준의 구성 비율이 아닌 장부가치 기준의 구성 비율로 하는 이유는 주주와 채권자의 현재 청구권에 대한 요구수익률을 측정하기 위해서이다.

03 다음 중 액면가가 10,000원, 만기가 5년, 표면이자율이 0%인 순할인채 채권의 듀레이션은?

① 5년
② 6년
③ 7년
④ 8년
⑤ 9년

04 다음 중 소비자에게 제품의 가격이 낮게 책정되었다는 인식을 심어주기 위해 이용하는 가격설정방법은?

① 단수가격(Odd Pricing)
② 준거가격(Reference Pricing)
③ 명성가격(Prestige Pricing)
④ 관습가격(Customary Pricing)
⑤ 기점가격(Basing – Point Pricing)

05 다음 두 가지 투자프로젝트에 대한 NPV와 IRR을 참고하여 두 프로젝트를 동시에 투자할 경우 NPV와 IRR의 계산으로 옳은 것은?

구분	NPV	IRR
A프로젝트	24억 원	35%
B프로젝트	18억 원	15%

    NPV   IRR   NPV   IRR
① 21억 원   25%   ② 21억 원   알 수 없음
③ 42억 원   알 수 없음   ④ 42억 원   25%
⑤ 알 수 없음   알 수 없음

06 다음 중 M&A의 특징이 아닌 것은?

① 인수 비용이 적게 든다.
② 경쟁사의 반발이 심해진다.
③ 분산투자 효과를 얻을 수 있다.
④ 경영환경변화에 전략적으로 대응할 수 있다.
⑤ 기업의 안정성과 성장력의 동기를 부여할 수 있다.

07 다음 글에서 설명하는 조직 구조는?

- 수평적 분화에 중점을 두고 있다.
- 각자의 전문분야에서 작업능률을 증대시킬 수 있다.
- 생산, 회계, 인사, 영업, 총무 등의 기능을 나누고 각 기능을 담당할 부서단위로 조직된 구조이다.

① 기능 조직   ② 사업부 조직
③ 매트릭스 조직   ④ 수평적 조직
⑤ 네트워크 조직

08 다음 중 재무제표 관련 용어의 설명이 바르게 연결된 것을 〈보기〉에서 모두 고르면?

> **보기**
>
> ㉠ 매출채권 : 기업이 상품을 판매하는 과정에서 발생한 채권으로 외상매출금과 받을어음으로 구분된다.
> ㉡ 당좌자산 : 기업이 판매하기 위하여 또는 판매를 목적으로 제조 과정 중에 있는 자산을 의미한다.
> ㉢ 미수수익 : 수익이 실현되어 청구권이 발생했으나 아직 회수되지 않은 수익을 의미한다.
> ㉣ 자본잉여금 : 기업의 법정자본금을 초과하는 순자산금액 중 이익을 원천으로 하는 잉여금을 의미한다.

① ㉠, ㉡   ② ㉠, ㉢
③ ㉡, ㉢   ④ ㉡, ㉣
⑤ ㉢, ㉣

09 다음 중 옵션거래에서 콜옵션에 대한 설명으로 옳지 않은 것은?

① 콜옵션의 매입자는 옵션의 만기 내에 약속된 가격으로 구매할 권리를 갖는다.
② 구입할 수 있는 자산의 종류에는 제한이 없다.
③ 콜옵션은 가격이 내릴 때 거래하는 것이다.
④ 콜옵션의 매도자는 매입자에게 기초자산을 인도해야 할 의무를 가진다.
⑤ 콜옵션 매수자는 만기일에 기초가 되는 상품이나 증권의 시장가격이 미리 정한 행사가격보다 높을 경우 옵션을 행사해 그 차액만큼 이익을 볼 수 있다.

10 K회사는 평균영업용자산과 영업이익을 이용하여 투자수익률(ROI)과 잔여이익(RI)을 산출하고 있다. K회사의 2023년 평균영업용자산은 ₩2,500,000이며, 투자수익률은 10%이다. K회사의 2023년 잔여이익이 ₩25,000이라면 최저필수수익률은?

① 8%

② 9%

③ 10%

④ 11%

⑤ 12%

11 다음 중 동기부여 이론에 대한 설명으로 옳지 않은 것은?

① 로크(Locke)의 목표설정이론은 추후 목표에 의한 관리(MBO)의 이론적 기반이 되었다.

② 허즈버그(Herzberg)의 2요인이론에 따르면 임금수준이 높아지면 직무에 대한 만족도 또한 높아진다.

③ 애덤스(Adams)의 공정성이론은 다른 사람과의 상대적인 관계에서 동기요인이 작용한다는 것을 강조한다.

④ 조직의 관점에서 동기부여는 목표달성을 위한 종업원의 지속적 노력을 효과적으로 발생시키는 것을 의미한다.

⑤ 브룸(Vroom)의 기대이론에 따르면 유의성은 결과에 대한 개인의 선호도를 나타내는 것으로, 동기를 유발시키는 힘 또는 가치를 뜻한다.

12 다음 중 자기자본비용에 대한 설명으로 옳은 것은?

① 새로운 투자안의 선택에 있어서도 투자수익률이 자기자본비용을 넘어서는 안 된다.

② 위험프리미엄을 포함한 자기자본비용 계산 시 보통 자본자산가격결정모형(CAPM)을 이용한다.

③ 자기자본비용은 기업이 조달한 자기자본의 가치를 유지하기 위해 최대한 벌어들여야 하는 수익률이다.

④ 기업이 주식발행을 통해 자금조달을 할 경우 자본이용의 대가로 얼마의 이용 지급료를 산정해야 하는지는 명확하다.

⑤ CAPM을 사용하는 경우 베타와 증권시장선을 계산해서 미래의 증권시장선으로 사용하는데 이는 과거와는 다른 현상들이 미래에 발생하더라도 타당한 방법이다.

13 다음 중 균형성과표(BSC)의 4가지 성과측정 관점이 아닌 것은?

① 재무적 관점   ② 고객 관점
③ 공급자 관점   ④ 학습 및 성장 관점
⑤ 내부 프로세스 관점

14 다음 중 현금흐름표의 작성 목적으로 옳지 않은 것은?

① 영업성과에 대한 기업 간 비교를 용이하게 만든다.
② 기업의 현금유입과 현금유출에 관한 정보를 제공한다.
③ 기업의 지급능력과 재무적 융통성에 관한 정보를 제공한다.
④ 기업의 미래현금 흐름을 평가하는 데 유용한 정보를 제공한다.
⑤ 회계연도의 기초시점과 기말시점에서의 재무상태에 관한 정보를 제공한다.

15 다음은 2023년 초 설립한 K회사의 법인세에 대한 자료이다. 이를 참고할 때, K회사의 2023년 법인세는 얼마인가?

```
• 2023년 세무조정사항
  - 감가상각비한도초과액 : 125,000원
  - 접대비한도초과액 : 60,000원
  - 정기예금 미수이자 : 25,000원
• 2023년 법인세비용차감전순이익 : 490,000원
• 연도별 법인세율은 20%로 일정하다.
• 이연법인세자산(부채)의 실현가능성은 거의 확실하다.
```

① 85,000원   ② 98,000원
③ 105,000원   ④ 110,000원
⑤ 122,000원

16 K씨는 차량을 200만 원에 구입하여 40만 원은 현금으로 지급하고 잔액은 외상으로 하였다. 다음 〈보기〉 중 거래결과로 옳은 것을 모두 고르면?

> **보기**
> ㄱ. 총자산 감소   ㄴ. 총자산 증가
> ㄷ. 총부채 감소   ㄹ. 총부채 증가

① ㄱ, ㄷ   ② ㄱ, ㄹ
③ ㄴ, ㄷ   ④ ㄴ, ㄹ
⑤ ㄷ, ㄹ

17 다음 중 경영전략과 경영조직에 대한 설명으로 옳은 것은?

① 기계적 조직은 유기적 조직에 비해 집권화 정도와 공식화 정도가 모두 강하다.
② BCG 매트릭스에서는 시장의 성장률과 절대적 시장 점유율을 기준으로 사업을 평가한다.
③ 포터의 가치사슬 모형에 의하면 마케팅, 재무관리, 생산관리, 인적자원관리는 본원적 활동이다.
④ 대량생산기술을 적용할 때에는 유기적 조직이 적합하며, 소량주문생산기술을 적용할 때에는 기계적 조직이 적합하다.
⑤ 제조업체에서 부품의 안정적 확보를 위해 부품회사를 인수하는 것은 전방통합에 해당하며, 제품 판매를 위해 유통회사를 인수하는 것은 후방통합에 해당한다.

18 다음 중 공매도가 미치는 영향으로 옳지 않은 것은?

① 공매도에 따른 채무불이행 리스크가 발생할 수 있다.
② 매도물량이 시장에 공급됨에 따라 시장 유동성이 증대된다.
③ 하락장에서도 수익을 낼 수 있어 수익의 변동성을 조정할 수 있다.
④ 공매도를 통해 기대수익과 기대손실을 자산 가격 내에서 운용할 수 있다.
⑤ 주가가 고평가되어 있다고 생각하는 투자자의 의견도 반영할 수 있어 효율성이 증대된다.

19 A회사는 B회사를 합병하고 합병대가로 ₩30,000,000의 현금을 지급하였다. 합병 시점에서 B회사의 재무상태표상 자산총액은 ₩20,000,000이고 부채총액은 ₩11,000,000이다. B회사의 재무상태표상 장부금액은 토지를 제외하고는 공정가치와 같다. 토지는 장부상 ₩10,000,000으로 기록되어 있으나, 합병 시점에 공정가치는 ₩18,000,000인 것으로 평가되었다. 이 합병으로 A회사가 인식할 영업권은?

① ₩9,000,000   ② ₩10,000,000

③ ₩13,000,000   ④ ₩21,000,000

⑤ ₩23,000,000

20 다음 〈보기〉에서 설명하는 노동조합 숍(Shop) 제도가 바르게 연결된 것은?

> **보기**
>
> ㉠ 근로자를 고용할 때 근로자가 노동조합의 조합원인 경우에만 채용이 가능한 제도
> ㉡ 노동조합의 조합원 여부와 관계없이 근로자를 고용하는 것이 가능한 제도
> ㉢ 고용된 근로자의 경우 일정 기간 내에 노동조합의 조합원이 되어야 하는 제도

	㉠	㉡	㉢
①	오픈 숍	클로즈드 숍	프레퍼렌셜 숍
②	오픈 숍	에이전시 숍	클로즈드 숍
③	오픈 숍	유니온 숍	메인테넌스 숍
④	클로즈드 숍	에이전시 숍	메인테넌스 숍
⑤	클로즈드 숍	오픈 숍	유니온 숍

02 | 경제
적중예상문제

정답 및 해설 p.043

01 시장에서 어떤 상품의 가격이 상승하면서 동시에 거래량이 증가하였다. 다음 중 이러한 변화를 가져올 수 있는 요인은?(단, 이 재화는 정상재이다)

① 이 상품의 생산과 관련된 기술의 진보
② 이 상품과 보완관계에 있는 상품의 가격 하락
③ 이 상품과 대체관계에 있는 상품의 가격 하락
④ 이 상품을 주로 구매하는 소비자들의 소득 감소
⑤ 이 상품의 생산에 투입되는 노동자들의 임금 하락

02 다음 중 고전학파와 케인스학파의 거시경제관에 대한 설명으로 옳지 않은 것은?

① 고전학파는 공급이 수요를 창출한다고 보는 반면, 케인스학파는 수요가 공급을 창출한다고 본다.
② 고전학파는 화폐가 베일(Veil)에 불과하다고 보는 반면, 케인스학파는 화폐가 실물경제에 영향을 미친다고 본다.
③ 고전학파는 저축과 투자가 같아지는 과정에서 이자율이 중심적인 역할을 한다고 본 반면, 케인스학파는 국민소득이 중심적인 역할을 한다고 본다.
④ 고전학파는 실업문제 해소에 대해 케인스학파와 동일하게 재정정책이 금융정책보다 더 효과적이라고 본다.
⑤ 고전학파는 자발적인 실업만 존재한다고 보는 반면, 케인스학파는 비자발적 실업이 존재한다고 본다.

03 다음 글의 의미에 대한 설명으로 옳은 것은?

> 조세부과로 인해 발생하는 조세의 비효율성인 자중손실의 크기는 수요 및 공급의 가격탄력성에 의존한다.

① 수요곡선 및 공급곡선의 이동이 클수록 시장 균형이 더 크게 영향을 받는다.

② 수요곡선 및 공급곡선의 이동이 작을수록 시장 균형이 더 크게 영향을 받는다.

③ 수요자 및 공급자가 가격의 변화에 민감하게 반응할수록 시장 왜곡이 더 커진다.

④ 수요자 및 공급자가 가격의 변화에 적절히 반응하지 않을수록 시장 왜곡이 더 커진다.

⑤ 수요곡선 및 공급곡선의 이동이 적절히 발생하지 않을수록 시장 균형이 더 크게 영향을 받는다.

04 다음 중 독점기업의 가격전략에 대한 설명으로 옳지 않은 것은?

① 영화관 조조할인은 제3급 가격차별의 사례이다.

② 제1급 가격차별의 경우 생산량은 완전경쟁시장과 같다.

③ 제3급 가격차별의 경우 재판매가 불가능해야 가격차별이 성립한다.

④ 독점기업이 시장에서 한계수입보다 높은 수준으로 가격을 책정하는 것은 가격차별전략이다.

⑤ 제2급 가격차별은 소비자들의 구매수량과 같이 구매 특성에 따라서 다른 가격을 책정하는 경우 발생한다.

05 일반적인 형태의 수요곡선과 공급곡선을 가지는 재화 X의 가격이 상승하고 생산량이 감소하였다면 재화 X의 수요곡선과 공급곡선은 어떻게 이동한 것인가?

① 수요곡선이 하방이동하였다.

② 공급곡선이 하방이동하였다.

③ 수요곡선이 상방이동하였다.

④ 공급곡선이 상방이동하였다.

⑤ 수요곡선과 공급곡선이 동시에 하방이동하였다.

06 다음 중 독점적 경쟁시장의 장기균형에 대한 설명으로 옳지 않은 것은?(단, P는 가격, SAC는 단기평균비용, LAC는 장기평균비용, SMC는 단기한계비용을 의미한다)

① $P=SAC$가 성립한다.

② $P=LAC$가 성립한다.

③ $P=SMC$가 성립한다.

④ 균형생산량은 SAC가 최소화되는 수준보다 작다.

⑤ 기업의 장기 초과이윤은 0이다.

07 다음은 A국과 B국의 경제에 대한 자료이다. A국의 실질환율과 수출량의 변화로 옳은 것은?

구분	2022년	2023년
A국 통화로 표시한 B국 통화 1단위의 가치	1,000	1,150
A국의 물가지수	100	107
B국의 물가지수	100	103

	실질환율	수출량		실질환율	수출량
①	불변	감소	②	11% 상승	증가
③	11% 하락	감소	④	19% 상승	증가
⑤	19% 하락	증가			

08 국민소득, 소비, 투자, 정부지출, 순수출, 조세를 각각 Y, C, I, G, NX, T라고 표현할 때, 국민경제의 균형이 다음과 같다면 균형재정승수(Balanced Budget Multiplier)는?

- $C=100+0.8(Y-T)$
- $Y=C+I+G+NX$

① 0.8

② 1

③ 4

④ 5

⑤ 7

09 어떤 산업에서 임금이 상승할 경우, 노동공급은 증가하고 노동수요는 감소하는 상태에서 균형을 이루고 있다. 이 산업에서 생산물 가격이 하락할 때, 새로운 균형 달성을 위한 임금수준과 고용량의 변화에 대한 설명으로 옳은 것은?(단, 생산물시장과 생산요소시장은 완전경쟁이고, 기업들은 이윤 극대화를 추구한다)

① 임금 상승, 고용량 감소

② 임금 상승, 고용량 증가

③ 임금 하락, 고용량 감소

④ 임금 하락, 고용량 증가

⑤ 임금 및 고용량 변화 없음

10 흡연자 갑은 담배 한 갑을 피울 때 최대 3천 원을 지불할 용의가 있고, 을은 최대 5천 원을 지불할 용의가 있다. 현재 한 갑당 2천 원의 가격일 때 갑과 을은 하루에 한 갑씩 담배를 피운다. 미래에 담배 한 갑당 2천 원의 건강세가 부과될 때, 이 건강세로부터 발생하는 하루 조세수입원은 얼마인 가?(단, 두 사람은 한 갑 단위로 담배를 소비하는 합리적 경제주체이고, 하루에 최대한 소비할 수 있는 담배의 양은 각각 한 갑이라고 가정한다)

① 없음 ② 2천 원

③ 3천 원 ④ 4천 원

⑤ 5천 원

11 A근로자의 연봉이 올해 1,500만 원에서 1,650만 원으로 150만 원 인상되었다. 이 기간에 인플레 이션율이 12%일 때, A근로자의 임금변동에 대한 설명으로 옳은 것은?

① 2% 명목임금 증가 ② 2% 명목임금 감소

③ 2% 실질임금 증가 ④ 2% 실질임금 감소

⑤ 4% 명목임금 증가

12 A국과 B국의 상황이 다음과 같을 때 나타날 수 있는 경제현상이 아닌 것은?(단, 미 달러화로 결제하며, 각국의 환율은 달러 대비 자국 화폐의 가격으로 표시한다)

A국	• A국의 해외 유학생 수가 증가하고 있다. • 외국인 관광객이 증가하고 있다.
B국	• B국 기업의 해외 투자가 증가하고 있다. • 외국의 투자자들이 투자자금을 회수하고 있다.

① A국의 환율은 하락할 것이다.
② A국의 경상수지는 악화될 것이다.
③ B국이 생산하는 수출상품의 가격경쟁력이 높아질 것이다.
④ A국 국민이 B국으로 여행갈 경우 경비 부담이 증가할 것이다.
⑤ B국 국민들 중 환전하지 않은 환율 변동 전 달러를 보유하고 있는 사람은 이익을 얻게 될 것이다.

PART 2

13 다음은 어느 기업의 총비용곡선과 총가변비용곡선이다. 이에 대한 설명으로 옳지 않은 것은?

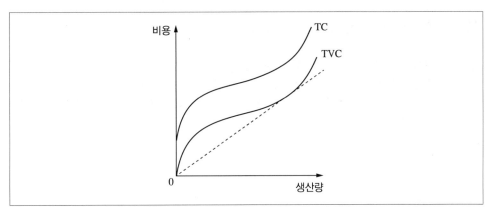

① 평균비용곡선은 평균가변비용곡선의 위에 위치한다.
② 평균비용곡선이 상승할 때 한계비용곡선은 평균비용곡선 아래에 있다.
③ 원점을 지나는 직선이 총비용곡선과 접하는 점에서 평균비용은 최소이다.
④ 원점을 지나는 직선이 총가변비용곡선과 접하는 점에서 평균가변비용은 최소이다.
⑤ 총비용곡선의 임의의 한 점에서 그은 접선의 기울기는 그 점에서의 한계비용을 나타낸다.

14 다음 상황과 관련이 있는 경제용어는 무엇인가?

> 지난 10여 년간 A국은 장기침체를 벗어나지 못하고 있다. 이에 대한 대책의 하나로 A국 정부는 극단적으로 이자율을 낮추고 사실상 제로금리정책을 시행하고 있으나, 투자 및 소비의 활성화 등 의도했던 수요확대 효과가 전혀 나타나지 않고 있다.

① 화폐 환상
② 유동성 함정
③ 구축 효과
④ J커브 효과
⑤ 피셔 방정식

15 다음 글에 대한 설명으로 옳지 않은 것은?

> 옵션거래는 주식, 채권, 주가지수 등 특정 자산을 장래의 일정 시점에 미리 정한 가격으로 살 수 있는 권리와 팔 수 있는 권리를 매매하는 거래를 말한다. 시장에서 당일 형성된 가격으로 물건을 사고파는 현물거래나 미래의 가격을 매매하는 선물거래와는 달리 사고팔 수 있는 '권리'를 거래하는 것이 옵션거래의 특징이다.

① 콜옵션은 매도자는 매수자가 옵션 권리를 행사하면 반드시 응해야 할 의무를 진다.
② 콜옵션은 가격이 예상보다 올랐으면 권리를 행사하고 값이 떨어지면 포기하면 된다.
③ 풋옵션은 거래 당사자들이 미리 정한 가격으로 장래의 특정 시점 또는 그 이전에 특정 대상물을 팔 수 있는 권리를 매매하는 계약이다.
④ 풋옵션을 매수한 사람은 시장에서 해당 상품이 사전에 정한 가격보다 낮은 가격에서 거래될 경우, 비싼 값에 상품을 팔 수 없다.
⑤ 풋옵션을 매수한 사람은 해당 상품의 시장 가격이 사전에 정한 가격보다 높은 경우는 권리를 행사하지 않을 권리도 있다.

16 갑국은 4개의 기업이 자동차 시장을 동일하게 점유하고 있다. 완전경쟁시장의 수요곡선은 $P = 10 - Q$이고, 각 기업의 한계비용은 6으로 고정되어 있다. 4개의 기업이 합병을 통해 하나의 독점기업이 되어 한계비용이 2로 낮아지고 합병 기업은 독점 가격을 설정할 경우, 독점시장에서의 생산량으로 옳은 것은?

① 2 　　　　　　　　　　　　② 4
③ 6 　　　　　　　　　　　　④ 8
⑤ 10

17 다음 〈보기〉 중 내생적 경제성장이론에 대한 설명으로 옳은 것을 모두 고르면?

> **보기**
> ㄱ. 인적자본의 축적이나 연구개발은 경제성장을 결정하는 중요한 요인이다.
> ㄴ. 정부의 개입이 경제성장에 중요한 역할을 한다.
> ㄷ. 자본의 한계생산은 체감한다고 가정한다.
> ㄹ. 선진국과 후진국 사이의 소득격차가 줄어든다.

① ㄱ, ㄴ 　　　　　　　　　　② ㄱ, ㄷ
③ ㄴ, ㄷ 　　　　　　　　　　④ ㄴ, ㄹ
⑤ ㄷ, ㄹ

18 다음 중 경기종합지수에서 경기선행지수를 구성하는 변수가 아닌 것은?

① 광공업생산지수 　　　　　　② 구인구직비율
③ 재고순환지표 　　　　　　　④ 소비자기대지수
⑤ 수출입물가비율

19 다음 중 인플레이션이 발생했을 때 경제에 미치는 영향으로 옳은 것은?

① 완만하고 예측 가능한 인플레이션은 소비감소를 일으킬 수 있다.

② 인플레이션은 수입을 저해하고 수출을 촉진시켜 무역수지와 국제수지를 상승시킨다.

③ 인플레이션을 통해 화폐를 저축하는 것에 대한 기회비용이 증가한다.

④ 인플레이션은 기업가로부터 다수의 근로자에게로 소득을 재분배하는 효과를 가져 온다.

⑤ 인플레이션은 채무자에게는 손해를, 채권자에게는 이익을 준다.

20 다음 글에 대한 분석으로 옳은 것을 〈보기〉에서 모두 고르면?

우리나라에 거주 중인 광성이는 ㉠ 여름휴가를 앞두고 휴가 동안 발리로 서핑을 갈지, 빈 필하모닉 오케스트라의 3년 만의 내한 협주를 들으러 갈지 고민하다가 ㉡ 발리로 서핑을 갔다. 그러나 화산폭발의 위험이 있어 안전의 위협을 느끼고 ㉢ 환불이 불가능한 숙박비를 포기한 채 우리나라로 돌아왔다.

> **보기**
> ㄱ. ㉠의 고민은 광성이의 주관적 희소성 때문이다.
> ㄴ. ㉠의 고민을 할 때는 기회비용을 고려한다.
> ㄷ. ㉡의 기회비용은 빈 필하모닉 오케스트라 내한 협주이다.
> ㄹ. ㉡은 경제재이다.
> ㅁ. ㉢은 비합리적 선택 행위의 일면이다.

① ㄱ, ㄴ, ㅁ

② ㄴ, ㄷ, ㄹ

③ ㄷ, ㄹ, ㅁ

④ ㄱ, ㄴ, ㄷ, ㄹ

⑤ ㄱ, ㄴ, ㄷ, ㄹ, ㅁ

PART 3

최종점검 모의고사

제1회
최종점검 모의고사

※ 한국주택금융공사 최종점검 모의고사는 2023년 채용공고를 기준으로 구성한 것으로
실제 시험과 다를 수 있습니다.

| 01 | 직업기초능력평가

번호	O/×	영역	번호	O/×	영역	번호	O/×	영역
01		의사소통능력	11		의사소통능력	21		문제해결능력
02			12			22		수리능력
03			13			23		
04		수리능력	14		수리능력	24		문제해결능력
05			15			25		
06			16			26		
07		문제해결능력	17		의사소통능력	27		
08		의사소통능력	18		수리능력	28		의사소통능력
09		문제해결능력	19			29		
10			20		문제해결능력	30		문제해결능력

| 02 | 전공

번호	01	02	03	04	05	06	07	08	09	10	11	12	13	14	15	16	17	18	19	20
O/×	\multicolumn{20}{c}{경영 / 경제}

번호	21	22	23	24	25	26	27	28	29	30	31	32	33	34	35	36	37	38	39	40
O/×	경영 / 경제																			

번호	41	42	43	44	45	46	47	48	49	50	51	52	53	54	55	56	57	58	59	60
O/×	경영 / 경제																			

평가문항	90문항	평가시간	120분
시작시간	:	종료시간	:
취약영역			

최종점검 모의고사

🕐 응시시간 : 120분　📋 문항 수 : 90문항

정답 및 해설 p.048

01　다음 글의 내용으로 적절하지 않은 것은?

> 인간 사유의 결정적이고도 독창적인 비약은 시각적인 표시의 코드 체계의 발명에 의해서 이루어졌다. 시각적인 표시의 코드 체계에 의해 인간은 정확한 말을 결정하여 텍스트를 마련하고, 이를 이해할 수 있게 된 것이다. 이것이 바로 진정한 의미에서의 '쓰기(Writing)'이다.
>
> 이러한 '쓰기'에 의해 코드화된 시각적인 표시는 말을 사로잡게 되고, 그 결과 그때까지 소리 속에서 발전해 온 정밀하고 복잡한 구조나 지시 체계의 특수한 복잡성이 그대로 시각적으로 기록될 수 있게 되고, 나아가서는 그러한 시각적인 기록으로 인해 그보다 훨씬 정교한 구조나 지시 체계가 산출될 수 있게 된다. 그러한 정교함은 구술적인 발화가 지니는 잠재력으로써는 도저히 이룩할 수 없는 정도이다. 이렇듯 '쓰기'는 인간의 모든 기술적 발명 속에서도 가장 영향력이 큰 것이었으며, 지금도 그러하다. 쓰기는 말하기에 단순히 첨가된 것이 아니다. 왜냐하면 쓰기는 말하기를 구술 – 청각의 세계에서 새로운 감각의 세계, 즉 시각의 세계로 이동시킴으로써 말하기와 사고를 함께 변화시키기 때문이다.

① 인간은 정밀하고 복잡한 지시 체계를 통해 시각적 코드를 발명하였다.
② 인간은 시각적 코드 체계를 사용함으로써 말하기를 한층 정교한 구조로 만들었다.
③ 인간의 모든 기술적 발명 속에서도 '쓰기'는 예전이나 지금이나 가장 영향력이 크다.
④ 인간은 쓰기를 통해서 정확한 말을 사용한 텍스트의 생산과 소통이 가능하게 되었다.
⑤ 인간은 쓰기를 통해 지시 체계의 복잡성을 기록함으로써 말하기와 사고의 변화를 일으킨다.

02 다음 빈칸에 들어갈 내용으로 가장 적절한 것은?

> 질병(疾病)이란 유기체의 신체적, 정신적 기능이 비정상으로 된 상태를 일컫는다. 인간에게 있어 질병이란 넓은 의미에서는 극도의 고통을 비롯하여 스트레스, 사회적인 문제, 신체기관의 기능 장애와 죽음까지를 포괄하며, 넓게는 개인에서 벗어나 사회적으로 큰 맥락에서 이해되기도 한다.
>
> 하지만 다분히 진화 생물학적 관점에서, 질병은 인간의 몸 안에서 일어나는 정교하고도 합리적인 자기조절 과정이다. 질병은 정상적인 기능을 할 수 없는 상태임과 동시에, 진화의 역사 속에서 획득한 자기 치료 과정이 _____이기도 하다. 가령, 기침을 하고, 열이 나고, 통증을 느끼고, 염증이 생기는 것 따위는 자기 조절과 방어 시스템이 작동하는 과정인 것이다.

① 문제를 일으킨 상태
② 비일상적인 특이 상태
③ 정상적으로 가동하고 있는 상태
④ 인구의 개체 변이를 도모하는 상태
⑤ 보다 새로운 정보를 습득하려는 상태

03 다음 문단을 논리적 순서대로 바르게 나열한 것은?

> (가) 상품 생산자, 즉 판매자는 화폐를 얻기 위해 자신의 상품을 시장에 내놓는다. 하지만 생산자가 만들어 낸 상품이 시장에 들어서서 다른 상품이나 화폐와 관계를 맺게 되면, 이제 그 상품은 주인에게 복종하기를 멈추고 자립적인 삶을 살아가게 된다.
>
> (나) 이처럼 상품이나 시장 법칙은 인간에 의해 산출된 것이지만, 이제 거꾸로 상품이나 시장 법칙이 인간을 지배하게 된다. 이때 인간 및 인간들 간의 관계가 소외되는 현상이 나타난다.
>
> (다) 상품은 그것을 만들어 낸 생산자의 분신이지만, 시장 안에서는 상품이 곧 독자적인 인격체가 된다. 즉, 사람이 주체가 아니라 상품이 주체가 된다.
>
> (라) 또한 사람들이 상품들을 생산하여 교환하는 과정에서 시장의 경제 법칙을 만들어 냈지만, 이제 거꾸로 상품들은 인간의 손을 떠나 시장 법칙에 따라 교환된다. 이런 시장 법칙의 지배 아래에서는 사람과 사람 간의 관계가 상품과 상품, 상품과 화폐 등 사물과 사물 간의 관계에 가려 보이지 않게 된다.

① (가) – (다) – (나) – (라)
② (가) – (다) – (라) – (나)
③ (다) – (가) – (라) – (나)
④ (다) – (라) – (가) – (나)
⑤ (다) – (라) – (나) – (가)

04 K회사에서 성과급을 지급하려고 한다. 한 사원에게 50만 원씩 주면 100만 원이 남고, 60만 원씩 주면 500만 원이 부족하다고 할 때, 사원의 수는 몇 명인가?

① 50명
② 60명
③ 70명
④ 80명
⑤ 90명

05 다음과 같이 일정한 규칙으로 수를 나열할 때, 빈칸에 들어갈 숫자로 옳은 것은?

1	1	2	3	5	8	13	21	34	( )	

① 46
② 47
③ 54
④ 55
⑤ 56

06 철수는 이달 초 가격이 30만 원인 에어프라이어를 할부로 구매하였다. 이달 말부터 매달 일정한 금액을 12개월에 걸쳐 갚는다면 매달 얼마씩 갚아야 하는가?(단, $1.015^{12} = 1.2$, 월 이율은 1.5%, 1개월마다 복리로 계산한다)

① 15,000원
② 18,000원
③ 20,000원
④ 25,000원
⑤ 27,000원

07 다음은 농민·농촌을 사업 근거로 하는 특수은행인 K은행의 SWOT 분석 결과를 정리한 자료이다. ㉠~㉤ 중 SWOT 분석에 들어갈 내용으로 적절하지 않은 것은?

<table>
<tr><th colspan="2">〈K은행 SWOT 분석 결과〉</th></tr>
<tr><td rowspan="6">강점
(Strength)</td><td>• 공적 기능을 수행하는 농민·농촌의 은행이라는 위상은 대체 불가능함</td></tr>
<tr><td>• 전국에 걸친 국내 최대의 방대한 영업망을 기반으로 안정적인 사업 기반 및 수도권 이외의 지역에서 우수한 사업 지위를 확보함</td></tr>
<tr><td>• 지자체 시금고 예치금 등 공공금고 예수금은 안정적인 수신 기반으로 작용함</td></tr>
<tr><td>• ㉠ 은행권 최초로 보이스피싱 차단을 위해 24시간 '대포통장 의심 계좌 모니터링' 도입</td></tr>
<tr><td>• BIS자기자본비율, 고정이하여신비율, 고정이하여신 대비 충당금커버리지비율 등 자산 건전성 지표가 우수함</td></tr>
<tr><td>• 디지털 전환(DT)을 위한 중장기 전략을 이행 중이며, 메타버스·인공지능(AI)을 활용한 개인 맞춤형 상품 등 혁신 서비스 도입 추진</td></tr>
<tr><td rowspan="4">약점
(Weakness)</td><td>• ㉡ 수수료 수익 등 비이자 이익의 감소 및 이자 이익에 편중된 수익 구조</td></tr>
<tr><td>• 농협중앙회에 매년 지급하는 농업지원 사업비와 상존하는 대손 부담으로 인해 시중은행보다 수익성이 낮음</td></tr>
<tr><td>• ㉢ 인터넷전문은행의 활성화 및 빅테크의 금융업 진출 확대 추세</td></tr>
<tr><td>• 금리 상승, 인플레이션, 경기 둔화 등의 영향으로 차주의 상환 부담이 높아짐에 따라 일정 수준의 부실여신비율 상승이 불가피할 것으로 예상</td></tr>
<tr><td rowspan="5">기회
(Opportunity)</td><td>• ㉣ 마이데이터(Mydata)로 제공할 수 있는 정보 범위의 확대 및 암호화폐 시장의 성장</td></tr>
<tr><td>• 2023년 홍콩, 중국, 호주, 인도에서 최종 인가를 획득하는 등 해외 영업망 확충</td></tr>
<tr><td>• 금융 당국의 유동성 지원 정책과 정책자금 대출을 기반으로 유동성 관리가 우수함</td></tr>
<tr><td>• 법률에 의거해 농업금융채권의 원리금 상환을 국가가 전액 보증하는 등 유사시 정부의 지원 가능성이 높음</td></tr>
<tr><td>• 귀농·귀촌 인구의 증가 및 농촌에 대한 소비자의 인식 변화로 새로운 사업 발굴 가능</td></tr>
<tr><td rowspan="8">위협
(Threat)</td><td>• 자산관리 시장에서의 경쟁 심화</td></tr>
<tr><td>• 사이버 위협에 대응해 개인정보 보안 대책 및 시스템 마련 시급</td></tr>
<tr><td>• ㉤ 이자 이익 의존도가 높은 은행의 수익 구조에 대한 비판 여론</td></tr>
<tr><td>• 금리 및 물가 상승 영향에 따른 자산 건전성 저하 가능성 존재</td></tr>
<tr><td>• 주택 시장 침체, 고금리 지속 등으로 가계여신 수요 감소 전망</td></tr>
<tr><td>• 경기 침체, 투자 심리 위축으로 기업여신 대출 수요 감소 전망</td></tr>
<tr><td>• 보험사, 증권사, 카드사 등의 은행업(지급 결제, 예금·대출) 진입 가능성</td></tr>
<tr><td>• 은행에 있던 예금·적금을 인출해 주식·채권으로 이동하는 머니무브의 본격화 조짐</td></tr>
</table>

① ㉠

② ㉡

③ ㉢

④ ㉣

⑤ ㉤

08 다음 중 밑줄 친 ⊙과 ⓒ에 대해 추론한 내용으로 가장 적절한 것은?

권리금(權利金)이란 흔히 상가 등을 빌리는 사람, 즉 ⊙ 차주(借主)가 빌려주는 사람, ⓒ 대주(貸主)에게 내는 임차료 외에 앞서 대주에게 빌렸던 사람, 즉 전차주(前借主)에게 내는 관행상의 금전을 의미한다. 전차주가 해당 임대상가에 투자한 설비나 상가 개량비용, 기존 고객들과의 인지도, 유대 관계 등 유형·무형의 대가를 차주가 고스란히 물려받는 경우의 가치가 포함된 일종의 이용 대가인 것이다. 하지만 이는 어디까지나 차주와 전차주의 사이에서 발생한 금전 관계로 대주는 해당 권리금과 관련이 없으며, 특별히 법률로 지정된 사항 또한 존재하지 않는다. 2001년, 상가건물 임대차보호법이 제정되기 전에 대주의 횡포에 대한 차주의 보호가 이루어지지 않았고, 이에 임차인들이 스스로 자신의 권리를 찾기 위해 새 차주에게 금전을 받았는데, 이것이 권리금의 시작이다.

권리금이 높은 상가일수록 좋은 상가라고 볼 수 있는 지표로 작용하며, 여전히 전차주의 입장에서는 자신의 권리를 지키기 위한 하나의 방안으로 관습처럼 이용되고 있어 이에 대한 평가를 섣불리 하기 힘든 것이 사실이다. 그러나 권리금이 임대료보다 높아지는 경우가 종종 발생하고, 계약기간 만료 후 대주와 차주 사이의 금전적인 문제가 발생하기도 하면서 악습이라고 주장하는 사람도 있다.

① 장기적으로 권리금은 ⊙과 ⓒ이 모두 요구할 수 있다.

② ⊙은 ⓒ의 계약불이행으로 인하여 발생한 손해를 보장받을 수 없다.

③ 권리금은 본래 상대적 약자인 ⓒ이 ⊙으로부터 손해를 보호받기 위해 시작된 관습이다.

④ ⓒ이 계약기간 만료 후 자신의 권리를 이행할 때 ⊙은 ⓒ에게 손해를 보장받을 수 없다.

⑤ 상대적으로 적은 권리금을 지불한 상가에서 높은 매출을 기록했다면 ⓒ은 직접적으로 이득을 본 셈이다.

09 1번부터 5번까지의 학생들이 다음 규칙에 맞추어 아래와 같이 나열되어 있는 번호의 의자에 앉아 있다. 다음 중 옳은 것은?

〈규칙〉

(가) 세 명의 학생이 자기의 번호와 일치하지 않는 번호의 의자에 앉아 있다.
(나) 2명의 학생은 자기의 번호보다 작은 번호의 의자에 앉아 있다.
(다) 홀수 번호의 학생들은 모두 홀수 번호의 의자에 앉아 있다.

| 1 | 2 | 3 | 4 | 5 |

① 1번 학생은 5번 의자에 앉아 있다.
② 2번 학생은 4번 의자에 앉아 있다.
③ 3번 학생은 3번 의자에 앉아 있다.
④ 4번 학생은 2번 의자에 앉아 있다.
⑤ 5번 학생은 1번 의자에 앉아 있다.

10 철수는 장미에게 "43 41 54"의 문자를 전송하였다. 장미는 문자가 16진법으로 표현된 것을 발견하였고, 아스키 코드표를 이용하여 해독을 진행하려고 한다. 다음 중 철수가 장미에게 보낸 문자의 의미로 옳은 것은?

문자	아스키	문자	아스키	문자	아스키	문자	아스키
A	65	H	72	O	79	V	86
B	66	I	73	P	80	W	87
C	67	J	74	Q	81	X	88
D	68	K	75	R	82	Y	89
E	69	L	76	S	83	Z	90
F	70	M	77	T	84	–	–
G	71	N	78	U	85	–	–

① CAT
② SIX
③ BEE
④ CUP
⑤ SUN

※ 다음 글을 읽고 이어지는 질문에 답하시오. [11~12]

K기업은 도자기를 판매하고 있다. K기업의 영업팀에 근무하는 김대리는 도자기 원재료의 납기와 가격을 논의하기 위하여 공급업체 담당자와 회의를 진행하려고 한다. 공급업체 담당자는 가격 인상과 납기 조정을 계속적으로 요청하고 있지만, 현재 매출 부분에서 위기를 겪고 있는 상황이라 제안을 받아들일 수 없는 김대리는 어떻게든 상황을 이해시키고자 한다.

11 다음 상황에서 김대리가 상대방을 이해시키고자 할 때 사용하는 의사표현법으로 가장 적절한 것은?

① 구체적인 기간과 순서를 명확하게 제시한다.

② 먼저 칭찬을 하고, 잘못된 점을 질책한 후 격려를 한다.

③ 자신의 의견에 공감할 수 있도록 논리적으로 이야기한다.

④ 구체적이고 공개적인 칭찬을 해서 상대방을 더욱 기쁘게 한다.

⑤ 먼저 사과를 한 다음, 모호한 표현보다 단호하게 의사를 밝힌다.

12 다음 〈보기〉 중 김대리가 우선적으로 취해야 하는 의사표현 방식으로 적절한 것을 모두 고르면?

> **보기**
> ㉠ 가장 먼저 사과를 한 다음, 타당한 이유를 밝힌다.
> ㉡ 모호한 태도보다는 단호한 방식의 의사표현 테크닉이 필요하다.
> ㉢ 직설적인 화법보다 비유를 통해 상대방의 자존심을 지켜준다.
> ㉣ 하나를 얻기 위해 다른 하나를 양보하겠다는 자세가 필요하다.

① ㉠, ㉡

② ㉠, ㉣

③ ㉡, ㉢

④ ㉡, ㉣

⑤ ㉢, ㉣

13 A부장은 신입사원을 대상으로 OJT를 진행하고 있다. 이번 주에는 문서 종류에 따른 작성법에 대해 교육하려고 자료를 준비하였다. 다음 중 수정해야 할 내용은 무엇인가?

구분	작성법
공문서	• 회사 외부로 전달되는 문서이기 때문에 누가, 언제, 어디서, 무엇을, 어떻게(혹은 왜)가 드러나도록 작성함 • 날짜는 연도와 월일을 반드시 함께 기입함 • 한 장에 담아내는 것이 원칙임 … ① • 내용이 복잡할 경우 '-다음-' 또는 '-아래-'와 같은 항목을 만들어 구분함 • 장기간 보관되므로 정확하게 기술함
설명서	• 명령문보다 평서형으로 작성함 • 상품이나 제품에 대해 설명하는 글이므로 정확하게 기술함 • 정확한 내용 전달을 위해 간결하게 작성함 … ② • 전문용어는 이해하기 어렵기 때문에 가급적 사용하지 않음 … ③ • 복잡한 내용은 도표를 통해 시각화함 • 동일한 문장 반복을 피하고 다양한 표현을 이용함 … ④
기획서	• 기획서의 목적을 달성할 수 있는 핵심 사항이 정확하게 기입되었는지 확인함 • 상대가 채택하게끔 설득력을 갖춰야 하므로, 상대가 요구하는 것이 무엇인지 고려하여 작성함 • 내용이 한눈에 파악되도록 체계적으로 목차를 구성함 • 핵심 내용의 표현에 신경을 써야 함 • 효과적인 내용 전달을 위해 내용에 적합한 표나 그래프를 활용하여 시각화함 • 충분히 검토를 한 후 제출함 • 인용한 자료의 출처가 정확한지 확인함
보고서	• 업무 진행 과정에서 쓰는 보고서인 경우, 진행 과정에 대한 핵심 내용을 구체적으로 제시함 • 내용의 중복을 피하고, 핵심 사항만을 산뜻하고 간결하게 작성함 • 복잡한 내용일 때는 도표나 그림을 활용함 • 개인의 능력을 평가하는 기본 요소이므로 제출하기 전에 반드시 최종 점검함 • 참고자료는 정확하게 제시함 • 마지막엔 반드시 '끝.'자로 마무리함 … ⑤ • 내용에 대한 예상 질문을 사전에 추출해 보고 그에 대한 답을 미리 준비함

14 농도가 4%인 소금물 150g이 있다. 여기에 몇 g의 소금을 더 넣으면 10%의 소금물이 되는가?

① 10g ② 12g

③ 14g ④ 16g

⑤ 18g

15 수도권에 사는 1,000명의 20대 남녀를 대상으로 한 달 동안 외식을 하는 횟수를 조사해 보았다. 한 달 동안 외식을 하는 평균 횟수는 12번이고, 표준편차는 4이었다. 정규분포를 따르며 임의로 64명을 표본추출할 경우, 표본표준편차는 얼마인가?

① 0.2 ② 0.5

③ 0.8 ④ 1.2

⑥ 1.4

16 K고등학교 운동장은 다음과 같이 양 끝이 반원 모양이다. 한 학생이 운동장 가장자리를 따라 한 바퀴를 달린다고 할 때, 학생이 달린 거리는 몇 m인가?(단, 원주율 $\pi \fallingdotseq 3$으로 계산한다)

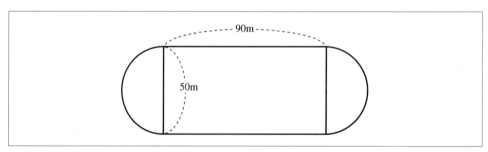

① 300m ② 310m

③ 320m ④ 330m

⑤ 340m

17 다음 글의 내용으로 적절하지 않은 것은?

어떤 사회 현상이 나타나는 경우 그러한 현상은 '제도'의 탓일까, 아니면 '문화'의 탓일까? 이 논쟁은 정치학을 비롯한 모든 사회과학에서 두루 다루는 주제이다. 정치학에서 제도주의자들은 보다 선진화된 사회를 만들기 위해서 제도의 정비가 중요하다고 주장한다. 하지만 문화주의자들은 실제적인 '운용의 묘'를 살리는 문화가 제도의 정비보다 중요하다고 주장한다.

문화주의자들은 문화를 가치, 신념, 인식 등의 총체로서 정치적 행동과 행위를 특정한 방향으로 움직여 일정한 행동 양식을 만들어내는 것으로 정의한다. 이러한 문화에 대한 정의를 바탕으로 이들은 국민이 정부에게 하는 정치적 요구인 투입과 정부가 생산하는 정책인 산출을 기반으로 정치 문화를 편협형, 신민형, 참여형의 세 가지로 유형화하였다.

편협형 정치 문화는 투입과 산출에 대한 개념이 모두 존재하지 않는 정치 문화이다. 투입이 없으며, 정부도 산출에 대한 개념이 없어서 적극적 참여자로서의 자아가 있을 수 없다. 사실상 정치 체계에 대한 인식이 국민들에게 존재할 수 없는 사회이다. 샤머니즘에 의한 신정 정치, 부족 또는 지역 사회 등 전통적인 원시 사회가 이에 해당한다.

다음으로 신민형 정치 문화는 투입이 존재하지 않으며, 적극적 참여자로서의 자아가 형성되지 못한 사회이다. 이런 상황에서 산출이 존재한다는 의미는 국민이 정부가 해주는 대로 받는다는 것을 의미한다. 이들 국민은 정부에 복종하는 성향이 강하다. 하지만 편협형 정치 문화와 달리 이들 국민은 정치 체계에 대한 최소한의 인식은 있는 상태이다. 일반적으로 독재 국가의 정치 체계가 이에 해당한다.

마지막으로 참여형 정치 문화는 국민들이 자신들의 요구 사항을 표출할 줄도 알고, 정부는 그러한 국민들의 요구에 응답하는 사회이다. 따라서 국민들은 적극적인 참여자로서의 자아가 형성되어 있으며, 그러한 적극적 참여자들로 형성된 정치 체계가 존재하는 사회이다. 이는 선진 민주주의 사회로서 현대의 바람직한 민주주의 사회상이다.

정치 문화 유형 연구는 어떤 사회가 민주주의를 제대로 구현하기 위해서 우선적으로 필요한 것이 무엇인가 하는 질문에 대한 답을 제시하고 있다. 문화주의자들은 국가를 특정 제도의 장단점에 의해서가 아니라 국가의 구성 요소들이 민주주의라는 보편적인 목적을 위해 얼마나 잘 기능하고 있는가를 기준으로 평가하고 있는 것이다.

① 편협형 정치 문화는 투입과 산출에 대한 개념이 없다.
② 참여형 정치 문화는 국민과 정부가 소통하는 사회이다.
③ 독재 국가의 정치 체계는 편협형 정치 문화에 해당한다.
④ 문화주의자들은 정치문화를 편협형, 신민형, 참여형으로 나눈다.
⑤ 신민형 정치 문화는 투입은 존재하지 않으며 산출은 존재하는 사회이다.

18 K회사에서는 올해 고객만족도 조사를 통해 갑 ~ 병 지점 중 최고의 지점을 뽑으려고 한다. 인터넷 설문 응답자 5,500명 중 '잘 모르겠다'를 제외한 응답자의 비율이 67%일 때, 갑 지점을 택한 응답자는 몇 명인가?(단, 인원은 소수점 첫째 자리에서 반올림한다)

<고객만족도 조사 현황>

구분	갑 지점	을 지점	병 지점	합계
응답률		23%	45%	100%

※ 응답률은 '잘 모르겠다'를 제외한 응답자 안에서의 비율이다.

① 1,119명
② 1,139명
③ 1,159명
④ 1,179명
⑤ 1,199명

19 부동산 취득세 세율이 아래와 같을 때, 실 매입비가 6억 7천만 원인 92m^2 주택의 거래금액은?(단, 만 원 단위 미만은 절사한다)

<부동산 취득세 세율>

구분		취득세	농어촌특별세	지방교육세
6억 원 이하 주택	85m^2 이하	1%	비과세	0.1%
	85m^2 초과	1%	0.2%	0.1%
6억 원 초과 9억 원 이하 주택	85m^2 이하	2%	비과세	0.2%
	85m^2 초과	2%	0.2%	0.2%
9억 원 초과 주택	85m^2 이하	3%	비과세	0.3%
	85m^2 초과	3%	0.2%	0.3%

① 65,429만 원
② 65,800만 원
③ 67,213만 원
④ 67,480만 원
⑤ 68,562만 원

20 다음 상황에서 〈조건〉을 토대로 신입사원이 김과장을 찾기 위해 추측한 내용 중 항상 참인 것은?

> 김과장은 오늘 아침 조기 축구 시합에 나갔다. 그런데 김과장을 한 번도 본 적이 없는 같은 회사의 어떤 신입사원이 김과장에게 급히 전할 서류가 있어 직접 축구 시합장을 찾았다. 시합은 이미 시작되었고, 김과장이 현재 양 팀의 수비수나 공격수 중 한 사람으로 뛰고 있다는 것은 분명하다.

조건

ㄱ A팀은 검정색 상의를, B팀은 흰색 상의를 입고 있다.
ㄴ 양 팀에서 축구화를 신고 있는 사람은 모두 안경을 쓰고 있다.
ㄷ 양 팀에서 안경을 쓴 사람은 모두 수비수이다.

① 만약 김과장이 공격수라면 안경을 쓰고 있다.
② 만약 김과장이 A팀의 공격수라면 흰색 상의를 입고 있거나 축구화를 신고 있다.
③ 만약 김과장이 B팀의 공격수라면 축구화를 신고 있지 않다.
④ 만약 김과장이 검정색 상의를 입고 있다면 안경을 쓰고 있다.
⑤ 만약 김과장이 A팀의 수비수라면 검정색 상의를 입고 있으며 안경을 쓰고 있지 않다.

21 회장실, 응접실, 탕비실과 재무회계팀, 홍보팀, 법무팀, 연구개발팀, 인사팀의 위치가 다음 〈조건〉에 따를 때, 인사팀의 위치는?

	A	B	C	D	회의실1
출입문			복도		
	E	F	G	H	회의실2

조건

• A ~ H에는 빈 곳 없이 회장실, 응접실, 탕비실, 모든 팀 중 하나가 위치해있다.
• 회장실은 출입문과 가장 가까운 위치에 있다.
• 회장실 맞은편은 응접실이다.
• 재무회계팀은 회장실 옆에 있고, 응접실 옆에는 홍보팀이 있다.
• 법무팀은 항상 홍보팀 옆에 있다.
• 연구개발팀은 회의실2와 같은 줄에 있다.
• 탕비실은 법무팀 맞은편에 있다.

① B ② C
③ D ④ G
⑤ H

22 다음은 연도별 아르바이트 소득에 대한 자료이다. 이에 대한 설명으로 옳은 것은?

<아르바이트 월 소득 및 시급>

(단위 : 원, 시간)

구분	2019년	2020년	2021년	2022년	2023년
월평균 소득	641,000	682,000	727,000	761,000	788,000
평균 시급	6,200	6,900	7,200	7,400	7,900
주간 평균 근로시간	24	23.5	22	23	23.4

① 2020 ~ 2023년 동안 전년 대비 월평균 소득의 증가율이 가장 높은 해는 2023년이다.
② 주간 평균 근로시간이 많을수록 평균 시급이 낮다.
③ 전년 대비 2021년 평균 시급 증가액은 전년 대비 2023년 증가액보다 100원 적다.
④ 2019년 월평균 소득은 2023년 월평균 소득의 70% 이하이다.
⑤ 월 근로시간이 가장 적은 해는 2020년이다.

23 다음은 카페 판매음료에 대한 연령별 선호도를 조사한 자료이다. 이에 대한 설명으로 옳은 것을 <보기>에서 모두 고르면?

<연령별 카페 판매음료 선호도>

구분	20대	30대	40대	50대
아메리카노	42%	47%	35%	31%
카페라테	8%	18%	28%	42%
카페모카	13%	16%	2%	1%
바닐라라테	9%	8%	11%	3%
핫초코	6%	2%	3%	1%
에이드	3%	1%	1%	1%
아이스티	2%	3%	4%	7%
허브티	17%	5%	16%	14%

보기

ㄱ. 연령대가 높아질수록 아메리카노에 대한 선호율은 낮아진다.
ㄴ. 아메리카노와 카페라테의 선호율 차이가 가장 적은 연령대는 40대이다.
ㄷ. 20대와 30대의 선호율 하위 3개 메뉴는 동일하다.
ㄹ. 40대와 50대의 선호율 상위 2개 메뉴가 전체 선호율의 70% 이상이다.

① ㄱ, ㄴ   ② ㄱ, ㄹ
③ ㄴ, ㄷ   ④ ㄴ, ㄹ
⑤ ㄷ, ㄹ

24 동성, 현규, 영희, 영수, 미영이는 A의 이사를 도와주면서 A가 사용하지 않는 물건들을 각각 하나씩 받았다. 다음 〈조건〉을 토대로 할 때, 옳지 않은 것은?

조건
- A가 사용하지 않는 물건은 세탁기, 컴퓨터, 드라이기, 로션, 핸드크림이고, 동성, 현규, 영희, 영수, 미영 순으로 물건을 고를 수 있다.
- 동성이는 세탁기 또는 컴퓨터를 받길 원한다.
- 현규는 세탁기 또는 드라이기를 받길 원한다.
- 영희는 로션 또는 핸드크림을 받길 원한다.
- 영수는 전자기기 이외의 것을 받길 원한다.
- 미영이는 아무 것이나 받아도 상관없다.

① 동성이는 자신이 원하는 물건을 받을 수 있다.
② 영희는 영수와 원하는 물건이 동일하다.
③ 미영이는 드라이기를 받을 수 없다.
④ 영수는 원하는 물건을 고를 수 있는 선택권이 없다.
⑤ 현규는 드라이기를 받을 확률이 더 높다.

PART 3

25 다음은 국내 화장품 제조 회사에 대한 SWOT 분석 자료이다. 〈보기〉 중 분석에 따른 대응 전략으로 옳은 것을 모두 고르면?

〈국내 화장품 제조 회사에 대한 SWOT 분석〉

강점(Strength)	약점(Weakness)
• 신속한 제품 개발 시스템 • 차별화된 제조 기술 보유	• 신규 생산 설비 투자 미흡 • 낮은 브랜드 인지도
기회(Opportunity)	위협(Threat)
• 해외시장에서의 한국 제품 선호 증가 • 새로운 해외시장의 출현	• 해외 저가 제품의 공격적 마케팅 • 저임금의 개발도상국과 경쟁 심화

보기
ㄱ. 새로운 해외시장의 소비자 기호를 반영한 제품을 개발하여 출시한다.
ㄴ. 국내에 화장품 생산 공장을 추가로 건설하여 제품 생산량을 획기적으로 증가시킨다.
ㄷ. 차별화된 제조 기술을 통해 품질 향상과 고급화 전략을 추구한다.
ㄹ. 브랜드 인지도가 낮으므로 해외 현지 기업과의 인수·합병을 통해 해당 회사의 브랜드로 제품을 출시한다.

① ㄱ, ㄴ
② ㄱ, ㄷ
③ ㄴ, ㄷ
④ ㄴ, ㄹ
⑤ ㄷ, ㄹ

26 어떤 비밀금고의 암호는 일정한 규칙을 따르고 있는데, 금고 1번의 암호는 121, 금고 2번의 암호는 12321, 금고 3번의 암호는 1234321이다. 다음 중 금고 8번의 암호는?

① 12345678987654321
② 12345678487654321
③ 12345678087654321
④ 12345678187654321
⑤ 12345678287654321

27 K공장은 상품을 만들면서 안정성 검사와 기능 검사를 병행하고 있다. 1시간 동안 안정성 검사와 기능 검사를 동시에 받는 상품은 몇 개인가?

- 상품은 15초에 1개씩 만들어진다.
- 안정성 검사는 12번째 상품마다 검사한다.
- 기능 검사는 9번째 상품마다 검사한다.

① 12개
② 10개
③ 8개
④ 6개
⑤ 4개

28 다음 〈보기〉 중 밑줄 친 단어의 쓰임이 적절하지 않은 것을 모두 고르면?

> 보기
>
> ㄱ. 일이 하도 많아 밤샘 작업이 <u>예삿일</u>로 되어 버렸다.
> ㄴ. 아이는 <u>등굣길</u>에 문구점에 잠깐 들른다.
> ㄷ. 지하 <u>전셋방</u>에서 살림을 시작한지 10년 만에 집을 장만하였다.
> ㄹ. <u>조갯살</u>로 국물을 내어 칼국수를 끓이면 시원한 맛이 일품이다.
> ㅁ. 우리는 저녁을 어디서 먹을까 망설이다가 만장일치로 <u>피잣집</u>에 갔다.

① ㄱ, ㄴ
② ㄱ, ㄷ
③ ㄴ, ㄷ
④ ㄷ, ㅁ
⑤ ㄹ, ㅁ

29 다음 중 밑줄 친 단어의 발음이 적절하지 않은 것은?

① 아이가 책을 <u>읽고</u> 있어. – [일꼬]
② 시를 한 수 <u>읊고</u> 있었다. – [읍꼬]
③ 시냇물이 참 <u>맑구나</u>. – [막꾸나]
④ <u>늙지</u> 않는 비결이 뭔가? – [늑찌]
⑤ <u>밟고</u> 가버렸다. – [밥꼬]

30 조선시대에는 12시진(정시법)과 '초(初)', '정(正)', '한시진(2시간)' 등의 표현을 통해 시간을 나타내었다. 다음 중 조선시대의 시간과 현대의 시간을 비교한 내용으로 옳지 않은 것은?

〈12시진〉

조선시대 시간		현대 시간	조선시대 시간		현대 시간
자(子)시	초(初)	23시 1분 ~ 60분	오(午)시	초(初)	11시 1분 ~ 60분
	정(正)	24시 1분 ~ 60분		정(正)	12시 1분 ~ 60분
축(丑)시	초(初)	1시 1분 ~ 60분	미(未)시	초(初)	13시 1분 ~ 60분
	정(正)	2시 1분 ~ 60분		정(正)	14시 1분 ~ 60분
인(寅)시	초(初)	3시 1분 ~ 60분	신(申)시	초(初)	15시 1분 ~ 60분
	정(正)	4시 1분 ~ 60분		정(正)	16시 1분 ~ 60분
묘(卯)시	초(初)	5시 1분 ~ 60분	유(酉)시	초(初)	17시 1분 ~ 60분
	정(正)	6시 1분 ~ 60분		정(正)	18시 1분 ~ 60분
진(辰)시	초(初)	7시 1분 ~ 60분	술(戌)시	초(初)	19시 1분 ~ 60분
	정(正)	8시 1분 ~ 60분		정(正)	20시 1분 ~ 60분
사(巳)시	초(初)	9시 1분 ~ 60분	해(亥)시	초(初)	21시 1분 ~ 60분
	정(正)	10시 1분 ~ 60분		정(正)	22시 1분 ~ 60분

① 한 초등학교의 점심 시간이 오후 1시부터 2시까지라면, 조선시대 시간으로 미(未)시에 해당한다.

② 조선시대에 어떤 사건이 인(寅)시에 발생하였다면, 현대 시간으로는 오전 3시와 5시 사이에 발생한 것이다.

③ 현대인이 오후 2시부터 4시 30분까지 운동을 하였다면, 조선시대 시간으로 미(未)시부터 유(酉)시까지 운동을 한 것이다.

④ 축구 경기가 연장 없이 각각 45분의 전반전과 후반전으로 진행되었다면, 조선시대 시간으로 한시진이 채 되지 않은 것이다.

⑤ 현대인이 오후 8시 30분에 저녁을 먹었다면, 조선시대 시간으로 술(戌)시 정(正)에 저녁을 먹은 것이다.

| 01 | 경영

01 다음 〈보기〉 중 적대적 인수합병(M&A) 시도에 대한 방어수단을 모두 고르면?

> **보기**
>
> ㄱ. 그린메일   ㄴ. 황금낙하산
> ㄷ. 곰의 포옹   ㄹ. 팩맨
> ㅁ. 독약조항

① ㄱ, ㄴ, ㄷ   ② ㄱ, ㄷ, ㅁ
③ ㄴ, ㄹ, ㅁ   ④ ㄱ, ㄴ, ㄷ, ㅁ
⑤ ㄴ, ㄷ, ㄹ, ㅁ

02 다음 중 3C 분석에 대한 설명으로 옳지 않은 것은?

① 3C는 Company, Cooperation, Competitor로 구성되어 있다.
② 3C는 자사, 고객, 경쟁사로 기준을 나누어 현 상황을 파악하는 분석방법이다.
③ 3C는 기업들이 마케팅이나 서비스를 진행할 때 가장 먼저 실행하는 분석 중 하나이다.
④ 3C의 Company 영역은 외부요인이 아닌 내부 자원에 대한 역량 파악이다.
⑤ 3C는 SWOT 분석과 PEST 분석에 밀접한 관련이 있다.

03 다음 글에 해당하는 경제성 분석 기법은 무엇인가?

> • 투자의 경제성(수익성)을 나타내는 지표 중 하나이다.
> • 일정 기간 동안의 현금유입의 현재가치와 현금유출의 현재가치를 같게 만든다.
> • 기간에 따라 값이 달라지게 되어 투자의 우선순위를 판단하기 어렵다는 한계가 있다.

① 비용편익비율   ② 순현재가치
③ 내부수익률   ④ 손익분기점
⑤ 자본회수기간

PART 3

04 K회사는 철물 관련 사업을 하는 중소기업이다. 이 회사는 수요가 어느 정도 안정된 소모품을 다양한 거래처에 납품하고 있으며, 내부적으로는 부서별 효율성을 추구하고 있다. 이러한 회사의 조직구조로 적합한 유형은?

① 기능별 조직　　　　　　　　　　② 사업부제 조직

③ 프로젝트 조직　　　　　　　　　④ 매트릭스 조직

⑤ 다국적 조직

05 다음 중 재무제표에 대한 설명으로 옳지 않은 것은?

① 재무제표는 재무상태표, 포괄손익계산서, 자본변동표, 현금흐름표, 주석으로 구성된다.

② 재무제표는 적어도 1년에 한 번은 작성한다.

③ 현금흐름에 대한 정보를 제외하고는 발생기준의 가정하에 작성한다.

④ 재무제표 요소의 측정기준은 역사적원가와 현행가치 등으로 구분된다.

⑤ 기업이 경영활동을 청산 또는 중단할 의도가 있더라도, 재무제표는 계속기업의 가정하에 작성한다.

06 K회사는 A상품을 연간 20,000개 정도 판매할 수 있을 것으로 예상하고 있다. A상품의 1회당 주문비가 200원, 연간 재고유지비용은 상품당 32원이라고 할 때, 경제적 주문량(EOQ)으로 옳은 것은?(단, 소수점은 생략한다)

① 500개　　　　　　　　　　　② 535개

③ 565개　　　　　　　　　　　④ 600개

⑤ 635개

07 다음 중 리엔지니어링(Re-Engineering)에 대한 설명으로 옳은 것은?

① 기계 장비의 고장이나 정비 때문에 작업이 불가능해진 시간을 총칭한다.

② 흑자를 내기 위해 기구를 축소·폐쇄하거나 단순화하는 등의 장기적인 경영전략이다.

③ 제품의 주요한 부분을 부품의 형태로 수출하여 현지에서 최종제품으로 조립하는 방식이다.

④ 기업이 환경변화에 능동적으로 대처하기 위해 비대해진 조직을 팀제로 개편하는 경영혁신을 나타낸다.

⑤ 정보기술을 통해 기업경영의 핵심적 과정을 전면 개편함으로써 경영성과를 향상시키려는 경영기법이다.

08 다음 상황을 참고하여 브룸(Vroom)의 기대이론에 따른 A대리의 동기유발력 값을 구하면?(단, 유인성은 ±10점으로 구성된다)

당사에서는 분기마다 인재개발 프로그램을 실시하고 있다. A대리는 프로그램 참여를 고민하고 있는 상태이다. A대리가 생각하기에 자신이 프로그램에 참여하면 성과를 거둘 수 있을 것이라는 주관적 확률이 70%, 그렇지 않을 확률은 30%, 만약 훈련성과가 좋을 경우 승진에 대한 가능성은 80%, 그 반대의 가능성은 20%라고 생각한다. 그리고 A대리는 승진에 대해 극히 좋게 평가하며 10점을 부여하였다.

- 기대치(E) : 인재개발 프로그램에 참여하여 성과를 거둘 수 있는가?
- 수단성(I) : 훈련성과가 좋으면 승진할 수 있을 것인가?
- 유인성(V) : 승진에 대한 선호도는 어느 정도인가?

① 1.0 　　　　　　　　　② 2.3

③ 3.4 　　　　　　　　　④ 4.8

⑤ 5.6

09 K회사는 지난 분기 매출액 2,000억 원을 달성하였고, 그중 매입액은 700억 원을 차지하였다. K회사의 지난 분기 부가가치율은?

① 50% 　　　　　　　　② 55%

③ 60% 　　　　　　　　④ 65%

⑤ 70%

10 다음 중 마이클 포터가 제시한 경쟁우위전략에 대한 설명으로 옳지 않은 것은?

① 원가우위전략은 경쟁기업보다 낮은 비용에 생산하여 저렴하게 판매하는 것을 의미한다.

② 차별화전략은 경쟁사들이 모방하기 힘든 독특한 제품을 판매하는 것을 의미한다.

③ 집중화전략은 원가우위에 토대를 두거나 차별화우위에 토대를 둘 수 있다.

④ 원가우위전략과 차별화전략은 일반적으로 대기업에서 많이 수행된다.

⑤ 마이클 포터는 기업이 성공하기 위해서는 한 제품을 통하여 원가우위전략과 차별화전략 두 가지 전략을 동시에 추구해야 한다고 보았다.

11 다음 중 수요예측기법(Demand Forecasting Technique)에 대한 설명으로 옳은 것은?

① 지수평활법은 평활상수가 클수록 최근 자료에 더 높은 가중치를 부여한다.

② 시계열 분석법으로는 이동평균법과 회귀분석법이 있다.

③ 수요예측과정에서 발생하는 예측오차들의 합이 영(Zero)에 수렴하는 것은 옳지 않다.

④ 이동평균법은 이동평균의 계산에 사용되는 과거 자료의 수가 많을수록 수요예측의 정확도가 높아진다.

⑤ 회귀분석법은 실제치와 예측치의 오차를 자승한 값의 총합계가 최대가 되도록 회귀계수를 추정한다.

12 강 상류에 위치한 A기업이 오염물질을 배출하고, 강 하류에서는 통조림을 생산하는 B기업이 어업활동을 영위하고 있다. 그런데 A기업은 자사의 오염배출이 B기업에 미치는 영향을 고려하지 않고 있다. 다음 중 옳지 않은 것은?

① A기업의 생산량은 사회의 적정생산량보다 많다.

② B기업의 생산량은 사회의 적정생산량보다 적다.

③ B기업의 생산비는 A기업의 생산량에 영향을 받는다.

④ A기업에게 적절한 피구세를 부과함으로써 사회적 최적 수준의 오염물질 배출량 달성이 가능하다.

⑤ 오염배출 문제는 A기업과 B기업의 협상을 통해 해결 가능하며, 이러한 경우 보상을 위한 필요자금 없이도 가능하다.

13 다음 중 인사고과에 대한 설명으로 옳지 않은 것은?

① 대비오류(Contrast Error)는 피고과자의 능력을 실제보다 높게 평가하는 경향을 말한다.

② 인사고과의 수용성은 종업원이 인사고과 결과가 정당하다고 느끼는 정도이다.

③ 인사고과의 타당성은 고과내용이 고과목적을 얼마나 잘 반영하고 있느냐에 대한 것이다.

④ 후광효과(Halo Effect)는 피고과자의 어느 한 면을 기준으로 다른 것까지 함께 평가하는 경향을 말한다.

⑤ 인사고과란 종업원의 능력과 업적을 평가하여 그가 보유하고 있는 현재적 및 잠재적 유용성을 조직적으로 파악하는 방법이다.

14 다음 〈조건〉을 참고할 때, K기업의 올해 영업레버리지도는 얼마인가?

> **조건**
> • K기업은 의자 생산업체로 올해 의자 판매량은 총 10,000개이다.
> • 의자의 개당 고정원가는 25,000원, 변동원가는 1개당 3,000원이며, 의자의 가격은 개당 50,000원으로 동일하다.

① 0.5
② 1.0
③ 1.5
④ 2.0
⑤ 2.5

15 다음 중 기업의 경영전략을 평가할 때 BSC를 통해 평가하는 관점으로 볼 수 없는 것은?

① 재무적 관점
② 고객 관점
③ 업무 프로세스 관점
④ 성공요인 관점
⑤ 학습 및 성장 관점

16 K사는 자사 제품을 시대신문에 광고하려고 한다. 시대신문의 구독자 수가 10만 명이고, CPM 기준으로 5천 원을 요구하고 있을 경우에 시대신문의 요구대로 광고계약이 진행된다면 광고비 금액은 얼마인가?

① 1,200,000원
② 750,000원
③ 600,000원
④ 500,000원
⑤ 350,000원

17 다음 중 가격책정 방법에 대한 설명으로 옳은 것을 〈보기〉에서 모두 고르면?

> **보기**
> ㉠ 준거가격이란 구매자가 어떤 상품에 대해 지불할 용의가 있는 최고가격을 의미한다.
> ㉡ 명성가격이란 가격 – 품질 연상관계를 이용한 가격책정 방법이다.
> ㉢ 단수가격이란 판매 가격을 단수로 표시하여 가격이 저렴한 인상을 소비자에게 심어주어 판매를 증대시키는 방법이다.
> ㉣ 최저수용가격이란 심리적으로 적당하다고 생각하는 가격 수준을 의미한다.

① ㉠, ㉡
② ㉠, ㉢
③ ㉡, ㉢
④ ㉡, ㉣
⑤ ㉢, ㉣

18 다음 중 평정척도법에 대한 설명으로 옳은 것은?

① 통계적 분포에 따라 인원을 강제적으로 할당하여 피평가자를 배열하고 서열을 정한다.
② 고과에 적당한 표준 행동을 평가 항목에 배열해 놓고 해당 항목을 체크하여 책정한다.
③ 일상생활에서 보여준 특별하게 효과적이거나 비효과적인 행동을 기록하여 활용한다.
④ 피평가자의 능력과 업적 등을 일련의 연속척도 또는 비연속척도로 평가한다.
⑤ 평소 부하직원의 직무 관련 행동에서 나타나는 강점과 약점을 기술한다.

19 다음 중 식스 시그마(6 – Sigma)에 대한 설명으로 옳지 않은 것은?

① 프로세스에서 불량과 변동성을 최소화하면서 기업의 성과를 최대화하려는 종합적이고 유연한 시스템이다.

② 프로그램의 최고 단계 훈련을 마치고, 프로젝트 팀 지도를 전담하는 직원은 마스터 블랙벨트이다.

③ 통계적 프로세스 관리에 크게 의존하며, '정의 – 측정 – 분석 – 개선 – 통제(DMAIC)'의 단계를 걸쳐 추진된다.

④ 제조프로세스에서 기원하였지만 판매, 인적자원, 고객서비스, 재무서비스 부문으로 확대되고 있는 것이다.

⑤ 사무부분을 포함한 모든 프로세스의 질을 높이고 업무 비용을 획기적으로 절감하여 경쟁력을 향상시킴을 목표로 한다.

20 다음 중 페이욜(Fayol)이 주장한 경영활동과 그 내용을 바르게 짝지은 것은?

① 기술적 활동 – 생산, 제조, 가공

② 상업적 활동 – 계획, 조직, 지휘, 조정, 통제

③ 회계적 활동 – 구매, 판매, 교환

④ 관리적 활동 – 재화 및 종업원 보호

⑤ 재무적 활동 – 원가관리, 예산통제

21 다음 중 EOQ의 가정에 대한 설명으로 옳은 것을 〈보기〉에서 모두 고르면?

> **보기**
> ㉠ 해당 품목에 대한 단위기간 중 수요는 정확하게 예측할 수 있다.
> ㉡ 주문량은 주문 순서대로 입고된다.
> ㉢ 재고 부족 현상이 발생하지 않는다.
> ㉣ 대량구매 시 일정부분 할인을 적용한다.

① ㉠, ㉡ 　　　　　　　② ㉠, ㉢

③ ㉡, ㉢ 　　　　　　　④ ㉡, ㉣

⑤ ㉢, ㉣

22 다음 중 직무현장훈련(OJT)에 대한 설명으로 옳지 않은 것은?

① 실습장훈련, 인턴사원, 경영 게임법 등이 이에 속한다.

② 실제 현장에서 실제로 직무를 수행하면서 이루어지는 현직훈련이다.

③ 훈련내용의 전이정도가 높고 실제 업무와 직결되어 경제적인 장점을 가진다.

④ 훈련방식의 역사가 오래되며, 생산직에서 보편화된 교육방식이라 할 수 있다.

⑤ 지도자의 높은 자질이 요구되고, 교육훈련 내용의 체계화가 어렵다.

23 다음 중 생산합리화의 3S로 옳은 것은?

① 표준화(Standardization) – 단순화(Simplification) – 전문화(Specialization)

② 규격화(Specification) – 세분화(Segmentation) – 전문화(Specialization)

③ 단순화(Simplification) – 규격화(Specification) – 세분화(Segmentation)

④ 세분화(Segmentation) – 표준화(Standardization) – 단순화(Simplification)

⑤ 규격화(Specification) – 전문화(Specialization) – 표준화(Standardization)

24 다음 중 단위당 소요되는 표준작업시간과 실제작업시간을 비교하여 절약된 작업시간에 대한 생산성 이득을 노사가 각각 50 : 50의 비율로 배분하는 임금제도는?

① 임프로쉐어 플랜　　　　　　② 스캔런 플랜
③ 러커 플랜　　　　　　　　　④ 메리크식 복률성과급
⑤ 테일러식 차별성과급

25 K회사는 2023년 초 토지, 건물 및 기계장치를 일괄하여 ₩20,000,000에 취득하였다. 취득일 현재를 기준으로 토지, 건물 및 기계장치의 판매회사 장부상 금액은 각각 ₩12,000,000, ₩3,000,000, ₩10,000,000이며, 토지, 건물 및 기계장치의 공정가치 비율은 7 : 1 : 2이다. K회사가 인식할 기계장치의 취득원가는?

① ₩4,000,000　　　　　　　② ₩5,000,000
③ ₩6,000,000　　　　　　　④ ₩7,000,000
⑤ ₩8,000,000

26 다음 중 직무평가에 있어서 미리 규정된 등급 또는 어떠한 부류에 대해 평가하려는 직무를 배정함으로써 직무를 평가하는 방법은?

① 서열법
② 분류법
③ 점수법
④ 요소비교법
⑤ 순위법

27 다음 중 숍 제도에서 기업에 대한 노동조합의 통제력이 강력한 순서대로 나열한 것은?

① 오픈 숍 – 클로즈드 숍 – 유니언 숍
② 클로즈드 숍 – 오픈 숍 – 유니언 숍
③ 유니언 숍 – 오픈 숍 – 클로즈드 숍
④ 클로즈드 숍 – 유니언 숍 – 오픈 숍
⑤ 유니언 숍 – 클로즈드 숍 – 오픈 숍

28 다음 중 차별적 마케팅 전략을 활용하기에 적합한 경우는?

① 경영자원이 부족하여 시장지배가 어려운 기업
② 대량생산, 대량유통이 가능한 제품
③ 성장기에 접어드는 제품
④ 각 시장이 명확히 세분화되어 이질적인 시장
⑤ 소비자의 욕구, 선호도 등이 동질적인 시장

29 다음 중 주식의 발행시장과 유통시장에 대한 설명으로 옳지 않은 것은?

① 유통시장은 채권의 공정한 가격을 형성하게 하는 기능이 있다.
② 50명 이하의 소수투자자와 사적으로 교섭하여 채권을 매각하는 방법을 사모라고 한다.
③ 자사주 매입은 발행시장에서 이루어진다.
④ 유통시장은 투자자 간의 수평적인 이전기능을 담당하는 시장으로 채권의 매매가 이루어지는 시장이다.
⑤ 발행시장은 발행주체가 유가증권을 발행하고, 중간 중개업자가 인수하여 최종 자금 출자자에게 배분하는 시장이다.

30 다음 중 조직 설계에 대한 설명으로 옳지 않은 것은?

① 조직의 과업다양성이 높을수록 조직의 전반적인 구조는 더욱 유기적인 것이 바람직하다.

② 집권화의 수준은 유기적 조직에 비해 기계적 조직의 경우가 높다.

③ 조직의 규모가 커지고 더 많은 부서가 생겨남에 따라 조직구조의 복잡성은 증가한다.

④ 조직의 공식화 정도가 높을수록 직무담당자의 재량권은 줄어든다.

⑤ 전문화 수준이 높아질수록 수평적 분화의 정도는 낮아진다.

31 다음 〈보기〉 중 JIT시스템의 주요 요소를 모두 고르면?

> **보기**
>
> ㉠ 부품의 표준화   ㉡ 저품질
> ㉢ 가동준비 시간의 감소   ㉣ 소규모 로트 사이즈
> ㉤ 사후관리

① ㉠, ㉡, ㉣   ② ㉠, ㉢, ㉣

③ ㉡, ㉢, ㉣   ④ ㉡, ㉣, ㉤

⑤ ㉢, ㉣, ㉤

32 다음 상황을 토대로 측정한 광고예산으로 옳은 것은?

> 광고주는 A신문 또는 B신문에 자사 신제품을 최소 한 번 이상 노출시키고자 한다.
> • A신문 열독률 : 16%
> • B신문 열독률 : 10%
> • A, B신문 동시 열독률 : 4%
> • 전체 신문의 평균 CPR : 500만 원

① 5,000만 원   ② 1억 원

③ 1억 5,000만 원   ④ 2억 원

⑤ 2억 5,000만 원

33 다음 중 주로 자원이 한정된 중소기업이 많이 사용하는 마케팅 전략은?

① 마케팅 믹스 전략　　　　　　② 무차별적 마케팅 전략
③ 집중적 마케팅 전략　　　　　④ 차별적 마케팅 전략
⑤ 비차별적 마케팅 전략

34 다음 글에서 설명하는 용어로 옳은 것은?

> 이 전략의 대표적인 예로는 전기, 전화, 수도 등의 공공요금 및 택시요금, 놀이공원 등이 있다.

① 2부제 가격전략　　　　　　　② 부산품 전략
③ 묶음 가격　　　　　　　　　　④ 가격계열화
⑤ 심리적 가격

35 다음 중 다른 기업에게 수수료를 받는 대신 자사의 기술이나 상품 사양을 제공하고 그 결과로 생산과 판매를 허용하는 것은?

① 아웃소싱(Outsourcing)
② 합작투자(Joint Venture)
③ 라이선싱(Licensing)
④ 턴키프로젝트(Turn-key Project)
⑤ 그린필드투자(Green Field Investment)

36 다음 중 특정 작업계획으로 여러 부품들을 생산하기 위해 컴퓨터에 의해 제어 및 조절되며 자재취급 시스템에 의해 연결되는 작업장들의 조합은?

① 유연생산시스템　　　　　　　② 컴퓨터통합생산시스템
③ 적시생산시스템　　　　　　　④ 셀제조시스템
⑤ 지능형생산시스템

37 다음 중 제품 및 제품계열에 대한 수년간의 자료 등을 수집하기 용이하고, 변화하는 경향이 비교적 분명하며 안정적일 경우에 활용되는 통계적인 예측방법은?

① 브레인스토밍법   ② 시계열 분석법
③ 인과모형   ④ 델파이법
⑤ 회귀분석법

38 다음 중 기업이 적정한 시간과 장소에서 알맞은 양의 제품과 서비스를 생산하기 위해 필요한 부품이나 자재를 확보할 수 있도록 보장해 주기 위해 설계된 기법은?

① MBO   ② MPS
③ MRP   ④ EOQ
⑤ JIT

39 다음 내용을 참고할 때, K회사의 적정주가는 얼마인가?

• K회사 유통주식수 : 1,000만 주
• K회사 당기순이익 : 300억 원
• K회사 주가수익비율 : 8배

---

① 18,000원   ② 20,000원
③ 24,000원   ④ 30,000원
⑤ 32,000원

40 다음 중 호손(Hawthorn) 실험의 주요 결론에 대한 설명으로 옳지 않은 것은?

① 심리적 요인에 의해서 생산성이 좌우될 수 있다.
② 작업자의 생산성은 작업자의 심리적 요인 및 사회적 요인과 관련이 크다.
③ 비공식 집단이 자연적으로 발생하여 공식조직에 영향을 미칠 수 있다.
④ 노동환경과 생산성 사이에 반드시 비례관계가 존재하는 것은 아니다.
⑤ 일반 관리론의 이론을 만드는 데 가장 큰 영향을 미쳤다.

41 다음 중 확률표본추출 방법에 해당하는 것은?

① 층화추출법　　　　　　　　② 편의추출법
③ 판단추출법　　　　　　　　④ 할당추출법
⑤ 눈덩이추출법

42 다음 글에서 설명하고 있는 시장세분화의 요건은?

> 장애인들은 버튼조작만으로 운전할 수 있는 승용차를 원하고 있지만, 그러한 시장의 규모가 경제성을 보증하지 못한다면 세분시장의 가치가 적은 것이다.

① 측정가능성　　　　　　　　② 유지가능성
③ 접근가능성　　　　　　　　④ 실행가능성
⑤ 기대가능성

43 다음 중 마케팅 전략 수립 단계를 순서대로 바르게 나열한 것은?

① 시장세분화 → 표적시장 선정 → 포지셔닝
② 표적시장 선정 → 포지셔닝 → 시장세분화
③ 포지셔닝 → 시장세분화 → 표적시장 선정
④ 시장세분화 → 포지셔닝 → 표적시장 선정
⑤ 표적시장 선정 → 시장세분화 → 포지셔닝

44 다음 중 소비자들에게 타사 제품과 비교하여 자사 제품에 대한 차별화된 이미지를 심어주기 위한 계획적인 전략접근법은?

① 포지셔닝 전략　　　　　　　② 시장세분화 전략
③ 가격차별화 전략　　　　　　④ 제품차별화 전략
⑤ 비가격경쟁 전략

45 다음 내용을 참고할 때, K가 얻게 되는 이익과 손실의 합은?

- K는 땅을 빌려 배추 농사를 짓고 있으며, 1월 1일 10,000평에 해당하는 땅에 대해 1년간 농사를 짓기로 계약하고 평당 1,500원의 계약금을 주었다.
- 계약금을 제외한 잔금은 배추의 시장가격에 따라 지급하기로 하였는데 계약일 기준 6개월 이후 배추가격이 10% 이상 오를 경우, 계약금과 동일한 평당 1,500원을 잔금으로 지급하며, 0 ~ 10% 미만 오를 경우 1,200원, 하락한 경우에는 평당 800원을 잔금으로 지급한다.
- 1월 1일 기준 평당 배추가격은 6,000원이며, 7월 1일 기준 평당 배추가격은 5,500원이다.

① 200만 원
② 600만 원
③ 1,000만 원
④ 2,400만 원
⑤ 3,200만 원

46 다음은 유통경로의 설계전략에 대한 설명이다. 밑줄 친 ㉠ ~ ㉢에 들어갈 용어를 바르게 짝지은 것은?

- ___㉠___ 유통은 가능한 많은 중간상들에게 자사의 제품을 취급하도록 하는 것으로 과자, 저가 소비재 등과 같이 소비자들이 구매의 편의성을 중시하는 품목에서 채택하는 방식이다.
- ___㉡___ 유통은 제품의 이미지를 유지하고 중간상들의 협조를 얻기 위해 일정 지역 내에서의 독점 판매권을 중간상에게 부여하는 방식이다.
- ___㉢___ 유통은 앞의 두 유통대안의 중간 형태로 지역별로 복수의 중간상에게 자사의 제품을 취급할 수 있도록 하는 방식이다.

	㉠	㉡	㉢
①	전속적	집약적	선택적
②	집약적	전속적	선택적
③	선택적	집약적	전속적
④	전속적	선택적	집약적
⑤	집약적	선택적	전속적

47 다음 중 하이더(Heider)의 균형이론에 대한 설명으로 옳지 않은 것은?

① 각 관계의 주어진 값을 곱하여 양의 값이면 균형 상태, 음의 값이면 불균형 상태로 본다.

② 사람들은 균형 상태가 깨어지면 자신의 태도를 바꾸거나 상대방의 태도를 무시하는 등의 태도를 보인다.

③ 심리적 평형에 대한 이론으로, 일반적으로 사람들은 불균형 상태보다는 안정적인 상태를 선호한다고 가정한다.

④ 균형 상태란 자신 – 상대방 – 제3자의 세 요소가 내부적으로 일치되어 있는 것처럼 보이는 상태를 말한다.

⑤ 세 가지의 요소로만 태도 변화를 설명하기 때문에 지나치게 단순하고, 그 관계의 좋고 싫음의 강도를 고려하지 못한다는 한계를 갖는다.

48 다음 중 주로 편의품에서 많이 사용되는 유통경로 전략은?

① 집약적 유통 ② 전속적 유통
③ 선택적 유통 ④ 통합적 유통
⑤ 수직적 유통

49 다음 중 국제회계기준(IFRS)에 대한 설명으로 옳은 것을 〈보기〉에서 모두 고르면?

> **보기**
> ㉠ IFRS는 국제회계기준위원회가 공표하는 회계기준으로 유럽 국가들이 사용한다.
> ㉡ IFRS의 기본 재무제표는 개별 재무제표이다.
> ㉢ 취득원가 등 역사적 원가에서 공정가치로 회계기준을 전환하였다.
> ㉣ 우리나라의 경우 상장사, 금융기업 등에 대해 2012년부터 의무 도입하였다.

① ㉠, ㉡ ② ㉠, ㉢
③ ㉡, ㉢ ④ ㉡, ㉣
⑤ ㉢, ㉣

50 다음 중 동일한 목표를 달성하고 새로운 가치창출을 위해 공급업체들과 자원 및 정보를 협력하여 하나의 기업처럼 움직이는 생산시스템은?

① 공급사슬관리(SCM)
② 적시생산시스템(JIT)
③ 유연제조시스템(FMS)
④ 컴퓨터통합생산(CIM)
⑤ 전사적품질경영(TQM)

51 다음은 K회사가 2023년 1월 1일 액면발행한 전환사채에 대한 자료이다. 2024년 1월 1일 전환사채 액면금액의 60%에 해당하는 전환사채가 보통주로 전환될 때, 증가하는 주식발행초과금은?[단, 전환사채 발행시점에서 인식한 자본요소(전환권대가) 중 전환된 부분은 주식발행초과금으로 대체하고, 계산금액은 소수점 첫째 자리에서 반올림하며, 단수차이로 인한 오차가 있으면 가장 근사치를 선택한다]

- 액면금액 : ₩100,000
- 2023년 1월 1일 전환권조정 : ₩11,414
- 2023년 12월 31일 전환권조정 상각액 : ₩3,087
- 전환가격 : ₩1,000(보통주 주당 액면금액 ₩500)
- 상환할증금 : 만기에 액면금액의 105.348%

① ₩25,853
② ₩28,213
③ ₩28,644
④ ₩31,853
⑤ ₩36,849

52 다음 중 리더십의 상황적합이론에서 특히 하급자의 성숙도를 강조하는 리더십의 상황모형을 제시하는 이론은?

① 피들러의 상황적합이론
② 브룸과 예튼의 규범이론
③ 하우스의 경로 – 목표이론
④ 허시와 블랜차드의 3차원적 유효성이론
⑤ 베르탈란피의 시스템 이론

53 상품매매기업인 K회사는 계속기록법과 실지재고조사법을 병행하고 있다. K회사의 2023년 기초재고는 ₩10,000(단가 ₩100)이고, 당기매입액은 ₩30,000(단가 ₩100), 2023년 말 현재 장부상 재고수량은 70개이다. K회사가 보유하고 있는 재고자산은 진부화로 인해 단위당 순실현가능가치가 ₩80으로 하락하였다. K회사가 포괄손익계산서에 매출원가로 ₩36,000을 인식하였다면, K회사의 2023년 말 현재 실제재고수량은?(단, 재고자산감모손실과 재고자산평가손실은 모두 매출원가에 포함한다)

① 40개　　　　　　　　　　　　　② 50개
③ 65개　　　　　　　　　　　　　④ 70개
⑤ 80개

54 다음 중 기업의 안정성 측정을 위하여 사용되는 지표로, 고정자산(비유동자산)을 자기자본으로 나눈 값의 백분율로 계산하여 자본의 유동성을 나타내는 것은?

① 고정자산비율(Fixed Assets Ratio)
② 활동성비율(Activity Ratio)
③ 자본회전율(Turnover Ratio of Capital)
④ 유동비율(Current Ratio)
⑤ 부채비율(Debt Ratio)

55 다음 〈보기〉 중 비유동부채에 해당하는 것은 모두 몇 개인가?

> **보기**
>
> ㄱ. 매입채무　　　　　　　　　ㄴ. 예수금
> ㄷ. 미지급금　　　　　　　　　ㄹ. 장기차입금
> ㅁ. 임대보증금　　　　　　　　ㅂ. 선수수익
> ㅅ. 단기차입금　　　　　　　　ㅇ. 선수금
> ㅈ. 장기미지급금　　　　　　　ㅊ. 유동성장기부채

① 1개　　　　　　　　　　　　　② 3개
③ 5개　　　　　　　　　　　　　④ 7개
⑤ 10개

56 다음 중 회수기간법에 대한 설명으로 옳은 것은?

① 회수기간법과 회계적 이익률법은 전통적 분석기법으로 화폐의 시간가치를 고려한 기법이다.

② 단일 투자안의 투자의사결정은 기업이 미리 설정한 최단기간 회수기간보다 실제 투자안의 회수기간이 길면 선택하게 된다.

③ 화폐의 시간가치를 고려하고 있지만 회수기간 이후의 현금흐름을 무시하고 있다는 점에서 비판을 받고 있다.

④ 회수기간법은 투자안을 평가하는 데 있어 방법이 매우 복잡하면서 서로 다른 투자안을 비교하기 어렵고 기업의 자금 유동성을 고려하지 않았다는 단점을 가지고 있다.

⑤ 회수기간법은 투자에 소요되는 자금을 그 투자안의 현금흐름으로 회수하는 기간이 짧은 투자안을 선택하게 된다.

57 복식부기는 하나의 거래를 대차평균의 원리에 따라 차변과 대변에 이중 기록하는 방식이다. 다음 중 차변에 기입되는 항목으로 옳지 않은 것은?

① 자산의 증가　　　　　　　② 자본의 감소

③ 부채의 감소　　　　　　　④ 비용의 발생

⑤ 수익의 발생

58 K주식회사의 2023년도 총매출액과 이에 대한 총변동원가는 각각 ₩200,000과 ₩150,000이다. K주식회사의 손익분기점 매출액이 ₩120,000일 때, 다음 중 총고정원가는 얼마인가?

① ₩15,000   ② ₩20,000
③ ₩25,000   ④ ₩30,000
⑤ ₩35,000

59 K회사의 당기 말 타인자본은 2,000억 원이고 자기자본은 1,000억 원이다. 전년도 말 기준 부채비율은 300%를 기록하였다고 한다면, 당기 말 기준 전년도 대비 부채비율의 변동률로 옳은 것은? (단, 소수점은 생략한다)

① 25% 상승   ② 25% 하락
③ 33% 상승   ④ 33% 하락
⑤ 55% 하락

60 부채비율(B/S)이 100%인 K기업의 세전타인자본비용은 8%이고, 가중평균자본비용은 10%이다. K기업의 자기자본비용은 얼마인가?(단, 법인세율은 25%이다)

① 6%   ② 8%
③ 10%   ④ 12%
⑤ 14%

| 02 | 경제

01 다음 중 수요공급 곡선의 이동에 대한 설명으로 옳은 것을 〈보기〉에서 모두 고르면?

> **보기**
> ㉠ 생산비용이 줄어들거나 생산기술이 발전하면 공급곡선이 오른쪽으로 이동한다.
> ㉡ 정상재의 경우 수입이 증가하면 수요곡선은 왼쪽으로 이동한다.
> ㉢ A와 B가 대체재인 경우 A의 가격이 높아지면 B의 수요곡선은 오른쪽으로 이동한다.
> ㉣ 상품의 가격이 높아질 것으로 예상되면 공급곡선은 오른쪽으로 이동한다.

① ㉠, ㉡   ② ㉠, ㉢
③ ㉡, ㉢   ④ ㉡, ㉣
⑤ ㉢, ㉣

02 다음 사례를 볼 때, 각 기업의 총수익 변화로 옳은 것은?(단, 다른 조건은 일정하다)

> (사례1) 수요의 가격탄력성이 0.5인 X재를 생산하고 있는 A기업은 최근 X재의 가격을 1,000원에서 2,000원으로 인상하였다.
> (사례2) 수요의 가격탄력성이 2인 Y재를 생산하고 있는 B기업은 최근 Y재의 가격을 3,000원에서 5,500원으로 인상하였다.

	A기업	B기업
①	증가	감소
②	증가	일정
③	일정	일정
④	감소	증가
⑤	감소	감소

03 다음 중 무차별곡선에 대한 설명으로 옳지 않은 것은?

① 무차별곡선은 동일한 효용 수준을 제공하는 상품묶음들의 궤적이다.
② 무차별곡선의 기울기는 한계대체율이며 두 재화의 교환비율이다.
③ 무차별곡선이 원점에 대해 오목할 경우 한계대체율은 체감한다.
④ 완전대체재관계인 두 재화에 대한 무차별곡선은 직선의 형태이다.
⑤ 모서리해를 제외하면 무차별곡선과 예산선이 접하는 점이 소비자의 최적점이다.

04 다음 중 오쿤의 법칙(Okun's Law)에 대한 설명으로 옳은 것은?

① 어떤 시장을 제외한 다른 모든 시장이 균형 상태에 있으면 그 시장도 균형을 이룬다는 법칙이다.

② 실업률이 1% 늘어날 때마다 국민총생산이 2.5%의 비율로 줄어든다는 법칙이다.

③ 소득수준이 낮을수록 전체 생계비에서 차지하는 식료품 소비의 비율이 높아진다는 법칙이다.

④ 가난할수록 총지출에서 차지하는 주거비의 지출 비율이 점점 더 커진다는 법칙이다.

⑤ 악화(惡貨)는 양화(良貨)를 구축한다는 법칙이다.

05 다음 글에서 밑줄 친 부분을 나타내는 용어가 바르게 연결된 것은?

> 국방은 한 국가가 현존하는 적국이나 가상의 적국 또는 내부의 침략에 대응하기 위하여 강구하는 다양한 방위활동을 말하는데 이러한 국방은 ㉠ 많은 사람들이 누리더라도 다른 사람이 이용할 수 있는 몫이 줄어들지 않는다. 또한 국방비에 대해 ㉡ 가격을 지급하지 않는 사람들이 이용하지 못하게 막기가 어렵다. 따라서 국방은 정부가 담당하게 된다.

	㉠	㉡
①	공공재	외부효과
②	배제성	경합성
③	무임승차	비배재성
④	비경합성	비배재성
⑤	공공재	비배재성

06 다음 내용을 참고할 때, 엥겔지수를 구하면?

> • 독립적인 소비지출 : 100만 원
> • 한계소비성향 : 0.6
> • 가처분소득 : 300만 원
> • 식비지출 : 70만 원

① 0.2   ② 0.25

③ 0.3   ④ 0.35

⑤ 0.4

07 초기 노동자 10명이 생산에 참여할 때 1인당 평균생산량은 30단위였다. 노동자를 한 사람 더 고용하여 생산하니 1인당 평균생산량은 28단위로 줄었다. 이 경우 노동자의 한계생산량은 얼마인가?

① 2단위   ② 8단위
③ 10단위   ④ 28단위
⑤ 30단위

08 다음의 내용으로부터 공통적으로 추론할 수 있는 경제현상은?

> • 채무자가 채권자보다 유리하다.
> • 실물자산보유자가 금융자산보유자보다 유리하다.
> • 현재 현금 10만 원은 다음 달에 받게 될 현금 10만 원보다 훨씬 가치가 있다.

① 높은 실업률   ② 환율의 급속한 하락
③ 물가의 급속한 상승   ④ 통화량의 급속한 감소
⑤ 이자율의 급속한 상승

09 다음 중 소비자잉여와 생산자잉여에 대한 설명으로 옳은 것을 〈보기〉에서 모두 고르면?

> 보기
> ㉠ 외부효과가 발생하는 완전경쟁시장에서의 경제적 후생은 소비자잉여와 생산자잉여의 합이다.
> ㉡ 경제적 후생은 소비자잉여와 생산자잉여로 측정한다.
> ㉢ 가격이 하락하면 소비자잉여는 증가한다.
> ㉣ 생산자잉여는 소비자의 지불가능 금액에서 실제 지불금액을 뺀 것을 말한다.

① ㉠, ㉡   ② ㉠, ㉢
③ ㉡, ㉢   ④ ㉡, ㉣
⑤ ㉢, ㉣

10 다음 중 물적자본의 축적을 통한 경제성장을 설명하는 솔로우(R. Solow)모형에서 수렴현상이 발생하는 원인은?

① 자본의 한계생산체감   ② 경제성장과 환경오염

③ 내생적 기술진보   ④ 기업가 정신

⑤ 인적자본

PART 3

11 K국의 2022년 명목 GDP는 100억 원이었고, 2023년 명목 GDP는 150억 원이었다. 기준년도인 2022년 GDP 디플레이터가 100이고, 2023년 GDP 디플레이터는 120인 경우, 2023년의 전년 대비 실질 GDP 증가율은?

① 10%   ② 15%

③ 20%   ④ 25%

⑤ 30%

12 다음 국제거래 중 우리나라의 경상수지 흑자를 증가시키는 것은?

① 외국인이 우리나라 기업의 주식을 매입하였다.

② 우리나라 학생의 해외유학이 증가하였다.

③ 미국 기업은 우리나라에 자동차 공장을 건설하였다.

④ 우리나라 기업이 중국 기업으로부터 특허료를 지급받았다.

⑤ 우리나라 기업이 외국인에게 주식투자에 대한 배당금을 지급하였다.

13 다음은 완전경쟁시장에서 어느 기업의 단기비용곡선이다. 제품의 시장 가격이 90원으로 주어졌을 때, 이 기업의 생산 결정에 대한 설명으로 옳은 것은?

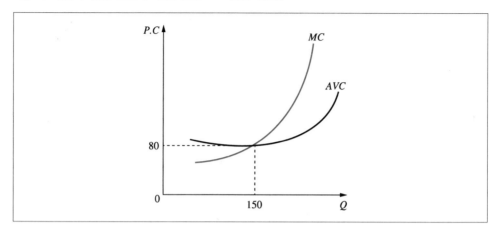

① 이 기업은 생산을 중단한다.
② 이 기업은 생산을 함으로써 초과 이윤을 얻을 수 있다.
③ 균형점에서 이 기업의 한계비용은 90원보다 작다.
④ 균형점에서 이 기업의 한계수입은 90원보다 크다.
⑤ 이 기업은 150개보다 많은 양을 생산한다.

14 외환시장에서 원·달러 환율이 1,100원/달러이고 수출업체인 K기업은 환율이 하락할 것으로 예상하여 행사가격이 달러당 1,100원인 풋옵션 1,000계약을 계약당 30원에 매수했다. 옵션 만기일에 원·달러 환율이 1,200원/달러가 됐다고 가정할 경우 옵션거래에 따른 K기업의 손익은?

① 이익 3만 원
② 손실 3만 원
③ 이익 7만 원
④ 손실 7만 원
⑤ 이익 13만 원

15 K기업이 생산요소로서 유일하게 노동만 보유했다고 가정할 때, (가) ~ (마)에 들어갈 수치로 옳지 않은 것은?

요소투입량	총생산	한계생산	평균생산
1	(가)	90	90
2	(나)	70	(다)
3	210	(라)	(마)

① (가) : 90
② (나) : 160
③ (다) : 80
④ (라) : 60
⑤ (마) : 70

16 물가상승률을 연 6%로 예상했으나 실제로는 7%에 달했다. 이와 같은 상황에서 이득을 얻는 경제주체를 〈보기〉에서 모두 고르면?

> **보기**
>
> ㄱ. 채권자   ㄴ. 채무자
> ㄷ. 국채를 발행한 정부   ㄹ. 국채를 구매한 개인
> ㅁ. 장기 임금 계약을 맺은 회사   ㅂ. 은행 정기적금에 가입한 주부

① ㄱ, ㄷ, ㅁ
② ㄱ, ㄹ, ㅂ
③ ㄴ, ㄷ, ㅁ
④ ㄴ, ㄹ, ㅂ
⑤ ㄷ, ㅁ, ㅂ

17 다음 중 국내외 여건에 유동적으로 대처하기 위해 수입품의 일정한 수량을 기준으로 부과하는 탄력관세는 무엇인가?

① 상계관세
② 조정관세
③ 할당관세
④ 계정관세
⑤ 덤핑방지관세

18 다음 중 전통적인 케인스 소비함수의 특징이 아닌 것은?

① 한계소비성향이 0과 1 사이에 존재한다.
② 평균소비성향은 소득이 증가함에 따라 감소한다.
③ 현재의 소비는 현재의 소득에 의존한다.
④ 이자율은 소비를 결정할 때 중요한 역할을 한다.
⑤ 단기소비곡선에서 평균소비성향은 한계소비성향보다 크다.

19 다음 중 루카스의 총공급곡선이 우상향하는 이유는?

① 재화시장 가격의 경직성　　　　　② 기술진보
③ 실질임금의 경직성　　　　　　　④ 재화가격에 대한 불완전정보
⑤ 완전신축적인 가격결정

20 다음 중 수요견인 인플레이션(Demand – Pull Inflation)이 발생되는 경우로 옳은 것은?

① 가계 소비 증가　　　　　　　　② 수입 자본재 가격의 상승
③ 임금의 삭감　　　　　　　　　　④ 환경오염의 감소
⑤ 국제 원자재 가격의 상승

21 인천공항에 막 도착한 K씨는 미국에서 사먹던 빅맥 1개의 가격인 5달러를 원화로 환전한 5,500원을 들고 햄버거 가게로 갔다. 여기서 K씨는 미국과 똑같은 빅맥 1개를 구입하고도 1,100원이 남았다. 다음 〈보기〉 중 옳은 것을 모두 고르면?

> **보기**
> ㄱ. 한국의 빅맥 가격을 달러로 환산하면 4달러이다.
> ㄴ. 구매력 평가설에 의하면 원화의 대미 달러 환율은 1,100원이다.
> ㄷ. 빅맥 가격을 기준으로 한 대미 실질환율은 880원이다.
> ㄹ. 빅맥 가격을 기준으로 볼 때, 현재의 명목환율은 원화의 구매력을 과소평가하고 있다.

① ㄱ, ㄴ   ② ㄱ, ㄷ

③ ㄱ, ㄹ   ④ ㄴ, ㄷ

⑤ ㄴ, ㄹ

22 임금이 경직적이지 않음에도 불구하고 노동자들이 새로운 직장을 탐색하는 과정에서 겪는 실업만으로 이루어진 실업률을 자연실업률이라고 한다. 다음 중 자연실업률의 변화 방향이 다른 경우는?

① 취업정보 비공개

② 경제 불확실성의 증가

③ 실업보험, 최저임금제 등 정부의 사회보장 확대

④ 정부가 구직 사이트 등을 운영해 취업정보 제공

⑤ 정부가 쇠퇴하는 산업의 종사자에게 지급하던 보조금 삭감

23 다음 중 조세부과에 대한 설명으로 옳지 않은 것은?(단, 수요곡선은 우하향하며, 공급곡선은 우상향한다)

① 공급자에게 조세납부의 책임이 있는 경우 소비자에게는 조세부담이 전혀 없다.

② 조세부과로 인해 시장 가격은 상승한다.

③ 조세부과로 인해 사회적 후생이 감소한다.

④ 가격탄력성에 따라 조세부담의 정도가 달라진다.

⑤ 우리나라 국세 중 비중이 가장 높은 세금은 부가가치세이다.

24 다음 중 여러 형태의 시장 또는 기업에 대한 설명으로 옳지 않은 것은?

① 독점기업이 직면한 수요곡선은 시장수요곡선 그 자체이다.

② 독점시장의 균형에서 가격과 한계수입의 차이가 클수록 독점도는 커진다.

③ 독점적 경쟁시장에서 제품의 차별화가 클수록 수요의 가격탄력성이 커진다.

④ 모든 기업의 이윤극대화 필요조건은 한계수입과 한계비용이 같아지는 것이다.

⑤ 독점기업은 수요의 가격탄력성이 서로 다른 두 소비자 집단이 있을 때 가격차별로 이윤극대화를 얻을 수 있다.

25 다음 중 수요의 가격탄력성에 대한 설명으로 옳은 것은?(단, 수요곡선은 우하향한다)

① 수요의 가격탄력성이 1보다 작은 경우, 가격이 하락하면 총수입은 증가한다.

② 수요의 가격탄력성이 작아질수록 물품세 부과로 인한 경제적 순손실은 커진다.

③ 소비자 전체 지출에서 차지하는 비중이 큰 상품일수록 수요의 가격탄력성은 작아진다.

④ 직선인 수요곡선상에서 수요량이 많아질수록 수요의 가격탄력성은 작아진다.

⑤ 대체재가 많을수록 수요의 가격탄력성은 작아진다.

26 다음 중 정부지출 증가의 효과가 가장 크게 나타나게 되는 상황은 언제인가?

① 한계저축성향이 낮은 경우

② 한계소비성향이 낮은 경우

③ 정부지출의 증가로 물가가 상승한 경우

④ 정부지출의 증가로 이자율이 상승한 경우

⑤ 정부지출의 증가로 인해 구축효과가 나타난 경우

27 K기업의 사적 생산비용은 $TC=2Q^2+20Q$이다. K기업은 제품 생산과정에서 공해물질을 배출하고 있으며, 공해물질 배출에 따른 외부불경제를 비용으로 추산하면 추가로 $10Q$의 사회적 비용이 발생한다. 이 제품에 대한 시장수요가 $Q=60-P$일 때 사회적 최적생산량은 얼마인가?(단, Q는 생산량, P는 가격이다)

① 2   ② 3

③ 4   ④ 5

⑤ 6

28 다음 중 케인스의 절약의 역설에 대한 설명으로 옳은 것은?

① 케인스의 거시모형에서 소비는 미덕이므로 저축할 필요가 없고, 결국은 예금은행의 설립을 불허해야 하는 상황이 된다는 것이다.

② 모든 개인이 저축을 줄이는 경우 늘어난 소비로 국민소득이 감소하고, 결국은 개인의 저축을 더 늘릴 수 없는 상황이 된다는 것이다.

③ 모든 개인이 저축을 늘리는 경우 총수요의 감소로 국민소득이 줄어들고, 결국은 개인의 저축을 더 늘릴 수 없는 상황이 된다는 것이다.

④ 모든 개인이 저축을 늘리는 경우 늘어난 저축이 투자로 이어져 국민소득이 증가하고, 결국은 개인의 저축을 더 늘릴 수 있는 상황이 된다는 것이다.

⑤ 모든 개인이 저축을 늘리는 경우 늘어난 저축이 소비와 국민소득의 증가를 가져오고, 결국은 개인의 저축을 더 늘릴 수 있는 상황이 된다는 것이다.

29 GDP는 특정 기간 동안 국가 내에서 생산된 최종재의 총합을 의미한다. 다음 〈보기〉 중 GDP 측정 시 포함되지 않는 것을 모두 고르면?

> **보기**
>
> ㄱ. 예금 지급에 따른 이자
> ㄴ. 법률자문 서비스를 받으면서 지불한 금액
> ㄷ. 떡볶이를 만들어 팔기 위해 분식점에 판매된 고추장
> ㄹ. 콘서트 티켓을 구입하기 위해 지불한 금액
> ㅁ. 도로 신설에 따라 주변 토지의 가격이 상승하여 나타나는 자본이득

① ㄱ, ㄷ   ② ㄴ, ㄹ

③ ㄴ, ㅁ   ④ ㄷ, ㄹ

⑤ ㄷ, ㅁ

30 다음 중 실질적인 외부성(Real Externalities)과 관련이 없는 것은?

① 코로나 예방접종

② 산림 녹화 사업

③ 공장의 폐수 배출

④ 공사장에서 발생하는 소음

⑤ 도로 개통으로 인한 부동산 가격 상승

31 다음 〈보기〉에서 디플레이션(Deflation)에 대한 설명으로 옳은 것을 모두 고르면?

보기

가. 명목금리가 마이너스(−)로 떨어져 투자수요와 생산 감소를 유발할 수 있다.

나. 명목임금의 하방경직성이 있는 경우 실질임금의 하락을 초래한다.

다. 기업 명목부채의 실질상환 부담을 증가시킨다.

라. 기업의 채무불이행 증가로 금융기관 부실화가 초래될 수 있다.

① 가, 나   ② 가, 다

③ 나, 다   ④ 나, 라

⑤ 다, 라

32 다음과 같은 현상의 발생을 방지하기 위해서 필요한 조치로 옳은 것은?

어부들에게 일일이 요금을 부과하는 것이 어렵기 때문에 바닷속 물고기는 배제성이 없다. 그러나 어떤 어부가 물고기를 잡으면 그만큼 다른 어부들이 잡을 수 있는 물고기가 줄어들기 때문에 바닷속 물고기는 경합성이 있다. 이로 인해 서해 바다의 어류들은 고갈되어 가고 돌고래와 같은 야생 동물은 점점 사라져가는 현상에 직면하고 있다.

① 물가의 안정   ② 재정적자의 축소

③ 사유재산의 확립   ④ 자유경쟁체제의 확립

⑤ 고용과 해고의 자유 보장

33 다음 〈보기〉의 사례 중 사적 경제활동이 사회적 최적 수준보다 과다하게 이루어질 가능성이 높은 경우를 모두 고르면?

> **보기**
>
> ㄱ. 과수원에 인접한 양봉업자의 벌꿀 생산량
> ㄴ. 흡연으로 인한 질병과 길거리 청결 유지를 위해 드는 비용
> ㄷ. 도심 교통체증과 공장 매연으로 인한 대기오염의 양
> ㄹ. 폐수를 방류하는 강 상류 지역 제철공장의 철강 생산량
> ㅁ. 인근 주민들도 이용 가능한 사업단지 내의 편의시설 규모

① ㄱ, ㅁ　　　　　　　　　　② ㄴ, ㄷ

③ ㄴ, ㄹ　　　　　　　　　　④ ㄱ, ㄷ, ㅁ

⑤ ㄴ, ㄷ, ㄹ

34 다음 빈칸에 들어갈 경제 용어로 옳은 것은?

> _____(이)란 물건에 소유권이 분명하게 설정되고 그 소유권 거래에서 비용이 들지 않는다면, 그 권리를 누가 가지든 효율적 배분에는 영향을 받지 않는다는 것을 보여주는 이론이다.

① 코즈의 정리　　　　　　　　② 헥셔 – 올린 정리

③ 리카도의 대등정리　　　　　④ 토빈의 이론

⑤ 불가능성 정리

35 시간당 임금이 5,000원에서 6,000원으로 인상될 때, 노동수요량은 10,000에서 9,000으로 감소하였다면, 노동수요의 임금탄력성은?(단, 노동수요의 임금탄력성은 절대값이다)

① 0.1%　　　　　　　　　　② 0.3%

③ 0.5%　　　　　　　　　　④ 1%

⑤ 2%

36 미국의 이자율이 사실상 0%이고 우리나라 이자율은 연 10%이다. 현재 원화의 달러당 환율이 1,000원일 때 양국 사이에 자본 이동이 일어나지 않을 것으로 예상되는 1년 후의 환율은?

① 1,025원
② 1,050원
③ 1,075원
④ 1,100원
⑤ 1,125원

37 다음 중 (가) ~ (라)에 들어갈 경제 개념을 바르게 연결한 것은?

> 재화의 유형은 소비의 배제성(사람들이 재화를 소비하는 것을 막는 것)과 경합성(한 사람이 재화를 소비하면 다른 사람이 이 재화를 소비하는 데 제한되는 것)에 따라 구분할 수 있다. 공유자원은 재화를 소비함에 있어 ___(가)___ 은 있지만 ___(나)___ 은 없는 재화를 의미한다. 예를 들어 차량이 이용하는 도로의 경우 막히는 ___(다)___ 는 공유자원으로 구분할 수 있으며, ___(라)___ 현상이 나타나기 쉽다.

	(가)	(나)	(다)	(라)
①	경합성	배제성	무료도로	공유지의 비극
②	배제성	경합성	무료도로	공유지의 비극
③	경합성	배제성	유료도로	공유지의 비극
④	배제성	경합성	유료도로	무임승차
⑤	경합성	배제성	무료도로	무임승차

38 다음 중 역선택 문제를 완화하기 위해 고안된 장치와 거리가 먼 것은?

① 중고차 판매 시 책임수리 제공
② 민간의료보험 가입 시 신체검사
③ 보험가입 의무화
④ 사고에 따른 자동차 보험료 할증
⑤ 은행의 대출 심사

39 다음 중 내생적 성장이론에 대한 설명으로 옳지 않은 것은?

① 지속적인 경제성장이 일어나게 만드는 요인을 모형 안에서 찾으려는 이론이다.

② 연구개발 투자 및 인적자본의 중요성을 강조하는 이론이다.

③ 선진국과 개도국 간의 생활수준 격차가 더 벌어질 가능성이 있다는 것을 설명한다.

④ 저축률이 상승하면 경제성장률은 지속적으로 높아진다.

⑤ 내생적 성장에 대한 학습효과 모형은 의도적인 교육투자의 중요성을 강조한다.

40 독점기업은 동일한 제품을 여러 가지 가격으로 판매하는 가격차별을 하는 경우가 있다. 이 현상에 대한 설명으로 옳지 않은 것은?

① 제3급 가격차별은 제1급 가격차별에 비해서 자중손실(Deadweight Loss)이 더 발생한다.

② 전기료나 수도료를 사용량에 따라서 지불하는 것은 제2급 가격차별에 해당한다.

③ 가격차별은 소비자들을 몇 개의 그룹으로 구분할 수 있고 재판매가 불가능해야 한다는 것이 전제 조건에 해당한다.

④ 제3급 가격차별의 경우 한 구매자가 지불하는 단위당 가격은 그가 얼마를 사느냐에 따라 언제나 달라진다.

⑤ A소비자 집단의 수요가 B소비자 집단의 수요보다 더 가격탄력적이라면 독점기업은 A소비자 집 단보다 B소비자 집단에 더 높은 가격을 부과한다.

41 다음 사례에서 설명하는 임금결정이론은?

> K기업이 직원채용 시 월 300만 원을 지급하여 10명을 채용할 경우 B등급의 인재가 100명 지원하고 A등급의 인재는 5명 지원한다고 가정하자. 합리적인 면접을 통하더라도 A등급 인재를 최대 5명밖에 수용하지 못할 것이다. 그러나 만약 급여를 월 400만 원으로 인상하여 지원자 수가 B등급 200명, A등급 50명으로 증가한다고 가정하면, A등급 50명 중에서 채용인원 10명을 모두 수용할 수 있다.

① 한계생산성이론　　　　　　　② 효율성 임금이론
③ 보상적 임금격차이론　　　　　④ 임금생존비이론
⑤ 노동가치이론

42 제품 A만 생산하는 독점기업의 생산비는 생산량에 관계없이 1단위당 60원이고, 제품 A에 대한 시장수요곡선은 $P = 100 - 2Q$이다. 다음 중 이 독점기업의 이윤극대화 가격(P)과 생산량(Q)을 바르게 연결한 것은?

	P	Q			P	Q
①	40원	30개		②	50원	25개
③	60원	20개		④	70원	15개
⑤	80원	10개				

43 수요의 가격탄력성이 공급의 가격탄력성에 비해 상대적으로 작은 와인에 대해서 종량세를 올린다고 할 경우, 세금 부담은 어떻게 전가되는가?

① 판매자가 모두 부담한다.
② 소비자가 모두 부담한다.
③ 판매자가 소비자에 비해 많이 부담한다.
④ 소비자가 판매자에 비해 많이 부담한다.
⑤ 판매자와 소비자가 균등하게 부담한다.

44 다음 〈보기〉 중 돼지고기 값 급등의 요인으로 옳은 것을 모두 고르면?

> **보기**
> ㄱ. 돼지 사육두수 점차 감소 추세
> ㄴ. 소고기나 닭고기 소비의 급증
> ㄷ. 수입 돼지고기 관세 크게 인하
> ㄹ. 정부 예상보다 강한 경기 회복세

① ㄱ, ㄴ　　　　　　　　　　② ㄱ, ㄹ
③ ㄴ, ㄷ　　　　　　　　　　④ ㄴ, ㄹ
⑤ ㄷ, ㄹ

PART 3

45 다음 중 변동환율제도하에서 환율(원/달러 환율)을 하락시키는 요인이 아닌 것은?

① 미국 달러 자본의 국내 투자 확대
② 미국산 제품의 국내 수입 증가
③ 미국 달러 자본의 국내 부동산 매입
④ 미국 달러 자본의 국내 주식 매입
⑤ 국내산 제품의 수출 증가

46 독점시장에서 시장수요곡선은 $Q_D = 45 - \dfrac{1}{4}P$이고, 총비용곡선은 $TC = 100 + Q^2$이다(단, Q_D는 수요량, P는 가격, TC는 총비용, Q는 생산량이다). 이때 사회 전체의 후생수준이 극대화되는 생산량은?

① 30　　　　　　　　　　② 35
③ 40　　　　　　　　　　④ 45
⑤ 50

47 다음 중 국민경제 전체의 물가압력을 측정하는 지수로 사용되며, 통화량 목표설정에 있어서도 기준 물가상승률로 사용되는 것은?

① 소비자물가지수(CPI)
② 생산자물가지수(PPI)
③ 기업경기실사지수(BSI)
④ GDP 디플레이터(GDP Deflator)
⑤ 구매력평가지수(Purchasing Power Parities)

48 다음 중 우상향하는 총공급곡선(AS)을 왼쪽으로 이동시키는 요인으로 옳은 것은?

① 임금 상승
② 통화량 증가
③ 독립투자 증가
④ 정부지출 증가
⑤ 수입원자재 가격 하락

49 완전경쟁시장에서 수요곡선과 공급곡선이 다음과 같을 때, 시장균형에서 공급의 가격탄력성은? (단, P는 가격, Q는 수량이다)

• 수요곡선 : $P=7-0.5Q$
• 공급곡선 : $P=2+2Q$

---

① 0.75
② 1
③ 1.25
④ 1.5
⑤ 1.75

50 X재와 Y재에 대한 효용함수가 $U = min[X, \ Y]$인 소비자가 있다. 소득이 100이고 Y재의 가격(P_Y)이 10일 때, 이 소비자가 효용극대화를 추구한다면 X재의 수요함수는?(단, P_X는 X재의 가격이다)

① $X = \dfrac{10 + 100}{P_X}$ ② $X = \dfrac{100}{P_X + 10}$

③ $X = \dfrac{100}{P_X}$ ④ $X = \dfrac{50}{P_X + 10}$

⑤ $X = \dfrac{10}{P_X}$

51 K기업의 생산함수는 $Q = L^2 K^2$이다. 단위당 임금과 단위당 자본비용은 각각 4원 및 6원으로 주어져 있다. 이 기업의 총 사업자금이 120원으로 주어져 있을 때, 노동의 최적투입량은?(단, Q는 생산량, L은 노동투입량, K는 자본투입량이며, 두 투입요소 모두 가변투입요소이다)

① 13   ② 14

③ 15   ④ 16

⑤ 17

52 다음 중 우리나라의 실업통계에서 실업률이 높아지는 경우는?

① 취업자가 퇴직하여 전업주부가 되는 경우
② 취업을 알아보던 해직자가 구직을 단념하는 경우
③ 직장인이 교통사고를 당해 2주간 휴가 중인 경우
④ 대학생이 군 복무 후 복학한 경우
⑤ 공부만 하던 대학생이 편의점에서 주당 10시간 아르바이트를 시작하는 경우

53 다음은 X재에 대한 수요곡선이다. 이에 대한 설명으로 옳은 것은?(단, X재는 정상재이다)

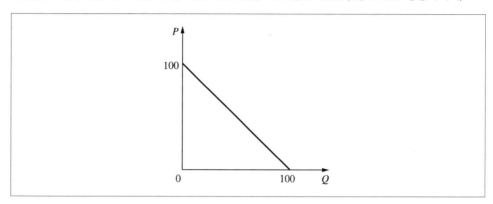

① 가격이 100원이면 X재의 수요량은 100이다.
② 가격에 상관없이 가격탄력성의 크기는 일정하다.
③ 소득이 증가하는 경우 수요곡선은 왼쪽으로 이동한다.
④ X재와 대체관계에 있는 Y재의 가격이 오르면 X재의 수요곡선은 왼쪽으로 이동한다.
⑤ X재 시장이 독점시장이라면 독점기업이 이윤극대화를 할 때 설정하는 가격은 50원 이상이다.

54 다음은 K국가의 국내총생산(GDP), 소비지출, 투자, 정부지출, 수입에 대한 자료이다. 이와 균형국민소득식을 통해 계산한 K국의 수출은 얼마인가?

• 국내총생산 : 900조 원	• 소비지출 : 200조 원
• 투자 : 50조 원	• 정부지출 : 300조 원
• 수입 : 100조 원	

① 100조 원   ② 250조 원
③ 300조 원   ④ 450조 원
⑤ 550조 원

55 다음 중 소비성향과 저축성향에 대한 설명으로 옳은 것은?

① 평균소비성향(APC)은 항상 음($-$)의 값을 가진다.

② 한계소비성향(MPC)은 항상 $MPC > 1$의 값을 가진다.

③ $APC + MPC = 1$

④ $MPS = 1 + MPC$

⑤ $APC = 1 - APS$

56 다음은 K은행의 재무상태를 나타낸 표이다. 법정지급준비율이 20%일 때, K은행이 보유하고 있는 초과지급준비금을 신규로 대출하는 경우 신용창조를 통한 최대 총예금창조액은 얼마인가?

〈K은행 재무상태표〉			
자산		부채	
대출	80	예금	400
지급준비금	120	–	–
국채	200	–	–

① 100 ② 120

③ 150 ④ 180

⑤ 200

57 다음 빈칸에 들어갈 용어를 순서대로 바르게 나열한 것은?

> 기업들에 대한 투자세액공제가 확대되면, 대부자금에 대한 수요가 ＿＿＿한다. 이렇게 되면 실질이자율이 ＿＿＿하고 저축이 늘어난다. 그 결과, 대부자금의 균형거래량은 ＿＿＿한다(단, 실질이자율에 대하여 대부자금 수요곡선은 우하향하고, 대부자금 공급곡선은 우상향한다).

① 증가, 상승, 증가
② 증가, 하락, 증가
③ 증가, 상승, 감소
④ 감소, 하락, 증가
⑤ 감소, 하락, 감소

58 개방경제하의 소국 K에서 수입관세를 부과하였다. 이때 나타나는 효과로 옳지 않은 것은?

① 국내가격이 상승한다.
② 소비량이 감소한다.
③ 생산량이 감소한다.
④ 사회적 후생손실이 발생한다.
⑤ 교역조건은 변하지 않는다.

59 K국의 통화량은 현금통화 150, 예금통화 450이며, 지급준비금은 90이라고 할 때, 통화승수는?
(단, 현금통화비율과 지급준비율은 일정하다)

① 2.5 ② 3
③ 4.5 ④ 5
⑤ 5.7

60 다음은 K국의 중앙은행이 준수하는 테일러 법칙(Taylor's Rule)이다. 실제 인플레이션율은 4%이고 실제 GDP와 잠재 GDP의 차이가 1%일 때, K국의 통화정책에 대한 설명으로 옳지 않은 것은?

$$r = 0.03 + \frac{1}{4}(\pi - 0.02) - \frac{1}{4} \times \frac{Y^* - Y}{Y^*}$$

※ r은 중앙은행의 목표 이자율, π는 실제 인플레이션율, Y^*는 잠재 GDP, Y는 실제 GDP이다.

① 목표 이자율은 균형 이자율보다 낮다.
② 목표 인플레이션율은 2%이다.
③ 균형 이자율은 3%이다.
④ 다른 조건이 일정할 때, 인플레이션 갭 1%p 증가에 대해 목표 이자율은 0.25%p 증가한다.
⑤ 다른 조건이 일정할 때, GDP 갭 1%p 증가에 대해 목표 이자율은 0.25%p 감소한다.

제2회
최종점검 모의고사

※ 한국주택금융공사 최종점검 모의고사는 2023년 채용공고를 기준으로 구성한 것으로
  실제 시험과 다를 수 있습니다.

■ 취약영역 분석

| 01 | 직업기초능력평가

번호	O/×	영역	번호	O/×	영역	번호	O/×	영역
01		의사소통능력	11		수리능력	21		수리능력
02		수리능력	12		의사소통능력	22		의사소통능력
03		수리능력	13		문제해결능력	23		수리능력
04		문제해결능력	14		수리능력	24		수리능력
05		문제해결능력	15		문제해결능력	25		문제해결능력
06		의사소통능력	16		수리능력	26		문제해결능력
07		문제해결능력	17		의사소통능력	27		의사소통능력
08		의사소통능력	18		의사소통능력	28		문제해결능력
09		의사소통능력	19		의사소통능력	29		문제해결능력
10		수리능력	20		수리능력	30		문제해결능력

| 02 | 전공

번호	01	02	03	04	05	06	07	08	09	10	11	12	13	14	15	16	17	18	19	20
O/×										경영 / 경제										
번호	21	22	23	24	25	26	27	28	29	30	31	32	33	34	35	36	37	38	39	40
O/×										경영 / 경제										
번호	41	42	43	44	45	46	47	48	49	50	51	52	53	54	55	56	57	58	59	60
O/×										경영 / 경제										

평가문항	90문항	평가시간	120분
시작시간	:	종료시간	:
취약영역			

최종점검 모의고사

🕐 응시시간 : 120분　　📝 문항 수 : 90문항

정답 및 해설 p.076

01　직업기초능력평가

01　다음 글의 내용으로 적절하지 않은 것은?

> 베토벤의 '교향곡 5번'은 흔히 '운명 교향곡'으로 널리 알려졌다. '운명'이라는 이름은 그의 비서였던 안톤 쉰들러가 1악장 서두에 대해 물었을 때 베토벤이 '운명은 이처럼 문을 두드린다!'라고 말했다는 사실을 베토벤 사후에 밝힌 것에서 시작되었다. 그러나 운명 교향곡이라는 별칭은 서양에서는 널리 쓰이지 않고, 일본과 우리나라를 포함한 동양 일부에서만 그렇게 부르고 있다.
>
> 베토벤은 이 곡을 3번 교향곡 '영웅'을 완성한 뒤인 1804년부터 작곡을 시작했는데, 다른 곡들 때문에 작업이 늦어지다가 1807 ~ 1808년에 집중적으로 작곡하여 완성시켰다. 이 곡을 작업할 당시 그는 6번 교향곡인 '전원'의 작곡도 병행하고 있었다. 때문에 5번 교향곡의 초연이 있던 1808년 12월 22일에 6번 교향곡의 초연이 같이 이루어졌는데, 6번 교향곡이 먼저 연주되어 세상에 공개된 것은 5번 교향곡이 6번 교향곡보다 나중이라는 것도 흥미로운 사실이다.
>
> 이 곡을 작곡할 당시 베토벤은 30대 중반으로 귀의 상태는 점점 나빠지고 있었으며, 나폴레옹이 빈을 점령하는 등 그가 살고 있는 세상도 혼란스러웠던 시기였다. 그런 점에서 이 교향곡을 운명을 극복하는 인간의 의지와 환희를 그렸다고 해석하는 것도 그럴 듯하다. 곡을 들으면 1악장에서는 시련과 고뇌가, 2악장에서는 다시 찾은 평온함이 느껴지고, 3악장에서는 쉼 없는 열정이, 4악장에서는 운명을 극복한 자의 환희가 느껴진다.
>
> 이 곡은 초연 직후 큰 인기를 얻게 되었고 많은 사랑을 받아 클래식을 상징하는 곡이 되었다. 특히 서두의 부분이 제2차 세계대전 당시 영국의 BBC 뉴스의 시그널로 쓰이면서 더욱 유명해졌는데, BBC가 시그널로 사용한 이유는 서두의 리듬이 모스 부호의 'V', 즉 승리를 표현하기 때문이었다. 전쟁 시에 적국의 작곡가의 음악을 연주하는 것은 꺼리기 마련임에도, 독일과 적이었던 영국 국영 방송의 뉴스 시그널로 쓰였다는 것은 이 곡이 인간 사이의 갈등이나 전쟁 따위는 뛰어넘는 명곡이라는 것을 인정했기 때문이 아니었을까?

① 베토벤의 5번 교향곡은 1804년에 작곡을 시작했다.

② 영국의 BBC 뉴스는 적국 작곡가의 음악을 시그널로 사용했다.

③ 베토벤의 5번 교향곡 1악장에서는 시련과 고뇌가 느껴진다.

④ 베토벤이 5번 교향곡을 작곡할 당시 제2차 세계대전이 발발했다.

⑤ 베토벤의 5번 교향곡의 별명은 '운명 교향곡'이다.

02 농도가 12%인 A설탕물 200g, 15%인 B설탕물 300g, 17%인 C설탕물 100g이 있다. A와 B설탕물을 합친 후 300g만 남기고 버린 다음, 여기에 C설탕물을 합친 후 다시 300g만 남기고 버렸다. 마지막 300g 설탕물에 녹아있는 설탕의 질량은?

① 41.5g

② 42.7g

③ 43.8g

④ 44.6g

⑤ 45.1g

03 다음은 A ~ E의 NCS 직업기초능력평가 점수에 대한 자료이다. 이를 바탕으로 표준편차가 가장 큰 순서대로 나열한 것은?

〈NCS 직업기초능력평가 점수〉

(단위 : 점)

구분	의사소통능력	수리능력	문제해결능력	조직이해능력	직업윤리
A	60	70	75	65	80
B	50	90	80	60	70
C	70	70	70	70	70
D	70	50	90	100	40
E	85	60	70	75	60

① B > D > A > E > C

② B > D > C > E > A

③ D > B > E > A > C

④ D > B > E > C > A

⑤ E > B > D > A > C

04 K공사는 체육대회를 맞이하여 본격적인 경기시작 전 흥미를 돋우기 위해 퀴즈대회를 개최하였다. 퀴즈대회 규칙은 아래와 같다. 대회에 참여한 A대리가 얻은 점수가 60점이라고 할 때, A대리가 맞힌 문제의 수는?

〈규칙〉
- 모든 참가자는 총 20문제를 푼다.
- 각 문제를 맞힐 경우 5점을 얻게 되며, 틀릴 경우 3점을 잃게 된다.
- 20문제를 모두 푼 후, 참가자가 제시한 답의 정오에 따라 문제별 점수를 합산하여 참가자의 점수를 계산한다.

---

① 8개   ② 10개
③ 12개   ④ 15개
⑤ 16개

05 무역회사에 지원하여 최종 면접을 앞둔 K씨는 성공적인 PT 면접을 위해 회사에 대한 정보를 파악하고 그에 따른 효과적인 전략을 알아보고자 한다. SWOT 분석 결과가 다음과 같을 때, 분석 결과에 대응하는 전략과 그 내용의 연결이 적절하지 않은 것은?

〈무역회사에 대한 SWOT 분석 결과〉

S(Strength)	W(Weakness)
• 우수한 역량의 인적자원 보유 • 글로벌 네트워크 보유 • 축적된 풍부한 거래 실적	• 고객 니즈 대응에 필요한 특정 분야별 전문성 미흡 • 신흥 시장 진출 증가에 따른 경영 리스크
O(Opportunity)	**T(Threat)**
• 융·복합화를 통한 정부의 일자리 창출 사업 • 해외 사업을 위한 협업 수요 확대 • 수요자 맞춤식 서비스 요구 증대	• 타사와의 경쟁 심화 • 정부의 예산 지원 감소 • 무역시장에 대한 일부 부정적 인식 존재

① SO전략 : 우수한 인적자원을 활용하여 무역 융·복합 사업을 추진한다.
② WO전략 : 분야별 전문 인력 충원을 통해 고객 맞춤형 서비스의 제공을 확대한다.
③ ST전략 : 글로벌 네트워크를 통해 해외 시장으로 진출한다.
④ ST전략 : 풍부한 거래 실적을 바탕으로 시장에서의 경쟁력을 확보한다.
⑤ WT전략 : 리스크 관리를 통해 안정적 재무역량을 확충한다.

06 다음 글의 제목으로 가장 적절한 것은?

> 20세기 한국 사회는 내부 노동시장에 의존한 평생직장 개념을 갖고 있었으나, 1997년 외환 위기 이후 인력 관리의 유연성이 향상되면서 그것은 사라지기 시작하였다. 기업은 필요한 우수 인력을 외부 노동시장에서 적기에 채용하고, 저숙련 인력은 주변화하여 비정규직을 계속 늘려간다는 전략을 구사하고 있다. 이러한 기업의 인력 관리 방식에 따라서 실업률은 계속 하락하는 동시에 주당 18시간 미만으로 일하는 불완전 취업자가 많이 증가하고 있다.
>
> 이러한 현상은 우리나라의 경제가 지식 기반 산업 위주로 점차 바뀌고 있음을 말해 준다. 지식 기반 산업이 주도하는 경제 체제에서는 고급 지식을 갖거나 숙련된 노동자는 더욱 높은 임금을 받게 된다. 다시 말해, 지식 기반 경제로의 이행은 지식 격차에 의한 소득 불평등의 심화를 의미한다. 우수한 기술과 능력을 갖춘 핵심 인력은 능력 개발 기회를 얻게 되어 '고급 기술→높은 임금→양질의 능력 개발 기회'의 선순환 구조를 갖지만, 비정규직·장기 실업자 등 주변 인력은 악순환을 겪을 수밖에 없다. 이러한 '양극화' 현상을 국가가 적절히 통제하지 못할 경우, 사회 계급 간의 간극은 더욱 확대될 것이다. 결국 고도 기술 사회가 온다고 해도 자본주의 사회 체제가 지속되는 한, 사회 불평등 현상은 여전히 계급 간 균열선을 따라 존재하게 될 것이다. 국가가 포괄적 범위에서 강력하게 사회 정책적 개입을 추진하면 계급 간 차이를 현재보다는 축소시킬 수 있겠지만 아주 없어지는 못할 것이다.
>
> 사회 불평등 현상은 국가들 사이에서도 발견된다. 국가 간 발전 격차가 지속 확대되면서 전 지구적 생산의 재배치는 이미 20세기 중엽부터 진행됐다. 정보통신 기술은 지구의 자전 주기와 공간적 거리를 '장애물'에서 '이점'으로 변모시켰다. 그 결과, 전 지구적 노동시장이 탄생하였다. 기업을 비롯한 각 사회 조직은 국경을 넘어 인력을 충원하고, 재화와 용역을 구매하고 있다. 개인들도 인터넷을 통해 이러한 흐름에 동참하고 있다. 생산 기능은 저개발국으로 이전되고, 연구·개발·마케팅 기능은 선진국으로 모여드는 경향이 지속·강화되어, 국가 간 정보 격차가 확대되고 있다. 유비쿼터스 컴퓨팅 기술에 의거하여 전 지구 사회를 잇는 지역 간 분업은 앞으로 더욱 활발해질 것이다. 나라 간의 경제적 불평등 현상은 국제 자본 이동과 국제 노동 이동으로 표출되고 있다. 노동 집약적 부문의 국내 기업이 해외로 생산 기지를 옮기는 현상에서 나아가, 초국적 기업화 현상이 본격적으로 대두되고 있다. 전 지구에 걸친 외부 용역 대치가 이루어지고, 콜센터를 외국으로 옮기는 현상도 보편화될 것이다.

① 국가 간 노동 인력의 이동이 가져오는 폐해
② 사회 계급 간 불평등 심화 현상의 해소 방안
③ 지식 기반 산업 사회에서의 노동시장의 변화
④ 선진국과 저개발국 간의 격차 축소 정책의 필요성
⑤ 저개발국에서 나타나는 사회 불평등 현상

07 K중학교 백일장에 참여한 A ~ E학생에게 다음 〈조건〉에 따라 점수를 부여할 때, 점수가 가장 높은 학생은?

<K중학교 백일장 채점표>

학생	오탈자(건)	글자 수(자)	주제의 적합성	글의통일성	가독성
A	33	654	A	A	C
B	7	476	B	B	B
C	28	332	B	B	C
D	25	572	A	A	A
E	12	786	C	B	A

조건

- 기본 점수는 80점이다.
- 오탈자가 10건 이상일 때 1점을 감점하고, 5건이 추가될 때마다 1점을 추가로 감점한다.
- 전체 글자 수가 350자 미만일 때 10점을 감점하고, 600자 이상일 때 1점을 부여하며, 25자가 추가될 때마다 1점을 추가로 부여한다.
- 주제의 적합성, 글의 통일성, 가독성을 A, B, C등급으로 나누며 등급 개수에 따라 추가점수를 부여한다.
  - A등급 3개 : 25점
  - A등급 2개, B등급 1개 : 20점
  - A등급 2개, C등급 1개 : 15점
  - A등급 1개, B등급 2개 또는 A등급, B등급, C등급 1개 : 10점
  - B등급 3개 : 5점
- [예] 오탈자 46건, 전체 글자 수 626자, 주제의 적합성, 글의 통일성, 가독성이 각각 A, B, A일 때 점수는 80-8+2+20=94점이다.

① A
② B
③ C
④ D
⑤ E

08 다음 글을 〈보기〉와 같은 순서로 재구성하려고 할 때 논리적 순서대로 바르게 나열한 것은?

(가) 최근 전자 상거래 시장에서 소셜 커머스 열풍이 거세게 불고 있다. 할인율 50%라는 파격적인 조건으로 검증된 상품을 구매할 수 있다는 입소문이 나면서 국내 소셜 커머스 시장의 규모가 급성장하고 있다. 시장 규모가 커지다 보니 개설된 소셜 커머스 사이트가 수백 개에 달하고, 소셜 커머스 모임 사이트까지 등장할 정도로 소셜 커머스의 인기가 날로 높아지고 있다.

(나) 현재 국내 소셜 커머스는 일정 수 이상의 구매자가 모일 경우 파격적인 할인가로 상품을 판매하는 방식의 소셜 쇼핑이 주를 이루고 있다. 그러나 소셜 쇼핑 외에도 SNS상에 개인화된 쇼핑 환경을 만들거나 상거래 전용 공간을 여는 방식의 소셜 커머스도 등장하고 있다. 소셜 커머스의 소비자는 판매자(생산자)의 상품을 하는 데서 그치지 않고 판매자들로 하여금 자신들이 원하는 물건을 판매하도록 유도할 수 있으며, 자신들 스스로가 새로운 소비자를 끌어 모을 수도 있다. 이러한 소비자의 변모는 소비자의 역할뿐만 아니라 상거래 지형이 크게 변화할 것임을 시사한다. 소셜 커머스 시대에는 소비자가 상거래의 주도권을 쥐는 일이 가능해진 것이다.

(다) 소셜 커머스란 소셜 네트워크 서비스(SNS)를 통하여 이루어지는 전자 상거래를 가리키는 말이다. 소셜 커머스는 상품의 구매를 원하는 사람들이 할인을 성사하기 위하여 공동 구매자를 모으는 과정에서 주로 SNS를 이용하는 데서 그 명칭이 유래되었다. 소셜 커머스는 2005년 '야후(Yahoo)'의 장바구니 공유 서비스인 '쇼퍼스피어(Shopersphere)' 같은 사이트를 통하여 처음 소개되었다.

> **보기**
>
> 국내 소셜 커머스의 현황 → 소셜 커머스의 명칭 유래 및 등장 배경 → 소셜 커머스의 유형 및 전망

① (가) – (나) – (다)
② (가) – (다) – (나)
③ (나) – (가) – (다)
④ (나) – (다) – (가)
⑤ (다) – (가) – (나)

콩나물의 가격 변화에 따라 콩나물의 수요량이 변하는 것은 일반적인 현상이다. 그러나 콩나물 가격은 변하지 않는데도 콩나물의 수요량이 변할 수 있다. 시금치 가격이 상승하면 소비자들은 시금치를 콩나물로 대체한다. 그러면 콩나물 가격은 변하지 않는데도 시금치 가격의 상승으로 인해 콩나물의 수요량이 증가할 수 있다. 또는 콩나물이 몸에 좋다는 내용의 방송이 나가면 콩나물 가격은 변하지 않았음에도 불구하고 콩나물의 수요량이 급증한다. 이와 같이 특정한 상품의 가격은 변하지 않는데도 다른 요인으로 인하여 그 상품의 수요량이 변하는 현상을 수요의 변화라고 한다.

수요의 변화는 소비자의 소득 변화에 의해서도 발생한다. 예를 들어, 스마트폰 가격에 변동이 없음에도 불구하고 소득이 증가하면 스마트폰에 대한 수요량이 증가한다. 반대로 소득이 감소하면 수요량이 감소한다. 이처럼 소득의 증가에 따라 수요량이 증가하는 재화를 '정상재'라고 한다. 우리 주위에 있는 대부분의 재화들은 정상재이다. 그러나 소득이 증가하면 오히려 수요량이 감소하는 재화가 있는데 이를 '열등재'라고 한다. 예를 들어, 용돈을 받아 쓰던 학생 때는 버스를 이용하다 취직해서 소득이 증가하여 자가용을 타게 되면 버스에 대한 수요는 감소한다. 이 경우 버스는 열등재라고 할 수 있다.

정상재와 열등재는 수요의 소득탄력성으로도 설명할 수 있다. 수요의 소득탄력성이란 소득이 1% 변할 때 수요량이 변하는 정도를 말한다. 수요의 소득탄력성이 양수인 재화는 소득이 증가할 때 수요량도 증가하므로 정상재이다. 반대로 수요의 소득탄력성이 음수인 재화는 소득이 증가할 때 수요량이 감소하므로 열등재이다. 정상재이면서 소득탄력성이 1보다 큰, 즉 소득이 증가하는 것보다 수요량이 더 크게 증가하는 경우가 있다. 경제학에서는 이를 '사치재'라고 한다. 반면에 정상재이면서 소득탄력성이 1보다 작은 재화를 '필수재'라고 한다.

정상재와 열등재는 가격이나 선호도 등 다른 모든 조건이 변하지 않는 상태에서 소득만 변했을 때 재화의 수요가 어떻게 변했는지를 분석한 개념이다. 하지만 특정 재화를 명확하게 정상재나 열등재로 구별하기는 어렵다. 동일한 재화가 소득수준이나 생활환경에 따라 열등재가 되기도 하고 정상재가 되기도 하기 때문이다. 패스트푸드점의 햄버거는 일반적으로 정상재로 볼 수 있지만 소득이 아주 높아져서 취향이 달라지면 햄버거에 대한 수요가 줄어들어 열등재가 될 수도 있다. 이처럼 재화의 수요 변화는 재화의 가격뿐만 아니라 그 재화를 대체하거나 보완하는 다른 재화의 가격, 소비자의 소득, 취향, 장래에 대한 예상 등의 여러 요인에 의하여 결정된다.

① 사치재는 수요의 소득탄력성으로 설명할 수 있는가?
② 사치재와 필수재의 예로는 어떤 것이 있는가?
③ 수요의 변화가 발생하는 이유는 무엇인가?
④ 정상재와 열등재의 차이점은 무엇인가?
⑤ 수요의 변화란 무엇인가?

10 다음 그림과 같이 한 대각선의 길이가 6으로 같은 마름모 2개가 겹쳐져 있다. 다른 대각선 길이가 각각 4, 9일 때 두 마름모의 넓이의 차는?

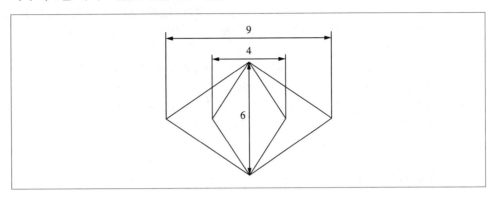

① 9

② 12

③ 15

④ 24

⑤ 30

11 K회사는 면접시험을 통해 신입사원을 채용했다. 〈조건〉이 다음과 같을 때, 1차 면접시험에 합격한 사람은 몇 명인가?

> **조건**
> • 2차 면접시험 응시자는 1차 면접시험 응시자의 60%이다.
> • 1차 면접시험 합격자는 1차 면접시험 응시자의 90%이다.
> • 2차 면접시험 합격자는 2차 면접시험 응시자의 40%이다.
> • 2차 면접시험 불합격자 중 남녀 성비는 7 : 5이다.
> • 2차 면접시험에서 남성 불합격자는 63명이다.

① 240명

② 250명

③ 260명

④ 270명

⑤ 280명

12 다음 글의 ㉠과 ㉡에 들어갈 말을 바르게 나열한 것은?

아담 스미스의 '보이지 않는 손'이라는 가정은 시장에서 개인의 이익 추구 활동을 제한하지 않는 것이 전체 이윤을 극대화하는 최선의 방책임을 보여주는 것으로 간주되었다. 그렇다면 다음의 경우는 어떠한가?

공동 소유의 목초지에 양을 치기에 알맞은 풀이 자라고 있다고 생각해 보자. 일정 넓이의 목초지에 방목할 수 있는 가축 두수에는 일정한 한계가 있기 마련이다. 즉, '수용 한계'가 존재하는 것이다. 그 목초지에 한 마리를 더 방목한다고 해서 다른 가축들이 갑자기 죽거나 병에 걸리는 것은 아니다. 하지만 목초지의 수용 한계를 넘어 양을 키울 경우, 목초가 줄어들어 그 목초지에서 양을 키워 얻을 수 있는 전체 생산량이 줄어든다. 나아가 수용 한계를 과도하게 초과할 정도로 사육 두수가 늘어날 경우 목초지 자체가 거의 황폐화된다.

예를 들어 수용 한계가 양 20마리인 공동 목초지에서 4명의 농부가 각각 5마리의 양을 키우고 있다고 해 보자. 그 목초지의 수용 한계에 이미 도달한 상태이지만, 그중 한 농부가 자신의 이익을 늘리고자 방목하는 양의 두수를 늘리려 한다. 그러면 5마리를 키우고 있는 농부들은 목초지의 수용 한계로 인하여 기존보다 이익이 줄어들지만, 두수를 늘린 농부의 경우 그의 이익이 기존보다 조금 늘어난다. 손실을 만회하기 위해 다른 농부들도 사육 두수를 늘리고자 할 것이다. 이러한 상황이 장기화될 경우, ＿＿＿＿＿㉠＿＿＿＿＿ 이와 같이 아담 스미스의 '보이지 않는 손'에 시장을 맡겨 둘 경우 ＿＿＿＿＿㉡＿＿＿＿＿ 결과가 나타날 것이다.

① ㉠ : 농부들의 총이익은 기존보다 증가할 것이다.
　㉡ : 한 사회의 공공 영역이 확장되는

② ㉠ : 농부들의 총이익은 기존보다 감소할 것이다.
　㉡ : 한 사회의 전체 이윤이 감소하는

③ ㉠ : 농부들의 총이익은 기존보다 감소할 것이다.
　㉡ : 한 사회의 전체 이윤이 유지되는

④ ㉠ : 농부들의 총이익은 기존과 동일하게 될 것이다.
　㉡ : 한 사회의 전체 이윤이 감소되는

⑤ ㉠ : 농부들의 총이익은 기존과 동일하게 될 것이다.
　㉡ : 한 사회의 공공 영역이 보호되는

13 다음은 중국에 진출한 프랜차이즈 커피전문점에 대해 SWOT 분석을 한 자료이다. 〈보기〉의 (가)
~ (라)에 들어갈 전략으로 바르게 나열된 것은?

〈프랜차이즈 커피전문점에 대한 SWOT 분석〉

S(Strength)	W(Weakness)
• 풍부한 원두커피의 맛 • 독특한 인테리어 • 브랜드 파워 • 높은 고객 충성도	• 중국 내 낮은 인지도 • 높은 시설비 • 비싼 임대료
O(Opportunity)	T(Threat)
• 중국 경제 급성장 • 서구문화에 대한 관심 • 외국인 집중 • 경쟁업체 진출 미비	• 중국의 차 문화 • 유명 상표 위조 • 커피 구매 인구의 감소

보기

〈SWOT 분석에 의한 경영전략〉

(가)	(나)
• 브랜드가 가진 미국 고유문화 고수 • 독특하고 차별화된 인테리어 유지 • 공격적 점포 확장	• 외국인이 많은 곳에 점포 개설 • 본사 직영으로 인테리어
(다)	(라)
• 고품질 커피로 상위 소수고객에 집중	• 녹차 향 커피 • 개발 상표 도용 감시

	(가)	(나)	(다)	(라)
①	SO전략	ST전략	WO전략	WT전략
②	WT전략	ST전략	WO전략	SO전략
③	SO전략	WO전략	ST전략	WT전략
④	ST전략	WO전략	SO전략	WT전략
⑤	WT전략	WO전략	ST전략	SO전략

14 다음은 우리나라 부패인식지수(CPI) 연도별 변동 추이에 대한 자료이다. 이에 대한 설명으로 옳지 않은 것은?

<우리나라 부패인식지수(CPI) 연도별 변동 추이>

구분		2017년	2018년	2019년	2020년	2021년	2022년	2023년
CPI	점수(점)	4.5	5.0	5.1	5.1	5.6	5.5	5.4
	조사대상국(개)	146	159	163	180	180	180	178
	순위(위)	47	40	42	43	40	39	39
	백분율(%)	32.2	25.2	25.8	23.9	22.2	21.6	21.9
OECD	회원국(개)	30	30	30	30	30	30	30
	순위(위)	24	22	23	25	22	22	22

※ CPI 0 ~ 10점 : 점수가 높을수록 청렴함

① CPI를 확인해 볼 때, 우리나라는 다른 해에 비해 2021년에 가장 청렴했다고 볼 수 있다.
② CPI 순위는 2022년에 처음으로 30위권에 진입했다.
③ 청렴도가 가장 낮은 해와 2023년의 청렴도 점수의 차이는 0.9점이다.
④ 우리나라의 OECD 순위는 2017년부터 2023년까지 상위권이라 볼 수 있다.
⑤ CPI 조사대상국은 2020년까지 증가하고 이후 2022년까지 유지되었다.

15 면접 시험에서 A ~ L 순서대로 면접을 진행한 응시자들 중 다음 〈조건〉에 따라 평가 점수가 높은 6명이 합격한다고 할 때, 총점이 높은 합격자를 순서대로 바르게 나열한 것은?(단, 동점인 경우 먼저 면접을 진행한 응시자를 우선으로 한다)

〈지원자 면접 점수〉

(단위 : 점)

구분	면접관 1	면접관 2	면접관 3	면접관 4	면접관 5	보훈 가점
A	80	85	70	75	90	–
B	75	90	85	75	100	5
C	70	95	85	85	85	–
D	75	80	90	85	80	–
E	80	90	95	100	85	5
F	85	75	95	90	80	–
G	80	75	95	90	95	10
H	90	80	80	85	100	–
I	70	80	80	75	85	5
J	85	80	100	75	85	–
K	85	100	70	75	75	5
L	75	90	70	100	70	–

조건

- 면접관 5명이 부여한 점수 중 최고점과 최저점을 제외한 나머지 면접관 3명이 부여한 점수의 평균 과 보훈 가점의 합으로 평가한다.
- 최고점과 최저점이 1개 이상일 때는 1명의 점수만 제외한다.
- 소수점 셋째 자리에서 반올림한다.

① D - A - F - L - H - I
② E - G - B - C - F - H
③ G - A - B - F - E - L
④ G - A - C - F - E - L
⑤ G - E - B - C - F - H

16 다음은 마트별 비닐봉투·종이봉투·에코백 사용률을 조사한 자료이다. 이에 대한 설명으로 옳은 것을 〈보기〉에서 모두 고르면?

〈마트별 비닐봉투·종이봉투·에코백 사용률〉

구분	대형마트 (2,000명 대상)	중형마트 (800명 대상)	개인마트 (300명 대상)	편의점 (200명 대상)
비닐봉투	7%	18%	21%	78%
종량제봉투	28%	37%	43%	13%
종이봉투	5%	2%	1%	0%
에코백	16%	7%	6%	0%
개인장바구니	44%	36%	29%	9%

※ 마트별 전체 조사자 수는 상이하다.

> **보기**
> ㄱ. 대형마트의 종이봉투 사용자 수는 중형마트의 6배 이상이다.
> ㄴ. 대형마트의 종량제봉투 사용자 수는 전체 종량제봉투 사용자 수의 절반 이하이다.
> ㄷ. 비닐봉투 사용률이 가장 높은 곳과 비닐봉투 사용자 수가 가장 많은 곳은 동일하다.
> ㄹ. 편의점을 제외한 마트의 규모가 커질수록 개인장바구니의 사용률은 증가한다.

① ㄱ, ㄹ
② ㄱ, ㄴ, ㄷ
③ ㄱ, ㄷ, ㄹ
④ ㄴ, ㄷ, ㄹ
⑤ ㄱ, ㄴ, ㄷ, ㄹ

17 다음 중 문서작성 시 주의사항으로 옳지 않은 것은?

① 문서는 그 작성시기가 중요하다.

② 문서는 육하원칙에 의해서 써야 한다.

③ 모든 첨부자료는 반드시 첨부해야 한다.

④ 한 사안은 한 장의 용지에 작성해야 한다.

⑤ 문서작성 후 반드시 다시 한 번 내용을 검토해야 한다.

18 다음 밑줄 친 부분의 의미가 다른 것은?

① 너를 향한 내 마음은 <u>한결같다</u>.

② 아이들이 <u>한결같은</u> 모습으로 꽃을 들고 있다.

③ 예나 지금이나 아저씨의 말투는 <u>한결같으시군요</u>.

④ 우리는 초등학교 내내 10리나 되는 산길을 <u>한결같이</u> 걸어 다녔다.

⑤ 부모님은 <u>한결같이</u> 나를 지지해 주신다.

19 다음 중 인상적인 의사소통에 대한 설명으로 가장 적절한 것은?

① 회사 내에서 생활하는 직업인일수록 인상적인 의사소통의 중요성을 크게 인식하게 된다.

② 자신의 의견을 인상적으로 전달하기 위해서는 꾸미지 않고 솔직하고 담백하게 표현해야 한다.

③ 인상적인 의사소통이란 같은 이야기도 상대에 따라 새롭게 받아들일 수 있도록 하는 것을 의미한다.

④ 자신에게 익숙한 말이나 표현을 적극적으로 활용하여 자연스럽고 유연하게 이야기할 수 있도록 해야 한다.

⑤ 자신이 전달하고자 하는 내용에 대해 상대가 어느 정도 예측했다는 반응을 나타내 보이도록 하는 것이다.

20 다음 자료는 K사 피자 1판 주문 시 구매 방식별 할인 혜택과 비용을 나타낸 것이다. 이를 근거로 정가가 12,500원인 K사 피자 1판을 가장 싸게 살 수 있는 구매 방식은?

〈구매 방식별 할인 혜택과 비용〉

구매 방식	할인 혜택과 비용
스마트폰 앱	정가의 25% 할인
전화	정가에서 1,000원 할인 후, 할인된 가격의 10% 추가 할인
회원카드와 쿠폰	회원카드로 정가의 10% 할인 후, 할인된 가격의 15%를 쿠폰으로 추가 할인
직접 방문	정가의 30% 할인. 교통비용 1,000원 발생
교환권	K사 피자 1판 교환권 구매비용 10,000원 발생

※ 구매 방식은 한 가지만 선택함

① 스마트폰 앱　　　　　　　② 전화
③ 회원카드와 쿠폰　　　　　④ 직접 방문
⑤ 교환권

21 서울에 위치한 K회사는 거래처인 A, B회사에 소포를 보내려고 한다. 서울에 위치한 A회사에는 800g의 소포를, 인천에 위치한 B회사에는 2.4kg의 소포를 보내려고 한다. 두 회사로 보낸 소포의 총 중량이 16kg 이하이고, 택배요금의 합계가 6만 원이다. 택배회사의 요금표가 다음과 같을 때, K회사는 800g 소포와 2.4kg 소포를 각각 몇 개씩 보냈는가?(단, 소포는 각 회사로 1개 이상 보낸다)

〈택배요금 정보〉

구분	~ 2kg	~ 4kg	~ 6kg	~ 8kg	~ 10kg
동일지역	4,000원	5,000원	6,500원	8,000원	9,500원
타지역	5,000원	6,000원	7,500원	9,000원	10,500원

	800g	2.4kg
①	12개	2개
②	12개	4개
③	9개	2개
④	9개	4개
⑤	6개	6개

22 행정기관의 기안문 작성방법이 다음과 같을 때, 옳지 않은 것은?

〈기안문 작성방법〉

1. 행정기관명 : 그 문서를 기안한 부서가 속한 행정기관명을 기재한다. 행정기관명이 다른 행정기관명과 같은 경우에는 바로 위 상급 행정기관명을 함께 표시할 수 있다.
2. 수신 : 수신자명을 표시하고 그다음에 이어서 괄호 안에 업무를 처리할 보조·보좌 기관의 직위를 표시하되, 그 직위가 분명하지 않으면 ○○업무담당과장 등으로 쓸 수 있다. 다만, 수신자가 많은 경우에는 두문의 수신란에 '수신자 참조'라고 표시하고 결문의 발신명의 다음 줄의 왼쪽 기본선에 맞추어 수신자란을 따로 설치하여 수신자명을 표시한다.
3. (경유) : 경유문서인 경우에 '이 문서의 경유기관의 장은 ○○○(또는 제1차 경유기관의 장은 ○○○, 제2차 경유기관의 장은 ○○○)이고, 최종 수신기관의 장은 ○○○입니다.'라고 표시하고, 경유기관의 장은 제목란에 '경유문서의 이송'이라고 표시하여 순차적으로 이송하여야 한다.
4. 제목 : 그 문서의 내용을 쉽게 알 수 있도록 간단하고, 명확하게 기재한다.
5. 발신명의 : 합의제 또는 독임제 행정기관의 장의 명의를 기재하고, 보조기관 또는 보좌기관 상호 간에 발신하는 문서는 그 보조기관 또는 보좌기관의 명의를 기재한다. 시행할 필요가 없는 내부 결재문서는 발신명의를 표시하지 않는다.
6. 기안자·검토자·협조자·결재권자의 직위 / 직급 : 직위가 있는 경우에는 직위를, 직위가 없는 경우에는 직급(각급 행정기관이 6급 이하 공무원의 직급을 대신하여 사용할 수 있도록 정한 대외 직명을 포함한다. 이하 이 서식에서 같다)을 온전하게 쓴다. 다만, 기관장과 부기관장의 직위는 간략하게 쓴다.
7. 시행 처리과명 – 연도별 일련번호(시행일), 접수 처리과명 – 연도별 일련번호(접수일) : 처리과명(처리과가 없는 행정기관은 10자 이내의 행정기관명 약칭)을 기재하고, 시행일과 접수일란에는 연월일을 각각 마침표(.)를 찍어 숫자로 기재한다. 다만, 민원문서인 경우로서 필요한 경우에는 시행일과 접수일란에 시·분까지 기재한다.
8. 우 도로명 주소 : 우편번호를 기재한 다음, 행정기관이 위치한 도로명 및 건물번호 등을 기재하고 괄호 안에 건물 명칭과 사무실이 위치한 층수와 호수를 기재한다.
9. 홈페이지 주소 : 행정기관의 홈페이지 주소를 기재한다.
10. 전화번호( ), 팩스번호( ) : 전화번호와 팩스번호를 각각 기재하되, ( ) 안에는 지역번호를 기재한다. 기관 내부문서의 경우는 구내 전화번호를 기재할 수 있다.
11. 공무원의 전자우편주소 : 행정기관에서 공무원에게 부여한 전자우편주소를 기재한다.
12. 공개구분 : 공개, 부분공개, 비공개로 구분하여 표시한다. 부분공개 또는 비공개인 경우에는 「공공기록물 관리에 관한 법률 시행규칙」 제18조에 따라 '부분공개( )' 또는 '비공개( )'로 표시하고, 「공공기관의 정보공개에 관한 법률」 제9조 제1항 각 호의 번호 중 해당 번호를 괄호 안에 표시한다.
13. 관인생략 등 표시 : 발신명의의 오른쪽에 관인생략 또는 서명생략을 표시한다.

---

① 기안자 또는 협조자의 직위가 없는 경우 직급을 기재한다.
② 연월일 날짜 뒤에는 각각 마침표(.)를 찍는다.
③ 도로명 주소를 먼저 기재한 후 우편번호를 기재한다.
④ 행정기관에서 공무원에게 부여한 전자우편주소를 기재해야 한다.
⑤ 전화번호를 적을 때 지역번호는 괄호 안에 기재해야 한다.

23 다음과 같은 일정한 규칙으로 수를 나열할 때, $A-2B$를 계산한 값은 얼마인가?

4	5	10	B	27	44	A

① 25 ② 30

③ 35 ④ 40

⑤ 45

24 K씨가 이달 초 가격이 40만 원인 물건을 할부로 구매하고 이달 말부터 매달 일정한 금액을 12개월에 걸쳐 갚는다면 매달 얼마씩 갚아야 하는가?(단, $1.015^{12}=1.2$, 월 이율은 1.5%, 1개월마다 복리로 계산한다)

① 3만 2천 원

② 3만 5천 원

③ 3만 6천 원

④ 3만 8천 원

⑤ 4만 2천 원

25 백혈병에 걸린 아이들을 돕기 위한 자선 축구대회에 한국, 일본, 중국, 미국 대표팀이 초청되었다. 이들은 월요일부터 금요일까지 〈조건〉에 따라 서울, 수원, 인천, 대전 경기장에서 연습을 하게 된다. 다음 중 옳지 않은 것은?

> **조건**
> ㉠ 각 경기장에는 한 팀씩 연습하며 연습을 쉬는 팀은 없다.
> ㉡ 모든 팀은 모든 구장에서 적어도 한 번 이상 연습을 하여야 한다.
> ㉢ 외국에서 온 팀의 첫 훈련은 공항에서 가까운 수도권 지역에 배정한다.
> ㉣ 이동거리 최소화를 위해 각 팀은 한 번씩 경기장 한 곳을 두 번 연속해서 사용해야 한다.
> ㉤ 미국은 월요일과 화요일에 수원에서 연습을 한다.
> ㉥ 목요일에 인천에서는 아시아 팀이 연습을 할 수 없다.
> ㉦ 금요일에 중국은 서울에서, 미국은 대전에서 연습을 한다.
> ㉧ 한국은 인천에서 연속으로 연습을 한다.

① 목요일, 금요일에 연속으로 같은 지역에서 연습하는 팀은 없다.
② 수요일에 대전에서는 일본이 연습을 한다.
③ 대전에는 한국, 중국, 일본, 미국의 순서로 연습을 한다.
④ 한국은 화요일, 수요일에 같은 지역에서 연습을 한다.
⑤ 미국과 일본은 한 곳을 연속해서 사용하는 날이 같다.

26 여행업체 가이드 A ~ D는 2021년부터 2023년까지 네덜란드, 독일, 영국, 프랑스에서 활동하였다. 다음 〈조건〉을 참고하였을 때, 항상 참인 것은?

> **조건**
> • 독일에서 가이드를 하면 항상 전년도에 네덜란드에서 가이드를 한다.
> • 2022년에 B는 독일에서 가이드를 했다.
> • 2021년에 C는 프랑스에서 가이드를 했다.
> • 2021년에 프랑스에서 가이드를 한 사람은 2023년에 독일에서 가이드를 하지 않는다.
> • 2021년에 D가 가이드를 한 곳에서 B가 2022년에 가이드를 하였다.
> • 한 사람당 1년에 한 국가에서 가이드를 했으며, 한 번 가이드를 한 곳은 다시 가지 않았다.

① 2022년 A와 2021년 B는 다른 곳에서 가이드를 하였다.
② 2023년 B는 영국에서 가이드를 하였다.
③ 2021 ~ 2023년 동안 A와 D가 가이드를 한 곳은 동일하다.
④ 2024년에 C는 독일에서 가이드를 한다.
⑤ D는 프랑스에서 가이드를 한 적이 없다.

27 다음 글의 빈칸에 들어갈 내용으로 가장 적절한 것은?

태양은 지구의 생명체가 살아가는 데 필요한 빛과 열을 공급해 준다. 이런 막대한 에너지를 태양은 어떻게 계속 내놓을 수 있을까?

16세기 이전까지는 태양을 포함한 별들이 지구상의 물질을 이루는 네 가지 원소와 다른, 불변의 '제 5원소'로 이루어졌다고 생각했다. 하지만 밝기가 변하는 신성(新星)이 별 가운데 하나라는 사실이 알려지면서 별이 불변이라는 통념은 무너지게 되었다. 또한, 태양의 흑점 활동이 관측되면서 태양 역시 불덩어리일지도 모른다고 생각하기 시작했다. 그 후 섭씨 5,500℃로 가열된 물체에서 노랗게 보이는 빛이 나오는 것을 알게 되면서 유사한 빛을 내는 태양의 온도도 비슷할 것이라고 추측하게 되었다.

19세기에는 에너지 보존 법칙이 확립되면서 새로운 에너지 공급이 없다면 태양의 온도가 점차 낮아 져야 한다는 결론을 내렸다. 그렇다면 과거에는 태양의 온도가 훨씬 높았어야 했고, 지구의 바다가 펄펄 끓어야 했을 것이다. 하지만 실제로는 그렇지 않았고, 사람들은 태양의 온도를 일정하게 유지해 주는 에너지원이 무엇인지에 대해 생각하게 되었다.

20세기 초 방사능이 발견되면서 방사능 물질의 붕괴에서 나오는 핵분열 에너지를 태양의 에너지원 으로 생각하였다. 그러나 태양빛의 스펙트럼을 분석한 결과 태양에는 우라늄 등의 방사능 물질 대신 수소와 헬륨이 있다는 것을 알게 되었다. 즉, 방사능 물질의 붕괴에서 나오는 핵분열 에너지가 태양 의 에너지원이 아니었던 것이다.

현재 태양의 에너지원은 수소 원자핵 네 개가 헬륨 원자핵 하나로 융합하는 과정의 질량 결손으로 인해 생기는 핵융합 에너지로 알려져 있다. 태양은 엄청난 양의 수소 기체가 중력에 의해 뭉쳐진 것으로, 그 중심으로 갈수록 밀도와 압력, 온도가 증가한다. 태양에서의 핵융합은 천만℃ 이상의 온도를 유지하는 중심부에서만 일어난다. 높은 온도에서만 원자핵들은 높은 운동 에너지를 가지게 되며, 그 결과로 원자핵들 사이의 반발력을 극복하고 융합되기에 충분히 가까운 거리로 근접할 수 있기 때문이다. 태양빛이 핵융합을 통해 나온다는 사실은 태양으로부터 온 중성미자가 관측됨으로 써 더 확실해졌다.

중심부의 온도가 올라가 핵융합 에너지가 늘어나면 그 에너지로 인한 압력으로 수소를 밖으로 밀어내어 중심부의 밀도와 온도를 낮게 된다. 이렇게 온도가 낮아지면 방출되는 핵융합 에너지가 줄어들며, 그 결과 압력이 낮아져서 수소가 중심부로 들어오게 되어 중심부의 밀도와 온도를 다시 높인다. 이렇듯 태양 내부에서 중력과 핵융합 반응의 평형 상태가 유지되기 때문에 ＿＿＿＿＿＿＿＿＿＿ 태양은 이미 50억 년간 빛을 냈고, 앞으로도 50억 년 이상 더 빛날 것이다.

① 태양의 핵융합 에너지가 폭발적으로 증가할 수 있게 된다.
② 태양 외부의 밝기가 내부 상태에 따라 변할 수 있게 된다.
③ 태양이 오랫동안 안정적으로 빛을 낼 수 있게 된다.
④ 태양이 일정한 크기를 유지할 수 있었다.
⑤ 과거와 달리 태양이 일정한 온도를 유지할 수 있게 된다.

※ K사는 모든 임직원에게 다음과 같은 규칙으로 사원번호를 부여하고 있다. 이어지는 질문에 답하시오.
[28~29]

〈사원번호 부여 기준〉

M	0	1	2	4	0	1	0	1
성별	부서		입사연도		입사월		입사순서	

- 사원번호 부여 순서 : [성별] – [부서] – [입사연도] – [입사월] – [입사순서]
- 성별 구분

남성	여성
M	W

- 부서 구분

총무부	인사부	기획부	영업부	생산부
01	02	03	04	05

- 입사년도 : 연도별 끝자리를 2자리 숫자로 기재(예 2024년 – 24)
- 입사월 : 2자리 숫자로 기재(예 5월 – 05)
- 입사순서 : 해당 월의 누적 입사순서(예 해당 월의 3번째 입사자 – 03)
※ K사에 같은 날 입사자는 없다.

28 다음 중 사원번호가 'W05240401'인 사원에 대한 설명으로 적절하지 않은 것은?

① 생산부서 최초의 여직원이다.
② 2024년에 입사하였다.
③ 4월에 입사한 여성이다.
④ 'M03220511'인 사원보다 입사일이 빠르다.
⑤ 생산부서로 입사하였다.

29 다음 K사의 2024년 신입사원 명단을 참고할 때, 기획부에 입사한 여성은 모두 몇 명인가?

M01240903	W03241005	M05240912	W05240913	W01241001	W04241009
W02240901	M04241101	W01240905	W03240909	M02241002	W03241007
M03240907	M01240904	W02240902	M04241008	M05241107	M01241103
M03240908	M05240910	M02241003	M01240906	M05241106	M02241004
M04241101	M05240911	W03241006	W05241105	W03241104	M05241108

① 2명   ② 3명
③ 4명   ④ 5명
⑤ 6명

30 다음은 포화 수증기량에 대한 글과 날짜별 기온 및 수증기량에 대한 자료이다. 이에 대한 설명으로 옳은 것을 〈보기〉에서 모두 고르면?(단, 모두 맑은 날이고, 해발 0m에서 수증기량을 측정하였다)

수증기는 온도에 따라 공기에 섞여 있을 수 있는 양이 다르다. 온도에 따라 공기 $1m^3$ 중에 섞여 있는 수증기량의 최댓값을 포화 수증기량이라고 하며 기온에 따른 포화 수증기량의 변화를 그린 그래프를 포화 수증기량 곡선이라 한다. 공기에 섞여 있는 수증기량이 포화 수증기량보다 적으면 건조공기, 포화 수증기량에 도달하면 습윤공기이다.

아래 그래프에서 수증기가 $1m^3$당 X만큼 섞여 있고 온도가 T인 어떤 공기 P가 있다고 하자. 이 공기가 냉각되면 기온이 하강하더라도 섞여 있는 수증기량은 변하지 않으므로 점 P는 왼쪽으로 이동한다. 이동한 점이 포화 수증기량 곡선과 만나면 수증기는 응결되어 물이 된다. 이때 온도를 이슬점(T_D)이라고 한다.

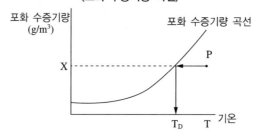

〈포화 수증기량 곡선〉

공기가 상승하면 단열팽창되어 건조한 공기는 100m 상승할 때마다 온도는 약 1℃ 하강하고 습윤한 공기는 100m 상승할 때마다 온도는 약 0.5℃ 하강한다. 반대로 건조한 공기가 100m 하강할 때는 단열압축되어 온도는 약 1℃ 상승하고 습윤한 공기는 100m 하강할 때마다 온도는 약 0.5℃씩 상승하게 된다.

기온이 하강하여 이슬점이 되면 수증기는 응결되어 구름이 되고 더 많은 수증기가 응결되면 비가 되어 내리게 된다.

〈일자별 기온 및 수증기〉

구분	4월 5일	4월 12일	4월 19일	4월 26일	5월 3일	5월 10일
기온(℃)	20	16	18	18	22	20
수증기량(g/m³)	15	13	10	15	8	16

보기

ㄱ. 가장 건조한 날은 5월 3일이다.
ㄴ. 4월 5일에 측정한 공기와 4월 26일에 측정한 공기가 응결되는 높이는 같다.
ㄷ. 4월 19일에 측정한 공기는 4월 26일에 측정한 공기보다 더 높은 곳에서 응결된다.
ㄹ. 공기 중에 수증기가 가장 많이 있을 수 있는 날은 4월 12일이다.

① ㄱ, ㄷ   ② ㄱ, ㄹ
③ ㄴ, ㄷ   ④ ㄴ, ㄹ
⑤ ㄷ, ㄹ

| 01 | 경영

01 민츠버그(Mintzberg)는 여러 형태의 경영자를 조사하여 공통적으로 수행하는 경영자의 역할을 10가지로 정리하였다. 다음 글에서 설명하는 역할은?

> 경영자는 기업의 존속과 발전을 위해 조직과 환경을 탐색하고, 발전과 성장을 위한 의사결정을 담당하는 역할을 맡는다.

① 대표자 역할
② 연락자 역할
③ 정보수집자 역할
④ 대변자 역할
⑤ 기업가 역할

02 다음 대화 내용 중 시스템 이론에 대해 바르지 않게 설명하는 사람은?

> 창민 : 시스템 이론이란 자연과학에서 보편화되어 온 일반 시스템 이론을 경영학 연구에 응용한 것이야.
> 철수 : 시스템은 외부환경과 상호작용이 일어나느냐의 여부에 따라 개방시스템과 폐쇄시스템으로 나누어지는데, 일반적으로 시스템 이론은 개방시스템을 의미해.
> 영희 : 시스템의 기본구조에 의하면 투입은 각종 자원을 뜻하는데, 인적자원과 물적자원, 재무자원, 정보 등 기업이 목적달성을 위해 투입하는 모든 에너지가 여기에 속해.
> 준수 : 시스템 이론에서 조직이라는 것은 각종 상호의존적인 요인들의 총합체이므로, 관리자는 조직의 목표를 달성하기 위해 조직 내의 모든 요인들이 적절히 상호작용하고 조화로우며 균형을 이룰 수 있게 해야 해.
> 정인 : 시스템 이론은 모든 상황에 동일하게 적용될 수 있는 이론은 없다고 보면서, 상황과 조직이 어떠한 관계를 맺고 있으며 이들 간에 어떠한 관계가 성립할 때 조직 유효성이 높아지는가를 연구하는 이론이야.

① 창민
② 철수
③ 영희
④ 준수
⑤ 정인

PART 3

03 다음 중 기업신용평가등급표의 양적 평가요소에 해당하는 것은?

① 진입장벽
② 시장점유율
③ 재무비율 평가항목
④ 경영자의 경영능력
⑤ 은행거래 신뢰도

04 다음 중 자원기반관점(RBV)에 대한 설명으로 옳지 않은 것은?

① 인적자원은 기업의 지속적인 경쟁력 확보의 주요한 원천이라고 할 수 있다.
② 기업의 전략과 성과의 주요결정요인은 기업내부의 자원과 핵심역량의 보유라고 주장한다.
③ 경쟁우위의 원천이 되는 자원은 이질성(Heterogeneous)과 비이동성(Immobile)을 가정한다.
④ 주요결정요인은 진입장벽, 제품차별화 정도, 사업들의 산업집중도 등이다.
⑤ 기업이 보유한 가치(Value), 희소성(Rareness), 모방불가능(Inimitability), 대체불가능성(Non – Substitutability) 자원들은 경쟁우위를 창출할 수 있다.

05 다음 중 네트워크 조직(Network Organization)의 장점으로 옳지 않은 것은?

① 정보 공유의 신속성 및 촉진이 용이하다.
② 광범위한 전략적 제휴로 기술혁신이 가능하다.
③ 개방성 및 유연성이 뛰어나 전략과 상품의 전환이 빠르다.
④ 전문성이 뛰어나 아웃소싱 업체의 전문성 및 핵심역량을 활용하기 용이하다.
⑤ 관리감독자의 수가 줄어들게 되어 관리비용이 절감된다.

06 다음 중 리더의 구성원 교환이론(LMX; Leader Member Exchange Theory)에 대한 설명으로 옳지 않은 것은?

① 구성원들의 업무와 관련된 태도나 행동들은 리더가 그들을 다루는 방식에 달려있다.

② 리더가 여러 구성원들을 동일하게 다루지 않는다고 주장한다.

③ LMX 이론의 목표는 구성원, 팀, 조직에 리더십이 미치는 영향을 설명하는 것이다.

④ 조직의 모든 구성원들은 동일한 차원으로 리더십에 반응한다.

⑤ 리더는 팀의 구성원들과 강한 신뢰감, 감정, 존중이 전제된 관계를 형성한다.

07 다음 중 내부모집에 대한 설명으로 옳지 않은 것은?

① 외부모집에 비해 비용이 적게 든다.

② 구성원의 사회화 기간을 단축시킬 수 있다.

③ 외부모집에 비해 지원자를 정확하게 평가할 가능성이 높다.

④ 빠르게 변화하는 환경에 적응하는 데 외부모집보다 효과적이다.

⑤ 모집과정에서 탈락한 직원들은 사기가 저하될 수 있다.

08 다음 중 직무평가방법에서 요소비교법(Factor Comparison Method)에 대한 설명으로 옳은 것은?

① 직무를 평가요소별로 분해하여 점수를 배정함으로써 각 직무를 구체적으로 결정하는 방법이다.

② 사전에 분류할 직무의 등급(숙련, 반숙련, 미숙련 등)을 결정해 두고, 각각의 직무를 적절히 판정하여 해당 등급에 삽입하는 방법이다.

③ 직무의 상대적 가치를 결정함으로써 기업 내부의 임금격차를 합리적으로 결정하고, 직무급 정립과 직무별 계층제도를 확립하며, 나아가 인사관리 전반을 합리화한다.

④ 기업 내의 각 직무를 그 상대적인 훈련, 노력, 책임, 작업조건 등과 같은 요소를 기준으로 종합적으로 판단하여, 높은 가치의 직무에서 낮은 가치의 직무 순서로 배열하는 방법이다.

⑤ 직무를 평가요소별로 분해하고, 점수 대신 임률로 기준직무를 평가한 후, 타 직무를 기준직무에 비교하여 각각의 임률을 결정하는 방법이다.

09 다음 〈보기〉 중 수직적 마케팅 시스템(VMS; Vertical Marketing System)에 대한 설명으로 옳은 것을 모두 고르면?

ㄱ. 수직적 마케팅 시스템은 유통조직의 생산시점과 소비시점을 하나의 고리형태로 유통계열화하는 것이다.

ㄴ. 수직적 마케팅 시스템은 유통경로 구성원인 제조업자, 도매상, 소매상, 소비자를 각각 별개로 파악하여 운영한다.

ㄷ. 유통경로 구성원의 행동은 시스템 전체보다 각자의 이익을 극대화하는 방향으로 조정된다.

ㄹ. 수직적 마케팅 시스템의 유형에는 기업적 VMS, 관리적 VMS, 계약적 VMS 등이 있다.

ㅁ. 프랜차이즈 시스템은 계약에 의해 통합된 수직적 마케팅 시스템이다.

① ㄱ, ㄴ, ㄷ
② ㄱ, ㄴ, ㄹ
③ ㄱ, ㄹ, ㅁ
④ ㄴ, ㄷ, ㄹ
⑤ ㄴ, ㄹ, ㅁ

10 다음 중 마일즈(Miles)와 스노우(Snow)의 전략유형에서 방어형의 특징으로 옳은 것은?

① 위험을 감수하고 혁신과 모험을 추구하는 적극적 전략이다.

② 성과 지향적 인사고과와 장기적인 결과를 중시하는 전략이다.

③ 먼저 진입하지 않고 혁신형을 관찰하다가 성공가능성이 보이면 신속하게 진입하는 전략이다.

④ 조직의 안정적 유지를 추구하는 소극적 전략이다.

⑤ 진입장벽을 돌파하여 시장에 막 진입하려는 기업들이 주로 활용하는 전략이다.

11 다음 중 마케팅에 대한 설명으로 옳지 않은 것은?

① 거시적 마케팅이란 사회적 입장에서 유통기구와 기능을 분석하는 마케팅 활동을 의미한다.

② 미시적 마케팅이란 개별 기업이 기업의 목표를 달성하기 위한 수단으로 수행하는 마케팅 활동을 의미한다.

③ 선행적 마케팅이란 생산이 이루어지기 이전의 마케팅 활동을 의미하는 것으로, 대표적인 활동으로는 경로, 가격, 판촉 등이 해당한다.

④ 마케팅이란 소비자의 필요와 욕구를 충족시키기 위해 시장에서 교환이 일어날 수 있도록 계획하고 실행하는 과정이다.

⑤ 고압적 마케팅이란 소비자의 욕구에 관계없이 기업의 입장에서 생산 가능한 제품을 강압적으로 판매하는 형태를 의미한다.

12 다음 중 기업이 상품을 판매할 때마다 수익의 일부를 기부하는 마케팅은?

① 그린 마케팅(Green Marketing)
② 앰부시 마케팅(Ambush Marketing)
③ 니치 마케팅(Niche Marketing)
④ 코즈 마케팅(Cause Marketing)
⑤ 프로 보노(Pro Bono)

13 다음 대화의 빈칸에 공통으로 들어갈 단어는?

A이사 : 이번에 우리 회사에서도 _____시스템을 도입하려고 합니다. _____는 기업 전체의 의사결정권자와 사용자 모두가 실시간으로 정보를 공유할 수 있게 합니다. 또한 제조, 판매, 유통, 인사관리, 회계 등 기업의 전반적인 운영 프로세스를 통합하여 자동화할 수 있지요.

B이사 : 맞습니다. _____시스템을 통하여 기업의 자원관리를 보다 효율적으로 할 수 있어서, 조직 전체의 의사결정도 더 신속하게 할 수 있을 것입니다.

① JIT
② MRP
③ MPS
④ ERP
⑤ APP

14 다음 중 제품별 배치에 대한 설명으로 옳지 않은 것은?

① 높은 설비이용률을 가진다.

② 낮은 제품단위당 원가로 경쟁우위를 점할 수 있다.

③ 수요 변화에 적응하기 어렵다.

④ 설비 고장에 큰 영향을 받는다.

⑤ 다품종 생산이 가능하다.

15 다음 중 기업과 조직들이 중앙집중적 권한 없이 거의 즉시 네트워크에서 거래를 생성하고 확인할 수 있는 분산 데이터베이스 기술은?

① 빅데이터(Big Data)　　　　　　② 클라우드 컴퓨팅(Cloud Computing)

③ 블록체인(Blockchain)　　　　　④ 핀테크(Fintech)

⑤ 사물인터넷(Internet of Things)

16 다음 중 재무제표의 표시에 대한 설명으로 옳지 않은 것은?

① 수익과 비용의 어느 항목은 포괄손익계산서 또는 주석에 특별손익항목으로 별도 표시한다.

② 기업이 재무상태표에 유동자산과 비유동자산으로 구분하여 표시하는 경우, 이연법인세자산은 유동자산으로 분류하지 아니한다.

③ 비용을 기능별로 분류하는 기업은 감가상각비, 기타 상각비와 종업원급여비용을 포함하여 비용의 성격에 대한 추가 정보를 공시한다.

④ 재무제표가 한국채택국제회계기준의 요구사항을 모두 충족한 경우가 아니라면 한국채택국제회계기준을 준수하여 작성되었다고 기재하여서는 안 된다.

⑤ 매출채권에 대한 대손충당금을 차감하여 관련 자산을 순액으로 측정하는 것은 상계표시에 해당하지 아니한다.

17 K회사의 2023년 초 유통보통주식수는 18,400주이며, 주주우선배정 방식으로 유상증자를 실시하였다. 유상증자 권리행사 전일의 공정가치는 주당 ₩50,000이고, 유상증자 시의 주당 발행금액은 ₩40,000, 발행주식수는 2,000주이다. K회사는 2023년 9월 초 자기주식을 1,500주 취득하였다. K회사의 2023년 가중평균유통보통주식수는?(단, 가중평균유통보통주식수는 월할 계산한다)

① 18,667주 ② 19,084주
③ 19,268주 ④ 19,400주
⑤ 20,400주

18 다음 중 내용이론에 해당하는 동기부여 이론으로 옳지 않은 것은?

① 매슬로(Maslow) 욕구단계이론
② 허즈버그(Herzberg) 2요인이론
③ 앨더퍼(Alderfer)의 ERG이론
④ 애덤스(Adams)의 공정성이론
⑤ 맥클랜드(Meclelland)의 성취동기이론

19 다음은 K주식의 정보이다. 자본자산가격결정모형(CAPM)을 이용하여 K주식의 기대수익률을 구하면?

- 시장무위험수익률 : 5%
- 시장기대수익률 : 18%
- 베타 : 0.5

① 9.35% ② 10.25%
③ 10.45% ④ 11.5%
⑤ 12.45%

20 K제약회사가 신약개발 R&D에 투자하려고 하고, 이에 담당 임원은 200만 달러를 특정 연구에 쏟아 부어야 하는지를 결정해야 한다. 상황이 다음과 같을 때, 귀하가 의사결정자라면 어떻게 할 것인가?(단, 기대수익으로 가장 적절한 것을 결정한다)

〈상황〉

이 연구개발프로젝트의 성공 여부는 확실하지 않으며, 의사의 결정자는 특허를 받는 기회를 70%로 보고 있다. 만일 특허를 받는다면 이 회사는 2,500만 달러의 기술료를 받아 다른 회사에 넘기거나, 1,000만 달러를 더 투자해 개발품을 직접 판매할 수 있다. 만일 직접 판매할 경우 수요가 몰릴 확률은 25%, 수요가 중간인 경우는 55%, 수요가 낮을 경우는 20%이다. 수요가 높으면 5,500만 달러를 판매 수입으로 벌 것으로 보이며, 수요가 중간인 경우는 3,300만 달러, 수요가 없는 경우에도 1,500만 달러를 벌 것으로 예상된다.

---

① 개발을 그만둔다.
② 개발한 다음 기술료를 받고, 특허를 외부에 판다.
③ 개발한 다음 직접 판매한다.
④ 개발이 된다고 하더라도 특허를 받지 않는다.
⑤ 시장의 변화를 좀 더 지켜보고 결정한다.

21 다음 〈보기〉 중 마이클 포터(Michael Porter)의 가치사슬 모형에서 지원적 활동(Support Activities)에 해당하는 것을 모두 고르면?

보기

ㄱ. 기업 하부구조　　　　　　　　ㄴ. 내부 물류
ㄷ. 제조 및 생산　　　　　　　　　ㄹ. 인적자원관리
ㅁ. 기술 개발　　　　　　　　　　ㅂ. 외부 물류
ㅅ. 마케팅 및 영업　　　　　　　　ㅇ. 서비스
ㅈ. 조달 활동

---

① ㄱ, ㄴ, ㄷ, ㄹ　　　　　　　　② ㄱ, ㄹ, ㅁ, ㅂ
③ ㄱ, ㄹ, ㅁ, ㅈ　　　　　　　　④ ㄷ, ㅂ, ㅅ, ㅇ
⑤ ㄴ, ㄷ, ㅂ, ㅅ, ㅇ

22 다음 중 최고경영자, 중간경영자, 하위경영자 모두가 공통적으로 가져야 할 인간적 자질은?

① 타인에 대한 이해력과 동기부여 능력

② 지식과 경험을 해당 분야에 적용시키는 능력

③ 복잡한 상황 등 여러 상황을 분석하여 조직 전체에 적용하는 능력

④ 담당 업무를 수행하기 위한 육체적, 지능적 능력

⑤ 한 부서의 변화가 다른 부서에 미치는 영향을 파악하는 능력

23 다음 중 기업이 글로벌 전략을 수행하는 이유로 옳지 않은 것은?

① 규모의 경제를 달성하기 위해

② 세계 시장에서의 협력 강화를 위해

③ 현지 시장으로의 효과적인 진출을 위해

④ 기업구조를 개편하여 경영의 효율성을 높이고 리스크를 줄이기 위해

⑤ 저임금 노동력을 활용하여 생산단가를 낮추기 위해

24 다음 중 지식경영시스템(KMS)에 대한 설명으로 옳지 않은 것은?

① 지식관리시스템은 지식베이스, 지식스키마, 지식맵의 3가지 요소로 구성되어 있다.

② KMS는 Knowledge Management System의 약자로, 지식경영시스템 또는 지식관리시스템을 나타낸다.

③ 지식베이스가 데이터베이스에 비유된다면 지식스키마는 원시데이터에 대한 메타데이터를 담고 있는 데이터사전 또는 데이터베이스에 비유될 수 있다.

④ 지식스키마 내에는 개별 지식의 유형, 중요도, 동의어, 주요 인덱스, 보안단계, 생성 - 조회 - 갱신 - 관리부서 정보 등과 전사적인 지식분류체계 등이 들어 있다.

⑤ 조직에서 필요한 지식과 정보를 창출하는 연구자, 설계자, 건축가, 과학자, 기술자는 필수적으로 포함되어야 한다.

25 인사평가제도는 평가목적을 어디에 두느냐에 따라 상대평가와 절대평가로 구분된다. 다음 중 상대 평가에 해당하는 기법은?

① 평정척도법   ② 체크리스트법

③ 중요사건기술법   ④ 연공형 승진제도

⑤ 강제할당법

26 다음 글에서 설명하는 현상은?

> • 응집력이 높은 집단에서 나타나기 쉽다.
> • 집단구성원들이 의견일치를 추구하려다가 잘못된 의사결정을 하게 된다.
> • 이에 대처하기 위해서는 자유로운 비판이 가능한 분위기 조성이 필요하다.

① 집단사고(Groupthink)
② 조직시민행동(Organizational Citizenship Behavior)
③ 임파워먼트(Empowerment)
④ 몰입상승(Escalation of Commitment)
⑤ 악마의 옹호자(Devil's Advocacy)

27 다음 중 노동조합의 가입방법에 대한 설명으로 옳지 않은 것은?

① 오픈 숍(Open Shop) 제도에서는 노동조합 가입여부가 고용 또는 해고의 조건이 되지 않는다.
② 에이전시 숍(Agency Shop) 제도에서는 근로자들의 조합가입과 조합비 납부가 강제된다.
③ 유니언 숍(Union Shop) 제도에서 신규 채용된 근로자는 일정기간이 지나면 반드시 노동조합에 가입해야 한다.
④ 클로즈드 숍(Closed Shop) 제도는 기업에 속해 있는 근로자 전체가 노동조합에 가입해야 할 의무가 있는 제도이다.
⑤ 클로즈드 숍(Closed Shop) 제도에서는 기업과 노동조합의 단체협약을 통하여 근로자의 채용·해고 등을 노동조합의 통제하에 둔다.

28 다음 중 직무확대에 대한 설명으로 옳지 않은 것은?

① 한 직무에서 수행되는 과업의 수를 증가시키는 것을 말한다.
② 다양한 업무를 진행하며 종업원의 능력이 개발되고 종합적인 시각을 가질 수 있다는 장점이 있다.
③ 근로자가 스스로 직무를 계획하고 실행하여 일의 자부심과 책임감을 가지게 한다.
④ 종업원으로 하여금 중심과업에 다른 관련 직무를 더하여 수행하게 함으로써 개인의 직무를 넓게 확대한다.
⑤ 기업이 직원들의 능력을 개발하고 여러 가지 업무를 할 수 있도록 하여 인적자원의 운용 효율을 증가시킨다.

29 다음 중 SWOT 분석 방법에서 관점이 다른 하나를 고르면?

① 시장에서의 기술 우위 　　　　② 기업상표의 명성 증가

③ 해외시장의 성장 　　　　　　④ 기업이 보유한 자원 증가

⑤ 고품질 제품 보유

30 다음 중 수요예측기법의 시계열 분석법(Time Series Analysis)에 대한 설명으로 옳지 않은 것은?

① 주로 중단기 예측에 이용되며, 비교적 적은 자료로도 정확한 예측이 가능하다.

② 과거의 수요 흐름으로부터 미래의 수요를 투영하는 방법으로 과거의 수요 패턴이 미래에도 지속된다는 시장의 안정성이 기본적인 가정이다.

③ 목측법, 이동평균법, 지수평활법, 최소자승법, 박스 – 젠킨스(Box – Jenkins)법, 계절지수법, 시계열 회귀분석법 등이 있다.

④ 시계열 자료수집이 용이하고 변화하는 경향이 뚜렷하여 안정적일 때 이를 기초로 미래의 예측치를 구할 수 있다.

⑤ 과거 수요를 분석하여 시간에 따른 수요의 패턴을 파악하고 이의 연장선상에서 미래 수요를 예측하는 방법이다.

31 다음은 K공사의 상반기 매출액 실적치이다. 지수평활계수 a가 0.1일 때, 단순 지수평활법으로 6월 매출액 예측치를 바르게 구한 것은?(단, 1월의 예측치는 220만 원이며, 모든 예측치는 소수점 둘째 자리에서 반올림한다)

(단위 : 만 원)

1월	2월	3월	4월	5월
240	250	230	220	210

① 222.4만 원 　　　　　　② 223.3만 원

③ 224.7만 원 　　　　　　④ 224.8만 원

⑤ 225.3만 원

32 다음 중 제품수명주기(Product Life Cycle)에 대한 설명으로 옳지 않은 것은?

① 도입기, 성장기, 성숙기, 쇠퇴기의 4단계로 나누어진다.

② 성장기에는 제품선호형 광고에서 정보제공형 광고로 전환한다.

③ 도입기에는 제품인지도를 높이기 위해 광고비가 많이 소요된다.

④ 성숙기에는 제품의 매출성장률이 점차적으로 둔화되기 시작한다.

⑤ 쇠퇴기에는 매출이 떨어지고 순이익이 감소하기 시작한다.

33 다음 중 토빈의 Q - 비율에 대한 설명으로 옳지 않은 것은?(단, 다른 조건이 일정하다고 가정한다)

① 특정 기업이 주식 시장에서 어떤 평가를 받고 있는지 판단할 때 종종 토빈의 Q - 비율을 활용한다.

② 한 기업의 Q - 비율이 1보다 높을 경우 투자를 증가하는 것이 바람직하다.

③ 한 기업의 Q - 비율이 1보다 낮을 경우 투자를 감소하는 것이 바람직하다.

④ 이자율이 상승하면 Q - 비율은 하락한다.

⑤ 토빈의 Q - 비율은 실물자본의 대체비용을 주식시장에서 평가된 기업의 시장가치로 나눠서 구한다.

34 다음은 K기업의 균형성과평가제도를 적용한 평가기준표이다. (A) ~ (D)에 들어갈 용어를 순서대로 나열한 것은?

구분	전략목표	주요 성공요인	주요 평가지표	목표	실행계획
(A) 관점	매출 확대	경쟁사 대비 가격 및 납기우위	평균 분기별 총매출, 전년 대비 총매출	평균 분기 10억 원 이상, 전년 대비 20% 이상	영업 인원 증원
(B) 관점	부담 없는 가격, 충실한 A/S	생산성 향상, 높은 서비스품질	전년 대비 재구매 비율, 고객 만족도	전년 대비 10포인트 향상, 만족도 80% 이상	작업 순서 준수, 서비스 품질 향상
(C) 관점	작업 순서 표준화 개선 제안 및 실행	매뉴얼 작성 및 준수	매뉴얼 체크 회수 개선 제안 수 및 실행 횟수	1일 1회 연 100개 이상	매뉴얼 교육 강좌 개선, 보고회의 실시
(D) 관점	경험이 부족한 사원 교육	실천적 교육 커리큘럼 충실	사내 스터디 실시 횟수, 스터디 참여율	연 30회, 80% 이상	스터디 모임의 중요성 및 참여 촉진

	(A)	(B)	(C)	(D)
①	고객	업무 프로세스	학습 및 성장	재무적
②	고객	학습 및 성장	업무 프로세스	재무적
③	재무적	고객	업무 프로세스	학습 및 성장
④	학습 및 성장	고객	재무적	업무 프로세스
⑤	업무 프로세스	재무적	고객	학습 및 성장

35 K회사는 2021년 초 부여일로부터 3년의 용역제공을 조건으로 직원 50명에게 각각 주식선택권 10개를 부여하였으며, 부여일 현재 주식선택권의 단위당 공정가치는 ₩1,000으로 추정되었다. 주식선택권 1개로는 1주의 주식을 부여받을 수 있는 권리를 가득일로부터 3년간 행사가 가능하며, 총 35명의 종업원이 주식선택권을 가득하였다. 2024년 초 주식선택권을 가득한 종업원 중 60%가 본인의 주식선택권 전량을 행사하였다면, K회사의 주식발행초과금은 얼마나 증가하는가?(단, K회사 주식의 주당 액면금액은 ₩5,000이고, 주식선택권의 개당 행사가격은 ₩7,000이다)

① ₩630,000
② ₩1,050,000
③ ₩1,230,000
④ ₩1,470,000
⑤ ₩1,680,000

36 다음 중 공정가치 측정에 대한 설명으로 옳지 않은 것은?

① 공정가치는 시장에 근거한 측정치이며 기업 특유의 측정치가 아니다.

② 공정가치란 측정일에 시장참여자 사이의 정상거래에서 자산을 매도할 때 받거나 부채를 이전할 때 지급하게 될 가격이다.

③ 공정가치를 측정하기 위해 사용하는 가치평가기법은 관측할 수 있는 투입변수를 최소한으로 사용하고 관측할 수 없는 투입변수를 최대한으로 사용한다.

④ 기업은 시장참여자가 경제적으로 최선의 행동을 한다는 가정하에, 시장참여자가 자산이나 부채의 가격을 결정할 때 사용할 가정에 근거하여 자산이나 부채의 공정가치를 측정하여야 한다.

⑤ 비금융자산의 공정가치를 측정할 때는 자신이 그 자산을 최고 최선으로 사용하거나 최고 최선으로 사용할 다른 시장참여자에게 그 자산을 매도함으로써 경제적 효익을 창출할 수 있는 시장참여자의 능력을 고려한다.

37 다음 특징을 모두 가지고 있는 자산은?

- 개별적으로 식별하여 별도로 인식할 수 없다.
- 손상징후와 관계없이 매년 손상검사를 실시한다.
- 손상차손환입을 인식할 수 없다.
- 사업결합시 이전대가가 피취득자 순자산의 공정가치를 초과한 금액이다.

① 특허권   ② 회원권
③ 영업권   ④ 라이선스
⑤ 가상화폐

38 K회사는 2022년 초 액면금액 ₩100,000인 전환상환우선주(액면배당률 연 2%, 매년 말 배당지급)를 액면발행 하였다. 전환상환우선주 발행 시 조달한 현금 중 금융부채요소의 현재가치는 ₩80,000이고 나머지는 자본요소(전환권)이다. 전환상환우선주 발행시점의 금융부채요소 유효이자율은 연 10%이다. 2023년 초 전환상환우선주의 40%를 보통주로 전환할 때 K회사의 자본증가액은?

① ₩32,000   ② ₩34,400
③ ₩40,000   ④ ₩42,400
⑤ ₩50,000

39 다음 중 주가순자산비율(PBR)에 대한 설명으로 옳은 것은?

① 주가를 주당순자산가치(BPS)로 나눈 비율로서 주가와 1주당 순자산가치를 비교한 수치이다.
② 주당순자산가치는 자기자본을 자산으로 나누어 계산한다.
③ 주가순자산비율(PBR)은 재무회계상 주가를 판단하는 기준지표로 성장성을 보여주는 지표이다.
④ 기업 청산 시 채권자가 배당받을 수 있는 자산의 가치를 의미하며 1을 기준으로 한다.
⑤ PBR이 1보다 클 경우 순자산보다 주가가 낮게 형성되어 저평가되었다고 판단한다.

40 다음 중 이자율의 기간구조에 대한 설명으로 옳지 않은 것은?

① 채권금리는 만기가 길수록 금리도 높아지는 우상향의 모양을 보인다.
② 기간에 따라 달라질 수 있는 이자율 사이의 관계를 이자율의 기간구조라고 부른다.
③ 이자율의 기간구조는 흔히 수익률 곡선(Yield Curve)으로 나타낸다.
④ 장기이자율이 단기이자율보다 높으면 우하향곡선의 형태를 취한다.
⑤ 장기이자율이 단기이자율과 같다면 수평곡선의 형태를 취한다.

41 다음 글에 해당하는 5가지 성격 특성 요소(Big Five Personality Traits)는 무엇인가?

> 과제 및 목적 지향성을 촉진하는 속성과 관련된 것으로, 심사숙고, 규준이나 규칙의 준수, 계획 세우기, 조직화, 과제의 준비 등과 같은 특질을 포함한다.

① 개방성(Openness to Experience)
② 성실성(Conscientiousness)
③ 외향성(Extraversion)
④ 수용성(Agreeableness)
⑤ 안정성(Emotional Stability)

42 K회사가 사용하는 기계장치의 2023년 말 장부금액은 ₩3,500(취득원가 ₩6,000, 감가상각누계액 ₩2,500, 원가모형 적용)이다. 2023년 말 동 기계장치의 진부화로 가치가 감소하여 순공정가치는 ₩1,200, 사용가치는 ₩1,800으로 추정되었다. K회사가 2023년 인식할 기계장치 손상차손은?

① ₩1,200
② ₩1,700
③ ₩1,800
④ ₩2,000
⑤ ₩2,300

43 다음 중 과학적 경영 전략에 대한 설명으로 옳지 않은 것은?

① 호손 실험은 생산성에 비공식적 조직이 영향을 미친다는 사실을 밝혀낸 연구이다.
② 포드 시스템은 노동자의 이동경로를 최소화하며 물품을 생산하거나, 고정된 생산라인에서 노동자가 계속해서 생산하는 방식을 통하여 불필요한 절차와 행동 요소들을 없애 생산성을 향상하였다.
③ 테일러의 과학적 관리법은 시간연구와 동작연구를 통해 노동자의 심리상태와 보상심리를 적용한 효과적인 과학적 경영 전략을 제시하였다.
④ 목표설정이론은 인간이 합리적으로 행동한다는 기본적인 가정에 기초하여, 개인이 의식적으로 얻으려고 설정한 목표가 동기와 행동에 영향을 미친다는 이론이다.
⑤ 직무특성이론은 기술된 핵심 직무 특성이 종업원의 주요 심리 상태에 영향을 미치며, 이것이 다시 종업원의 직무 성과에 영향을 미친다고 주장한다.

44 다음 중 기업합병에 대한 설명으로 옳지 않은 것은?

① 기업합병이란 두 독립된 기업이 법률적, 실질적으로 하나의 기업실체로 통합되는 것이다.
② 기업매각은 사업부문 중의 일부를 분할한 후 매각하는 것으로, 기업의 구조를 재편성하는 것이다.
③ 기업인수는 한 기업이 다른 기업의 지배권을 획득하기 위하여 주식이나 자산을 취득하는 것이다.
④ 기업합병에는 흡수합병과 신설합병이 있으며 흡수합병의 경우 한 회사는 존속하고 다른 회사의 주식은 소멸한다.
⑤ 수평적 합병은 기업의 생산이나 판매과정 전후에 있는 기업 간의 합병으로, 주로 원자재 공급의 안정성 등을 목적으로 한다.

45 다음 〈보기〉에서 맥그리거(Mcgregor)의 XY이론 중 X이론적 인간관과 동기부여 전략에 해당하는 것을 모두 고르면?

> **보기**
>
> ㄱ. 천성적 나태 ㄴ. 변화지향적
> ㄷ. 자율적 활동 ㄹ. 민주적 관리
> ㅁ. 어리석은 존재 ㅂ. 타율적 관리
> ㅅ. 변화에 저항적 ㅇ. 높은 책임감

① ㄱ, ㄴ, ㄷ, ㄹ
② ㄱ, ㄴ, ㄹ, ㅁ
③ ㄱ, ㅁ, ㅂ, ㅅ
④ ㄴ, ㄷ, ㄹ, ㅇ
⑤ ㄴ, ㅁ, ㅂ, ㅅ

46 다음 중 터크만(Tuckman)의 집단 발달의 5단계 모형에서 집단 구성원들 간에 집단의 목표와 수단에 대해 합의가 이루어지고 응집력이 높아지며 구성원들의 역할과 권한 관계가 정해지는 단계는?

① 형성기(Forming)
② 격동기(Storming)
③ 규범기(Norming)
④ 성과달성기(Performing)
⑤ 해체기(Adjourning)

47 다음 중 행동기준고과법(BARS)에 대한 설명으로 옳지 않은 것은?

① 전통적인 인사평가 방법에 비해 평가의 공정성이 증가하는 장점이 있다.
② 어떤 행동이 목표달성과 관련이 있는지 인식하여 목표관리의 일환으로 사용이 가능하다.
③ 다양하고 구체적인 직무에 적용이 가능하다는 장점이 있다.
④ 평정척도법과 중요사건기록법을 혼용하여 평가직무에 직접 적용되는 행동패턴을 척도화하여 평가하는 방법이다.
⑤ 점수를 통해 등급화하기보다는 개별행위를 빈도를 나눠서 측정하기 때문에 풍부한 정보를 얻을 수 있지만 종업원의 행동변화를 유도하기 어렵다는 단점이 있다.

48 다음 중 인적자원관리(HRM)에 대한 내용으로 옳지 않은 것은?

① 직무분석이란 적재적소에 인적자원을 배치하기 위하여 직무 관련 정보를 수집하는 절차이다.

② 직무분석의 방법으로 면접법, 관찰법, 중요사건법 등이 있다.

③ 직무분석의 결과로 직무기술서와 직무명세서가 만들어진다.

④ 직무평가 방법으로는 서열법, 요소비교법, 질문지법 등이 있다.

⑤ '동일노동 동일임금'의 원칙을 실현하는 직무급을 도입하기 위한 기초 작업으로 직무평가가 실시된다.

49 다음 〈보기〉에서 푸시 앤 풀(Push and Pull) 기법 중 푸시 전략에 대한 설명으로 옳은 것을 모두 고르면?

> **보기**
> ㉠ 제조업자가 중간상을 대상으로 적극적인 촉진전략을 사용하여 도매상, 소매상들이 자사의 제품을 소비자에게 적극적으로 판매하도록 유도하는 방법이다.
> ㉡ 인적판매와 중간상 판촉의 중요성이 증가하게 되고, 최종소비자를 대상으로 하는 광고의 중요성은 상대적으로 감소하게 된다.
> ㉢ 제조업자가 최종소비자를 대상으로 적극적인 촉진을 사용하여 소비자가 자사의 제품을 적극적으로 찾게 함으로써 중간상들이 자발적으로 자사 제품을 취급하게 만드는 전략이다.
> ㉣ 최종소비자를 대상으로 하는 광고와 소비자 판촉의 중요성이 증가하게 된다.

① ㉠, ㉡

② ㉠, ㉣

③ ㉡, ㉢

④ ㉡, ㉣

⑤ ㉢, ㉣

50 다음 중 인간의 감각이 느끼지 못할 정도의 자극을 주어 잠재의식에 호소하는 광고는?

① 애드버커시 광고

② 서브리미널 광고

③ 리스폰스 광고

④ 키치 광고

⑤ 티저 광고

51 다음 글에서 프랑스 맥도날드사의 마케팅 기법으로 옳은 것은?

> 프랑스 맥도날드에서는 "어린이들은 일주일에 한 번만 오세요!"라는 어린이들의 방문을 줄이기 위한 광고 카피를 선보였다. 맥도날드는 시민들에게 '맥도날드는 소비자의 건강을 생각하는 회사'라는 긍정적인 이미지를 심어주기 위해 이러한 광고를 내보낸 것으로 밝혔다. 결과는 어땠을까. 놀랍게도 성공적이었다. 광고 카피와는 반대로 소비자들의 맥도날드 방문횟수가 더욱 늘어났고, 광고가 반영된 그해 유럽지사 중 가장 높은 실적을 이루는 놀라운 결과를 얻었다.

① PPL 마케팅(PPL Marketing)
② 노이즈 마케팅(Noise Marketing)
③ 퍼포먼스 마케팅(Performance Marketing)
④ 집중적 마케팅
⑤ 디마케팅(Demarketing)

52 다음 중 시장세분화에 대한 설명으로 옳은 것은?

① 시장포지셔닝은 세분화된 시장의 좋은 점을 분석한 후 진입할 세분시장을 선택하는 것이다.
② 행동적 세분화는 구매자의 사회적 위치, 생활습관, 개인성격을 바탕으로 시장을 나누는 것이다.
③ 시장표적화는 시장경쟁이 치열해졌거나 소비자의 욕구가 급격히 변할 때 저가격으로 설정하는 전략방법이다.
④ 인구통계적 세분화는 나이, 성별, 가족규모, 소득, 직업, 종교, 교육수준 등을 바탕으로 시장을 나누는 것이다.
⑤ 사회심리적 세분화는 추구하는 편익, 사용량, 상표애호도, 사용여부 등을 바탕으로 시장을 나누는 것이다.

53 다음 중 공급사슬관리(SCM)의 목적으로 옳은 것은?

① 제품 생산에 필요한 자재의 소요량과 소요시기를 결정한다.
② 기업 내 모든 자원의 흐름을 정확히 파악하여 자원을 효율적으로 배치한다.
③ 자재를 필요한 시각에 필요한 수량만큼 조달하여 낭비 요소를 근본적으로 제거한다.
④ 자재의 흐름을 효과적으로 관리하여 불필요한 시간과 비용을 절감한다.
⑤ 조직의 인적 자원이 축적하고 있는 개별적인 지식을 체계화하고 공유한다.

54 K회사는 정상원가계산을 사용하고 있으며, 직접노무시간을 기준으로 제조간접원가를 예정배부하고 있다. K회사의 2023년도 연간 제조간접원가 예산은 ₩600,000이고, 실제 발생한 제조간접원가는 ₩650,000이다. 2023년도 연간 예정조업도는 20,000시간이고, 실제 직접노무시간은 18,000시간이다. K회사는 제조간접원가 배부차이를 전액 매출원가에서 조정하고 있다. 2023년도 제조간접원가 배부차이조정전 매출총이익이 ₩400,000이라면, 포괄손익계산서에 인식할 매출총이익은?

① ₩290,000
② ₩360,000
③ ₩400,000
④ ₩450,000
⑤ ₩510,000

55 다음 중 자금, 인력, 시설 등 모든 제조자원을 통합하여 계획 및 통제하는 관리시스템은?

① MRP
② MRP Ⅱ
③ JIT
④ FMS
⑤ BPR

56 다음 중 재고자산에 대한 설명으로 옳은 것은?(단, 재고자산감모손실 및 재고자산평가손실은 없다)

① 재고자산 매입 시 부담한 매입운임은 운반비로 구분하여 비용처리한다.
② 선입선출법 적용 시 물가가 지속적으로 상승한다면, 계속기록법에 의한 기말재고자산금액이 실지재고조사법에 의한 기말재고자산 금액보다 크다.
③ 선입선출법 적용 시 물가가 지속적으로 상승한다면, 계속기록법에 의한 기말재고자산금액이 실지재고조사법에 의한 기말재고자산 금액보다 작다.
④ 부동산 매매기업이 정상적인 영업과정에서 판매를 목적으로 보유하는 건물은 재고자산으로 구분한다.
⑤ 재고자산을 순실현가능가치로 감액한 평가손실과 모든 감모손실은 감액이나 감모가 발생한 다음 기간에 매출원가로 인식한다.

57 다음은 K회사의 2023년 세무조정사항 등 법인세 계산 자료이다. K회사의 2023년도 법인세비용은?

- 접대비 한도초과액은 ₩24,000이다.
- 감가상각비 한도초과액은 ₩10,000이다.
- 2023년 초 전기이월 이연법인세자산은 ₩7,500이고, 이연법인세부채는 없다.
- 2023년도 법인세비용차감전순이익은 ₩150,000이고, 이후에도 매년 이 수준으로 실현될 가능성이 높다.
- 과세소득에 적용될 세율은 25%이고, 향후에도 변동이 없다.

① ₩37,500 ② ₩40,500
③ ₩43,500 ④ ₩45,500
⑤ ₩48,500

58 K회사는 고객에게 상품을 판매하고 난 뒤 약속어음(액면금액 ₩5,000,000, 만기 6개월, 표시이자율 연 6%)을 받았다. K회사는 동 어음을 3개월간 보유한 후 은행에 할인하면서 은행으로부터 ₩4,995,500을 받았다. 동 어음에 대한 은행의 연간 할인율은?(단, 이자는 월할계산한다)

① 8% ② 10%
③ 12% ④ 14%
⑤ 16%

59 K기업의 현재 주가는 ₩30,000이며, 차기 주당배당액이 ₩2,000으로 예상되고, K기업의 이익과 배당은 매년 4%씩 성장할 것으로 예상될 때, 보통주의 자본비용은?

① 약 10% ② 약 14%

③ 약 17% ④ 약 20%

⑤ 약 23%

60 다음 표를 이용하여 결합레버리지도를 구한 값은?

매출액	100	영업이익	40
변동비	30	이자비용	30
고정비	30	법인세차감전이익	10

① 3 ② 7

③ 9 ④ 10

⑤ 12

| 02 | 경제

01 K기업의 생산함수가 $Q=4L+8K$이다. 노동가격은 3이고 자본가격은 5일 때, 재화 120을 생산하기 위해 비용을 최소화하는 생산요소 묶음은?(단, Q는 생산량, L은 노동, K는 자본이다)

① $L=0, \quad K=15$

② $L=0, \quad K=25$

③ $L=10, \quad K=10$

④ $L=25, \quad K=0$

⑤ $L=30, \quad K=0$

02 한 경제의 취업자 수는 120만 명이라고 한다. 이 경제의 실업률은 20%이고, 노동가능인구(생산가능인구)는 200만 명이라고 할 때 경제활동참가율은?

① 33.3%

② 50%

③ 66.7%

④ 75%

⑤ 85%

03 다음 상황을 의미하는 경제용어로 옳은 것은?

> 일본의 장기불황과 미국의 금융위기 사례에서와 같이 금리를 충분히 낮추는 확장적 통화정책을 실시해도 가계와 기업이 시중에 돈을 풀어놓지 않는 상황을 말한다. 특히 일본의 경우 1990년대 제로금리를 고수했음에도 불구하고 소위 '잃어버린 10년'이라고 불리는 장기 불황을 겪었다. 불황 탈출을 위해 확장적 통화정책을 실시했지만 경제성장률은 계속 낮았다. 이후 경기 비관론이 팽배해지고 디플레이션이 심화되면서 모든 경제 주체가 투자보다는 현금을 보유하려는 유동성 선호경향이 강해졌다.

① 유동성 함정(Liquidity Trap)

② 공개시장조작

③ 용의자의 딜레마

④ 동태적 비일관성

⑤ 구축효과(Crowding – Out Effect)

04 다음 중 설문을 어떻게 구성하느냐에 따라 다른 응답이 나오는 효과는?

① 틀짜기효과(Framing Effect)
② 닻내림효과(Anchoring Effect)
③ 현상유지편향(Status Quo Bias)
④ 기정편향(Default Bias)
⑤ 부존효과(Endowment Effect)

05 다음 〈보기〉 중 피셔(Fisher)의 2기간 최적소비선택모형에서 제1기에 소득이 소비보다 큰 소비자에 대한 설명으로 옳은 것을 모두 고르면?(단, 기간별 소비는 모두 정상재이며, 저축과 차입이 자유롭고 저축이자율과 차입이자율이 동일한 완전자본시장을 가정한다)

> **보기**
>
> ㄱ. 제1기의 소득증가는 제1기의 소비를 증가시킨다.
> ㄴ. 제2기의 소득증가는 제2기의 소비를 감소시킨다.
> ㄷ. 실질이자율이 증가하면 제2기의 소비는 증가한다.

① ㄱ
② ㄱ, ㄴ
③ ㄱ, ㄷ
④ ㄴ, ㄷ
⑤ ㄱ, ㄴ, ㄷ

06 효용을 극대화하는 A의 효용함수는 $U(x, y) = min[x, y]$이다. 소득이 1,800, X재와 Y재의 가격이 각각 10이다. X재의 가격만 8로 하락할 때, 다음 〈보기〉에서 옳은 것을 모두 고르면? (단, x는 X재의 소비량, y는 Y재의 소비량이다)

> **보기**
>
> ㄱ. X재의 소비량 변화 중 대체효과는 0이다.
> ㄴ. X재의 소비량 변화 중 소득효과는 10이다.
> ㄷ. 한계대체율은 하락한다.
> ㄹ. X재 소비는 증가하고, Y재 소비는 감소한다.

① ㄱ, ㄴ
② ㄱ, ㄷ
③ ㄴ, ㄷ
④ ㄴ, ㄹ
⑤ ㄷ, ㄹ

07 주어진 예산으로 효용극대화를 추구하는 어떤 사람이 일정 기간에 두 재화 X와 Y만 소비한다고 하자. X의 가격은 200원이고, 그가 얻는 한계효용이 600이 되는 수량까지 X를 소비한다. 아래 표는 Y의 가격이 300원일 때 그가 소비하는 Y의 수량과 한계효용 사이의 관계를 보여준다. 효용이 극대화되는 Y의 소비량은?

Y의 수량	1개	2개	3개	4개	5개
한계효용	2,600	1,900	1,300	900	800

① 1개   ② 2개

③ 3개   ④ 4개

⑤ 5개

08 다음은 불평등지수에 대한 설명이다. 빈칸 ㉠ ~ ㉢에 들어갈 내용으로 옳은 것은?

- 지니계수가 ㉠ 수록 소득불평등 정도가 크다.
- 십분위분배율이 ㉡ 수록 소득불평등 정도가 크다.
- 앳킨슨지수가 ㉢ 수록 소득불평등 정도가 크다.

	㉠	㉡	㉢
①	클	클	클
②	클	클	작을
③	클	작을	클
④	작을	클	클
⑤	작을	클	작을

09 다음 중 탄력성에 대한 설명으로 옳은 것은?

① 가격이 1% 상승할 때 수요량이 2% 감소했다면 수요의 가격탄력성은 0.5이다.

② 소득이 5% 상승할 때 수요량이 1%밖에 증가하지 않았다면 이는 기펜재(Giffen Goods)이다.

③ 잉크젯프린터와 잉크카트리지 간의 수요의 교차탄력성은 0보다 크다.

④ 수요의 소득탄력성은 항상 0보다 크다.

⑤ 수요의 가격탄력성이 0보다 크고 1보다 작으면 가격이 상승함에 따라 소비자의 총지출은 증가한다.

10 다음은 A국과 B국의 2020년과 2023년의 자동차와 TV 생산에 대한 생산가능곡선을 나타낸 그래프이다. 다음 중 이에 대한 설명으로 옳은 것은?

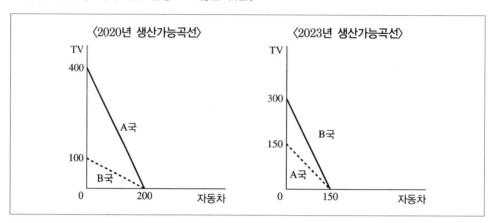

① 2020년도 자동차 수출국은 A국이다.
② B국의 자동차 1대 생산 기회비용은 감소하였다.
③ 두 시점의 생산가능곡선 변화 원인은 생산성 향상 때문이다.
④ 2023년도에 자동차 1대가 TV 2대와 교환된다면 무역의 이익은 B국만 갖게 된다.
⑤ 2020년도 A국이 생산 가능한 총생산량은 TV 400대와 자동차 200대이다.

11 어떤 재화의 수요곡선은 우하향하고 공급곡선은 우상향한다고 가정한다. 이 재화의 공급자에 대해 재화 단위당 일정액의 세금을 부과했을 때의 효과에 대한 분석으로 옳은 것은?

① 단위당 부과하는 세금액이 커지면 자중적 손실은 세금액 증가와 동일하다.
② 다른 조건이 일정할 때 수요가 가격에 탄력적일수록 소비자가 부담하는 세금의 비중은 더 커진다.
③ 세금부과 후에 시장가격은 세금부과액과 동일한 금액만큼 상승한다.
④ 다른 조건이 일정할 때 수요가 가격에 탄력적일수록 세금부과에 따른 자중적 손실은 적다.
⑤ 과세부과에 따른 자중적 손실의 최소화를 기하는 것은 효율성 측면과 관련이 있다.

12 다음 〈보기〉 중 내생적 성장이론에서 주장하는 내용으로 옳지 않은 것을 모두 고르면?

> **보기**
>
> 가. 금융시장이 발달하면 투자의 효율성이 개선되어 경제성장이 촉진된다.
> 나. 연구부문의 고용비율이 높아지면 성장률이 장기적으로 높아질 수 있다.
> 다. 외부효과를 갖는 지식의 경우에는 수확체감의 법칙이 적용되지 않는다.
> 라. 자본의 한계생산이 체감하지 않으므로 국가 간 소득수준의 수렴이 빠르게 발생한다.

① 다
② 라
③ 가, 나
④ 나, 다
⑤ 가, 다, 라

13 다음 중 IS곡선에 대한 설명으로 옳지 않은 것은?

① IS곡선 하방의 한 점은 생산물시장이 초과 수요 상태임을 나타낸다.
② 한계저축성향이 클수록 IS곡선은 급경사이다.
③ 정부지출과 조세가 동액만큼 증가하더라도 IS곡선은 우측으로 이동한다.
④ 피구(Pigou)효과를 고려하게 되면 IS곡선의 기울기는 보다 가팔라진다.
⑤ 수입은 소득의 증가함수이므로 개방경제하의 IS곡선은 폐쇄경제하의 IS곡선보다 가파르다.

14 다음 중 항상소득가설에 의하면 소비에 미치는 영향이 가장 큰 소득의 변화는?

① 직장에서 과장으로 승진하여 월급이 올랐다.
② 로또에서 3등으로 당첨되어 당첨금을 받았다.
③ 감기로 인한 결근으로 급여가 일시적으로 감소했다.
④ 휴가를 최대한 사용하여 미사용 연차휴가수당이 줄었다.
⑤ 일시적인 수요 증가로 초과 근무가 늘어나고 초과 수당이 증가했다.

15 다음 중 조세정책에 대한 설명으로 옳지 않은 것은?

① 조세정책은 정부가 경제영역 중 분배영역에 개입할 수 있는 중요한 수단 중 하나이다.

② 정부는 기업의 고용 및 투자를 촉진하기 위한 수단으로 소득세, 법인세 감면 등을 시행한다.

③ 조세정책을 시행하는 곳은 한국은행이다.

④ 조세정의 실현을 위해 지하경제 양성화, 역외탈세 근절 등이 매우 중요하다.

⑤ 세율을 높이면 세수입이 늘어나지만 일정 수준 이상의 세율에서는 오히려 세금이 줄어드는 현상
   이 나타난다.

16 다음 〈보기〉 중 단기총공급곡선이 우상향하는 이유, 즉 물가 상승 시 생산이 증가하는 경우를 모두
고르면?

> **보기**
> ㄱ. 물가 상승 시 기업들은 자사제품의 상대가격이 상승했다고 오인하여 생산을 늘린다.
> ㄴ. 노동자가 기업에 비해 물가 상승을 과소예측하면 노동공급은 증가한다.
> ㄷ. 물가상승에도 불구하고 메뉴비용이 커서 가격을 올리지 않는 기업의 상품 판매량이 증가한다.
> ㄹ. 명목임금이 경직적이면 물가 상승에 따라 고용이 증가한다.

① ㄴ, ㄷ   ② ㄱ, ㄴ, ㄷ
③ ㄱ, ㄷ, ㄹ   ④ ㄴ, ㄷ, ㄹ
⑤ ㄱ, ㄴ, ㄷ, ㄹ

17 2020년과 2023년 빅맥 가격이 다음과 같다. 일물일가의 법칙이 성립할 때, 옳지 않은 것은?(단, 환율은 빅맥 가격을 기준으로 표시한다)

2020년		2023년	
원화 가격	달러 가격	원화 가격	달러 가격
5,000원	5달러	5,400원	6달러

① 빅맥의 원화 가격은 두 기간 사이에 8% 상승했다.

② 빅맥의 1달러당 원화 가격은 두 기간 사이에 10% 하락했다.

③ 달러 대비 원화의 가치는 두 기간 사이에 10% 상승했다.

④ 달러 대비 원화의 실질환율은 두 기간 사이에 변하지 않았다.

⑤ 2023년 원화의 명목환율은 구매력평가환율보다 낮다.

18 다음 중 일반적인 필립스곡선에 나타나는 실업률과 인플레이션의 관계에 대한 설명으로 옳지 않은 것은?

① 장기적으로 인플레이션과 실업률 사이에 특별한 관계가 없다.

② 실업률을 낮추기 위하여 확장적인 통화정책을 사용하는 경우 인플레이션이 일어난다.

③ 단기적으로는 인플레이션율과 실업률이 반대방향으로 움직이는 경우가 대부분이다.

④ 인플레이션에 대한 높은 기대 때문에 인플레이션이 나타난 경우에도 실업률은 하락한다.

⑤ 원자재 가격이 상승하는 경우 실업률이 감소하지 않더라도 인플레이션이 심화된다.

19 다음 중 소비자잉여와 생산자잉여에 대한 설명으로 옳지 않은 것은?

① 소비자잉여는 소비자의 선호 체계에 의존한다.

② 완전경쟁일 때보다 기업이 가격차별을 실시할 경우 소비자잉여가 줄어든다.

③ 완전경쟁시장에서는 소비자잉여와 생산자잉여의 합인 사회적잉여가 극대화된다.

④ 독점시장의 시장가격은 완전경쟁시장의 가격보다 높게 형성되지만 소비자잉여는 줄어들지 않는다.

⑤ 소비자잉여는 어떤 상품에 소비자가 최대한으로 지급할 용의가 있는 가격에서 실제 지급한 가격을 차감한 차액이다.

20 형돈이는 완전경쟁적인 햄버거시장에서 매월 햄버거를 1,000개 팔고 있다. 형돈이의 월간 총비용은 100만 원이고, 이 중 고정비용은 40만 원이다. 형돈이가 단기적으로는 햄버거 가게를 운영하지만 장기적으로는 폐업할 계획이라고 할 때 햄버거 1개당 가격의 범위는?

① 400원 이상 600원 미만

② 600원 이상 1,000원 미만

③ 800원 이상 1,200원 미만

④ 1,000원 이상 1,400원 미만

⑤ 1,200원 이상 1,600원 미만

21 다음 중 화폐에 대한 설명으로 옳은 것은?

① 상품화폐의 내재적 가치는 변동하지 않는다.

② 광의의 통화(M2)는 준화폐(Near money)를 포함하지 않는다.

③ 불태환화폐(Flat money)는 내재적 가치를 갖는 화폐이다.

④ 가치 저장 수단의 역할로 소득과 지출의 발생 시점을 분리시켜준다.

⑤ 다른 용도로 사용될 수 있는 재화는 교환의 매개 수단으로 활용될 수 없다.

22 다음 중 통화정책의 단기적 효과를 높이는 요인으로 옳은 것을 〈보기〉에서 모두 고르면?

> **보기**
>
> ㄱ. 화폐수요의 이자율 탄력성이 높은 경우
> ㄴ. 투자의 이자율 탄력성이 높은 경우
> ㄷ. 한계소비성향이 높은 경우

① ㄱ

② ㄴ

③ ㄱ, ㄴ

④ ㄴ, ㄷ

⑤ ㄱ, ㄴ, ㄷ

23 기업의 생산함수가 $Y=200N-N^2$이고(이때, Y는 생산량, N은 노동시간이다), 근로자의 여가 1시간당 가치가 40이다. 상품시장과 생산요소시장이 완전경쟁시장이고, 생산물의 가격이 1일 때, 균형노동시간은?

① 25시간   ② 75시간

③ 80시간   ④ 95시간

⑤ 125시간

24 휴대폰의 수요곡선은 $Q=-2P+100$이고, 공급곡선은 $Q=-3P-20$이다. 정부가 휴대폰 1대당 10의 종량세 형태의 물품세를 공급자에게 부과하였다면, 휴대폰 공급자가 부담하는 총조세부담액은?(단, P는 가격, Q는 수량, $P>0$, $Q>0$이다)

① 140   ② 160

③ 180   ④ 200

⑤ 220

25 도담이는 만기가 도래한 적금 3,000만 원을 기대수익률이 10%인 주식에 투자해야 할지 이자율이 5%인 예금에 저축해야 할지 고민 중이다. 결국 도담이가 주식에 투자하기로 결정한 경우, 이 선택에 대한 연간 기회비용은 얼마인가?

① 0원   ② 150만 원

③ 300만 원   ④ 3,000만 원

⑤ 3,300만 원

26 다음 〈보기〉 중 가격차별 행위로 보기 어려운 것을 모두 고르면?

> **보기**
>
> 가. 전월세 상한제
> 나. 학생과 노인에게 극장표 할인
> 다. 수출품 가격과 내수품 가격을 다르게 책정
> 라. 전력 사용량에 따라 단계적으로 다른 가격 적용
> 마. 대출 최고 이자율 제한

① 가, 마
② 다, 라
③ 나, 다, 라
④ 나, 다, 마
⑤ 다, 라, 마

27 다음 중 인플레이션에 의해 나타날 수 있는 현상으로 보기 어려운 것은?

① 구두창 비용의 발생
② 메뉴비용의 발생
③ 통화가치 하락
④ 총요소생산성의 상승
⑤ 단기적인 실업률 하락

28 다음 〈보기〉 중 도덕적 해이(Moral Hazard)를 해결하는 방안에 해당하는 것을 모두 고르면?

> **보기**
>
> 가. 스톡옵션(Stock option)   나. 은행담보대출
> 다. 자격증 취득   라. 전자제품 다년간 무상수리
> 마. 사고 건수에 따른 보험료 할증

① 가, 나
② 가, 라
③ 다, 마
④ 가, 나, 마
⑤ 나, 라, 마

29 다음 중 어떤 산업이 자연독점화되는 이유로 옳은 것은?

① 고정비용의 크기가 작은 경우

② 최소효율규모의 수준이 매우 큰 경우

③ 다른 산업에 비해 규모의 경제가 작게 나타나는 경우

④ 생산량이 증가함에 따라 평균비용이 계속 늘어나는 경우

⑤ 기업 수가 증가할수록 산업의 평균 생산비용이 감소하는 경우

30 甲국과 乙국 두 나라만 존재하며 재화는 TV와 쇠고기, 생산요소는 노동뿐이며, 두 나라에서 재화 1단위 생산에 필요한 노동량은 다음과 같다. 이를 바탕으로 리카도(D. Ricardo)의 비교우위론에 입각한 설명으로 옳은 것은?

구분	甲국	乙국
TV	3	2
쇠고기	10	4

① 乙국이 두 재화 모두 甲국에 수출한다.

② 甲국은 쇠고기를 乙국은 TV를 상대국에 수출한다.

③ 국제거래가격이 TV 1단위당 쇠고기 0.2단위면, 甲국은 TV를 수출한다.

④ 국제거래가격은 쇠고기 1단위당 TV 0.3단위와 0.5단위 사이에서 결정된다.

⑤ 자유무역이 이루어질 경우, 甲국은 TV만 생산할 때 이익이 가장 크다.

31 상품 A의 가격을 10% 인상하였더니 상품 A의 판매량이 5% 감소하였다. 다음 중 이에 대한 설명으로 옳은 것은?

① 공급의 가격탄력성은 1이다.

② 공급의 가격탄력성은 1보다 크다.

③ 공급의 가격탄력성이 1보다 작다.

④ 수요의 가격탄력성이 1보다 크다.

⑤ 수요의 가격탄력성이 1보다 작다.

32 다음 중 생산자의 단기 생산 활동에 대한 설명으로 옳지 않은 것은?

① 가변요소의 투입량이 증가할 때 평균생산성은 증가하다가 감소한다.
② 가변요소의 투입량이 증가할 때 한계생산성은 증가하다가 감소한다.
③ 수확체감의 법칙은 한계생산성이 지속적으로 감소하는 구간에서 발생한다.
④ 평균생산성이 증가하는 구간에서 한계생산성은 평균생산성보다 크다.
⑤ 한계생산물곡선은 평균생산물곡선의 극대점을 통과하므로 한계생산물과 평균생산물이 같은 점에서는 총생산물이 극대가 된다.

33 다음 중 산업 내 무역에 대한 설명으로 옳은 것은?

① 산업 내 무역은 규모의 경제와 관계없이 발생한다.
② 산업 내 무역은 부존자원의 상대적인 차이 때문에 발생한다.
③ 산업 내 무역은 경제여건이 다른 국가 사이에서 이루어진다.
④ 산업 내 무역은 유럽연합 국가들 사이의 활발한 무역을 설명할 수 있다.
⑤ 산업 내 무역은 무역으로 인한 소득재분배가 발생한다.

34 다음 〈보기〉 중 외부효과로 인한 시장의 문제점을 해결하기 위한 방법으로 제시된 코즈의 정리에 대한 설명으로 옳은 것을 모두 고르면?

> **보기**
>
> ㄱ. 외부효과를 발생시키는 재화에 대해 시장을 따로 개설해 주면 시장의 문제가 해결된다.
> ㄴ. 외부효과를 발생시키는 재화에 대해 조세를 부과하면 시장의 문제가 해결된다.
> ㄷ. 외부효과를 발생시키는 재화의 생산을 정부가 직접 통제하면 시장의 문제가 해결된다.
> ㄹ. 외부효과를 발생시키는 재화에 대해 소유권을 인정해주면 이해당사자들의 협상을 통하여 시장의 문제가 해결된다.
> ㅁ. 코즈의 정리와 달리 현실에서는 민간주체들이 외부효과 문제를 항상 해결할 수 있는 것은 아니다.

① ㄱ, ㄷ
② ㄹ, ㅁ
③ ㄱ, ㄴ, ㄹ
④ ㄴ, ㄷ, ㅁ
⑤ ㄷ, ㄹ, ㅁ

35 다음 중 한국은행의 주요 업무에 대한 설명으로 옳지 않은 것은?

① 한국은행은 우리나라 화폐를 발행한다.

② 한국은행은 국고금을 수납하고 지급하는 업무를 한다.

③ 한국은행은 금융시스템의 안정성을 유지하고 강화하는 업무를 한다.

④ 한국은행은 경제에 대한 조사연구 및 통계 업무를 한다.

⑤ 한국은행은 기관 및 개인 고객을 대상으로 예금 수신 및 대출 업무를 한다.

PART 3

36 다음 〈보기〉 중 국내총생산(GDP) 통계에 대한 설명으로 옳은 것을 모두 고르면?

> 보기
>
> 가. 여가가 주는 만족은 삶의 질에 매우 중요한 영향을 미치므로 GDP에 반영된다.
> 나. 환경오염으로 파괴된 자연을 치유하기 위해 소요된 지출은 GDP에 포함된다.
> 다. 우리나라의 지하경제 규모는 엄청나므로 한국은행은 이것을 포함하여 GDP를 측정한다.
> 라. 가정주부의 가사노동은 GDP에 불포함되지만 가사도우미의 가사노동은 GDP에 포함된다.

① 가, 다   ② 가, 라

③ 나, 다   ④ 나, 라

⑤ 다, 라

37 다음 중 선도계약에 대한 설명으로 옳지 않은 것은?

① 선도계약의 가격은 만기일 당일 현물가격의 기댓값에 따라 결정된다.

② 선도계약은 만기일에만 결제가 가능하다.

③ 통화 선도계약은 통화 스와프에 비해 수익과 손실의 범위가 크다.

④ 통화 선도계약은 환위험을 줄이기 위한 수단으로 주로 사용된다.

⑤ 선도계약은 계약 당사자 간 직접거래이므로 계약 당사자의 신용이 중요하다.

38 다음 중 파레토효율성에 대한 설명으로 옳지 않은 것은?

① 파레토효율적인 자원배분은 일반적으로 무수히 많이 존재한다.

② 일정한 조건이 충족될 때 완전경쟁시장에서의 일반균형은 파레토효율적이다.

③ 파레토효율적인 자원배분이 평등한 소득분배를 보장해주는 것은 아니다.

④ 파레토효율적인 자원배분하에서는 항상 사회후생이 극대화된다.

⑤ 어느 한 사람의 효용을 감소시키지 않고서는 다른 사람의 효용을 증가시킬 수 없는 상태를 파레토효율적이라고 한다.

39 다음 〈보기〉에서 소비의 항상소득가설과 생애주기가설에 대한 설명으로 옳은 것을 모두 고르면?

> **보기**
>
> 가. 소비자들은 가능한 한 소비수준을 일정하게 유지하려는 성향이 있다.
> 나. 생애주기가설에 의하면 고령인구의 비율이 높아질수록 민간부문의 저축률이 하락할 것이다.
> 다. 프리드만의 항상소득가설에 의하면 높은 소득의 가계가 평균적으로 낮은 평균소비성향을 갖는다.
> 라. 케인스는 항상소득가설을 이용하여 승수효과를 설명하였다.

① 가, 나   ② 가, 라
③ 나, 다   ④ 가, 나, 다
⑤ 나, 다, 라

40 다음 중 자국의 실물시장 균형을 나타내는 IS곡선에 대한 설명으로 옳지 않은 것은?(단, IS곡선의 기울기는 세로축을 이자율, 가로축을 소득으로 하는 그래프상의 기울기를 말한다)

① 자국의 한계소비성향이 커지면 IS곡선의 기울기가 완만해진다.

② 자국의 정부지출이 증가하면 IS곡선은 오른쪽으로 이동한다.

③ 자국의 한계수입성향이 커질수록 IS곡선의 기울기는 가팔라진다.

④ 해외교역국의 한계수입성향이 커질수록 IS곡선의 기울기는 완만해진다.

⑤ 자국의 소득증가로 인한 한계유발투자율이 증가하면 IS곡선의 기울기가 완만해진다.

41 다음 중 풋옵션에 대한 설명으로 옳지 않은 것은?

① 거래 당사자들이 미리 정한 가격으로 장래 특정시점에 해당 자산을 팔 수 있는 권리를 뜻한다.

② 풋옵션을 매도한 경우 매도자는 시장이 급락하면 이익이 크게 늘어날 수 있다.

③ 풋옵션은 조기상환청구권에 해당된다.

④ 풋옵션을 매수한 경우 최대 손실은 지급한 프리미엄이다.

⑤ 풋옵션을 매수한 경우 매수자는 해당 자산의 가격이 미리 정한 가격보다 더 하락해도 미리 정한 가격에 팔 수 있다.

42 다음 〈조건〉을 참고할 때, 사중손실의 값으로 옳은 것은?

> **조건**
> - $Q_s = 500 + 3P$, $Q_d = 800 - 2P$
> - 가격상한제 시행으로 인한 상한가격 : 50

① 185　　　　　　　　　　② 250

③ 315　　　　　　　　　　④ 375

⑤ 400

43 다음 중 매일 마시는 물보다 다이아몬드의 가격이 비싸다는 사실을 통해 내릴 수 있는 결론으로 옳은 것은?

① 유용한 재화일수록 희소하다.

② 희소하지 않은 자원도 존재한다.

③ 희소하지 않지만 유용한 재화도 있다.

④ 재화의 사용가치가 높을수록 가격도 높아진다.

⑤ 재화의 가격은 희소성의 영향을 많이 받는다.

44 다음 중 수요의 가격탄력성에 대하여 바르게 말하는 사람을 〈보기〉에서 모두 고르면?

> **보기**
>
> 보검 : 대학교 학생식당 음식에 대한 수요가 가격탄력적인 경우에는 가격을 올리면 매출이 증가할 거야.
>
> 지철 : 캐나다행 비행기표의 수요곡선이 직선이라면, 가격에 상관없이 비행기표 수요의 가격탄력성은 일정할 거야.
>
> 지현 : 명품 찻잔의 가격이 올라도 수요가 별로 줄지 않는 것은 사치재의 가격탄력성이 작기 때문이라고도 설명할 수 있어.
>
> 진솔 : 나처럼 용돈에서 아메리카노 사 먹는 데 쓰는 돈이 차지하는 비중이 큰 사람의 커피 수요는 아메리카노 값에 탄력적으로 반응할 거야.

① 보검, 지현
② 지철, 진솔
③ 지철, 지현
④ 보검, 진솔
⑤ 지현, 진솔

45 기업들이 각자의 생산량을 동시에 결정하는 쿠르노(Cournot) 복점모형에서 시장 수요곡선이 $P = 60 - Q$로 주어지고, 두 기업의 한계비용은 30으로 동일하다. 이때, 내쉬(Nash) 균형에서 각 기업의 생산량과 가격은?(단, P는 가격, Q는 총생산량, Q는 $Q_1 + Q_2$이고, Q_1은 기업 1의 생산량, Q_2는 기업 2의 생산량이다)

	Q_1	Q_2	P
①	5	5	50
②	10	10	40
③	10	10	50
④	15	10	35
⑤	15	30	30

46 두 개의 지역 A와 B로 나누어진 K시는 도심공원을 건설할 계획이다. 두 지역에 거주하는 지역주민의 공원에 대한 수요곡선과 공원 건설의 한계비용곡선이 다음과 같을 때, 사회적으로 최적인 (Socially Optimal) 도심공원의 면적은?(단, P_A는 A지역 주민이 지불하고자 하는 가격, P_B는 B지역 주민이 지불하고자 하는 가격, Q는 공원면적, MC는 한계비용이다)

- A지역 주민의 수요곡선 : $P_A = 10 - Q$

- B지역 주민의 수요곡선 : $P_B = 10 - \dfrac{1}{2}Q$

- 한계비용곡선 : $MC = 5$
---

① 4   ② 5

③ 6   ④ 10

⑤ 15

PART 3

47 밀턴 프리드만은 '공짜 점심은 없다(There is no such thing as a free lunch).'라는 말을 즐겨했다고 한다. 다음 중 이 말을 설명할 수 있는 경제 원리는?

① 규모의 경제   ② 긍정적 외부성

③ 기회비용   ④ 수요공급의 원리

⑤ 한계효용 체감의 법칙

48 다음은 A, B 두 국가의 생산 1단위당 노동투입량을 나타낸 자료이다. 비교우위론에 입각하였을 때, 진행되는 무역의 흐름으로 옳은 것은?

구분	C상품	D상품
A국가	6	10
B국가	6	2

① A국가는 B국가로 C, D상품을 모두 수출한다.

② B국가는 A국가로 C, D상품을 모두 수출한다.

③ A국가는 B국가로 D상품을, B국가는 A국가로 C상품을 수출한다.

④ A국가는 B국가로 C상품을, B국가는 A국가로 D상품을 수출한다.

⑤ 무역이 발생하지 않는다.

49 노동수요곡선은 $L = 300 - 2w$, 노동공급곡선은 $L = -100 + 8w$ 이다. 최저임금이 50일 경우, 시장고용량(ㄱ)과 노동수요의 임금탄력성(ㄴ)은?(단, L은 노동량, w는 임금, 임금탄력성은 절대값으로 표시한다)

	ㄱ	ㄴ
①	200	0.4
②	200	0.5
③	220	2
④	300	0.5
⑤	400	8

50 다음 그래프는 X재의 국내 수요곡선(D)과 공급곡선(S)을 나타내고 있다. 폐쇄경제하의 국내균형은 E, 무관세 자유무역하에서의 소비자가격은 P_1, X재 수입에 대하여 한 개당 t원의 관세가 부과되는 경우의 소비자가격은 P_2이다. 이에 대한 설명으로 옳지 않은 것은?

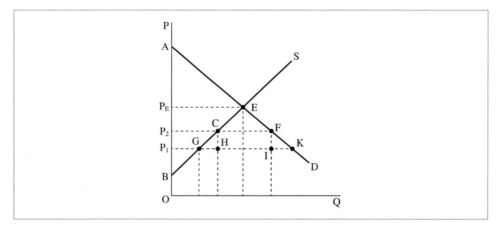

① 관세부과 후 X재의 수입량은 CF이다.
② 폐쇄경제와 비교하면 관세부과 무역으로 인한 소비자잉여 증가분은 $P_E EFP_2$이다.
③ 폐쇄경제와 비교하면 무관세 자유무역으로 인한 총잉여 증가분은 EGK이다.
④ 무관세 자유무역과 비교하면 관세부과로 인한 경제적 순손실은 CFKG이다.
⑤ 무관세 자유무역과 비교하면 관세부과로 인한 생산자잉여 증가분은 $P_2 CGP_1$이다.

51 비용을 최소화하는 K기업의 생산함수는 $Q = min\{2L, K\}$이다. 노동시장과 자본시장은 모두 완전경쟁시장이고 W는 임금율, R은 자본의 임대가격을 나타낸다. $W = 2$, $R = 5$일 때, K기업의 한계비용(MC) 곡선은?[단, Q는 생산량, L은 노동투입량, K는 자본투입량, Q, L, K는 모두 양(+)의 실수이다]

① $MC = 3Q$

② $MC = 7Q$

③ $MC = 3$

④ $MC = 6$

⑤ $MC = 7$

52 노동(L)과 자본(K)을 생산요소로 투입하여 비용을 최소화하는 기업의 생산함수는 $Q = L^{0.5}K$이다. 다음 중 이에 대한 설명으로 옳지 않은 것은?(단, Q는 생산량이다)

① 규모에 대한 수익이 체증한다.

② 노동투입량이 증가할수록 노동의 한계생산은 감소한다.

③ 노동투입량이 증가할수록 자본의 한계생산은 증가한다.

④ 노동과 자본의 단위당 가격이 동일할 때 자본투입량은 노동투입량의 2배이다.

⑤ 자본투입량이 증가할수록 자본의 한계생산은 증가한다.

53 해진이는 현재 다니는 회사의 임금 월 200만 원이 만족스럽지 못하여 월 임대료가 100만 원인 자신의 건물에서 호떡집을 개업하기로 하였다. 호떡집의 한 달 수입은 2,000만 원이고 밀가루와 설탕 등 한 달 원료비가 500만 원이라 한다. 그리고 고용된 종업원 2명에게 각 월 180만 원의 인건비가 지출된다고 한다. 이 경우 해진이가 호떡집을 개업하여 얻는 경제적 이윤은 한 달에 얼마인가?

① 300만 원

② 840만 원

③ 860만 원

④ 940만 원

⑤ 1,140만 원

54 다음 중 두 상품의 선택 모형에서 소비자 A의 무차별곡선에 대한 설명으로 옳지 않은 것은?

① 두 상품이 각각 재화(Goods)와 비재화(Bads)인 경우 무차별곡선은 우상향한다.

② 두 상품이 완전대체재인 경우 무차별곡선의 형태는 L자형이다.

③ 서로 다른 두 무차별곡선은 교차하지 않는다.

④ 두 상품이 모두 재화(Goods)인 경우 한계대체율체감의 법칙이 성립하면, 무차별곡선은 원점에 대하여 볼록하다.

⑤ 두 상품이 모두 재화(Goods)인 경우 무차별곡선이 원점으로부터 멀어질수록 무차별곡선이 나타내는 효용수준이 높아진다.

55 다음 〈보기〉 중 펀더멘털(Fundamental)에 해당하는 것을 모두 고르면?

> **보기**
> ㄱ. 금융기관 매출액
> ㄴ. 경제성장률
> ㄷ. 물가상승률
> ㄹ. 경상수지

① ㄱ, ㄴ   ② ㄴ, ㄷ
③ ㄷ, ㄹ   ④ ㄱ, ㄴ, ㄷ
⑤ ㄴ, ㄷ, ㄹ

56 다른 조건이 일정할 때, 통화승수의 증가를 가져오는 요인으로 옳은 것을 〈보기〉에서 모두 고르면?

> **보기**
> ㄱ. 법정지급준비율 증가
> ㄴ. 초과지급준비율 증가
> ㄷ. 현금통화비율 하락

① ㄱ   ② ㄴ
③ ㄷ   ④ ㄱ, ㄴ
⑤ ㄴ, ㄷ

57 다음 중 한국은행의 기준금리 인상이 경제에 미치는 영향으로 옳지 않은 것은?

① 경기가 과열되거나 인플레이션 압력이 높을 때 금리인상을 단행한다.

② 투자, 소비 활동이 상대적으로 줄어들면서 물가가 하락한다.

③ 장기시장금리보다 단기시장금리가 먼저 상승한다.

④ 예금금리, 대출금리 모두 상승한다.

⑤ 수출증가 및 수입감소 현상이 나타난다.

58 원자재 가격 상승으로 물가수준이 상승하여 중앙은행이 기준금리를 인상하기로 결정하였다. 다음 〈보기〉 중 원자재 가격 상승과 기준금리 인상의 경제적 효과를 단기 총수요 – 총공급 모형을 이용하여 분석한 내용으로 옳은 것을 모두 고르면?

> **보기**
> ㄱ. 총수요곡선은 왼쪽으로 이동한다.
> ㄴ. 총공급곡선은 왼쪽으로 이동한다.
> ㄷ. 총생산량은 크게 감소한다.
> ㄹ. 물가는 크게 감소한다.

① ㄱ, ㄴ 　　　　　　　　② ㄴ, ㄷ

③ ㄱ, ㄴ, ㄷ 　　　　　　④ ㄴ, ㄷ, ㄹ

⑤ ㄱ, ㄴ, ㄷ, ㄹ

59 다음 중 실업 및 우리나라의 실업조사에 대한 설명으로 옳은 것은?

① 경제가 완전고용 상태일 때 실업률은 0이다.

② 경기적 실업이나 구조적 실업은 자발적 실업이다.

③ 실업률은 실업자 수를 생산가능인구로 나누고 100을 곱한 수치이다.

④ 지난 4주간 구직활동을 하지 않았더라도 취업의사가 있는 한 경제활동인구로 분류된다.

⑤ 실업률 조사 대상 주간에 수입을 목적으로 1시간 이상 일한 경우 취업자로 분류된다.

60 다음 중 리카도 대등정리(Ricardian Equivalence Theorem)에 대한 설명으로 옳은 것은?

① 국채 발행을 통해 재원이 조달된 조세삭감은 소비에 영향을 미치지 않는다.

② 국채 발행이 증가하면 이자율이 하락한다.

③ 경기침체 시에는 조세 대신 국채 발행을 통한 확대재정정책이 더 효과적이다.

④ 소비이론 중 절대소득가설에 기초를 두고 있다.

⑤ 소비자들이 유동성제약에 직면해 있는 경우 이 이론의 설명력이 더 커진다.

PART **4**

채용 가이드

01 | 블라인드 채용 소개

1. 블라인드 채용이란?

채용 과정에서 편견이 개입되어 불합리한 차별을 야기할 수 있는 출신지, 가족관계, 학력, 외모 등의 편견요인은 제외하고, 직무능력만을 평가하여 인재를 채용하는 방식입니다.

2. 블라인드 채용의 필요성

- 채용의 공정성에 대한 사회적 요구
  - 누구에게나 직무능력만으로 경쟁할 수 있는 균등한 고용기회를 제공해야 하나, 아직도 채용의 공정성에 대한 불신이 존재
  - 채용상 차별금지에 대한 법적 요건이 권고적 성격에서 처벌을 동반한 의무적 성격으로 강화되는 추세
  - 시민의식과 지원자의 권리의식 성숙으로 차별에 대한 법적 대응 가능성 증가
- 우수인재 채용을 통한 기업의 경쟁력 강화 필요
  - 직무능력과 무관한 학벌, 외모 위주의 선발로 우수인재 선발기회 상실 및 기업경쟁력 약화
  - 채용 과정에서 차별 없이 직무능력중심으로 선발한 우수인재 확보 필요
- 공정한 채용을 통한 사회적 비용 감소 필요
  - 편견에 의한 차별적 채용은 우수인재 선발을 저해하고 외모·학벌 지상주의 등의 심화로 불필요한 사회적 비용 증가
  - 채용에서의 공정성을 높여 사회의 신뢰수준 제고

3. 블라인드 채용의 특징

편견요인을 요구하지 않는 대신 직무능력을 평가합니다.

블라인드 채용 = 편견유발 요인제외 + 직무능력 중심평가

※ 직무능력중심 채용이란?
기업의 역량기반 채용, NCS기반 능력중심 채용과 같이 직무수행에 필요한 능력과 역량을 평가하여 선발하는 채용방식을 통칭합니다.

4. 블라인드 채용의 평가요소

직무수행에 필요한 지식, 기술, 태도 등을 과학적인 선발기법을 통해 평가합니다.

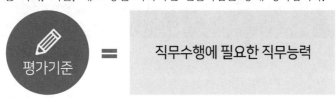

※ 과학적 선발기법이란?

　직무분석을 통해 도출된 평가요소를 서류, 필기, 면접 등을 통해 체계적으로 평가하는 방법으로 입사지원서, 자기소개서, 직무수행능력평가, 구조화 면접 등이 해당됩니다.

5. 블라인드 채용 주요 도입 내용

- 입사지원서에 인적사항 요구 금지
  - 인적사항에는 출신지역, 가족관계, 결혼여부, 재산, 취미 및 특기, 종교, 생년월일(연령), 성별, 신장 및 체중, 사진, 전공, 학교명, 학점, 외국어 점수, 추천인 등이 해당
  - 채용 직무를 수행하는 데 있어 반드시 필요하다고 인정될 경우는 제외

    예 특수경비직 채용 시 : 시력, 건강한 신체 요구

    　　연구직 채용 시 : 논문, 학위 요구 등
- 블라인드 면접 실시
  - 면접관에게 응시자의 출신지역, 가족관계, 학교명 등 인적사항 정보 제공 금지
  - 면접관은 응시자의 인적사항에 대한 질문 금지

6. 블라인드 채용 도입의 효과성

- 구성원의 다양성과 창의성이 높아져 기업 경쟁력 강화
  - 편견을 없애고 직무능력 중심으로 선발하므로 다양한 직원 구성 가능
  - 다양한 생각과 의견을 통하여 기업의 창의성이 높아져 기업경쟁력 강화
- 직무에 적합한 인재선발을 통한 이직률 감소 및 만족도 제고
  - 사전에 지원자들에게 구체적이고 상세한 직무요건을 제시함으로써 허수 지원이 낮아지고, 직무에 적합한 지원자 모집 가능
  - 직무에 적합한 인재가 선발되어 직무이해도가 높아져 업무효율 증대 및 만족도 제고
- 채용의 공정성과 기업이미지 제고
  - 블라인드 채용은 사회적 편견을 줄인 선발 방법으로 기업에 대한 사회적 인식 제고
  - 채용과정에서 불합리한 차별을 받지 않고 실력에 의해 공정하게 평가를 받을 것이라는 믿음을 제공하고, 지원자들은 평등한 기회와 공정한 선발과정 경험

CHAPTER

02 | 서류전형 가이드

01 채용공고문

1. 채용공고문의 변화

기존 채용공고문	변화된 채용공고문
• 취업준비생에게 불충분하고 불친절한 측면 존재 • 모집분야에 대한 명확한 직무관련 정보 및 평가기준 부재 • 해당분야에 지원하기 위한 취업준비생의 무분별한 스펙 쌓기 현상 발생	• NCS 직무분석에 기반한 채용공고를 토대로 채용전형 진행 • 지원자가 입사 후 수행하게 될 업무에 대한 자세한 정보 공지 • 직무수행내용, 직무수행 시 필요한 능력, 관련된 자격, 직업기초능력 제시 • 지원자가 해당 직무에 필요한 스펙만을 준비할 수 있도록 안내
• 모집부문 및 응시자격 • 지원서 접수 • 전형절차 • 채용조건 및 처우 • 기타사항	• 채용절차 • 채용유형별 선발분야 및 예정인원 • 전형방법 • 선발분야별 직무기술서 • 우대사항

2. 지원 유의사항 및 지원요건 확인

채용 직무에 따른 세부사항을 공고문에 명시하여 지원자에게 적격한 지원 기회를 부여함과 동시에 채용과정에서의 공정성과 신뢰성을 확보합니다.

구성	내용	확인사항
모집분야 및 규모	고용형태(인턴 계약직 등), 모집분야, 인원, 근무지역 등	채용직무가 여러 개일 경우 본인이 해당되는 직무의 채용규모 확인
응시자격	기본 자격사항, 지원조건	지원을 위한 최소자격요건을 확인하여 불필요한 지원을 예방
우대조건	법정・특별・자격증 가점	본인의 가점 여부를 검토하여 가점 획득을 위한 사항을 사실대로 기재
근무조건 및 보수	고용형태 및 고용기간, 보수, 근무지	본인이 생각하는 기대수준에 부합하는지 확인하여 불필요한 지원을 예방
시험방법	서류・필기・면접전형 등의 활용방안	전형방법 및 세부 평가기법 등을 확인하여 지원전략 준비
전형일정	접수기간, 각 전형 단계별 심사 및 합격자 발표일 등	본인의 지원 스케줄을 검토하여 차질이 없도록 준비
제출서류	입사지원서(경력・경험기술서 등), 각종 증명서 및 자격증 사본 등	지원요건 부합 여부 및 자격 증빙서류 사전에 준비
유의사항	임용취소 등의 규정	임용취소 관련 법적 또는 기관 내부 규정을 검토하여 해당여부 확인

직무기술서란 직무수행의 내용과 필요한 능력, 관련 자격, 직업기초능력 등을 상세히 기재한 것으로 입사 후 수행하게 될 업무에 대한 정보가 수록되어 있는 자료입니다.

1. 채용분야

설명

NCS 직무분류 체계에 따라 직무에 대한 「대분류 – 중분류 – 소분류 – 세분류」 체계를 확인할 수 있습니다. 채용 직무에 대한 모든 직무기술서를 첨부하게 되며 실제 수행 업무를 기준으로 세부적인 분류정보를 제공합니다.

채용분야	분류체계			
사무행정	대분류	중분류	소분류	세분류
분류코드	02. 경영 · 회계 · 사무	03. 재무 · 회계	01. 재무	01. 예산
				02. 자금
			02. 회계	01. 회계감사
				02. 세무

2. 능력단위

설명

직무분류 체계의 세분류 하위능력단위 중 실질적으로 수행할 업무의 능력만 구체적으로 파악할 수 있습니다.

능력단위	(예산)	03. 연간종합예산수립 05. 확정예산 운영	04. 추정재무제표 작성 06. 예산실적 관리
	(자금)	04. 자금운용	
	(회계감사)	02. 자금관리 05. 회계정보시스템 운용 07. 회계감사	04. 결산관리 06. 재무분석
	(세무)	02. 결산관리 07. 법인세 신고	05. 부가가치세 신고

3. 직무수행내용

설명

세분류 영역의 기본정의를 통해 직무수행내용을 확인할 수 있습니다. 입사 후 수행할 직무내용을 구체적으로 확인할 수 있으며, 이를 통해 입사서류 작성부터 면접까지 직무에 대한 명확한 이해를 바탕으로 자신의 희망직무 인지 아닌지, 해당 직무가 자신이 알고 있던 직무가 맞는지 확인할 수 있습니다.

직무수행내용	(예산) 일정기간 예상되는 수익과 비용을 편성, 집행하며 통제하는 일
	(자금) 자금의 계획 수립, 조달, 운용을 하고 발생 가능한 위험 관리 및 성과평가
	(회계감사) 기업 및 조직 내·외부에 있는 의사결정자들이 효율적인 의사결정을 할 수 있도록 유용한 정보를 제공, 제공된 회계정보의 적정성을 파악하는 일
	(세무) 세무는 기업의 활동을 위하여 주어진 세법범위 내에서 조세부담을 최소화시키는 조세전략을 포함하고 정확한 과세소득과 과세표준 및 세액을 산출하여 과세당국에 신고·납부하는 일

PART 4

4. 직무기술서 예시

태도	(예산) 정확성, 분석적 태도, 논리적 태도, 타 부서와의 협조적 태도, 설득력
	(자금) 분석적 사고력
	(회계 감사) 합리적 태도, 전략적 사고, 정확성, 적극적 협업 태도, 법률준수 태도, 분석적 태도, 신속성, 책임감, 정확한 판단력
	(세무) 규정 준수 의지, 수리적 정확성, 주의 깊은 태도
우대 자격증	공인회계사, 세무사, 컴퓨터활용능력, 변호사, 워드프로세서, 전산회계운용사, 사회조사분석사, 재경관리사, 회계관리 등
직업기초능력	의사소통능력, 문제해결능력, 자원관리능력, 대인관계능력, 정보능력, 조직이해능력

5. 직무기술서 내용별 확인사항

항목	확인사항
모집부문	해당 채용에서 선발하는 부문(분야)명 확인 예 사무행정, 전산, 전기
분류체계	지원하려는 분야의 세부직무군 확인
주요기능 및 역할	지원하려는 기업의 전사적인 기능과 역할, 산업군 확인
능력단위	지원분야의 직무수행에 관련되는 세부업무사항 확인
직무수행내용	지원분야의 직무군에 대한 상세사항 확인
전형방법	지원하려는 기업의 신입사원 선발전형 절차 확인
일반요건	교육사항을 제외한 지원 요건 확인(자격요건, 특수한 경우 연령)
교육요건	교육사항에 대한 지원요건 확인(대졸 / 초대졸 / 고졸 / 전공 요건)
필요지식	지원분야의 업무수행을 위해 요구되는 지식 관련 세부항목 확인
필요기술	지원분야의 업무수행을 위해 요구되는 기술 관련 세부항목 확인
직무수행태도	지원분야의 업무수행을 위해 요구되는 태도 관련 세부항목 확인
직업기초능력	지원분야 또는 지원기업의 조직원으로서 근무하기 위해 필요한 일반적인 능력사항 확인

1. 입사지원서의 변화

기존지원서		능력중심 채용 입사지원서
직무와 관련 없는 학점, 개인신상, 어학점수, 자격, 수상경력 등을 나열하도록 구성	VS	해당 직무수행에 꼭 필요한 정보들을 제시할 수 있도록 구성

직무기술서

직무수행내용

요구지식 / 기술

관련 자격증

사전직무경험

인적사항	성명, 연락처, 지원분야 등 작성 (평가 미반영)
교육사항	직무지식과 관련된 학교교육 및 직업교육 작성
자격사항	직무관련 국가공인 또는 민간자격 작성
경력 및 경험사항	조직에 소속되어 일정한 임금을 받거나(경력) 임금 없이(경험) 직무와 관련된 활동 내용 작성

2. 교육사항

- 지원분야 직무와 관련된 학교 교육이나 직업교육 혹은 기타교육 등 직무에 대한 지원자의 학습 여부를 평가하기 위한 항목입니다.
- 지원하고자 하는 직무의 학교 전공교육 이외에 직업교육, 기타교육 등을 기입할 수 있기 때문에 전공 제한 없이 직업교육과 기타교육을 이수하여 지원이 가능하도록 기회를 제공합니다.
  (기타교육 : 학교 이외의 기관에서 개인이 이수한 교육과정 중 지원직무와 관련이 있다고 생각되는 교육내용)

구분	교육과정(과목)명	교육내용	과업(능력단위)

3. 자격사항

- 채용공고 및 직무기술서에 제시되어 있는 자격 현황을 토대로 지원자가 해당 직무를 수행하는 데 필요한 능력을 가지고 있는지를 평가하기 위한 항목입니다.
- 채용공고 및 직무기술서에 기재된 직무관련 필수 또는 우대자격 항목을 확인하여 본인이 보유하고 있는 자격사항을 기재합니다.

자격유형	자격증명	발급기관	취득일자	자격증번호

4. 경력 및 경험사항

- 직무와 관련된 경력이나 경험 여부를 표현하도록 하여 직무와 관련한 능력을 갖추었는지를 평가하기 위한 항목입니다.
- 해당 기업에서 직무를 수행함에 있어 필요한 사항만을 기록하게 되어 있기 때문에 직무와 무관한 스펙을 갖추지 않아도 됩니다.
- 경력 : 금전적 보수를 받고 일정기간 동안 일했던 경우
- 경험 : 금전적 보수를 받지 않고 수행한 활동

※ 기업에 따라 경력 / 경험 관련 증빙자료 요구 가능

구분	조직명	직위 / 역할	활동기간(년 / 월)	주요과업 / 활동내용

Tip

입사지원서 작성 방법

○ 경력 및 경험사항 작성
- 직무기술서에 제시된 지식, 기술, 태도와 지원자의 교육사항, 경력(경험)사항, 자격사항과 연계하여 개인의 직무역량에 대해 스스로 판단 가능

○ 인적사항 최소화
- 개인의 인적사항, 학교명, 가족관계 등을 노출하지 않도록 유의

부적절한 입사지원서 작성 사례
- 학교 이메일을 기입하여 학교명 노출
- 거주지 주소에 학교 기숙사 주소를 기입하여 학교명 노출
- 자기소개서에 부모님이 재직 중인 기업명, 직위, 직업을 기입하여 가족관계 노출
- 자기소개서에 석·박사 과정에 대한 이야기를 언급하여 학력 노출
- 동아리 활동에 대한 내용을 학교명과 더불어 언급하여 학교명 노출

1. 자기소개서의 변화

- 기존의 자기소개서는 지원자의 일대기나 관심 분야, 성격의 장·단점 등 개괄적인 사항을 묻는 질문으로 구성되어 지원자가 자신의 직무능력을 제대로 표출하지 못합니다.
- 능력중심 채용의 자기소개서는 직무기술서에 제시된 직업기초능력(또는 직무수행능력)에 대한 지원자의 과거 경험을 기술하게 함으로써 평가 타당도의 확보가 가능합니다.

1. 우리 회사와 해당 지원 직무분야에 지원한 동기에 대해 기술해 주세요.
2. 자신이 경험한 다양한 사회활동에 대해 기술해 주세요.
3. 지원 직무에 대한 전문성을 키우기 위해 받은 교육과 경험 및 경력사항에 대해 기술해 주세요.
4. 인사업무 또는 팀 과제 수행 중 발생한 갈등을 원만하게 해결해 본 경험이 있습니까? 당시 상황에 대한 설명과 갈등의 대상이 되었던 상대방을 설득한 과정 및 방법을 기술해 주세요.
5. 과거에 있었던 일 중 가장 어려웠던(힘들었었던) 상황을 고르고, 어떤 방법으로 그 상황을 해결했는지를 기술해 주세요.

자기소개서 작성 방법

① 자기소개서 문항이 묻고 있는 평가 역량 추측하기

예시

• 팀 활동을 하면서 갈등 상황 시 상대방의 니즈나 의도를 명확히 파악하고 해결하여 목표 달성에 기여했던 경험에 대해서 작성해 주시기 바랍니다.
• 다른 사람이 생각해내지 못했던 문제점을 찾고 이를 해결한 경험에 대해 작성해 주시기 바랍니다.

② 해당 역량을 보여줄 수 있는 소재 찾기(시간×역량 매트릭스)

예시

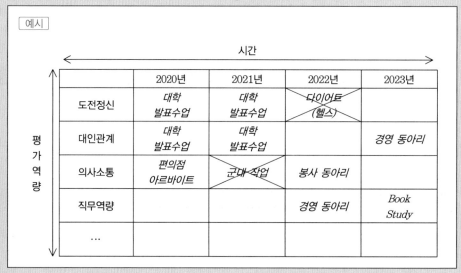

		2020년	2021년	2022년	2023년
평가역량	도전정신	대학 발표수업	대학 발표수업	~~다이어트 (헬스)~~	
	대인관계	대학 발표수업	대학 발표수업		경영 동아리
	의사소통	편의점 아르바이트	~~군대 작업~~	봉사 동아리	
	직무역량			경영 동아리	Book Study
	…				

③ 자기소개서 작성 Skill 익히기
• 두괄식으로 작성하기
• 구체적 사례를 사용하기
• '나'를 중심으로 작성하기
• 직무역량 강조하기
• 경험 사례의 차별성 강조하기

03 | 인성검사 소개 및 모의테스트

01 인성검사 유형

인성검사는 지원자의 성격특성을 객관적으로 파악하고 그것이 각 기업에서 필요로 하는 인재상과 가치에 부합하는가를 평가하기 위한 검사입니다. 인성검사는 KPDI(한국인재개발진흥원), K-SAD(한국사회적성개발원), KIRBS(한국행동과학연구소), SHR(에스에이치알) 등의 전문기관을 통해 각 기업의 특성에 맞는 검사를 선택하여 실시합니다. 대표적인 인성검사의 유형에는 크게 다음과 같은 세 가지가 있으며, 채용 대행업체에 따라 달라집니다.

1. KPDI 검사

조직적응성과 직무적합성을 알아보기 위한 검사로 인성검사, 인성역량검사, 인적성검사, 직종별 인적성 검사 등의 다양한 검사 도구를 구현합니다. KPDI는 성격을 파악하고 정신건강 상태 등을 측정하고, 직무 검사는 해당 직무를 수행하기 위해 기본적으로 갖추어야 할 인지적 능력을 측정합니다. 역량검사는 특정 직무 역할을 효과적으로 수행하는 데 직접적으로 관련 있는 개인의 행동, 지식, 스킬, 가치관 등을 측정합니다.

2. KAD(Korea Aptitude Development) 검사

K-SAD(한국사회적성개발원)에서 실시하는 적성검사 프로그램입니다. 개인의 성향, 지적 능력, 기호, 관심, 흥미도를 종합적으로 분석하여 적성에 맞는 업무가 무엇인가 파악하고, 직무수행에 있어서 요구되는 기초능력과 실무능력을 분석합니다.

3. SHR 직무적성검사

직무수행에 필요한 종합적인 사고 능력을 다양한 적성검사(Paper and Pencil Test)로 평가합니다. SHR의 모든 직무능력검사는 표준화 검사입니다. 표준화 검사는 표본집단의 점수를 기초로 규준이 만들어진 검사이므로 개인의 점수를 규준에 맞추어 해석·비교하는 것이 가능합니다. S(Standardized Tests), H(Hundreds of Version), R(Reliable Norm Data)을 특징으로 하며, 직군·직급별 특성과 선발 수준에 맞추어 검사를 적용할 수 있습니다.

인성검사는 특히 면접질문과 관련성이 높습니다. 면접관은 지원자의 인성검사 결과를 토대로 질문을 하기 때문입니다. 일관적이고 이상적인 답변을 하는 것이 가장 좋지만, 실제 시험은 매우 복잡하여 전문가라 해도 일정 성격을 유지하면서 답변을 하는 것이 힘듭니다. 또한, 인성검사에는 라이 스케일(Lie Scale) 설문이 전체 설문 속에 교묘하게 섞여 들어가 있으므로 겉치레적인 답을 하게 되면 회답태도의 허위성이 그대로 드러나게 됩니다. 예를 들어 '거짓말을 한 적이 한 번도 없다.'에 '예'로 답하고, '때로는 거짓말을 하기도 한다.'에 '예'라고 답하여 라이 스케일의 득점이 올라가게 되면 모든 회답의 신빙성이 사라지고 '자신을 돋보이게 하려는 사람'이라는 평가를 받을 수 있으므로 주의해야 합니다. 따라서 모의테스트를 통해 인성검사의 유형과 실제 시험 시 어떻게 문제를 풀어야 하는지 연습해 보고 체크한 부분 중 자신의 단점과 연결되는 부분은 면접에서 질문이 들어왔을 때 어떻게 대처해야 하는지 생각해 보는 것이 좋습니다.

03   유의사항

1. 기업의 인재상을 파악하라!

인성검사를 통해 개인의 성격 특성을 파악하고 그것이 기업의 인재상과 가치에 부합하는지를 평가하는 시험이기 때문에 해당 기업의 인재상을 먼저 파악하고 시험에 임하는 것이 좋습니다. 모의테스트에서 인재상에 맞는 가상의 인물을 설정하고 문제에 답해 보는 것도 많은 도움이 됩니다.

2. 일관성 있는 대답을 하라!

짧은 시간 안에 다양한 질문에 답을 해야 하는데, 그 안에는 중복되는 질문이 여러 번 나옵니다. 이때 앞서 자신이 체크했던 대답을 잘 기억해뒀다가 일관성 있는 답을 하는 것이 중요합니다.

3. 모든 문항에 대답하라!

많은 문제를 짧은 시간 안에 풀려다 보니 다 못 푸는 경우도 종종 생깁니다. 하지만 대답을 누락하거나 끝까지 다 못했을 경우 좋지 않은 결과를 가져올 수도 있으니 최대한 주어진 시간 안에 모든 문항에 답할 수 있도록 해야 합니다.

※ 모의테스트는 질문 및 답변 유형 연습을 위한 것으로 실제 시험과 다를 수 있습니다.
※ 인성검사는 정답이 따로 없는 유형의 검사이므로 결과지를 제공하지 않습니다.

번호	내용	예	아니요
001	나는 솔직한 편이다.	☐	☐
002	나는 리드하는 것을 좋아한다.	☐	☐
003	법을 어겨서 말썽이 된 적이 한 번도 없다.	☐	☐
004	거짓말을 한 번도 한 적이 없다.	☐	☐
005	나는 눈치가 빠르다.	☐	☐
006	나는 일을 주도하기보다는 뒤에서 지원하는 것을 선호한다.	☐	☐
007	앞일은 알 수 없기 때문에 계획은 필요하지 않다.	☐	☐
008	거짓말도 때로는 방편이라고 생각한다.	☐	☐
009	사람이 많은 술자리를 좋아한다.	☐	☐
010	걱정이 지나치게 많다.	☐	☐
011	일을 시작하기 전 재고하는 경향이 있다.	☐	☐
012	불의를 참지 못한다.	☐	☐
013	처음 만나는 사람과도 이야기를 잘 한다.	☐	☐
014	때로는 변화가 두렵다.	☐	☐
015	나는 모든 사람에게 친절하다.	☐	☐
016	힘든 일이 있을 때 술은 위로가 되지 않는다.	☐	☐
017	결정을 빨리 내리지 못해 손해를 본 경험이 있다.	☐	☐
018	기회를 잡을 준비가 되어 있다.	☐	☐
019	때로는 내가 정말 쓸모없는 사람이라고 느낀다.	☐	☐
020	누군가 나를 챙겨주는 것이 좋다.	☐	☐
021	자주 가슴이 답답하다.	☐	☐
022	나는 내가 자랑스럽다.	☐	☐
023	경험이 중요하다고 생각한다.	☐	☐
024	전자기기를 분해하고 다시 조립하는 것을 좋아한다.	☐	☐

PART 4

025	감시받고 있다는 느낌이 든다.	☐	☐
026	난처한 상황에 놓이면 그 순간을 피하고 싶다.	☐	☐
027	세상엔 믿을 사람이 없다.	☐	☐
028	잘못을 빨리 인정하는 편이다.	☐	☐
029	지도를 보고 길을 잘 찾아간다.	☐	☐
030	귓속말을 하는 사람을 보면 날 비난하고 있는 것 같다.	☐	☐
031	막무가내라는 말을 들을 때가 있다.	☐	☐
032	장래의 일을 생각하면 불안하다.	☐	☐
033	결과보다 과정이 중요하다고 생각한다.	☐	☐
034	운동은 그다지 할 필요가 없다고 생각한다.	☐	☐
035	새로운 일을 시작할 때 좀처럼 한 발을 떼지 못한다.	☐	☐
036	기분 상하는 일이 있더라도 참는 편이다.	☐	☐
037	업무능력은 성과로 평가받아야 한다고 생각한다.	☐	☐
038	머리가 맑지 못하고 무거운 느낌이 든다.	☐	☐
039	가끔 이상한 소리가 들린다.	☐	☐
040	타인이 내게 자주 고민상담을 하는 편이다.	☐	☐

※ 모의테스트는 질문 및 답변 유형 연습을 위한 것으로 실제 시험과 다를 수 있습니다.
※ 인성검사는 정답이 따로 없는 유형의 검사이므로 결과지를 제공하지 않습니다.

※ 이 성격검사의 각 문항에는 서로 다른 행동을 나타내는 네 개의 문장이 제시되어 있습니다. 이 문장들을 비교하여, 자신의 평소 행동과 가장 가까운 문장을 'ㄱ' 열에 표기하고, 가장 먼 문장을 'ㅁ' 열에 표기하십시오.

01 나는 _____

	ㄱ	ㅁ
A. 실용적인 해결책을 찾는다.	☐	☐
B. 다른 사람을 돕는 것을 좋아한다.	☐	☐
C. 세부 사항을 잘 챙긴다.	☐	☐
D. 상대의 주장에서 허점을 잘 찾는다.	☐	☐

02 나는 _____

	ㄱ	ㅁ
A. 매사에 적극적으로 임한다.	☐	☐
B. 즉흥적인 편이다.	☐	☐
C. 관찰력이 있다.	☐	☐
D. 임기응변에 강하다.	☐	☐

03 나는 _____

	ㄱ	ㅁ
A. 무서운 영화를 잘 본다.	☐	☐
B. 조용한 곳이 좋다.	☐	☐
C. 가끔 울고 싶다.	☐	☐
D. 집중력이 좋다.	☐	☐

04 나는 _____

	ㄱ	ㅁ
A. 기계를 조립하는 것을 좋아한다.	☐	☐
B. 집단에서 리드하는 역할을 맡는다.	☐	☐
C. 호기심이 많다.	☐	☐
D. 음악을 듣는 것을 좋아한다.	☐	☐

PART 4

05 나는 _____

	ㄱ	ㅁ
A. 타인을 늘 배려한다.	☐	☐
B. 감수성이 예민하다.	☐	☐
C. 즐겨하는 운동이 있다.	☐	☐
D. 일을 시작하기 전에 계획을 세운다.	☐	☐

06 나는 _____

	ㄱ	ㅁ
A. 타인에게 설명하는 것을 좋아한다.	☐	☐
B. 여행을 좋아한다.	☐	☐
C. 정적인 것이 좋다.	☐	☐
D. 남을 돕는 것에 보람을 느낀다.	☐	☐

07 나는 _____

	ㄱ	ㅁ
A. 기계를 능숙하게 다룬다.	☐	☐
B. 밤에 잠이 잘 오지 않는다.	☐	☐
C. 한 번 간 길을 잘 기억한다.	☐	☐
D. 불의를 보면 참을 수 없다.	☐	☐

08 나는 _____

	ㄱ	ㅁ
A. 종일 말을 하지 않을 때가 있다.	☐	☐
B. 사람이 많은 곳을 좋아한다.	☐	☐
C. 술을 좋아한다.	☐	☐
D. 휴양지에서 편하게 쉬고 싶다.	☐	☐

09 나는 _____

	ㄱ	ㅁ
A. 뉴스보다는 드라마를 좋아한다.	☐	☐
B. 길을 잘 찾는다.	☐	☐
C. 주말엔 집에서 쉬는 것이 좋다.	☐	☐
D. 아침에 일어나는 것이 힘들다.	☐	☐

10 나는 _____

	ㄱ	ㅁ
A. 이성적이다.	☐	☐
B. 할 일을 종종 미룬다.	☐	☐
C. 어른을 대하는 게 힘들다.	☐	☐
D. 불을 보면 매혹을 느낀다.	☐	☐

11 나는 _____

	ㄱ	ㅁ
A. 상상력이 풍부하다.	☐	☐
B. 예의 바르다는 소리를 자주 듣는다.	☐	☐
C. 사람들 앞에 서면 긴장한다.	☐	☐
D. 친구를 자주 만난다.	☐	☐

12 나는 _____

	ㄱ	ㅁ
A. 나만의 스트레스 해소 방법이 있다.	☐	☐
B. 친구가 많다.	☐	☐
C. 책을 자주 읽는다.	☐	☐
D. 활동적이다.	☐	☐

04 | 면접전형 가이드

01 면접유형 파악

1. 면접전형의 변화

기존 면접전형에서는 일상적이고 단편적인 대화나 지원자의 첫인상 및 면접관의 주관적인 판단 등에 의해서 입사 결정 여부를 판단하는 경우가 많았습니다. 이러한 면접전형은 면접 내용의 일관성이 결여되거나 직무 관련 타당성이 부족하였고, 면접에 대한 신뢰도에 영향을 주었습니다.

기존 면접(전통적 면접)		능력중심 채용 면접(구조화 면접)

• 일상적이고 단편적인 대화
• 인상, 외모 등 외부 요소의 영향
• 주관적인 판단에 의존한 총점 부여
 	
⇩
 	
• 면접 내용의 일관성 결여
• 직무관련 타당성 부족
• 주관적인 채점으로 신뢰도 저하
	VS	• 일관성
		  – 직무관련 역량에 초점을 둔 구체적 질문 목록
		  – 지원자별 동일 질문 적용
		• 구조화
		  – 면접 진행 및 평가 절차를 일정한 체계에 의해 구성
		• 표준화
		  – 평가 타당도 제고를 위한 평가 Matrix 구성
		  – 척도에 따라 항목별 채점, 개인 간 비교
		• 신뢰성
		  – 면접진행 매뉴얼에 따라 면접위원 교육 및 실습

2. 능력중심 채용의 면접 유형

① 경험 면접
- 목적 : 선발하고자 하는 직무 능력이 필요한 과거 경험을 질문합니다.
- 평가요소 : 직업기초능력과 인성 및 태도적 요소를 평가합니다.

② 상황 면접
- 목적 : 특정 상황을 제시하고 지원자의 행동을 관찰함으로써 실제 상황의 행동을 예상합니다.
- 평가요소 : 직업기초능력과 인성 및 태도적 요소를 평가합니다.

③ 발표 면접
- 목적 : 특정 주제와 관련된 지원자의 발표와 질의응답을 통해 지원자 역량을 평가합니다.
- 평가요소 : 직무수행능력과 인지적 역량(문제해결능력)을 평가합니다.

④ 토론 면접
- 목적 : 토의과제에 대한 의견수렴 과정에서 지원자의 역량과 상호작용능력을 평가합니다.
- 평가요소 : 직무수행능력과 팀워크를 평가합니다.

1. 경험 면접

① 경험 면접의 특징
- 주로 직업기초능력에 관련된 지원자의 과거 경험을 심층 질문하여 검증하는 면접입니다.
- 직무능력과 관련된 과거 경험을 평가하기 위해 심층 질문을 하며, 이 질문은 지원자의 답변에 대하여 '꼬리에 꼬리를 무는 형식'으로 진행됩니다.

- 능력요소, 정의, 심사 기준
  - 평가하고자 하는 능력요소, 정의, 심사기준을 확인하여 면접위원이 해당 능력요소 관련 질문을 제시합니다.
- Opening Question
  - 능력요소에 관련된 과거 경험을 유도하기 위한 시작 질문을 합니다.
- Follow-up Question
  - 지원자의 경험 수준을 구체적으로 검증하기 위한 질문입니다.
  - 경험 수준 검증을 위한 상황(Situation), 임무(Task), 역할 및 노력(Action), 결과(Result) 등으로 질문을 구분합니다.

경험 면접의 형태

[면접관 1] [면접관 2] [면접관 3]   [면접관 1] [면접관 2] [면접관 3]

[지원자]   [지원자 1] [지원자 2] [지원자 3]

〈일대다 면접〉   〈다대다 면접〉

② 경험 면접의 구조

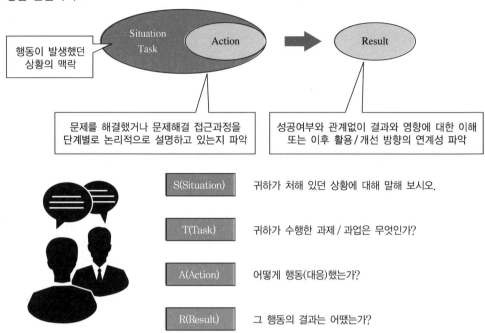

행동이 발생했던 상황의 맥락

문제를 해결했거나 문제해결 접근과정을 단계별로 논리적으로 설명하고 있는지 파악

성공여부와 관계없이 결과와 영향에 대한 이해 또는 이후 활용 / 개선 방향의 연계성 파악

S(Situation) 귀하가 처해 있던 상황에 대해 말해 보시오.

T(Task) 귀하가 수행한 과제 / 과업은 무엇인가?

A(Action) 어떻게 행동(대응)했는가?

R(Result) 그 행동의 결과는 어땠는가?

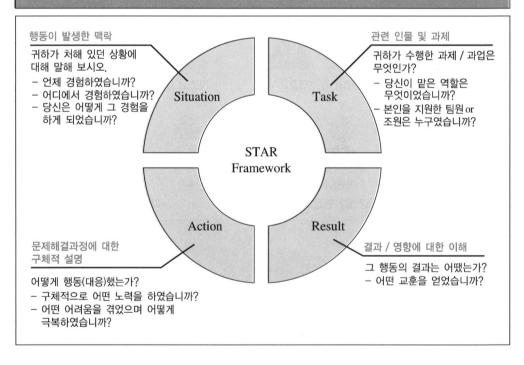

(   )에 관한 과거 경험에 대하여 말해 보시오.

행동이 발생한 맥락
귀하가 처해 있던 상황에 대해 말해 보시오.
– 언제 경험하였습니까?
– 어디에서 경험하였습니까?
– 당신은 어떻게 그 경험을 하게 되었습니까?

관련 인물 및 과제
귀하가 수행한 과제 / 과업은 무엇인가?
– 당신이 맡은 역할은 무엇이었습니까?
– 본인을 지원한 팀원 or 조원은 누구였습니까?

Situation   Task

STAR
Framework

Action   Result

문제해결과정에 대한 구체적 설명
어떻게 행동(대응)했는가?
– 구체적으로 어떤 노력을 하였습니까?
– 어떤 어려움을 겪었으며 어떻게 극복하였습니까?

결과 / 영향에 대한 이해
그 행동의 결과는 어땠는가?
– 어떤 교훈을 얻었습니까?

③ 경험 면접 질문 예시(직업윤리)

시작 질문	
1	남들이 신경 쓰지 않는 부분까지 고려하여 절차대로 업무(연구)를 수행하여 성과를 낸 경험을 구체적으로 말해 보시오.
2	조직의 원칙과 절차를 철저히 준수하며 업무(연구)를 수행한 것 중 성과를 향상시킨 경험에 대해 구체적으로 말해 보시오.
3	세부적인 절차와 규칙에 주의를 기울여 실수 없이 업무(연구)를 마무리한 경험을 구체적으로 말해 보시오.
4	조직의 규칙이나 원칙을 고려하여 성실하게 일했던 경험을 구체적으로 말해 보시오.
5	타인의 실수를 바로잡고 원칙과 절차대로 수행하여 성공적으로 업무를 마무리하였던 경험에 대해 말해 보시오.

후속 질문		
상황 (Situation)	상황	구체적으로 언제, 어디에서 경험한 일인가?
		어떤 상황이었는가?
	조직	어떤 조직에 속해 있었는가?
		그 조직의 특성은 무엇이었는가?
		몇 명으로 구성된 조직이었는가?
	기간	해당 조직에서 얼마나 일했는가?
		해당 업무는 몇 개월 동안 지속되었는가?
	조직규칙	조직의 원칙이나 규칙은 무엇이었는가?
임무 (Task)	과제	과제의 목표는 무엇이었는가?
		과제에 적용되는 조직의 원칙은 무엇이었는가?
		그 규칙을 지켜야 하는 이유는 무엇이었는가?
	역할	당신이 조직에서 맡은 역할은 무엇이었는가?
		과제에서 맡은 역할은 무엇이었는가?
	문제의식	규칙을 지키지 않을 경우 생기는 문제점 / 불편함은 무엇인가?
		해당 규칙이 왜 중요하다고 생각하였는가?
역할 및 노력 (Action)	행동	업무 과정의 어떤 장면에서 규칙을 철저히 준수하였는가?
		어떻게 규정을 적용시켜 업무를 수행하였는가?
		규정은 준수하는 데 어려움은 없었는가?
	노력	그 규칙을 지키기 위해 스스로 어떤 노력을 기울였는가?
		본인의 생각이나 태도에 어떤 변화가 있었는가?
		다른 사람들은 어떤 노력을 기울였는가?
	동료관계	동료들은 규칙을 철저히 준수하고 있었는가?
		팀원들은 해당 규칙에 대해 어떻게 반응하였는가?
		규칙에 대한 태도를 개선하기 위해 어떤 노력을 하였는가?
		팀원들의 태도는 당신에게 어떤 자극을 주었는가?
	업무추진	주어진 업무를 추진하는 데 규칙이 방해되진 않았는가?
		업무수행 과정에서 규정을 어떻게 적용하였는가?
		업무 시 규정을 준수해야 한다고 생각한 이유는 무엇인가?

결과 (Result)	평가	규칙을 어느 정도나 준수하였는가?
		그렇게 준수할 수 있었던 이유는 무엇이었는가?
		업무의 성과는 어느 정도였는가?
		성과에 만족하였는가?
		비슷한 상황이 온다면 어떻게 할 것인가?
	피드백	주변 사람들로부터 어떤 평가를 받았는가?
		그러한 평가에 만족하는가?
		다른 사람에게 본인의 행동이 영향을 주었다고 생각하는가?
	교훈	업무수행 과정에서 중요한 점은 무엇이라고 생각하는가?
		이 경험을 통해 느낀 바는 무엇인가?

2. 상황 면접

① 상황 면접의 특징

직무 관련 상황을 가정하여 제시하고 이에 대한 대응능력을 직무관련성 측면에서 평가하는 면접입니다.

- 상황 면접 과제의 구성은 크게 2가지로 구분
  - 상황 제시(Description) / 문제 제시(Question or Problem)
- 현장의 실제 업무 상황을 반영하여 과제를 제시하므로 직무분석이나 직무전문가 워크숍 등을 거쳐 현장성을 높임
- 문제는 상황에 대한 기본적인 이해능력(이론적 지식)과 함께 실질적 대응이나 변수 고려능력(실천적 능력) 등을 고르게 질문해야 함

상황 면접의 형태

[면접관 1]　[면접관 2]

[연기자 1]　[연기자 2]　　　　　　　[면접관 1]　[면접관 2]

[지원자]　　　　　　[지원자 1]　[지원자 2]　[지원자 3]

〈시뮬레이션〉　　　　　　　　〈문답형〉

② 상황 면접 예시

상황 제시	인천공항 여객터미널 내에는 다양한 용도의 시설(사무실, 통신실, 식당, 전산실, 창고 면세점 등)이 설치되어 있습니다.	실제 업무 상황에 기반함
	금년에 소방배관의 누수가 잦아 메인 배관을 교체하는 공사를 추진하고 있으며, 당신은 이번 공사의 담당자입니다.	배경 정보
	주간에는 공항 운영이 이루어져 주로 야간에만 배관 교체 공사를 수행하던 중, 시공하는 기능공의 실수로 배관 연결 부위를 잘못 건드려 고압배관의 소화수가 누출되는 사고가 발생하였으며, 이로 인해 인근 시설물에 누수에 의한 피해가 발생하였습니다.	구체적인 문제 상황
문제 제시	일반적인 소방배관의 배관연결(이음)방식과 배관의 이탈(누수)이 발생하는 원인에 대해 설명해 보시오.	문제 상황 해결을 위한 기본 지식 문항
	담당자로서 본 사고를 현장에서 긴급히 처리하는 프로세스를 제시하고, 보수완료 후 사후적 조치가 필요한 부분 및 재발방지 방안에 대해 설명해 보시오.	문제 상황 해결을 위한 추가 대응 문항

3. 발표 면접

① 발표 면접의 특징
- 직무관련 주제에 대한 지원자의 생각을 정리하여 의견을 제시하고, 발표 및 질의응답을 통해 지원자의 직무능력을 평가하는 면접입니다.
- 발표 주제는 직무와 관련된 자료로 제공되며, 일정 시간 후 지원자가 보유한 지식 및 방안에 대한 발표 및 후속 질문을 통해 직무적합성을 평가합니다.

- 주요 평가요소
  - 설득적 말하기 / 발표능력 / 문제해결능력 / 직무관련 전문성
- 이미 언론을 통해 공론화된 시사 이슈보다는 해당 직무분야에 관련된 주제가 발표면접의 과제로 선정되는 경우가 최근 들어 늘어나고 있음
- 짧은 시간 동안 주어진 과제를 빠른 속도로 분석하여 발표문을 작성하고 제한된 시간 안에 면접관에게 효과적인 발표를 진행하는 것이 핵심

발표 면접의 형태

[면접관 1] [면접관 2]   [면접관 1] [면접관 2]

[지원자]   [지원자 1] [지원자 2] [지원자 3]

〈개별 과제 발표〉   〈팀 과제 발표〉

※ 면접관에게 시각적 효과를 사용하여 메시지를 전달하는 쌍방향 커뮤니케이션 방식
※ 심층면접을 보완하기 위한 방안으로 최근 많은 기업에서 적극 도입하는 추세

CHAPTER 04 면접전형 가이드 • **227**

② 발표 면접 예시

1. 지시문

당신은 현재 A사에서 직원들의 성과평가를 담당하고 있는 팀원이다. 인사팀은 지난주부터 사내 조직문화관련 인터뷰를 하던 도중 성과평가제도에 관련된 개선 니즈가 제일 많다는 것을 알게 되었다. 이에 팀장님은 인터뷰 결과를 종합하려 성과평가제도 개선 아이디어를 A4용지에 정리하여 신속 보고할 것을 지시하셨다. 당신에게 남은 시간은 1시간이다. 자료를 준비하는 대로 당신은 팀원들이 모인 회의실에서 5분 간 발표할 것이며, 이후 질의응답을 진행할 것이다.

2. 배경자료

〈성과평가제도 개선에 대한 인터뷰〉

최근 A사는 회사 사세의 급성장으로 인해 작년보다 매출이 두 배 성장하였고, 직원 수 또한 두 배로 증가하였다. 회사의 성장은 임금, 복지에 대한 상승 등 긍정적인 영향을 주었으나 업무의 불균형 및 성과보상의 불평등 문제가 발생하였다. 또한 수시로 입사하는 신입직원과 경력직원, 퇴사하는 직원들까지 인원들의 잦은 변동으로 인해 평가해야 할 대상이 변경되어 현재의 성과평가제도로는 공정한 평가가 어려운 상황이다.

[생산부서 김상호]
우리 팀은 지난 1년 동안 생산량이 급증했기 때문에 수십 명의 신규인력이 급하게 채용되었습니다. 이 때문에 저희 팀장님은 신규 입사자들의 이름조차 기억 못할 때가 많이 있습니다. 성과평가를 제대로 하고 있는지 의문이 듭니다.

[마케팅 부서 김흥민]
개인의 성과평가의 취지는 충분히 이해합니다. 그러나 현재 평가는 실적기반이나 정성적인 평가가 많이 포함되어 있어 객관성과 공정성에는 의문이 드는 것이 사실입니다. 이러한 상황에서 평가제도를 재수립하지 않고, 인센티브에 계속 반영한다면, 평가제도에 대한 반감이 커질 것이 분명합니다.

[교육부서 홍경민]
현재 교육부서는 인사팀과 밀접하게 일하고 있습니다. 그럼에도 인사팀에서 실시하는 성과평가제도에 대한 이해가 부족한 것 같습니다.

[기획부서 김경호 차장]
저는 저의 평가자 중 하나가 연구부서의 팀장님인데, 일 년에 몇 번 같이 일하지 않는데 어떻게 저를 평가할 수 있을까요? 특히 연구팀은 저희가 예산을 배정하는데, 저에게는 좋지만….

4. 토론 면접

① 토론 면접의 특징
- 다수의 지원자가 조를 편성해 과제에 대한 토론(토의)을 통해 결론을 도출해가는 면접입니다.
- 의사소통능력, 팀워크, 종합인성 등의 평가에 용이합니다.

> - 주요 평가요소
>   - 설득적 말하기, 경청능력, 팀워크, 종합인성
> - 의견 대립이 명확한 주제 또는 채용분야의 직무 관련 주요 현안을 주제로 과제 구성
> - 제한된 시간 내 토론을 진행해야 하므로 적극적으로 자신 있게 토론에 임하고 본인의 의견을 개진할 수 있어야 함

토론 면접의 형태

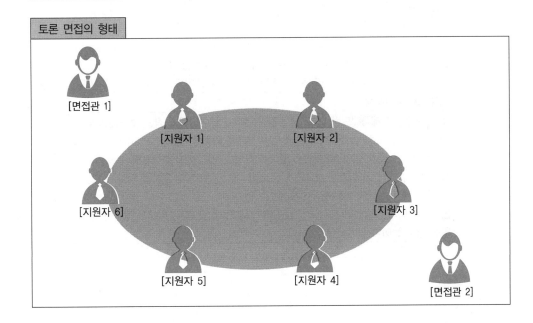

② 토론 면접 예시

고객 불만 고충처리

1. 들어가며

최근 우리 상품에 대한 고객 불만의 증가로 고객고충처리 TF가 만들어졌고 당신은 여기에 지원해 배치받았다. 당신의 업무는 불만을 가진 고객을 만나서 애로사항을 듣고 처리해 주는 일이다. 주된 업무로는 고객의 니즈를 파악해 방향성을 제시해 주고 그 해결책을 마련하는 일이다. 하지만 경우에 따라서 고객의 주관적인 의견으로 인해 제대로 된 방향으로 의사결정을 하지 못할 때가 있다. 이럴 경우 설득이나 논쟁을 해서라도 의견을 관철시키는 것이 좋을지 아니면 고객의 의견대로 진행하는 것이 좋을지 결정해야 할 때가 있다. 만약 당신이라면 이러한 상황에서 어떤 결정을 내릴 것인지 여부를 자유롭게 토론해 보시오.

2. 1분 자유 발언 시 준비사항

• 당신은 의견을 자유롭게 개진할 수 있으며 이에 따른 불이익은 없습니다.

• 토론의 방향성을 이해하고, 내용의 장점과 단점이 무엇인지 문제를 명확히 말해야 합니다.

• 합리적인 근거에 기초하여 개선방안을 명확히 제시해야 합니다.

• 제시한 방안을 실행 시 예상되는 긍정적·부정적 영향요인도 동시에 고려할 필요가 있습니다.

3. 토론 시 유의사항

• 토론 주제문과 제공해드린 메모지, 볼펜만 가지고 토론장에 입장할 수 있습니다.

• 사회자의 지정 또는 발표자가 손을 들어 발언권을 획득할 수 있으며, 사회자의 통제에 따릅니다.

• 토론회가 시작되면, 팀의 의견과 논거를 정리하여 1분간의 자유발언을 할 수 있습니다. 순서는 사회자가 지정합니다. 이후에는 자유롭게 상대방에게 질문하거나 답변을 하실 수 있습니다.

• 핸드폰, 서적 등 외부 매체는 사용하실 수 없습니다.

• 논제에 벗어나는 발언이나 지나치게 공격적인 발언을 할 경우, 위에서 제시한 유의사항을 지키지 않을 경우 불이익을 받을 수 있습니다.

1. 면접 Role Play 편성

- 교육생끼리 조를 편성하여 면접관과 지원자 역할을 교대로 진행합니다.
- 지원자 입장과 면접관 입장을 모두 경험해 보면서 면접에 대한 적응력을 높일 수 있습니다.

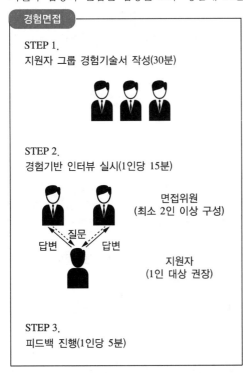

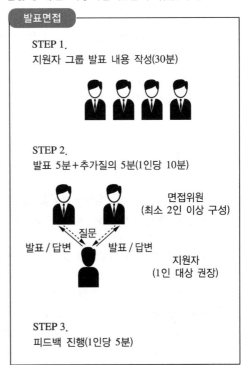

Tip

면접 준비하기
1. 면접 유형 확인 필수
   - 기업마다 면접 유형이 상이하기 때문에 해당 기업의 면접 유형을 확인하는 것이 좋음
   - 일반적으로 실무진 면접, 임원면접 2차례에 거쳐 면접을 실시하는 기업이 많고 실무진 면접과 임원 면접에서 평가요소가 다르기 때문에 유형에 맞는 준비방법이 필요
2. 후속 질문에 대한 사전 점검
   - 블라인드 채용 면접에서는 주요 질문과 함께 후속 질문을 통해 지원자의 직무능력을 판단
     → STAR 기법을 통한 후속 질문에 미리 대비하는 것이 필요

05 | 한국주택금융공사 면접 기출질문

한국주택금융공사의 면접전형은 구조화된 NCS 기반의 블라인드 면접으로, 1차 면접전형과 2차 면접전형으로 진행된다. 1차 면접전형은 PT면접, 심층면접으로 구분되어 진행된다. PT면접은 전공 주제에 대한 발표 및 질의응답으로, 전공지식과 논리력, 기획·발표력 등을 검증한다. 심층면접은 직무능력 검증을 위한 입사지원서 기반 질의응답으로, 공사이해도와 직무능력 등을 검증한다. 또한, 2차 면접전형은 창의성과 적극성, 인성 등을 평가한다.

1. 2023년 기출질문

- 한국주택금융공사에 지원한 동기를 말해 보시오.
- 한국주택금융공사가 하는 일에 대해 아는 대로 말해 보시오.
- 한국주택금융공사의 사업 중 관심 있는 사업에 대해 말해 보시오.
- 한국주택금융공사의 인재상 중 지원자에게 적합하다고 생각하는 인재상은 무엇인지 말해 보시오.
- 한국주택금융공사에 지원하기 위해 노력한 점에 대해 말해 보시오.
- 한국주택금융공사의 비전에 대해 말해 보시오.
- 한국주택금융공사의 모기지론에 대해 말해 보시오.
- 모기지론과 역모기지론의 차이에 대해 말해 보시오.
- 주택연금의 단점에 대해 말해 보시오.
- 주택연금의 단점을 극복하기 위해 법적으로 활용하고 있는 제도에 대해 말해 보시오.
- 조직생활에 있어서 가장 중요한 것이 무엇이라고 생각하는지 말해 보시오.
- 달성하기 어려운 일을 책임지고 수행한 경험에 대해 말해 보시오.

2. 과년도 기출질문

- 한국주택금융공사에 대해 아는 대로 말해 보시오.
- 한국주택금융공사가 주택연금 홍보를 하기 위한 방안을 말해 보시오.
- 한국주택금융공사의 최근 이슈에 대해 말해 보시오.
- 은행권이 아닌 금융공기업에 지원한 이유에 대해 말해 보시오.
- 지원자에게 해당하는 한국주택금융공사의 인재상에 대해 말해 보시오.
- 지원자에게 10억 원이 주어졌을 때, 운용 계획에 대해 말해 보시오.
- 지원자의 버킷리스트 3가지를 말해 보시오.
- 역모기지론의 사회·문화·경제적 영향에 대해 말해 보시오.
- 보금자리론에 대해 아는 대로 말해 보시오.
- 보금자리론이 금융시장의 주택담보대출보다 이자율이 낮은 이유에 대해 말해 보시오.
- 주택담보대출이 발생하는 순서에 대해 말해 보시오.
- 공무원 직업윤리에 대한 생각을 말해 보시오.
- 노사 갈등을 해결하기 위한 방안을 말해 보시오.
- 강성노조가 생기는 이유에 대해 말해 보시오.
- 원하는 업무가 아닌 다른 업무를 맡게 된다면 어떻게 할 것인지 말해 보시오.
- 4차 산업혁명 기술 중 가장 중요하다고 생각하는 분야가 무엇인지 말해 보시오.
- 리더와 팔로워 중 어떤 사람이 되고 싶은지 말해 보시오.
- 단체생활에서 갈등을 해소한 경험에 대해 말해 보시오.

행운이란 100%의 노력 뒤에 남는 것이다.

- 랭스턴 콜먼 -

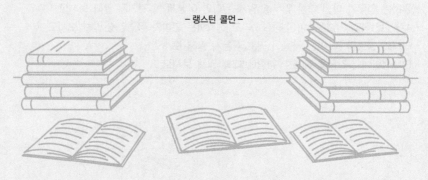

현재 나의 실력을 객관적으로 파악해 보자!

모바일 OMR
답안채점 / 성적분석 서비스

도서에 수록된 모의고사에 대한 객관적인 결과(정답률, 순위)를 종합적으로 분석하여 제공합니다.

OMR 입력	성적분석	채점결과

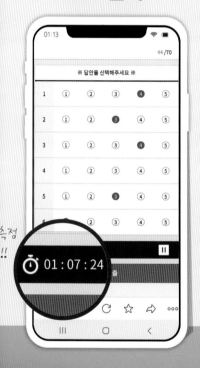

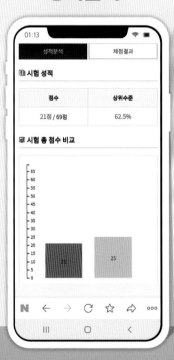

※OMR 답안채점 / 성적분석 서비스는 등록 후 30일간 사용 가능합니다.

도서 내 모의고사 우측 상단에 위치한 QR코드 찍기 → 로그인 하기 → '시작하기' 클릭 → '응시하기' 클릭 → 나의 답안을 모바일 OMR 카드에 입력 → '성적분석 & 채점결과' 클릭 → 현재 내 실력 확인하기

2024

한국주택
금융공사

정답 및 해설

NCS + 전공 + 모의고사 5회

편저 | SDC(Sidae Data Center)

유형분석 및 모의고사로
최종합격까지
한 권으로
마무리!

SDC
SDC는 SD에듀 데이터 센터의 약자로
약 30만 개의 NCS·적성 문제 데이터를
바탕으로 최신 출제경향을 반영하여
문제를 출제합니다.

SD에듀
(주)시대고시기획

Add+

합격의 공식 SD에듀 www.sdedu.co.kr

특별부록

01 | 2023년 주요 공기업
NCS 기출복원문제

01	02	03	04	05	06	07	08	09	10	11	12	13	14	15	16	17	18	19	20
⑤	⑤	④	④	②	⑤	④	①	②	④	④	①	④	③	③	③	②	②	①	④
21	22	23	24	25	26	27	28	29	30	31	32	33	34	35	36	37	38	39	40
①	③	②	③	④	①	④	⑤	②	④	④	①	⑤	④	②	④	⑤	③	①	③
41	42	43	44	45	46	47	48	49	50										
③	③	②	③	②	④	②	⑤	④	④										

01

정답 ⑤

제시문의 세 번째 문단에 따르면 스마트 글라스 내부 센서를 통해 충격과 기울기를 감지할 수 있어, 작업자에게 위험한 상황이 발생할 경우 통보 시스템을 통해 바로 파악할 수 있게 되었음을 알 수 있다.

오답분석

① 첫 번째 문단에 따르면 스마트 글라스를 통한 작업자의 음성인식만으로 철도시설물 점검이 가능해졌음을 알 수 있지만, 다섯 번째 문단에 따르면 아직 유지보수 작업은 가능하지 않음을 알 수 있다.
② 첫 번째 문단에 따르면 스마트 글라스의 도입 이후에도 사람의 작업이 필요함을 알 수 있다.
③ 세 번째 문단에 따르면 스마트 글라스의 도입으로 추락 사고나 그 밖의 위험한 상황을 미리 예측할 수 있어 이를 방지할 수 있게 되었음을 알 수 있지만, 실제로 안전사고 발생 횟수가 감소하였는지는 알 수 없다.
④ 두 번째 문단에 따르면 여러 단계를 거치던 기존 작업 방식에서 스마트 글라스의 도입으로 작업을 한 번에 처리할 수 있게 된 것을 통해 작업 시간이 단축되었음을 알 수 있지만, 작업 인력의 감소 여부는 알 수 없다.

02

정답 ⑤

제시문의 네 번째 문단에 따르면 인공지능 등의 스마트 기술 도입으로 까치집 검출 정확도는 95%까지 상승하였으므로 까치집 제거율 또한 상승할 것임을 예측할 수 있으나, 근본적인 문제인 까치집 생성의 감소를 기대할 수는 없다.

오답분석

① 세 번째 문단과 네 번째 문단에 따르면 정확도가 65%에 불과했던 인공지능의 까치집 식별 능력이 딥러닝 방식의 도입으로 95%까지 상승했음을 알 수 있다.
② 세 번째 문단에서 시속 150km로 빠르게 달리는 열차에서의 까치집 식별 정확도는 65%에 불과하다는 내용으로 보아, 빠른 속도에서는 인공지능의 사물 식별 정확도가 낮음을 알 수 있다.
③ 네 번째 문단에 따르면 작업자의 접근이 어려운 곳에는 드론을 띄워 까치집을 발견 및 제거하는 기술도 시범 운영하고 있다고 하였다.
④ 세 번째 문단에 따르면 실시간 까치집 자동 검출 시스템 개발로 실시간으로 위험 요인의 위치와 이미지를 작업자에게 전달할 수 있게 되었다.

03

정답 ④

제시문의 두 번째 문단에 따르면 CCTV는 열차 종류에 따라 운전실에서 실시간으로 상황을 파악할 수 있는 네트워크 방식과 각 객실에서의 영상을 저장하는 개별 독립 방식으로 설치된다고 하였다. 따라서 개별 독립 방식으로 설치된 일부 열차에서는 각 객실의 상황을 실시간으로 파악하지 못할 수 있다.

오답분석

① 첫 번째 문단에 따르면 2023년까지 현재 운행하고 있는 열차의 모든 객실에 CCTV를 설치하겠다는 내용으로 보아, 현재 모든 열차의 모든 객실에 CCTV가 설치되지 않았음을 유추할 수 있다.
② 첫 번째 문단에 따르면 2023년까지 모든 열차 승무원에게 바디캠을 지급하겠다고 하였다. 이에 따라 승객이 승무원을 폭행하는 등의 범죄 발생 시 해당 상황을 녹화한 바디캠 영상이 있어 수사의 증거자료로 사용할 수 있게 되었다.
③ 두 번째 문단에 따르면 CCTV는 사각지대 없이 설치되며 일부는 휴대 물품 보관대 주변에도 설치된다고 하였다. 따라서 인적 피해와 물적 피해 모두 예방할 수 있게 되었다.
⑤ 세 번째 문단에 따르면 CCTV 제품 품평회와 시험을 통해 제품의 형태와 색상, 재질, 진동과 충격 등에 대한 적합성을 고려한다고 하였다.

04

정답 ④

작년 K대학교의 재학생 수는 6,800명이고 남학생 수와 여학생 수의 비가 $8:9$이므로, 남학생 수는 $6,800 \times \dfrac{8}{8+9} = 3,200$명이고, 여학생 수는 $6,800 \times \dfrac{9}{8+9} = 3,600$명이다. 올해 줄어든 남학생 수와 여학생 수의 비가 $12:13$이므로 올해 K대학교에 재학 중인 남학생 수와 여학생 수의 비는 $(3,200-12k):(3,600-13k) = 7:8$이다.

$7 \times (3,600-13k) = 8 \times (3,200-12k)$
$\rightarrow 25,200 - 91k = 25,600 - 96k$
$\rightarrow 5k = 400$
$\therefore k = 80$

따라서 올해 K대학교에 재학 중인 남학생 수는 $3,200 - 12 \times 80 = 2,240$명이고, 여학생 수는 $3,600 - 13 \times 80 = 2,560$명이므로 올해 K대학교의 전체 재학생 수는 $2,240 + 2,560 = 4,800$명이다.

05

정답 ②

마일리지 적립 규정에 회원 등급과 관련된 내용은 없으며, 마일리지 적립은 지불한 운임의 액수, 더블적립 열차 탑승 여부, 선불형 교통카드 Rail+ 사용 여부에 따라서만 결정된다.

오답분석

① KTX 마일리지는 KTX 열차 이용 시에만 적립된다.
③ 비즈니스 등급은 기업회원 여부와 관계없이 최근 1년간의 활동내역을 기준으로 부여된다.
④ 반기 동안 추석 및 설 명절 특별수송기간 탑승 건을 제외하고 4만 점을 적립하면 VIP 등급을 부여받는다.
⑤ VVIP 등급과 VIP 등급 고객은 한정된 횟수 내에서 무료 업그레이드 쿠폰으로 KTX 특실을 KTX 일반실 가격에 구매할 수 있다.

06

정답 ⑤

K공사를 통한 예약 접수는 온라인 쇼핑몰 홈페이지를 통해서만 가능하며, 오프라인(방문) 접수는 우리·농협은행의 창구를 통해서만 이루어진다.

오답분석

① 구매자를 대한민국 국적자로 제한한다는 내용은 없다.
② 단품으로 구매 시 1인당 화종별 최대 3장으로 총 9장, 세트로 구매할 때도 1인당 최대 3세트로 총 9장까지 신청이 가능하며, 세트와 단품은 중복신청이 가능하므로 1인당 구매 가능한 최대 개수는 18장이다.
③ 우리·농협은행의 계좌가 없다면, K공사 온라인 쇼핑몰을 이용하거나 우리·농협은행에 직접 방문하여 구입할 수 있다.
④ 총발행량은 예약 주문 이전부터 화종별 10,000장으로 미리 정해져 있다.

07

우리·농협은행 계좌 미보유자인 외국인 A씨가 예약 신청을 할 수 있는 방법은 두 가지이다. 하나는 신분증인 외국인등록증을 지참하고 우리·농협은행의 지점을 방문하여 신청하는 것이고, 다른 하나는 K공사 온라인 쇼핑몰에서 가상계좌 방식으로 신청하는 것이다.

[오답분석]
① A씨는 외국인이므로 창구 접수 시 지참해야 하는 신분증은 외국인등록증이다.
② K공사 온라인 쇼핑몰에서는 가상계좌 방식을 통해서만 예약 신청이 가능하다.
③ 홈페이지를 통한 신청이 가능한 은행은 우리은행과 농협은행뿐이다.
⑤ 우리·농협은행의 홈페이지를 통해 예약 접수를 하려면 해당 은행에 미리 계좌가 개설되어 있어야 한다.

08

3종 세트는 186,000원, 단품은 각각 63,000원이므로 5명의 구매 금액을 계산하면 다음과 같다.
• A : (186,000×2)+63,000=435,000원
• B : 63,000×8=504,000원
• C : (186,000×2)+(63,000×2)=498,000원
• D : 186,000×3=558,000원
• E : 186,000+(63,000×4)=438,000원
따라서 가장 많은 금액을 지불한 사람은 D이며, 구매 금액은 558,000원이다.

09

허리디스크는 디스크의 수핵이 탈출하여 생긴 질환이므로 허리를 굽히거나 앉아 있을 때 디스크에 가해지는 압력이 높아져 통증이 더 심해진다. 반면 척추관협착증의 경우 서 있을 때 척추관이 더욱 좁아지게 되어 통증이 더욱 심해진다.

[오답분석]
① 허리디스크는 디스크의 탄력 손실이나 갑작스런 충격으로 인해 균열이 생겨 발생하고, 척추관협착증은 오랜 기간 동안 황색인대가 두꺼워져 척추관에 변형이 일어나 발생하므로 허리디스크가 더 급작스럽게 증상이 나타난다.
③ 허리디스크는 자연치유가 가능하지만, 척추관협착증은 불가능하다. 따라서 허리디스크는 주로 통증을 줄이고 안정을 취하는 보존치료를 하지만, 척추관협착증은 변형된 부분을 제거하는 외과적 수술을 한다.
④ 허리디스크와 척추관협착증 모두 척추 중앙의 신경 다발(척수)이 압박받을 수 있으며, 심할 경우 하반신 마비 증세를 보일 수 있으므로 빠른 치료를 받는 것이 중요하다.

10

고령인 사람이 서 있을 때 통증이 나타난다면 퇴행성 척추질환인 척추관협착증(요추관협착증)일 가능성이 높다. 반면 허리디스크(추간판탈출증)는 젊은 나이에도 디스크에 급격한 충격이 가해지면 발생할 수 있고, 앉아 있을 때 통증이 심해진다. 따라서 ㉠에는 척추관협착증, ㉡에는 허리디스크가 들어가야 한다.

11

제시문은 장애인 건강주치의 시범사업을 소개하며 3단계 시범사업에서 기존과 달라지는 내용을 위주로 설명하고 있다. 따라서 가장 처음에 와야 할 문단은 3단계 장애인 건강주치의 시범사업을 소개하는 (마) 문단이다. 이어서 장애인 건강주치의 시범사업 세부 서비스를 소개하는 문단이 와야 하는데, 서비스 종류를 소개하는 문장이 있는 (다) 문단이 이어지는 것이 가장 적절하다. 그리고 2번째 서비스인 주장애관리를 소개하는 (가) 문단이 와야 하며, 그 다음으로 3번째 서비스인 통합관리 서비스와 추가적으로 방문 서비스를 소개하는 (라) 문단이 오는 것이 적절하다. 마지막으로 장애인 건강주치의 시범사업에 신청하는 방법을 소개하며 글을 끝내는 것이 적절하므로 (나) 문단이 이어져야 한다. 따라서 글의 순서를 바르게 나열하면 (마) - (다) - (가) - (라) - (나)이다.

12

• 2019년 직장가입자 및 지역가입자 건강보험금 징수율

　－ 직장가입자 : $\dfrac{6,698,187}{6,706,712} \times 100 ≒ 99.87\%$

　－ 지역가입자 : $\dfrac{886,396}{923,663} \times 100 ≒ 95.97\%$

• 2020년 직장가입자 및 지역가입자 건강보험금 징수율

　－ 직장가입자 : $\dfrac{4,898,775}{5,087,163} \times 100 ≒ 96.3\%$

　－ 지역가입자 : $\dfrac{973,681}{1,003,637} \times 100 ≒ 97.02\%$

• 2021년 직장가입자 및 지역가입자 건강보험금 징수율

　－ 직장가입자 : $\dfrac{7,536,187}{7,763,135} \times 100 ≒ 97.08\%$

　－ 지역가입자 : $\dfrac{1,138,763}{1,256,137} \times 100 ≒ 90.66\%$

• 2022년 직장가입자 및 지역가입자 건강보험금 징수율

　－ 직장가입자 : $\dfrac{8,368,972}{8,376,138} \times 100 ≒ 99.91\%$

　－ 지역가입자 : $\dfrac{1,058,943}{1,178,572} \times 100 ≒ 89.85\%$

따라서 직장가입자 건강보험금 징수율이 가장 높은 해는 2022년이고, 지역가입자 건강보험금 징수율이 가장 높은 해는 2020년이다.

13

이뇨제의 1인 투여량은 60mL/일이고 진통제의 1인 투여량은 60mg/일이므로 이뇨제를 투여한 환자 수와 진통제를 투여한 환자 수의 비는 이뇨제 사용량과 진통제 사용량의 비와 같다.

• 2018년 : $3,000 \times 2 < 6,720$
• 2019년 : $3,480 \times 2 = 6,960$
• 2020년 : $3,360 \times 2 < 6,840$
• 2021년 : $4,200 \times 2 > 7,200$
• 2022년 : $3,720 \times 2 > 7,080$

따라서 2018년과 2020년에 진통제를 투여한 환자 수는 이뇨제를 투여한 환자 수의 2배보다 많다.

[오답분석]

① 2022년에 전년 대비 사용량이 감소한 의약품은 이뇨제와 진통제로, 이뇨제의 사용량 감소율은 $\dfrac{3,720-4,200}{4,200} \times 100 ≒$ -11.43%이고, 진통제의 사용량 감소율은 $\dfrac{7,080-7,200}{7,200} \times 100 ≒ -1.67\%$이다. 따라서 전년 대비 2022년 사용량 감소율이 가장 큰 의약품은 이뇨제이다.

② 5년 동안 지사제 사용량의 평균은 $\dfrac{30+42+48+40+44}{5}=40.8$정이고, 지사제의 1인 1일 투여량은 2정이다. 따라서 지사제를 투여한 환자 수의 평균은 $\dfrac{40.8}{2}=20.4$이므로 18명 이상이다.

③ 이뇨제 사용량은 매년 '증가 － 감소 － 증가 － 감소' 추세이다.

14

분기별 사회복지사 인력의 합은 다음과 같다.
- 2022년 3분기 : 391+670+1,887=2,948명
- 2022년 4분기 : 385+695+1,902=2,982명
- 2023년 1분기 : 370+700+1,864=2,934명
- 2023년 2분기 : 375+720+1,862=2,957명

분기별 전체 보건인력 중 사회복지사 인력의 비율은 다음과 같다.

- 2022년 3분기 : $\frac{2,948}{80,828} \times 100 ≒ 3.65\%$

- 2022년 4분기 : $\frac{2,982}{82,582} \times 100 ≒ 3.61\%$

- 2023년 1분기 : $\frac{2,934}{86,236} \times 100 ≒ 3.40\%$

- 2023년 2분기 : $\frac{2,957}{86,707} \times 100 ≒ 3.41\%$

따라서 옳지 않은 것은 ③이다.

15

건강생활실천지원금제 신청자 목록에 따라 신청자별로 확인하면 다음과 같다.
- A : 주민등록상 주소지가 시범지역에 속하지 않는다.
- B : 주민등록상 주소지는 관리형에 속하지만, 고혈압 또는 당뇨병 진단을 받지 않았다.
- C : 주민등록상 주소지는 예방형에 속하고, 체질량지수와 혈압이 건강관리가 필요한 사람이므로 예방형이다.
- D : 주민등록상 주소지는 관리형에 속하고, 고혈압 진단을 받았으므로 관리형이다.
- E : 주민등록상 주소지는 예방형에 속하고, 체질량지수와 공복혈당 건강관리가 필요한 사람이므로 예방형이다.
- F : 주민등록상 주소지가 시범지역에 속하지 않는다.
- G : 주민등록상 주소지는 관리형에 속하고, 당뇨병 진단을 받았으므로 관리형이다.
- H : 주민등록상 주소지가 시범지역에 속하지 않는다.
- I : 주민등록상 주소지는 예방형에 속하지만, 필수조건인 체질량지수가 정상이므로 건강관리가 필요한 사람에 해당하지 않는다.

따라서 예방형 신청이 가능한 사람은 C, E이고, 관리형 신청이 가능한 사람은 D, G이다.

16

출산장려금 지급 시기의 가장 우선순위인 임신일이 가장 긴 임산부는 B, D, E임산부이다. 이 중에서 만 19세 미만인 자녀 수가 많은 임산부는 D, E임산부이고, 소득수준이 더 낮은 임산부는 D임산부이다. 따라서 D임산부가 가장 먼저 출산장려금을 받을 수 있다.

17

제시문은 행위별수가제에 대한 것으로 환자, 의사, 건강보험 재정 등 많은 곳에서 한계점이 있다고 설명하면서 건강보험 고갈을 막기 위해 다양한 지불방식을 도입하는 등 구조적인 개편이 필요함을 설명하고 있다. 따라서 글의 주제로 '행위별수가제의 한계점'이 가장 적절하다.

18

- 구상(求償) : 무역 거래에서 수량·품질·포장 따위에 계약 위반 사항이 있는 경우, 매주(賣主)에게 손해 배상을 청구하거나 이의를 제기하는 일
- 구제(救濟) : 자연적인 재해나 사회적인 피해를 당하여 어려운 처지에 있는 사람을 도와줌

19

- (운동에너지)$=\dfrac{1}{2}\times$(질량)$\times$(속력)$^2=\dfrac{1}{2}\times2\times4^2=16J$
- (위치에너지)$=$(질량)$\times$(중력가속도)$\times$(높이)$=2\times10\times0.5=10J$
- (역학적 에너지)$=$(운동에너지)$+$(위치에너지)$=16+10=26J$

공의 역학적 에너지는 26J이고, 튀어 오를 때 가장 높은 지점에서 운동에너지가 0이므로 역학적 에너지는 위치에너지와 같다.
따라서 공이 튀어 오를 때 가장 높은 지점에서의 위치에너지는 26J이다.

20

출장지까지 거리는 $200\times1.5=300$km이므로 시속 60km의 속력으로 달릴 때 걸리는 시간은 5시간이고, 약속시간보다 1시간 늦게 도착하므로 약속시간은 4시간 남았다. 300km를 시속 60km의 속력으로 달리다 도중에 시속 90km의 속력으로 달릴 때 약속시간보다 30분 일찍 도착했으므로, 이때 걸린 시간은 $4-\dfrac{1}{2}=\dfrac{7}{2}$시간이다.

시속 90km의 속력으로 달린 거리를 $x$km라 하면

$\dfrac{300-x}{60}+\dfrac{x}{90}=\dfrac{7}{2}$

$\rightarrow 900-3x+2x=630$

$\therefore x=270$

따라서 A부장이 시속 90km의 속력으로 달린 거리는 270km이다.

21

상품의 원가를 x원이라 하면 처음 판매가격은 $1.23x$원이다.
여기서 1,300원을 할인하여 판매했을 때 얻은 이익은 원가의 10%이므로

$(1.23x-1,300)-x=0.1x$

$\rightarrow 0.13x=1,300$

$\therefore x=10,000$

따라서 상품의 원가는 10,000원이다.

22

G와 B의 자리를 먼저 고정하고, 양 끝에 앉을 수 없는 A의 위치를 토대로 경우의 수를 계산하면 다음과 같다.

- G가 가운데에 앉고, B가 G의 바로 왼쪽에 앉는 경우의 수

		A	B	G		

			B	G	A	

			B	G		A

$3\times4!=72$가지

- G가 가운데에 앉고, B가 G의 바로 오른쪽에 앉는 경우의 수

		A		G	B	

			A	G	B	

			G	B	A	

$3\times4!=72$가지

따라서 조건과 같이 앉을 때 가능한 경우의 수는 $72+72=144$가지이다.

23

유치원생이 11명일 때 평균 키는 113cm이므로 유치원생 11명의 키의 합은 113×11=1,243cm이다. 키가 107cm인 유치원생이 나갔으므로 남은 유치원생 10명의 키의 합은 1,243−107=1,136cm이다. 따라서 남은 유치원생 10명의 평균 키는 $\frac{1,136}{10}=$ 113.6cm이다.

24

'우회수송'은 사고 등의 이유로 직통이 아닌 다른 경로로 우회하여 수송한다는 뜻이기 때문에 '우측 선로로 변경'은 순화로 적절하지 않다.

[오답분석]

① '열차시격'에서 '시격'이란 '사이에 뜬 시간'이라는 뜻의 한자어로, 열차와 열차 사이의 간격, 즉 '배차간격'으로 순화할 수 있다.
② '전차선'이란 선로를 의미하고, '단전'은 전기의 공급이 중단됨을 말한다. 따라서 바르게 순화되었다.
④ '핸드레일(Handrail)'은 난간을 뜻하는 영어 단어로, 우리말로는 '안전손잡이'로 순화할 수 있다.
⑤ '키스 앤 라이드(Kiss and Ride)'는 헤어질 때 키스를 하는 영미권 문화에서 비롯된 용어로, '환승정차구역'을 지칭한다.

25

세 번째 문단을 통해 정부가 철도 중심 교통체계 구축을 위해 노력하고 있음을 알 수 있으나, 구체적으로 시행된 조치는 언급되지 않았다.

[오답분석]

① 첫 번째 문단을 통해 전 세계적으로 탄소중립이 주목받자 이에 대한 방안으로 등장한 것이 철도 수송임을 알 수 있다.
② 첫 번째 문단과 두 번째 문단을 통해 철도 수송의 확대가 온실가스 배출량의 획기적인 감축을 가져올 것임을 알 수 있다.
③ 네 번째 문단을 통해 '중앙선 안동~영천 간 궤도' 설계 시 탄소 감축 방안으로 저탄소 자재인 유리섬유 보강근이 철근 대신 사용되었음을 알 수 있다.
⑤ 네 번째 문단을 통해 S철도공단은 철도 중심 교통체계 구축을 위해 건설 단계에서부터 친환경·저탄소 자재를 적용하였고, 탄소 감축을 위해 2025년부터는 모든 철도건축물을 일정한 등급 이상으로 설계하기로 결정하였음을 알 수 있다.

26

제시문을 살펴보면 먼저 첫 번째 문단에서는 이산화탄소로 메탄올을 만드는 곳이 있다며 관심을 유도하고, 두 번째 문단에서 메탄올을 어떻게 만들고 어디에서 사용하는지 구체적으로 설명함으로써 탄소 재활용의 긍정적인 측면을 부각하고 있다. 하지만 세 번째 문단에서는 앞선 내용과 달리 이렇게 만들어진 메탄올의 부정적인 측면을 설명하고, 네 번째 문단에서는 이와 같은 이유로 탄소 재활용에 대한 결론이 나지 않았다며 글이 마무리되고 있다. 따라서 글의 주제로 적절한 것은 탄소 재활용의 이면을 모두 포함하는 내용인 ①이다.

[오답분석]

② 두 번째 문단에 한정된 내용이므로 제시문 전체를 다루는 주제로 보기에는 적절하지 않다.
③ 지열발전소의 부산물을 통해 메탄올이 만들어진 것은 맞지만, 새롭게 탄생된 연료로 보기는 어려우며, 글의 전체를 다루는 주제로 보기에도 적절하지 않다.
④·⑤ 제시문의 첫 번째 문단과 두 번째 문단에서는 버려진 이산화탄소 및 부산물의 재활용을 통해 '메탄올'을 제조함으로써 미래 원료를 해결할 수 있을 것처럼 보이지만, 이어지는 세 번째 문단과 네 번째 문단에서는 이렇게 만들어진 '메탄올'이 과연 미래 원료로 적합한지 의문점이 제시되고 있다. 따라서 글의 주제로 보기에는 적절하지 않다.

27

A ~ C철도사의 차량 1량당 연간 승차인원 수는 다음과 같다.

• 2020년

 – A철도사 : $\dfrac{775,386}{2,751} ≒ 281.86$천 명

 – B철도사 : $\dfrac{26,350}{103} ≒ 255.83$천 명

 – C철도사 : $\dfrac{35,650}{185} ≒ 192.7$천 명

• 2021년

 – A철도사 : $\dfrac{768,776}{2,731} ≒ 281.5$천 명

 – B철도사 : $\dfrac{24,746}{111} ≒ 222.94$천 명

 – C철도사 : $\dfrac{33,130}{185} ≒ 179.08$천 명

• 2022년

 – A철도사 : $\dfrac{755,376}{2,710} ≒ 278.74$천 명

 – B철도사 : $\dfrac{23,686}{113} ≒ 209.61$천 명

 – C철도사 : $\dfrac{34,179}{185} ≒ 184.75$천 명

따라서 3년간 차량 1량당 연간 평균 승차인원 수는 C철도사가 가장 적다.

오답분석

① 2020 ~ 2022년의 C철도사 차량 수는 185량으로 변동이 없다.
② 2020 ~ 2022년의 연간 승차인원 비율은 모두 A철도사가 가장 높다.
③ A ~ C철도사의 2020년의 전체 연간 승차인원 수는 775,386+26,350+35,650=837,386천 명, 2021년의 전체 연간 승차인원 수는 768,776+24,746+33,130=826,652천 명, 2022년의 전체 연간 승차인원 수는 755,376+23,686+34,179=813,241천 명으로 매년 감소하였다.
⑤ 2020 ~ 2022년의 C철도사 차량 1량당 연간 승차인원 수는 각각 192.7천 명, 179.08천 명, 184.75천 명이므로 모두 200천 명 미만이다.

28

2018년 대비 2022년에 석유 생산량이 감소한 국가는 C, F이며, 석유 생산량 감소율은 다음과 같다.

• C : $\dfrac{4,025,936-4,102,396}{4,102,396} \times 100 ≒ -1.9\%$

• F : $\dfrac{2,480,221-2,874,632}{2,874,632} \times 100 ≒ -13.7\%$

따라서 석유 생산량 감소율이 가장 큰 국가는 F이다.

오답분석

① 석유 생산량이 매년 증가한 국가는 A, B, E, H로 총 4곳이다.
② 2018년 대비 2022년에 석유 생산량이 증가한 국가의 석유 생산량 증가량은 다음과 같다.
 • A : 10,556,259-10,356,185=200,074bbl/day
 • B : 8,567,173-8,251,052=316,121bbl/day
 • D : 5,422,103-5,321,753=100,350bbl/day
 • E : 335,371-258,963=76,408bbl/day

- G : 1,336,597−1,312,561=24,036bbl/day
- H : 104,902−100,731=4,171bbl/day

따라서 석유 생산량 증가량이 가장 많은 국가는 B이다.

③ E국가의 연도별 석유 생산량을 H국가의 연도별 석유 생산량과 비교하면 다음과 같다.

- 2018년 : $\frac{258,963}{100,731} ≒ 2.6$
- 2019년 : $\frac{273,819}{101,586} ≒ 2.7$
- 2020년 : $\frac{298,351}{102,856} ≒ 2.9$
- 2021년 : $\frac{303,875}{103,756} ≒ 2.9$
- 2022년 : $\frac{335,371}{104,902} ≒ 3.2$

따라서 2022년 E국가의 석유 생산량은 H국가의 석유 생산량의 약 3.2배이므로 옳지 않다.

④ 석유 생산량 상위 2개국은 매년 A, B이며, 매년 석유 생산량의 차이는 다음과 같다.

- 2018년 : 10,356,185−8,251,052=2,105,133bbl/day
- 2019년 : 10,387,665−8,297,702=2,089,963bbl/day
- 2020년 : 10,430,235−8,310,856=2,119,379bbl/day
- 2021년 : 10,487,336−8,356,337=2,130,999bbl/day
- 2022년 : 10,556,259−8,567,173=1,989,086bbl/day

따라서 A와 B국가의 석유 생산량의 차이는 '감소 – 증가 – 증가 – 감소' 추세를 보이므로 옳지 않다.

29
정답 ②

제시된 법률에 따라 공무원인 친구가 받을 수 있는 선물의 최대 금액은 1회에 100만 원이다.

$12x < 100 → x < \frac{100}{12} = \frac{25}{3} ≒ 8.33$

따라서 A씨는 수석을 최대 8개 보낼 수 있다.

30
정답 ④

거래처로 가기 위해 C와 G를 거쳐야 하므로, C를 먼저 거치는 최소 이동거리와 G를 먼저 거치는 최소 이동거리를 비교해 본다.

- 본사 − C − D − G − 거래처
  6+3+3+4=16km
- 본사 − E − G − D − C − F − 거래처
  4+1+3+3+3+4=18km

따라서 최소 이동거리는 16km이다.

31
정답 ④

- 볼펜을 30자루 구매하면 개당 200원씩 할인되므로 800×30=24,000원이다.
- 수정테이프를 8개 구매하면 2,500×8=20,000원이지만, 10개를 구매하면 개당 1,000원이 할인되어 1,500×10=15,000원이므로 10개를 구매하는 것이 더 저렴하다.
- 연필을 20자루 구매하면 연필 가격의 25%가 할인되므로 400×20×0.75=6,000원이다.
- 지우개를 5개 구매하면 300×5=1,500원이며 지우개에 대한 할인은 적용되지 않는다.

따라서 총금액은 24,000+15,000+6,000+1,500=46,500원이고 3만 원을 초과했으므로 10% 할인이 적용되어 46,500×0.9= 41,850원이다. 또한 할인 적용 전 금액이 5만 원 이하이므로 배송료 5,000원이 추가로 부과되어 41,850+5,000=46,850원이 된다. 그런데 만약 비품을 3,600원어치 추가로 주문하면 46,500+3,600=50,100원이므로 할인 적용 전 금액이 5만 원을 초과하여 배송료가 무료가 되고, 총금액이 3만 원을 초과했으므로 지불할 금액은 10% 할인이 적용된 50,100×0.9=45,090원이 된다. 그러므로 지불 가능한 가장 저렴한 금액은 45,090원이다.

32

정답 ①

A ~ E가 받는 성과급을 구하면 다음과 같다.

직원	직책	매출 순이익	기여도	성과급 비율	성과급
A	팀장	4,000만 원	25%	매출 순이익의 5%	$1.2 \times 4,000 \times 0.05 = 240$만 원
B	팀장	2,500만 원	12%	매출 순이익의 2%	$1.2 \times 2,500 \times 0.02 = 60$만 원
C	팀원	1억 2,500만 원	3%	매출 순이익의 1%	$12,500 \times 0.01 = 125$만 원
D	팀원	7,500만 원	7%	매출 순이익의 3%	$7,500 \times 0.03 = 225$만 원
E	팀원	800만 원	6%	-	0원

따라서 가장 많은 성과급을 받는 사람은 A이다.

33

정답 ⑤

2023년 6월의 학교폭력 신고 누계 건수는 $7,530+1,183+557+601=9,871$건으로, 10,000건 미만이다.

오답분석

① • 2023년 1월의 학교폭력 상담 건수 : $9,652-9,195=457$건
  • 2023년 2월의 학교폭력 상담 건수 : $10,109-9,652=457$건
  따라서 2023년 1월과 2023년 2월의 학교폭력 상담 건수는 같다.
② 학교폭력 상담 건수와 신고 건수 모두 2023년 3월에 가장 많다.
③ 전월 대비 학교폭력 상담 건수가 가장 크게 감소한 때는 2023년 5월이지만, 학교폭력 신고 건수가 가장 크게 감소한 때는 2023년 4월이다.
④ 전월 대비 학교폭력 상담 건수가 증가한 월은 2022년 9월과 2023년 3월이고, 이때 학교폭력 신고 건수 또한 전월 대비 증가하였다.

34

정답 ④

연도별 전체 발전량 대비 유류·양수 자원 발전량은 다음과 같다.

• 2018년 : $\dfrac{6,605}{553,256} \times 100 \fallingdotseq 1.2\%$

• 2019년 : $\dfrac{6,371}{537,300} \times 100 \fallingdotseq 1.2\%$

• 2020년 : $\dfrac{5,872}{550,826} \times 100 \fallingdotseq 1.1\%$

• 2021년 : $\dfrac{5,568}{553,900} \times 100 \fallingdotseq 1\%$

• 2022년 : $\dfrac{5,232}{593,958} \times 100 \fallingdotseq 0.9\%$

따라서 2022년의 유류·양수 자원 발전량은 전체 발전량의 1% 미만이다.

오답분석

① 원자력 자원 발전량과 신재생 자원 발전량은 매년 증가하였다.
② 연도별 석탄 자원 발전량의 전년 대비 감소폭은 다음과 같다.
  • 2019년 : $226,571-247,670=-21,099$GWh
  • 2020년 : $221,730-226,571=-4,841$GWh
  • 2021년 : $200,165-221,730=-21,565$GWh
  • 2022년 : $198,367-200,165=-1,798$GWh
  따라서 석탄 자원 발전량의 전년 대비 감소폭이 가장 큰 해는 2021년이다.

③ 연도별 신재생 자원 발전량 대비 가스 자원 발전량은 다음과 같다.

- 2018년 : $\dfrac{135,072}{36,905} \times 100 \fallingdotseq 366\%$

- 2019년 : $\dfrac{126,789}{38,774} \times 100 \fallingdotseq 327\%$

- 2020년 : $\dfrac{138,387}{44,031} \times 100 \fallingdotseq 314\%$

- 2021년 : $\dfrac{144,976}{47,831} \times 100 \fallingdotseq 303\%$

- 2022년 : $\dfrac{160,787}{50,356} \times 100 \fallingdotseq 319\%$

따라서 연도별 신재생 자원 발전량 대비 가스 자원 발전량이 가장 큰 해는 2018년이다.

⑤ 전체 발전량이 증가한 해는 2020 ~ 2022년이며, 그 증가폭은 다음과 같다.

- 2020년 : $550,826 - 537,300 = 13,526 \text{GWh}$
- 2021년 : $553,900 - 550,826 = 3,074 \text{GWh}$
- 2022년 : $593,958 - 553,900 = 40,058 \text{GWh}$

따라서 전체 발전량의 전년 대비 증가폭이 가장 큰 해는 2022년이다.

35

정답 ②

㉠ 퍼실리테이션(Facilitation)이란 '촉진'을 의미하며, 어떤 그룹이나 집단이 의사결정을 잘하도록 도와주는 일을 가리킨다. 최근 많은 조직에서는 보다 생산적인 결과를 가져올 수 있도록 그룹이 나아갈 방향을 알려 주고, 주제에 대한 공감을 이룰 수 있도록 능숙하게 도와주는 퍼실리테이터를 활용하고 있다. 퍼실리테이션에 의한 문제해결 방법은 깊이 있는 커뮤니케이션을 통해 서로의 문제점을 이해하고 공감함으로써 창조적인 문제해결을 도모한다. 소프트 어프로치나 하드 어프로치 방법은 타협점의 단순 조정에 그치지만, 퍼실리테이션에 의한 방법은 초기에 생각하지 못했던 창조적인 해결 방법을 도출한다. 동시에 구성원의 동기가 강화되고 팀워크도 한층 강화된다는 특징을 보인다. 이 방법을 이용한 문제해결은 구성원이 자율적으로 실행하는 것이며, 제3자가 합의점이나 줄거리를 준비해 놓고 예정대로 결론이 도출되어 가도록 해서는 안 된다.

㉡ 하드 어프로치에 의한 문제해결방법은 상이한 문화적 토양을 가지고 있는 구성원을 가정하여 서로의 생각을 직설적으로 주장하고 논쟁이나 협상을 통해 의견을 조정해 가는 방법이다. 이때 중심적 역할을 하는 것이 논리, 즉 사실과 원칙에 근거한 토론이다. 제3자는 이것을 기반으로 구성원에게 지도와 설득을 하고 전원이 합의하는 일치점을 찾아내려고 한다. 이러한 방법은 합리적이긴 하지만 잘못하면 단순한 이해관계의 조정에 그치고 말아서 그것만으로는 창조적인 아이디어나 높은 만족감을 이끌어내기 어렵다.

㉢ 소프트 어프로치에 의한 문제해결방법은 대부분의 기업에서 볼 수 있는 전형적인 스타일로 조직구성원들은 같은 문화적 토양을 가지고 이심전심으로 서로를 이해하는 상황을 가정한다. 코디네이터 역할을 하는 제3자는 결론으로 끌고 갈 지점을 미리 머릿속에 그려가면서 권위나 공감에 의지하여 의견을 중재하고, 타협과 조정을 통하여 해결을 도모한다. 결론이 애매하게 끝나는 경우가 적지 않으나, 그것은 그것대로 이심전심을 유도하여 파악하면 된다. 소프트 어프로치에서는 문제해결을 위해서 직접 표현하는 것이 바람직하지 않다고 여기며, 무언가를 시사하거나 암시를 통하여 의사를 전달하고 기분을 서로 통하게 함으로써 문제해결을 도모하려고 한다.

36

정답 ④

네 번째 조건을 제외한 모든 조건과 그 대우를 논리식으로 표현하면 다음과 같다.

- $\sim(D \lor G) \to F \,/\, \sim F \to (D \land G)$
- $F \to \sim E \,/\, E \to \sim F$
- $\sim(B \lor E) \to \sim A \,/\, A \to (B \land E)$

네 번째 조건에 따라 A가 투표를 하였으므로, 세 번째 조건의 대우에 의해 B와 E 모두 투표를 하였다. 또한 E가 투표를 하였으므로, 두 번째 조건의 대우에 따라 F는 투표하지 않았으며, F가 투표하지 않았으므로 첫 번째 조건의 대우에 따라 D와 G는 모두 투표하였다. A, B, D, E, G 5명이 모두 투표하였으므로 네 번째 조건에 따라 C는 투표하지 않았다. 따라서 투표를 하지 않은 사람은 C와 F이다.

37

정답 ⑤

VLOOKUP 함수는 열의 첫 열에서 수직으로 검색하여 원하는 값을 출력하는 함수이다. 함수의 형식은 「=VLOOKUP(찾을 값, 범위,열 번호,찾기 옵션)」이며 이 중 근삿값을 찾기 위해서는 찾기 옵션에 1을 입력해야 하고, 정확히 일치하는 값을 찾기 위해서는 0을 입력해야 한다. 상품코드 S3310897의 값을 일정한 범위에서 찾아야 하는 것이므로 범위는 절대참조로 지정해야 하며, 크기 '중'은 범위 중 3번째 열에 위치하고, 정확히 일치하는 값을 찾아야 하므로 입력해야 하는 함수식은 「=VLOOKUP("S3310897", $B$2:$E$8,3,0)」이다.

오답분석

① · ② HLOOKUP 함수를 사용하려면 찾고자 하는 값은 '중'이고, [B2:E8] 범위에서 찾고자 하는 행 'S3310897'은 6번째 행이므로 「=HLOOKUP("중",$B$2:$E$8,6,0)」를 입력해야 한다.
③ · ④ '중'은 테이블 범위에서 3번째 열이다.

38

정답 ③

Windows Game Bar로 녹화한 영상의 저장 위치는 파일 탐색기를 사용하여 [내 PC] – [동영상] – [캡처] 폴더를 원하는 위치로 옮겨 변경할 수 있다.

39

정답 ①

RPS 제도 이행을 위해 공급의무자는 일정 비율 이상(의무공급비율)을 신재생에너지로 발전해야 한다. 하지만 의무공급비율은 매년 확대되고 있고, 여기에 맞춰 신재생에너지 발전설비를 계속 추가하는 것은 시간적, 물리적으로 어려우므로 공급의무자는 신재생에너지 공급자로부터 REC를 구매하여 의무공급비율을 달성한다.

오답분석

② 신재생에너지 공급자가 공급의무자에게 REC를 판매하기 위해서는 에너지관리공단 신재생에너지센터, 한국전력거래소 등 공급 인증기관으로부터 공급 사실을 증명하는 공급인증서를 신청해 발급받아야 한다.
③ 2021년 8월 이후 에너지관리공단에서 운영하는 REC 거래시장을 통해 일반기업도 REC를 구매하여 온실가스 감축실적으로 인정받을 수 있게 되었다.
④ REC에 명시된 공급량은 발전방식에 따라 가중치를 곱해 표기하므로 실제 공급량과 다를 수 있다.

40

정답 ③

빈칸 ㉠의 앞 문장은 공급의무자가 신재생에너지 발전설비 확대를 통한 RPS 달성에는 한계점이 있음을 설명하고, 뒷 문장은 이에 대한 대안으로서 REC 거래를 설명하고 있다. 따라서 빈칸에 들어갈 접속부사는 '그러므로'가 가장 적절하다.

41

정답 ③

오답분석

① 인증서의 유효기간은 발급일로부터 3년이다. 2020년 10월 6일에 발급받은 REC의 만료일은 2023년 10월 6일이므로 이미 만료되어 거래할 수 없다.
② 천연가스는 화석연료이므로 REC를 발급받을 수 없다.
④ 기업에 판매하는 REC는 에너지관리공단에서 거래시장을 운영한다.

42

정답 ③

수소는 연소 시 탄소를 배출하지 않는 친환경에너지이지만, 수소혼소 발전은 수소와 함께 액화천연가스(LNG)를 혼합하여 발전하므로 기존 LNG 발전에 비해 탄소 배출량은 줄어들지만, 여전히 탄소를 배출한다.

오답분석

① 수소혼소 발전은 기존의 LNG 발전설비를 활용할 수 있기 때문에 화석연료 발전에서 친환경에너지 발전으로 전환하는 데 발생하는 사회적·경제적 충격을 완화할 수 있다.
② 높은 온도로 연소되는 수소는 공기 중의 질소와 반응하여 질소산화물(NOx)을 발생시키며, 이는 미세먼지와 함께 대기오염의 주요 원인으로 작용한다.
④ 수소혼소 발전에서 수소를 혼입하는 양이 많아질수록 발전에 사용하는 LNG를 많이 대체하므로 탄소 배출량은 줄어든다.

43

정답 ②

보기에 주어진 문장은 접속부사 '따라서'로 시작하므로 수소가 2050 탄소중립 실현을 위한 최적의 에너지원이 되는 이유 뒤에 와야 한다. 따라서 보기는 수소 에너지의 장점과 이어지는 (나)에 들어가는 것이 가장 적절하다.

44

정답 ③

• 총무팀 : 연필, 지우개, 볼펜, 수정액의 수량이 기준 수량보다 적다.
  - 최소 주문 수량 : 연필 15자루, 지우개 15개, 볼펜 40자루, 수정액 15개
  - 최대 주문 수량 : 연필 60자루, 지우개 90개, 볼펜 120자루, 수정액 60개
• 연구개발팀 : 볼펜, 수정액의 수량이 기준 수량보다 적다.
  - 최소 주문 수량 : 볼펜 10자루, 수정액 10개
  - 최대 주문 수량 : 볼펜 120자루, 수정액 60개
• 마케팅홍보팀 : 지우개, 볼펜, 수정액, 테이프의 수량이 기준 수량보다 적다.
  - 최소 주문 수량 : 지우개 5개, 볼펜 45자루, 수정액 25개, 테이프 10개
  - 최대 주문 수량 : 지우개 90개, 볼펜 120자루, 수정액 60개, 테이프 40개
• 인사팀 : 연필, 테이프의 수량이 기준 수량보다 적다.
  - 최소 주문 수량 : 연필 5자루, 테이프 15개
  - 최대 주문 수량 : 연필 60자루, 테이프 40개
따라서 비품 신청 수량이 바르지 않은 팀은 마케팅홍보팀이다.

45

정답 ②

N사에서 A지점으로 가려면 1호선으로 역 2개를 지난 후 2호선으로 환승하여 역 5개를 더 가야 한다.
따라서 편도로 이동하는 데 걸리는 시간은 $(2\times2)+3+(2\times5)=17$분이므로 왕복하는 데 걸리는 시간은 $17\times2=34$분이다.

46

정답 ④

• A지점 : $(900\times2)+(950\times5)=6,550$m
• B지점 : $900\times8=7,200$m
• C지점 : $(900\times2)+(1,300\times4)=7,000$m 또는 $(900\times5)+1,000+1,300=6,800$m
• D지점 : $(900\times5)+(1,000\times2)=6,500$m 또는 $(900\times2)+(1,300\times3)+1,000=6,700$m
따라서 이동거리가 가장 짧은 지점은 D지점이다.

47

- A지점 : 이동거리는 6,550m이고 기본요금 및 거리비례 추가비용은 2호선 기준이 적용되므로 1,500+100=1,600원이다.
- B지점 : 이동거리는 7,200m이고 기본요금 및 거리비례 추가비용은 1호선 기준이 적용되므로 1,200+50×4=1,400원이다.
- C지점 : 이동거리는 7,000m이고 기본요금 및 거리비례 추가비용은 4호선 기준이 적용되므로 2,000+150=2,150원이다.
  또는 이동거리가 6,800m일 때, 기본요금 및 거리비례 추가비용은 4호선 기준이 적용되므로 2,000+150=2,150원이다.
- D지점 : 이동거리는 6,500m이고 기본요금 및 거리비례 추가비용은 3호선 기준이 적용되므로 1,800+100×3=2,100원이다.
  또는 이동거리가 6,700m일 때, 기본요금 및 거리비례 추가비용은 4호선 기준이 적용되므로 2,000+150=2,150원이다.

따라서 이동하는 데 드는 비용이 가장 적은 지점은 B지점이다.

48

미국 컬럼비아 대학교에서 만들어낸 치즈케이크는 7겹으로, 7가지의 반죽형 식용 카트리지로 만들어졌다. 따라서 페이스트를 층층이 쌓아서 만드는 FDM 방식을 사용하여 제작하였음을 알 수 있다.

오답분석
① PBF / SLS 방식 3D 푸드 프린터는 설탕 같은 분말 형태의 재료를 접착제나 레이저로 굳혀 제작하는 것이므로 설탕케이크 장식을 제작하기에 적절한 방식이다.
② 3D 푸드 프린터는 질감을 조정하거나, 맛을 조정하여 음식을 제작할 수 있으므로 식감 등으로 발생하는 편식을 줄일 수 있다.
③ 3D 푸드 프린터는 음식을 제작할 때 개인별로 필요한 영양소를 첨가하는 등 사용자 맞춤 식단을 제공할 수 있다는 장점이 있다.
④ 네 번째 문단에서 현재 3D 푸드 프린터의 한계점을 보면 디자인적·심리적 요소로 인해 3D 푸드 프린터로 제작된 음식에 거부감이 들 수 있다고 하였다.

49

(라) 문장이 포함된 문단은 3D 푸드 프린터의 장점에 대해 설명하는 문단이며, 특히 대체육 프린팅의 장점에 대해 소개하고 있다. 그러나 (라) 문장은 대체육의 단점에 대해 서술하고 있으므로 네 번째 문단에 추가로 서술하거나 삭제하는 것이 적절하다.

오답분석
① (가) 문장은 컬럼비아 대학교에서 3D 푸드 프린터로 만들어 낸 치즈케이크의 특징을 설명하는 문장이므로 적절하다.
② (나) 문장은 현재 주로 사용되는 3D 푸드 프린터의 작동 방식을 설명하는 문장이므로 적절하다.
③ (다) 문장은 3D 푸드 프린터의 장점을 소개하는 세 번째 문단의 중심내용이므로 적절하다.
⑤ (마) 문장은 3D 푸드 프린터의 한계점인 '디자인으로 인한 심리적 거부감'을 서술하고 있으므로 적절하다.

50

네 번째 문단은 3D 푸드 프린터의 한계 및 개선점을 설명한 문단으로, 3D 푸드 프린터의 장점을 설명한 세 번째 문단과 역접관계에 있다. 따라서 ㄹ에는 '그러나'가 적절한 접속부사이다.

오답분석
① ㄱ 앞에서 서술된 치즈케이크의 특징이 대체육과 같은 다른 관련 산업에서 주목하게 된 이유가 되므로 '그래서'는 적절한 접속부사이다.
② ㄴ 앞의 문장은 3D 푸드 프린터의 장점을 소개하는 세 번째 문단의 중심내용이고 뒤의 문장은 이에 대한 예시를 설명하고 있으므로 '예를 들어'는 적절한 접속부사이다.
③ ㄷ의 앞과 뒤는 다른 내용이지만 모두 3D 푸드 프린터의 장점을 나열한 것이므로 '또한'은 적절한 접속부사이다.
⑤ ㅁ의 앞과 뒤는 다른 내용이지만 모두 3D 푸드 프린터의 단점을 나열한 것이므로 '게다가'는 적절한 접속부사이다.

02 | 2023년 주요 공기업
전공 기출복원문제

01 경영

01	02	03	04	05	06	07	08	09	10	11	12	13	14	15				
⑤	②	①	④	④	①	②	①	③	④	④	③	④	④	②				

01
정답 ⑤

페이욜은 기업활동을 크게 6가지인 기술활동, 영업활동, 재무활동, 회계활동, 관리활동, 보전활동으로 구분하였다.

오답분석

② 차별 성과급제, 기능식 직장제도, 과업관리, 계획부 제도, 작업지도표 제도 등은 테일러의 과학적 관리법을 기본이론으로 한다.
③ 포드의 컨베이어 벨트 시스템은 생산원가를 절감하기 위해 표준 제품을 정하고 대량생산하는 방식을 정립한 것이다.
④ 베버의 관료제 조직은 계층에 의한 관리, 분업화, 문서화, 능력주의, 사람과 직위의 분리, 비개인성의 6가지 특징을 가지며, 이를 통해 조직을 가장 합리적이고 효율적으로 운영할 수 있다고 주장한다.

02
정답 ②

논리적인 자료 제시를 통해 높은 이해도를 이끌어 내는 것은 이성적 소구에 해당한다.

오답분석

① 감성적 소구는 감정전이형 광고라고도 하며, 브랜드 이미지 제고, 호의적 태도 등을 목표로 한다.
③ 감성적 소구 방법으로 유머 소구, 공포 소구, 성적 소구 등이 해당된다.
④ 이성적 소구는 자사 제품이 선택되어야만 하는 이유 또는 객관적 근거를 제시하고자 하는 방법이다.
⑤ 이성적 소구는 위험성이 있거나 새로운 기술이 적용된 제품 등의 지식과 정보를 제공함으로써 표적소비자들이 제품을 선택할 수 있게 한다.

03
정답 ①

가치사슬은 미시경제학 또는 산업조직론을 기반으로 하는 분석 도구이다.

오답분석

② 가치사슬은 기업의 경쟁우위를 강화하기 위한 기본적 분석 도구로, 기업이 수행하는 활동을 개별적으로 나누어 분석한다.
③ 구매, 제조, 물류, 판매, 서비스 등을 기업의 본원적 활동으로 정의한다.
④ 인적자원 관리, 인프라, 기술개발, 조달활동 등을 기업의 지원적 활동으로 정의한다.
⑤ 각 가치사슬의 이윤은 전체 수입에서 가치창출을 위해 발생한 모든 비용을 제외한 값이다.

04
정답 ④

ⓒ 자동화 기계 도입에 따른 다기능공 활용이 늘어나면, 작업자는 여러 기능을 숙달해야 하는 부담이 증가한다.
ⓔ 혼류 생산을 통해 공간 및 설비 이용률을 향상시킨다.

㉠ 현장 낭비 제거를 통해 원가를 낮추고 생산성을 향상시킬 수 있다.
㉢ 소 LOT 생산을 통해 재고율을 감소시켜 재고비용, 공간 등을 줄일 수 있다.

05

정답 ④

주식회사 발기인의 인원 수는 별도의 제한이 없다.

① 주식회사의 법인격에 대한 설명이다.
② 출자자의 유한책임에 대한 설명이다(상법 제331조).
③ 주식은 자유롭게 양도할 수 있는 것이 원칙이다.
⑤ 주식회사는 사원(주주)의 수가 다수인 경우가 많기 때문에 사원이 직접 경영에 참여하기보다는 이사회로 경영권을 위임한다.

06

정답 ①

ELS는 주가연계증권으로, 사전에 정해진 조건에 따라 수익률이 결정되며 만기가 있다.

② 주가연계파생결합사채(ELB)에 대한 설명이다.
③ 주가지수연동예금(ELD)에 대한 설명이다.
④ 주가연계신탁(ELT)에 대한 설명이다.
⑤ 주가연계펀드(ELF)에 대한 설명이다.

07

정답 ②

브룸의 기대이론에 대한 설명으로, 기대감, 수단성, 유의성을 통해 구성원의 직무에 대한 동기 부여를 결정한다고 주장하였다.

① 허즈버그의 2요인이론에 대한 설명이다.
③ 매슬로의 욕구 5단계이론에 대한 설명이다.
④ 맥그리거의 XY이론에 대한 설명이다.
⑤ 로크의 목표설정이론에 대한 설명이다.

08

정답 ①

시장세분화 단계에서는 시장을 기준에 따라 세분화하고, 각 세분시장의 고객 프로필을 개발하여 차별화된 마케팅을 실행한다.

②·③ 표적시장 선정 단계에서는 각 세분시장의 매력도를 평가하여 표적시장을 선정한다.
④ 포지셔닝 단계에서는 각각의 시장에 대응하는 포지셔닝을 개발하고 전달한다.
⑤ 재포지셔닝 단계에서는 자사와 경쟁사의 경쟁위치를 분석하여 포지셔닝을 조정한다.

09

정답 ③

• (당기순이익)=(총수익)-(총비용)=35억-20억=15억 원
• (기초자본)=(기말자본)-(당기순이익)=65억-15억=50억 원
• (기초부채)=(기초자산)-(기초자본)=100억-50억=50억 원

10

정답 ④

상위에 있는 욕구를 충족시키지 못하면 하위에 있는 욕구는 더욱 크게 증가하여, 하위욕구를 충족시키기 위해 훨씬 더 많은 노력이 필요하게 된다.

오답분석

① 심리학자 앨더퍼가 인간의 욕구에 대해 매슬로의 욕구 5단계설을 발전시켜 주장한 이론이다.
②·③ 존재욕구를 기본적 욕구로 정의하며, 관계욕구, 성장욕구로 계층화하였다.

11

정답 ④

사업 다각화는 무리하게 추진할 경우 수익성에 악영향을 줄 수 있다는 단점이 있다.

오답분석

① 지속적인 성장을 추구하여 미래 유망산업에 참여하고, 구성원에게 더 많은 기회를 줄 수 있다.
② 기업이 한 가지 사업만 영위하는 데 따르는 위험에 대비할 수 있다.
③ 보유자원 중 남는 자원을 활용하여 범위의 경제를 실현할 수 있다.

12

정답 ③

종단분석은 시간과 비용의 제약으로 인해 표본 규모가 작을수록 좋으며, 횡단분석은 집단의 특성 또는 차이를 분석해야 하므로 표본이 일정 규모 이상일수록 정확하다.

13

정답 ④

채권이자율이 시장이자율보다 높아지면 채권가격은 액면가보다 높은 가격에 거래된다. 단, 만기에 가까워질수록 채권가격이 하락하여 가격위험에 노출된다.

오답분석

①·②·③ 채권이자율이 시장이자율보다 낮은 할인채에 대한 설명이다.

14

정답 ④

물음표(Question Mark) 사업은 신규 사업 또는 현재 시장점유율은 낮으나, 향후 성장 가능성이 높은 사업이다. 기업 경영 결과에 따라 개(Dog) 사업 또는 스타(Star) 사업으로 바뀔 수 있다.

오답분석

① 스타(Star) 사업 : 성장률과 시장점유율이 모두 높아서 계속 투자가 필요한 유망 사업이다.
② 현금젖소(Cash Cow) 사업 : 높은 시장점유율로 현금창출은 양호하나, 성장 가능성은 낮은 사업이다.
③ 개(Dog) 사업 : 성장률과 시장점유율이 모두 낮아 철수가 필요한 사업이다.

15

정답 ②

테일러의 과학적 관리법에서는 작업에 사용하는 도구 등을 표준화하여 관리 비용을 낮추고 효율성을 높이는 것을 추구한다.

오답분석

① 과학적 관리법의 특징 중 표준화에 대한 설명이다.
③ 과학적 관리법의 특징 중 동기부여에 대한 설명이다.
④ 과학적 관리법의 특징 중 통제에 대한 설명이다.

01	02	03	04	05	06	07	08	09	10	11	12	13	14	15					
⑤	②	①	④	⑤	①	④	③	③	④	④	③	①	③	④					

01

정답 ⑤

가격탄력성이 1보다 크면 탄력적이라고 할 수 있다.

오답분석

①·② 수요의 가격탄력성은 가격의 변화에 따른 수요의 변화를 의미하는 것으로, 분모는 상품 가격의 변화량을 상품 가격으로 나눈 값이고, 분자는 수요량의 변화량을 수요량으로 나눈 값이다.

③ 대체재가 많을수록 해당 상품 가격 변동에 따른 수요의 변화는 더 크게 반응하게 된다.

02

정답 ②

GDP 디플레이터는 명목 GDP를 실질 GDP로 나누어 물가상승 수준을 예측할 수 있는 물가지수로, 국내에서 생산된 모든 재화와 서비스 가격을 반영한다. 따라서 GDP 디플레이터를 구하는 계산식은 (명목 GDP)÷(실질 GDP)×100이다.

03

정답 ①

한계소비성향은 소비의 증가분을 소득의 증가분으로 나눈 값으로, 소득이 1,000만 원 늘었을 때 현재 소비자들의 한계소비성향이 0.7이므로 소비는 700만 원이 늘었다고 할 수 있다. 따라서 소비의 변화폭은 700이다.

04

정답 ④

㉠ 환율이 상승하면 제품을 수입하기 위해 더 많은 원화를 필요로 하고, 이에 따라 수입이 감소하게 되므로 순수출이 증가한다.

㉡ 국내이자율이 높아지면 국내자산 투자수익률이 좋아져 해외로부터 자본유입이 확대되고, 이에 따라 환율은 하락한다.

㉢ 국내물가가 상승하면 상대적으로 가격이 저렴한 수입품에 대한 수요가 늘어나 환율은 상승한다.

05

정답 ⑤

독점적 경쟁시장은 광고, 서비스 등 비가격경쟁이 가격경쟁보다 더 활발히 진행된다.

06

정답 ①

케인스학파는 경기침체 시 정부가 적극적으로 개입하여 총수요의 증대를 이끌어야 한다고 주장하였다.

오답분석

② 고전학파의 거시경제론에 대한 설명이다.

③ 케인스학파의 거시경제론에 대한 설명이다.

④ 고전학파의 이분법에 대한 설명이다.

⑤ 케인스학파의 화폐중립성에 대한 설명이다.

07

① 매몰비용의 오류 : 이미 투입한 비용과 노력 때문에 경제성이 없는 사업을 지속하여 손실을 키우는 것을 의미한다.
② 감각적 소비 : 제품을 구입할 때, 품질, 가격, 기능보다 디자인, 색상, 패션 등을 중시하는 소비 패턴을 의미힌다.
③ 보이지 않는 손 : 개인의 사적 영리활동이 사회 전체의 공적 이익을 증진시키는 것을 의미한다.
⑤ 희소성 : 사람들의 욕망에 비해 그 욕망을 충족시켜 주는 재화나 서비스가 부족한 현상을 의미한다.

08

정답 ③

• (실업률)＝(실업자)÷(경제활동인구)×100
• (경제활동인구)＝(취업자)＋(실업자)
∴ 5,000÷(20,000＋5,000)×100＝20%

09

정답 ③

(한계비용)＝(총비용 변화분)÷(생산량 변화분)
• 생산량이 50일 때 총비용 : 16(평균비용)×50(생산량)＝800
• 생산량이 100일 때 총비용 : 15(평균비용)×100(생산량)＝1,500
따라서 한계비용은 700÷50＝14이다.

10

정답 ④

A국은 노트북을 생산할 때 기회비용이 더 크기 때문에 TV 생산에 비교우위가 있고, B국은 TV를 생산할 때 기회비용이 더 크기 때문에 노트북 생산에 비교우위가 있다.

구분	노트북 1대	TV 1대
A국	TV 0.75	노트북 1.33
B국	TV 1.25	노트북 0.8

11

정답 ④

다이내믹 프라이싱의 단점은 소비자 후생이 감소해 소비자의 만족도가 낮아진다는 것이다. 이로 인해 기업이 소비자의 불만에 직면할 수 있다는 리스크가 발생한다.

12

정답 ③

ⓒ 빅맥 지수는 동질적으로 판매되는 상품의 가치는 동일하다는 가정하에 나라별 화폐로 해당 제품의 가격을 평가하여 구매력을 비교하는 것이다.
ⓒ 맥도날드의 대표적 햄버거인 빅맥 가격을 기준으로 한 이유는 전 세계에서 가장 동질적으로 판매되고 있기 때문이며, 이처럼 품질, 크기, 재료가 같은 물건이 세계 여러 나라에서 팔릴 때 나라별 물가를 비교하기 수월하다.

ⓐ 빅맥 지수는 영국 경제지인 이코노미스트에서 최초로 고안하였다.
ⓔ 빅맥 지수에 사용하는 빅맥 가격은 제품 가격만 반영하고 서비스 가격은 포함하지 않기 때문에 나라별 환율에 대한 상대적 구매력 평가 외에 다른 목적으로 사용하기에는 측정값이 정확하지 않다.

13

정답 ①

확장적 통화정책은 국민소득을 증가시켜 이에 따른 보험료 인상 등 세수확대 요인으로 작용한다.

오답분석

② 이자율이 하락하고, 소비 및 투자가 증가한다.
③·④ 긴축적 통화정책이 미치는 영향이다.

14

정답 ③

토지, 설비 등이 부족하면 한계 생산가치가 떨어지기 때문에 노동자를 많이 고용하는 게 오히려 손해이다. 따라서 노동 수요곡선은 왼쪽으로 이동한다.

오답분석

① 노동 수요는 재화에 대한 수요가 아닌 재화를 생산하기 위해 파생되는 수요이다.
② 상품 가격이 상승하면 기업은 더 많은 제품을 생산하기 위해 노동자를 더 많이 고용한다.
④ 노동에 대한 인식이 긍정적으로 변화하면 노동시장에 더 많은 노동력이 공급된다.

15

정답 ④

S씨가 달리기를 선택할 경우 (기회비용)=1(순편익)+8(암묵적 기회비용)=9로 기회비용이 가장 작다.

오답분석

① 헬스를 선택할 경우
   (기회비용)=2(순편익)+8(암묵적 기회비용)=10
② 수영을 선택할 경우
   (기회비용)=5(순편익)+8(암묵적 기회비용)=13
③ 자전거를 선택할 경우
   (기회비용)=3(순편익)+7(암묵적 기회비용)=10

얼마나 많은 사람들이 책 한 권을 읽음으로써

인생에 새로운 전기를 맞이했던가.

– 헨리 데이비드 소로 –

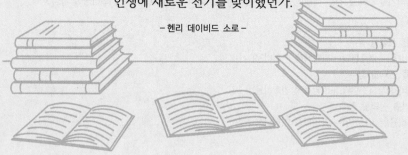

PART 1

직업기초능력평가

01 | 의사소통능력

출제유형분석 01 실전예제

01

정답 ④

제시문의 마지막 문단에 따르면 비트코인은 인터넷 환전 사이트에서 구매 가능하며, 현금화할 수 있다.

오답분석

① · ③ 네 번째 문단을 통해 확인할 수 있다.
② 세 번째 문단을 통해 확인할 수 있다.
⑤ 두 번째 문단을 통해 확인할 수 있다.

02

정답 ①

제시문의 두 번째 문단에 따르면 선물환거래는 금리차익을 얻는 것과 투기적 목적 등을 가지고 있다.

오답분석

② · ⑤ 옵션에 대한 내용이다.
③ · ④ 선물환거래에 대한 내용이다.

03

정답 ⑤

제시문의 첫 번째 문단에 따르면 평균비용이 한계비용보다 큰 경우, 공공요금을 평균비용 수준에서 결정하면 수요량이 줄면서 거래량이 따라 줄고, 결과적으로 생산량도 감소한다. 이는 사회 전체의 관점에서 볼 때 자원이 효율적으로 배분되지 못하는 상황이다.

오답분석

① · ④ 첫 번째 문단을 통해 확인할 수 있다.
② 마지막 문단을 통해 확인할 수 있다.
③ 두 번째 문단을 통해 확인할 수 있다.

출제유형분석 02 실전예제

01

정답 ①

제시된 기사문은 미세먼지 특별법 제정으로 새롭게 설치되는 기구나 시행되는 사업을 설명하고 있다. 따라서 ①이 기사의 제목으로 가장 적절하다.

02

정답 ③

제시문에서는 현대 사회의 소비 패턴이 '보이지 않는 손' 아래의 합리적 소비에서 벗어나 과시 소비가 중심이 되었으며, 그 이면에는 소비를 통해 자신의 물질적 부를 표현함으로써 신분을 과시하려는 욕구가 있다고 설명하고 있다. 따라서 제시문의 제목으로 가장 적절한 것은 ③이다.

03

정답 ③

제시문은 한국인 하루 평균 시간과 수면의 질에 대한 글로, 짧은 수면 시간으로 현대인 대부분이 수면 부족에 시달리며, 낮은 수면의 질로 다양한 합병증이 발생할 수 있음을 설명하고 있다. 그러나 '수면 마취제의 부작용'에 대한 내용은 언급되어 있지 않으므로 ③은 글의 주제로 적절하지 않다.

출제유형분석 03 | 실전예제

01

정답 ②

제시문은 사회의 변화 속도를 따라가지 못하는 언어의 변화 속도에 대해 문제를 제기하며 구체적 예시와 함께 이를 시정할 것을 촉구하고 있다. 따라서 (나) 사회의 변화 속도를 따라가지 못하고 있는 언어의 실정 → (라) 성별을 구분하는 문법적 요소가 없는 우리말 → (가) 성별을 구분하여 사용하는 단어들의 예시 → (다) 언어의 남녀 차별에 대한 시정노력 촉구 순서로 나열해야 한다.

02

정답 ②

제시문은 가격을 결정하는 요인과 이를 통해 일반적으로 할 수 있는 예상을 언급하고, 현실적인 여러 요인으로 인해 나타날 수 있는 '거품 현상'이 무엇인지를 설명하고 있다. 따라서 (가) 수요와 공급에 의해 결정되는 가격 → (마) 상품의 가격에 대한 일반적인 예상 → (다) 현실적인 가격 결정 요인 → (나) 이로 인해 예상치 못하게 나타나는 '거품 현상' → (라) '거품 현상'에 대한 구체적인 설명 순서로 나열해야 한다.

03

정답 ②

제시문은 조각보가 클레와 몬드리안의 작품보다 먼저 제작되었음을 언급하고, 조각보의 독특한 예술성과 가치에 대해 설명하고 있다. 따라서 (나) 조각보의 정의, 클레와 몬드리안의 비교가 잘못된 이유 → (가) 조각보는 클레와 몬드리안보다 100여 년 이상 앞서 제작된 작품이며 독특한 예술성을 지니고 있음 → (다) 조각보가 아름답게 느껴지는 이유는 일상 속에서 삶과 예술을 함께 담았기 때문임의 순서로 나열해야 한다.

04

정답 ③

제시문의 서론에서 지방은 건강에 반드시 필요한 것이라고 서술하고 있으며, 결론에서는 현대인들의 지방이 풍부한 음식을 찾는 경향이 부작용으로 이어졌다고 한다. 따라서 본론은 (나) 비만과 다이어트의 문제는 찰스 다윈의 진화론과 관련 있음 → (라) 자연선택에서 생존한 종들이 번식하여 자손을 남기게 됨 → (다) 인류의 역사에서 인간이 끼니 걱정을 하지 않고 살게 된 것은 수십 년의 일임 → (가) 생존에 필수적인 능력은 에너지를 몸에 축적하는 능력이었음의 순서로 나열해야 한다.

01

정답 ④

㉠의 주장을 요약하면 저작물의 공유 캠페인과 신설된 공정 이용 규정으로 인해 저작권자들의 정당한 권리가 침해받고, 이 때문에 창작물을 창조하는 사람들의 동기가 크게 감소한다는 것이다. 이에 따라 활용 가능한 저작물이 줄어들게 되어 이용자들도 피해를 당한다고 말한다. 따라서 ㉠은 저작권자의 권리를 인정해 주는 것이 결국 이용자에게도 도움이 된다고 주장함을 추론할 수 있다.

02

정답 ①

세 번째 문단에서 '금융시장이 통합되어 있으면 지역 내 국가들 사이에 경상수지 불균형이 발생했을 때 자본 이동이 쉽게 일어날 수 있을 것이며 이에 따라 조정의 압력이 줄어들게 되므로 지역 내 환율 변동의 필요성이 감소하게 된다.'라고 했으나, 금융시장의 통합에 따른 편익의 계산 방식은 나타나지 않는다.

오답분석
② 세 번째 문단에서 확인할 수 있다.
③·④ 마지막 문단에서 확인할 수 있다.
⑤ 첫 번째 문단에서 확인할 수 있다.

03

정답 ⑤

주어진 보기는 독립신문이 일반 민중들을 위해 순 한글을 사용해 배포됐고, 상하귀천 없이 누구에게나 새로운 소식을 전달해 준다는 내용이다. 따라서 이를 바탕으로 ⑤를 추론할 수 있다.

01

정답 ④

미생물을 끓는 물에 노출하면 영양세포나 진핵포자는 죽일 수 있으나, 세균의 내생포자는 사멸시키지 못한다. 멸균은 포자, 박테리아, 바이러스 등을 완전히 파괴하거나 제거하는 것이므로 물을 끓여서 하는 열처리 방식으로는 멸균이 불가능함을 알 수 있다. 따라서 빈칸에 들어갈 내용으로는 소독은 가능하지만, 멸균은 불가능하다는 ④가 가장 적절하다.

02

정답 ②

빈칸 뒤는 최근 선진국에서 스마트팩토리로 인해 해외로 나간 자국 기업들이 다시 본국으로 돌아오는 현상인 '리쇼어링'이 가속화되고 있다는 내용이다. 따라서 스마트팩토리의 발전이 공장의 위치를 해외에서 본국으로 변화시키고 있으므로 빈칸에 들어갈 내용으로는 ②가 가장 적절하다.

03

정답 ④

빈칸 앞부분에서는 왼손보다 오른손을 선호하는 이유에 대한 가설을 제시하고, 이러한 가설이 근본적인 설명을 하지 못한다고 주장한다. 또한, 빈칸 뒷부분에서는 왼손이 아닌 '오른손만을 선호'하는 이유에 대해 설명하고 있다. 즉, 앞부분의 가설대로 단순한 기능 분담이라면 먹는 일에 왼손을 사용하는 사회도 존재해야 하는데, 그렇지 않기 때문에 빈칸에는 사람들이 단순한 기능 분담과 별개로 오른손만 선호하고 왼손을 선호하지 않는다는 내용이 나와야 한다. 따라서 빈칸에 들어갈 문장으로는 ④가 가장 적절하다.

01

오답분석

① 조금 가시다가 우회전 하십시오.
③ 그 나라에 가기 전에 풍토병 예방 알약을 먹거나 백신을 맞아야 한다.
④ 김 군은 심도 있는 철학책 독서를, 최 군은 운동을 열심히 해야 한다.
⑤ 나를 위해 시 낭송을 하거나 노래를 부르는 등 특별한 행사는 자제하는 게 좋겠네.

02

이 자리를 <u>빌려</u> 감사의 뜻을 전한다.

03

㉠ 연임 : 원래 정해진 임기를 다 마친 뒤에 다시 계속하여 그 직위에 머무름
㉡ 부과 : 세금이나 부담금 따위를 매기어 부담하게 함
㉢ 임차 : 돈을 내고 남의 물건을 빌려 씀

오답분석

• 역임 : 여러 직위를 두루 거쳐 지냄
• 부여 : 사람에게 권리·명예·임무 따위를 지니도록 해 주거나 사물이나 일에 가치·의의 따위를 붙임
• 임대 : 돈을 받고 자기의 물건을 남에게 빌려줌

01

원활한 의사표현을 위해서는 긍정과 공감에 초점을 둔 의사표현 기법을 습득해야 한다. 상대방의 말을 그대로 받아서 맞장구를 치는 것은 상대방에게 공감을 보여주는 가장 쉬운 방법이다.

오답분석

① 핵심은 구체적으로 짚되, 표현은 가능한 간결하게 하도록 하는 것이 바람직한 의사표현법이다.
② 상대방의 말이 채 끝나기 전에 어떤 답을 할까 궁리하는 것은 주의를 분산시켜 경청에 몰입하는 것을 방해한다.
③ 장점은 자신이 부각한다고 해서 공식화되지 않고, 오히려 자신의 단점과 실패 경험을 앞세우면 더 많은 지지자를 얻을 수 있다.
④ 이견이 있거나 논쟁이 붙었을 때는 무조건 앞뒤 말의 '논리적 개연성'만 따지지 않고 이성과 감성의 조화를 통해 문제를 해결해야 한다.

02

서희가 말하고 있는 비위 맞추기는 올바른 경청의 자세가 아닌 방해 요인이므로 이를 고치지 않아도 된다고 말하는 선미의 의견은 옳지 않다.

01

정답 ⑤

비즈니스 레터는 사업상의 이유로 고객이나 단체에 편지를 쓰는 것이며, 직장업무나 개인 간의 연락, 직접 방문하기 어려운 고객관리 등을 위해 사용되는 비공식적 문서이나, 제안서나 보고서 등 공식 문서를 전달할 때에도 사용된다.

02

정답 ④

- (가) : 설명서
  - 상품이나 제품에 대해 설명하는 글이므로 정확하게 기술한다.
  - 전문용어는 소비자들이 이해하기 어려우므로 가급적 삼가야 한다.
- (나) : 공문서
  - 공문서는 대외문서이고, 장기간 보관되는 문서이기 때문에 정확하게 기술한다.
  - 회사 외부로 전달되는 글인 만큼 누가, 언제, 어디서, 무엇을, 어떻게가 드러나도록 써야 한다.
- (다) : 보고서
  - 보통 업무 진행 과정에서 쓰는 경우가 대부분이므로 무엇을 도출하고자 했는지 핵심내용을 구체적으로 제시한다.
  - 간결하고 핵심적인 내용의 도출이 우선이므로 내용의 중복은 피한다.
- (라) : 기획서
  - 기획서는 상대에게 어필해 상대가 채택하게끔 설득력을 갖춰야 하므로 상대가 요구하는 것이 무엇인지 고려하여 작성한다.
  - 기획서는 완벽해야 하므로 제출하기 전에 충분히 검토한다.

출제유형분석 01 | 실전예제

01

정답 ④

농도가 15%인 소금물의 양을 xg이라고 가정하고, 소금의 양에 대한 식을 세우면 다음과 같다.

$0.1 \times 200 + 0.15 \times x = 0.13 \times (200 + x)$

$\rightarrow 20 + 0.15x = 26 + 0.13x$

$\rightarrow 0.02x = 6$

$\therefore \ x = 300$

따라서 농도가 15%인 소금물은 300g이 필요하다.

02

정답 ④

산책로의 길이를 xm라 하면, 40분 동안의 민주와 세희의 이동거리는 다음과 같다.

(민주의 이동거리)$= 40 \times 40 = 1,600$m

(세희의 이동거리)$= 45 \times 40 = 1,800$m

40분 후에 두 번째로 마주친 것이므로 다음 식이 성립한다.

$1,600 + 1,800 = 2x$

$\rightarrow 2x = 3,400$

$\therefore \ x = 1,700$

따라서 산책로의 길이는 1,700m이다.

03

정답 ①

A, B, C, D팀의 재작년 인원수를 각각 a, b, c, d명이라 하면 다음 식이 성립한다.

$a + b + c + d = 350$

$(a+b) \times 0.8 + (c+d) \times 0.5 = 205$

$a+b = x$, $c+d = y$로 치환하면

$x + y = 350 \cdots \bigcirc$

$8x + 5y = 2,050 \cdots \bigcirc$

㉠과 ㉡을 연립하면 $x = 100$, $y = 250$이다.

즉, $x = a+b = 100$, $y = c+d = 250 \rightarrow d = 250 - c$이다.

$(a+b) \times 1.8 + c \times 0.8 + d \times 1.2 = 390 \rightarrow (a+b) \times 1.8 + c \times 0.8 + (250-c) \times 1.2 = 390 \rightarrow -0.4c = -90 \rightarrow c = 225$, $d = 25$

따라서 D팀의 재작년 총 인원수는 25명이다.

04

정답 ①

조건에서 a, b, c의 나이를 식으로 표현하면 $a \times b \times c = 2,450$, $a+b+c=46$이다.

세 명의 곱을 소인수분해하면 $a \times b \times c = 2,450 = 2 \times 5^2 \times 7^2$이다.

2,450의 약수 중에서 19~34세 나이를 구하면 25세이므로 甲의 동생 a는 25세가 된다.

그러므로 아들과 딸 나이의 합은 $b+c=21$이다.

따라서 甲과 乙 나이의 합은 $21 \times 4 = 84$가 되며, 甲은 乙보다 연상이거나 동갑이라고 했으므로 乙의 나이는 42세 이하이다.

05

정답 ④

매년 a원씩 일정하게 돈을 지불할 때의 원리합계는 다음과 같다.

$(1.8 \times 10^7) \times (1+0.01)^6 = \dfrac{a(1.01^6 - 1)}{1.01 - 1}$

$\rightarrow (1.8 \times 10^7) \times 1.06 = \dfrac{a(1.06 - 1)}{0.01}$

$\therefore a = 3.18 \times 10^6$

따라서 매년 318만 원씩 갚아야 한다.

06

정답 ①

윗부분의 직육면체로 파인 세 면까지 페인트칠을 하게 되면 결국 가로 150m, 세로 50m, 높이 100m인 직육면체의 겉넓이에 바닥의 넓이만 제하면 된다. 따라서 페인트칠을 할 건물의 겉넓이는 $(100 \times 150 + 100 \times 50) \times 2 + 150 \times 50 = 47,500\text{m}^2$이고, 1m^2당 200원이므로 K씨가 받는 인건비는 $47,500 \times 200 = 9,500,000$원이다.

07

정답 ①

뿔의 부피는 $\dfrac{1}{3} \times$(밑면의 넓이)$\times$(높이)로 구할 수 있고, 밑면은 정사각형이므로 넓이는 $6 \times 6 = 36\text{cm}^2$이다. 따라서 채워야 하는 물의 부피는 $\dfrac{1}{3} \times 36 \times 5 = 60\text{cm}^3$이다.

08

정답 ④

644와 476을 소인수분해하면 다음과 같다.

$644 = 2^2 \times 7 \times 23$

$476 = 2^2 \times 7 \times 17$

즉, 644와 476의 최대공약수는 $2^2 \times 7 = 28$이다.

이때 직사각형의 가로에 설치할 수 있는 조명의 개수를 구하면 다음과 같다.

$644 \div 28 + 1 = 23 + 1 = 24$개

직사각형의 세로에 설치할 수 있는 조명의 개수를 구하면 다음과 같다.

$476 \div 28 + 1 = 17 + 1 = 18$개

따라서 조명의 최소 설치 개수를 구하면 $(24+18) \times 2 - 4 = 84 - 4 = 80$개이다.

01

정답 ④

앞의 항에 $\times 1+1^2$, $\times 2+2^2$, $\times 3+3^2$, $\times 4+4^2$, …인 수열이다.

따라서 (   )$=8\times 3+3^2=33$이다.

02

정답 ⑤

앞의 두 항을 더하면 다음 항이 되는 피보나치 수열이다.

$1+2=A \rightarrow A=3$

$13+21=B \rightarrow B=34$

$\therefore B-A=34-3=31$

03

정답 ④

$a_1=200\times \dfrac{80}{100}+20=180$

$a_2=180\times \dfrac{80}{100}+20=164$

$a_3=164\times \dfrac{80}{100}+20=151.2$

따라서 $a_3=151.2$이다.

01

정답 ④

매월 갑과 을 팀의 총득점과 병과 정 팀의 총득점이 같다. 따라서 빈칸에 들어갈 수치는 $1,156+2,000-1,658=1,498$이다.

02

정답 ③

투자비중을 고려하여 각각의 투자금액과 투자수익을 구하면 다음과 같다.

• 상품별 투자금액

 − A(주식) : 2천만$\times 0.4=800$만 원

 − B(채권) : 2천만$\times 0.3=600$만 원

 − C(예금) : 2천만$\times 0.3=600$만 원

• 6개월 동안의 투자수익

 − A(주식) : $800\times \left[1+\left(0.10\times \dfrac{6}{12}\right)\right]=840$만 원

 − B(채권) : $600\times \left[1+\left(0.04\times \dfrac{6}{12}\right)\right]=612$만 원

 − C(예금) : $600\times \left[1+\left(0.02\times \dfrac{6}{12}\right)\right]=606$만 원

$\therefore 840$만$+612$만$+606$만$=2,058$만 원

01

뉴질랜드 무역수지는 9월에서 10월까지 증가했다가 11월에 감소한 후 12월에 다시 증가했다.

오답분석

① 한국의 무역수지가 전월 대비 증가한 달은 9월, 10월, 11월이며, 증가량이 가장 많았던 달은 $45,309-41,983=3,326$백만 USD인 11월이다.

③ 그리스의 12월 무역수지는 2,426백만 USD이며 11월 무역수지는 2,409백만 USD이므로, 12월 무역수지의 전월 대비 증가율은 $\frac{2,426-2,409}{2,409}\times100 = 0.7\%$이다.

④ 10월부터 12월 사이 한국의 무역수지는 '증가 → 감소'의 추이이다. 이와 같은 양상을 보이는 나라는 독일과 미국으로 2개국이다.

⑤ 제시된 자료를 통해 확인할 수 있다.

02

1인당 GDP 순위는 E>C>B>A>D이다. 그런데 1인당 GDP가 가장 큰 E국은 1인당 GDP가 2위인 C국보다 1% 정도밖에 높지 않은 반면, 총인구는 C국의 $\frac{1}{10}$ 이하이므로 총 GDP가 C국보다 작다. 따라서 1인당 GDP 순위와 총 GDP 순위는 일치하지 않는다.

오답분석

① 경제성장률이 가장 큰 나라는 D국이며, 1인당 GDP와 총인구를 고려하면 D국의 총 GDP가 가장 작은 것을 알 수 있다.

② 1인당 GDP 대비 총인구를 고려하였을 때 총 GDP가 가장 큰 나라는 C국, 가장 작은 나라는 D국이다.

• C국의 총 GDP : $55,837\times321.8=17,968,346.6$백만 달러
• D국의 총 GDP : $25,832\times46.1=1,190,855.2$백만 달러

따라서 총 GDP가 가장 큰 나라와 가장 작은 나라는 10배 이상의 차이를 보인다.

③ 수출 및 수입 규모에 따른 순위는 C>B>A>D>E이므로 서로 일치한다.

④ A국의 총 GDP는 $27,214\times50.6=1,377,028.4$백만 달러이고, E국의 총 GDP는 $56,328\times24.0=1,351,872$백만 달러이므로 A국의 총 GDP가 더 크다.

03

2023년 10월 전체 자동차 월매출 총액을 x억 원이라 하고, J자동차의 10월 매출액과 시장점유율을 이용해 10월 전체 자동차 월매출 총액을 구하면 다음과 같다.

$$\frac{27}{x}\times100=0.8$$

$$\therefore\ x=2,700\div0.8=3,375$$

따라서 2023년 10월 K국의 전체 자동차 월매출 총액은 4,000억 원 미만이다.

오답분석

① 2023년 C자동차의 9월 매출액을 a억 원(단, $a\neq0$)이라고 하면, 2023년 C자동차의 10월 매출액은 285억 원이고, 전월 대비 증가율은 50%이므로 다음 식이 성립한다.

$$a(1+0.5)=285$$

$$\therefore\ a=190$$

따라서 2023년 9월 C자동차의 매출액은 200억 원 미만이다.

② 2023년 10월 월매출액 상위 6개 자동차의 9월 월매출액을 구하면 다음과 같다.
- A자동차 : $1,139 \div (1+0.6) \fallingdotseq 711.88$억 원
- B자동차 : $1,097 \div (1+0.4) \fallingdotseq 783.57$억 원
- C자동차 : $285 \div (1+0.5) = 190$억 원
- D자동차 : $196 \div (1+0.5) \fallingdotseq 130.67$억 원
- E자동차 : $154 \div (1+0.4) = 110$억 원
- F자동차 : $149 \div (1+0.2) \fallingdotseq 124.17$억 원

즉, 2023년 9월 월매출액 상위 6개 자동차의 순위는 'B자동차 - A자동차 - C자동차 - D자동차 - F자동차 - E자동차'이다. 따라서 옳지 않은 설명이다.

③ 2023년 I자동차 누적매출액 자료를 살펴보면 I자동차의 1월부터 5월까지 누적매출액을 알 수 없으므로 6월 매출액은 정확히 구할 수 없다. 다만, 6월 누적매출액을 살펴보았을 때, 6월 매출액의 범위는 0원≤(6월 매출액)≤5억 원임을 알 수 있다. 2023년 I자동차의 7~9월 월매출액을 구하면 다음과 같다.
- 7월 월매출액 : $9-5=4$억 원
- 8월 월매출액 : $24-9=15$억 원
- 9월 월매출액 : $36-24=12$억 원

따라서 2023년 6~9월 중 I자동차의 월매출액이 가장 큰 달은 8월이다.

④ 2023년 10월 월매출액 상위 5개 자동차의 10월 월매출액 기준 시장점유율을 합하면 $34.3+33.0+8.6+5.9+4.6=86.4\%$이다.

출제유형분석 05 | 실전예제

01
정답 ②

- (분산)=(각 변량의 제곱의 평균)-(변량의 평균의 제곱)
- (표준편차)=$\sqrt{(분산)}$

각 변량의 제곱의 평균을 구하면 다음과 같다.

$$\frac{3^2+7^2+6^2+8^2+3^2+9^2+1^2+6^2+4^2+3^2}{10}=\frac{310}{10}=31$$

변량의 평균의 제곱값을 구하면 다음과 같다.

$$\left(\frac{3+7+6+8+3+9+1+6+4+3}{10}\right)^2=\left(\frac{50}{10}\right)^2=25$$

따라서 제시된 변량의 분산은 $31-25=6$이고, 표준편차는 $\sqrt{6}$이다.

02
정답 ②

두 번째 조건에서 2024년 4월 요가 회원은 $a=50\times1.2=60$명이고, 네 번째 조건에서 2024년 6월 필라테스 예상 회원 수는 2024년 3~5월 필라테스 월 평균 회원 수가 되어야 하므로 2024년 6월 필라테스 예상 회원 수 $d=\frac{106+110+126}{3}=\frac{342}{3}=114$이다.

세 번째 조건에 따라 2024년 5월 G.X 회원 수 c를 구하면 $(90+98+c)+37=106+110+126 \rightarrow c=342-225=117$이 된다. b를 구하기 위한 방정식 $2a+b=c+d$에 a, c, d에 해당하는 수를 대입하면 $b+2\times60=117+114 \rightarrow b=231-120 \rightarrow b=111$이다. 따라서 2024년 5월 요가 회원 수는 111명이다.

03 | 문제해결능력

출제유형분석 01 | 실전예제

01

정답 ④

주어진 조건에 따라 결재를 받을 사람의 순서를 배치해 보면 다음과 같다.

• 경우 1

첫 번째	두 번째	세 번째	네 번째	다섯 번째	여섯 번째
A	D	E	B	F	C

• 경우 2

첫 번째	두 번째	세 번째	네 번째	다섯 번째	여섯 번째
D	A	E	B	F	C

따라서 세 번째로 결재를 받아야 할 사람은 E이다.

02

정답 ③

가장 먼저 오전 9시에 B과 진료를 본다면 10시에 진료가 끝나고, 셔틀을 타고 본관으로 이동하면 10시 30분이 된다. 이후 C과 진료를 이어보면 오후 12시 30분이 되고, 점심시간 이후 바로 A과 진료를 본다면 오후 2시에 진료를 다 받을 수 있다. 따라서 가장 빠른 경로는 B - C - A이다.

03

정답 ②

두 번째 조건에 의해 A는 2층, C는 1층, D는 2호에 살고 있음을 알 수 있다. 또한 네 번째 조건에 따라 A와 B는 2층, C와 D는 1층에 살고 있음을 알 수 있다. 따라서 1층 1호에는 C, 1층 2호에는 D, 2층 1호에는 A, 2층 2호에는 B가 살고 있다.

04

정답 ②

제시된 조건을 표로 정리하면 다음과 같다.

첫 번째	두 번째	세 번째	네 번째	다섯 번째
잡지	수험서	에세이	소설	만화

먼저, K는 수험서를 구매한 다음 바로 에세이를 구매했는데 만화와 소설보다 잡지를 먼저 구매했고 수험서는 가장 먼저 구매하지 않았다고 했으므로 잡지가 가장 첫 번째로 구매한 것이 되므로 순서는 잡지 → (만화, 소설) → 수험서 → 에세이 → (만화, 소설)이다. 이때, 에세이나 소설은 마지막에 구매하지 않았으므로 만화가 마지막으로 구매한 것이 되고, 에세이와 만화를 연달아 구매하지 않았으므로 소설이 네 번째로 구매한 책이 된다.

따라서 K가 책을 구매한 순서는 잡지 → 수험서 → 에세이 → 소설 → 만화이므로 세 번째로 구매한 책은 에세이이다.

05

정답 ③

먼저 A사원의 진술이 거짓이라면 A사원과 D사원 두 명이 3층에서 근무하게 되고, 반대로 D사원의 진술이 거짓이라면 3층에는 아무도 근무하지 않게 되므로 조건에 어긋난다. 따라서 A사원과 D사원은 진실을 말하고 있음을 알 수 있다. 또한 C사원의 진술이 거짓이라면 아무도 홍보부에 속하지 않으므로 C사원도 진실을 말하고 있음을 알 수 있다. 결국 거짓말을 하고 있는 사람은 B사원이며, A ~ D사원의 소속 부서와 부서 위치를 정리하면 다음과 같다.

구분	소속 부서	부서 위치
A사원	영업부	4층
B사원	총무부	6층
C사원	홍보부	5층
D사원	기획부	3층

따라서 기획부는 3층에 위치한다.

06

정답 ③

제시된 조건에 따라 김대리의 일정을 10월 달력에 정리하면 다음과 같다.

〈10월 달력〉

일	월	화	수	목	금	토
				1 추석	2 추석연휴, 제주도여행	3 개천절, 제주도여행
4 제주도여행	5 제주도여행	6 제주도여행, 휴가 마지막 날	7	8	9 한글날	10
11	12	13	14	15	16	17
18	19	20 외부출장	21 외부출장	22 외부출장	23 외부출장	24
25	26	27	28 프로젝트 발표	29 프로젝트 발표	30	31

따라서 12일 월요일부터 그 주에 스케줄이 없으므로 이틀간 연차를 쓰고 할머니댁 방문이 가능하다.

오답분석
① 제주도 여행 기간이며, 주말에는 할머니댁에 가지 않는다고 하였다.
② 6일은 제주도여행에서 돌아오는 날로 휴가기간이다.
④ 20일부터 23일까지 외부출장이 있다.
⑤ 28일 프로젝트 발표가 있다.

01

ㄴ. 다수의 풍부한 경제자유구역 성공 사례를 활용하는 것은 강점에 해당되지만, 외국인 근로자를 국내주민과 문화적으로 동화시키려는 시도는 위협을 극복하는 것과는 거리가 멀다. 따라서 해당 전략은 ST전략으로 적절하지 않다.

ㄹ. 경제자유구역 인근 대도시와의 연계를 활성화하면 오히려 인근 기성 대도시의 산업이 확장된 교통망을 바탕으로 경제자유구역의 사업을 흡수할 위험이 커진다. 또한 인근 대도시와의 연계 확대는 경제자유구역 내 국내·외 기업 간의 구조 및 운영상 이질감을 해소하는 데 직접적인 도움이 된다고 보기 어렵다.

오답분석

ㄱ. 경제호황으로 인해 자국을 벗어나 타국으로 진출하려는 해외기업이 증가하는 기회상황에서 성공적 경험으로 축적된 우리나라의 경제자유구역 조성 노하우로 이들을 유인하여 유치하는 전략은 SO전략에 해당한다.

ㄷ. 기존에 국내에 입주한 해외기업의 동형화 사례를 활용하여 국내기업과 외국계 기업의 운영상 이질감을 해소하여 생산성을 증대시키는 전략은 WO전략에 해당한다.

02

오답분석

① 필리핀의 높은 전기요금은 원료비가 적게 드는 신재생에너지를 통해 낮출 수 있다. 또한 열악한 전력 인프라는 분석 결과에 나타나 있지 않다.

② 자사는 현재 중국 시장에서 풍력과 태양광 발전소를 운영 중에 있으므로 중국 시장으로의 진출은 대안으로 적절하지 않다. 또한 중국 시장이 경쟁이 적은지 알 수 없다.

③ 체계화된 기술 개발 부족은 자사가 아닌 경쟁사에 대한 분석 결과이므로 적절하지 않다.

⑤ 자사는 필리핀 화력발전사업에 진출한 이력을 지니고 있으며, 현재 필리핀의 태양광 발전소 지분을 인수하였으므로 중국 등과 협력하기보다는 필리핀 정부와 협력하는 것이 바람직하다.

03

국내 금융기관에 대한 SWOT 분석 결과는 다음과 같다.

강점(Strength)	약점(Weakness)
• 높은 국내 시장 지배력 • 우수한 자산건전성 • 뛰어난 위기관리 역량	• 은행과 이자수익에 편중된 수익구조 • 취약한 해외 비즈니스와 글로벌 경쟁력
기회(Opportunity)	위협(Threat)
• 해외 금융시장 진출 확대 • 기술 발달에 따른 핀테크의 등장 • IT 인프라를 활용한 새로운 수익 창출	• 새로운 금융 서비스의 등장 • 글로벌 금융기관과의 경쟁 심화

㉠ SO전략은 강점을 살려 기회를 포착하는 전략으로, 강점인 국내 시장 점유율을 기반으로 핀테크 사업에 진출하려는 ㉠은 적절한 SO전략으로 볼 수 있다.

㉢ ST전략은 강점을 살려 위협을 회피하는 전략으로, 강점인 우수한 자산건전성을 강조하여 글로벌 금융기관과의 경쟁에서 우위를 차지하려는 ㉢은 적절한 ST전략으로 볼 수 있다.

오답분석

㉡ WO전략은 약점을 보완하여 기회를 포착하는 전략이다. 그러나 위기관리 역량은 국내 금융기관이 지니고 있는 강점에 해당하므로 WO전략으로 적절하지 않다.

㉣ 해외 비즈니스 역량을 강화하여 해외 금융시장에 진출하는 것은 약점을 보완하여 기회를 포착하는 WO전략에 해당한다.

출제유형분석 03 실전예제

01

정답 ④

알파벳 순서에 따라 숫자로 변환하면 다음과 같다.

A	B	C	D	E	F	G	H	I	J	K	L	M
1	2	3	4	5	6	7	8	9	10	11	12	13
N	O	P	Q	R	S	T	U	V	W	X	Y	Z
14	15	16	17	18	19	20	21	22	23	24	25	26

'INTELLECTUAL'을 품번의 규칙에 따라 정리하면 다음과 같다.
- 1단계 : 9(I), 14(N), 20(T), 5(E), 12(L), 12(L), 5(E), 3(C), 20(T), 21(U), 1(A), 12(L)
- 2단계 : $9+14+20+5+12+12+5+3+20+21+1+12=134$
- 3단계 : $|(14+20+12+12+3+20+12)-(9+5+5+21+1)|=|93-41|=52$
- 4단계 : $(134+52)\div 4+134=46.5+134=180.5$
- 5단계 : 180.5를 소수점 첫째 자리에서 버림하면 180이다.

따라서 제품의 품번은 '180'이다.

02

정답 ⑤

규칙에 따라 사용할 수 있는 숫자는 1, 5, 6을 제외한 나머지 2, 3, 4, 7, 8, 9의 총 6개이다. (한 자리 수)×(두 자리 수)=156이 되는 수를 알기 위해서는 156의 소인수를 구해보면 된다. 156의 소인수는 3, 2^2, 13으로 여기서 156이 되는 수의 곱 중에 조건을 만족하는 것은 2×78과 4×39이다.

따라서 선택지 중에 A팀 또는 B팀에 들어갈 수 있는 암호배열은 39이다.

출제유형분석 04 실전예제

01

정답 ④

각 지원자의 영역별 점수를 산정하면 다음과 같다.

(단위 : 점)

구분	나이	평균 학점	공인영어점수	관련 자격증 점수	총점
A지원자	3	2	9.2	6	20.2
B지원자	5	4	8.1	0	17.1
C지원자	4	1	7.5	6	18.5
D지원자	1	3	7.8	9	20.8
E지원자	2	5	9.6	3	19.6

따라서 C지원자는 4번째로 높은 점수이므로 중국으로 인턴을 간다.

02

변경된 조건에 따라 점수를 산정하면 다음과 같다.

(단위 : 점)

구분	나이	평균 학점	공인영어점수	관련 자격증 점수	총점
A지원자	–	4	9.2	4	17.2
B지원자	–	4	8.1	0	12.1
C지원자	–	4	7.5	4	15.5
D지원자	–	4	7.8	6	17.8
E지원자	–	5	9.6	2	16.6

따라서 가장 낮은 점수를 획득한 B지원자가 탈락하므로 희망한 국가에 인턴을 가지 못하는 사람은 B지원자이다.

03

예산이 가장 많이 드는 B사업과 E사업은 사업기간이 3년이므로 최소 1년은 겹쳐야 한다. 이를 바탕으로 정리하면 다음과 같다.

사업명 \ 연도 예산	1차 20조 원	2차 24조 원	3차 28.8조 원	4차 34.5조 원	5차 41.5조 원
A	–	1조 원	4조 원	–	–
B	–	15조 원	18조 원	21조 원	–
C	–	–	–	–	15조 원
D	15조 원	8조 원	–	–	–
E	–	–	6조 원	12조 원	24조 원
실질 사용 예산 합계	15조 원	24조 원	28조 원	33조 원	39조 원

따라서 D사업을 첫해에 시작해야 한다.

PART 2

전공

01 경영 적중예상문제

01	02	03	04	05	06	07	08	09	10	11	12	13	14	15	16	17	18	19	20
④	⑤	①	①	③	①	①	②	③	②	②	②	③	⑤	④	④	①	④	③	⑤

01
정답 ④

기업의 현재 가치가 실제 가치보다 상대적으로 저평가되어 주당 순이익에 비해 주가가 낮은 주식을 가치주라고 한다. 가치주는 현재의 가치보다 낮은 가격에서 거래된다는 점에서, 미래의 성장에 대한 기대로 인하여 현재의 가치보다 높은 가격에 거래되는 성장주와는 다르다. 또한 성장주에 비하여 주가의 변동이 완만하여 안정적 성향의 투자자들이 선호한다.

오답분석
② 황금주는 보유한 주식의 수량이나 비율에 관계없이, 극단적으로는 단 1주만 가지고 있더라도 적대적 M&A 등 기업의 주요한 경영 사안에 대하여 거부권을 행사할 수 있는 권리를 가진 주식을 말한다.

02
정답 ⑤

가중치를 장부가치 기준의 구성 비율이 아닌 시장가치 기준의 구성 비율로 하는 이유는 주주와 채권자의 현재 청구권에 대한 요구수익률을 측정하기 위해서이다.

03
정답 ①

순할인채의 듀레이션은 만기와 일치한다.

04
정답 ①

오답분석
② 준거가격 : 소비자가 과거의 경험이나 기억, 정보 등으로 제품의 구매를 결정할 때 기준이 되는 가격이다.
③ 명성가격 : 소비자가 가격에 의하여 품질을 평가하는 경향이 특히 강하여 비교적 고급품질이 선호되는 상품에 설정되는 가격이다.
④ 관습가격 : 일용품의 경우처럼 장기간에 걸친 소비자의 수요로 인해 관습적으로 형성되는 가격이다.
⑤ 기점가격 : 제품을 생산하는 공장의 입지 조건 등을 막론하고 특정 기점에서 공장까지의 운임을 일률적으로 원가에 더하여 형성되는 가격이다.

05
정답 ③

두 개 이상의 투자안을 결합하여 투자하는 경우의 NPV는 각 투자안의 NPV를 합한 것과 같다는 의미인 가치가산의 원리가 적용되어 두 프로젝트의 NPV를 합한 42억 원이 된다. 반면, IRR의 경우 가치가산의 원리가 적용되지 않으므로 현재 제시된 자료를 통해서는 두 프로젝트를 동시에 수행하였을 때의 IRR을 구할 수 없다.

06
정답 ①

시스템 통합으로 인해 운영비용은 절감되지만 피인수기업의 재정불량상태가 그대로 들어오므로 인수기업의 재무상태가 불량해질 수 있으며 빚을 내서 인수할 경우 재무상의 빚이 증가할 수 있다.

07
정답 ①

기능 조직(Functional Structure)은 기능별 전문화의 원칙에 따라 공통의 전문지식과 기능을 지닌 부서단위로 묶는 조직 구조를 의미한다.

08
정답 ②

오답분석
ⓒ 당좌자산이란 유동자산 중 판매하지 않더라도 1년 이내 현금화가 가능한 자산을 의미한다. 기업이 판매하기 위하여 또는 판매를 목적으로 제조 과정 중에 있는 자산은 재고자산이다.
ⓔ 자본잉여금이란 영업이익 중 배당금을 제회한 사내 유보금을 의미한다. 기업의 법정자본금을 초과하는 순자산금액 중 이익을 원천으로 하는 잉여금은 이익잉여금이다.

09
정답 ③

콜옵션은 가격이 오를 때 거래하는 것이고, 풋옵션은 가격이 내릴 때 거래하는 것으로 미래 특정 시기에 미리 정한 가격으로 팔 수 있는 권리이다. 즉, 콜옵션은 저렴한 가격에 기초자산을 구입하는 것이라면, 풋옵션은 비싼 가격에 기초자산을 판다는 것을 의미한다.

10
정답 ②

- (영업이익)=₩2,500,000×10%=₩250,000
- (잔여이익)=₩250,000−₩2,500,000×(최저필수수익률)=₩25,000
∴ (최저필수수익률)=9%

11
정답 ②

허즈버그(Herzberg)는 직무만족에 영향을 주는 요인을 동기요인(Motivator)으로, 직무불만족에 영향을 주는 요인을 위생요인(Hygiene Factor)으로 분류했다. 동기요인에는 성취, 인정, 책임소재, 업무의 질 등이 있으며, 위생요인에는 회사의 정책, 작업조건, 동료직원과의 관계, 임금, 지위 등이 있다. 그리고 인간이 자신의 일에 만족감을 느끼지 못하게 되면 위생요인에 관심을 기울이게 되고, 이에 대해 만족하지 못할 경우에는 일의 능률이 크게 저하된다고 주장했다.

12
정답 ②

오답분석
① 새로운 투자안의 선택에 있어서 투자수익률은 자기자본비용을 넘어야만 한다.
③ 자기자본비용은 기업이 조달한 자기자본의 가치를 유지하기 위해 최소한 벌어들여야 하는 수익률이다.
④ 기업이 주식발행을 통해 자금조달을 할 경우 자본이용의 대가로 얼마의 이용 지급료를 산정해야 하는지는 명확하지 않다.
⑤ 베타와 증권시장선을 계산해서 미래의 증권시장선으로 사용하는 것은 과거와 비슷한 현상이 미래에도 발생할 수 있다는 가정하에서만 타당한 방법이다.

13

균형성과표(BSC)는 재무적 관점, 고객 관점, 내부 프로세스 관점, 학습 및 성장 관점 등의 4가지 관점으로 성과를 측정한다.

14

⑤는 현금흐름표가 아닌 재무상태표에 대한 설명이다.

15

- (당기법인세)=[490,000(회계이익)+125,000(감가상각비한도초과액)+60,000(접대비한도초과액)-25,000(미수이자)]×20% =130,000원
- (이연법인세자산)=125,000(감가상각비한도초과액)×20%=25,000원
- (이연법인세부채)=25,000(미수이자)×20%=5,000원
- (법인세비용)=130,000+5,000-25,000=110,000원

16

차량을 200만 원에 구입하여 40만 원을 지급한 상태이므로 총자산은 증가하였다고 볼 수 있다. 그리고 아직 치르지 않은 잔액 160만 원이 외상으로 존재하므로 총부채 역시 증가하였다고 볼 수 있다.

17

기계적 조직은 집권적이며 규칙과 절차가 많고 엄격하다. 반면 유기적 조직은 분권적이며 융통성이 높고 제약이 적은 편이다.

18

공매도를 통한 기대수익은 자산 가격(100%) 미만으로 제한되나, 기대손실은 무한대로 커질 수 있다.

[오답분석]
① 공매도는 주식을 빌려서 매도하고 나중에 갚는 것이기 때문에 주가상승 시 채무불이행 리스크가 존재한다.
② 매도의견이 시장에 적극 반영되어 활발한 거래를 일으킬 수 있다.
③ 자산 가격이 하락할 것으로 예상되는 경우, 공매도를 통해 수익을 기대할 수 있다.
⑤ 공매도의 가능 여부는 효율적 시장가설의 핵심전제 중 하나이다.

19

(영업권)=30,000,000-(9,000,000+8,000,000)=₩13,000,000

20

노동조합 숍(Shop) 제도 중 ㉠은 클로즈드 숍, ㉡은 오픈 숍, ㉢은 유니온 숍에 대한 설명이다.

[오답분석]
- 프레퍼렌셜 숍 : 근로자 고용 시 노동조합의 조합원 가입을 우선순위로 두는 제도이다.
- 에이전시 숍 : 비조합원도 조합원과 동일하게 노동조합에 대해 재정적 지원을 부담하는 제도이다.
- 메인테넌스 숍 : 일정 기간 동안 노동조합의 조합원 지위를 유지해야 하는 제도이다.

02 | 경제
적중예상문제

01	02	03	04	05	06	07	08	09	10	11	12	13	14	15	16	17	18	19	20
②	④	③	④	④	③	②	②	③	②	④	④	②	②	④	②	①	①	③	④

01

정답 ②

어떤 상품이 정상재인 경우 이 재화의 수요가 증가하면 수요곡선 자체를 오른쪽으로 이동시켜 재화의 가격이 상승하면서 동시에 거래량이 증가한다. 소비자의 소득 증가, 대체재의 가격 상승, 보완재의 가격 하락, 미래 재화가격 상승 예상, 소비자의 선호 증가 등이 수요를 증가시키는 요인이 될 수 있다. 한편, 생산기술의 진보, 생산요소의 가격 하락, 생산자의 수 증가, 조세 감소 등은 공급의 증가요인으로 공급곡선을 오른쪽으로 이동시킨다.

02

정답 ④

고전학파에 따르면 임금이 완전 신축적이므로 항상 완전고용을 달성한다. 그러므로 고전학파는 실업문제 해소를 위한 정부의 개입은 불필요하다고 주장한다. 반면 케인스학파는 실업문제 해소를 위해 재정정책이 금융정책보다 더 효과적이라고 주장한다.

03

정답 ③

[오답분석]

①·②·⑤ 조세부과의 크기로 인해 수요곡선이나 공급곡선의 이동 폭이 달라지는 것이므로, 곡선 기울기인 탄력성과는 무관하다.
④ 수요나 공급이 가격에 민감할수록 조세 부과로 인한 수요량과 공급량이 더욱 크게 감소하여 시장 왜곡이 더 커진다.

04

정답 ④

독점기업이 시장에서 한계수입보다 높은 수준으로 가격을 책정하는 것은 독점전략이다.

독점기업의 가격차별전략
• 제1급 가격차별 : 각 단위의 재화에 대하여 소비자들이 지불할 용의가 있는 최대금액을 설정하는 것(한계수입과 가격이 같은 점에서 생산량 결정)이다.
• 제2급 가격차별 : 재화 구입량에 따라 각각 다른 가격을 설정하는 것이다.
• 제3급 가격차별 : 소비자들의 특징에 따라 시장을 몇 개로 분할하여 각 시장에서 서로 다른 가격을 설정하는 것이다.

05

정답 ④

수요곡선과 공급곡선의 일반적인 형태란 우하향하는 수요곡선과 우상향하는 공급곡선을 의미한다. 이때, 공급곡선이 상방으로 이동하면, 생산량(Q)이 감소하고 가격(P)이 상승한다.

[오답분석]

① 수요곡선이 하방으로 이동하면 생산량이 감소하고 가격도 하락한다.

② 공급곡선이 하방으로 이동하면 생산량이 증가하고 가격이 하락한다.

③ 수요곡선이 상방으로 이동하면 생산량이 증가하고 가격도 상승한다.

⑤ 수요곡선과 공급곡선이 모두 하방으로 이동하면 가격은 하락한다. 이때 생산량은 두 곡선의 하방이동 폭에 따라서 증가할 수도, 불변일 수도, 감소할 수도 있다.

06

정답 ③

독점적 경쟁시장의 장기균형에서는 $P > SMC$가 성립한다.

[오답분석]

①·② 독점적 경쟁시장의 장기균형은 수요곡선과 단기평균비용곡선, 장기평균비용곡선이 접하는 점에서 달성된다.

④ 균형생산량은 단기평균비용의 최소점보다 왼쪽에서 달성된다.

⑤ 가격과 평균비용이 같은 지점에서 균형이 결정되므로, 장기 초과이윤은 0이다.

07

정답 ②

'A국 통화로 표시한 B국 통화 1단위의 가치'란 A국 통화의 명목환율을 의미한다. 명목환율을 e, 실질환율을 ε, 외국 물가를 P_f, 국내 물가를 P라고 할 때, 실질환율은 $\varepsilon = \dfrac{e \times P_f}{P}$ 로 표현된다.

이를 각 항목의 변화율에 대한 식으로 바꾸면 $\dfrac{\Delta \varepsilon}{\varepsilon} = \dfrac{\Delta e}{e} + \dfrac{\Delta P_f}{P_f} - \dfrac{\Delta P}{P}$ 이 된다.

제시된 자료에서 명목환율은 15%, A국(자국)의 물가지수는 7%, B국(외국)의 물가지수는 3% 증가하였으므로, 이를 식에 대입하면 실질환율(ε)의 변화율은 15+3-7=11%(상승)이다. 또한, 실질환율이 상승하면 수출품의 가격이 하락하게 되므로 수출량은 증가한다.

08

정답 ②

균형재정승수란 정부가 균형재정을 유지하는 경우에 국민소득이 얼마나 증가하는가를 측정하는 것이다. 균형재정이란 정부의 조세수입과 정부지출이 같아지는 상황으로 $\triangle G = \triangle T$라고 할 수 있다. 정부지출과 조세를 동일한 크기만큼 증가시키는 경우로, 정부지출승수는 $\dfrac{\triangle Y}{\triangle G} = \dfrac{-MPC}{1-MPC} = \dfrac{-0.8}{1-0.8} = -4$이다.

따라서 정부지출과 조세를 동시에 같은 크기만큼 증가시키면 $\dfrac{\triangle Y}{\triangle G} + \dfrac{\triangle Y}{\triangle T} = \dfrac{1}{1-0.8} + \dfrac{-0.8}{1-0.8} = 5-4=1$이 된다. 즉, 균형재정승수는 1이다.

09

정답 ③

생산물 가격이 하락할수록 요소수요는 감소하므로 노동수요곡선이 좌측으로 이동하면서 새로운 균형에서는 임금과 고용량이 모두 감소한다.

10

정답 ②

담배 한 갑당 2천 원의 건강세가 부과되어 담배가격이 4천 원으로 상승하면 갑은 담배구입을 포기하지만 을은 여전히 담배를 구입할 것이다. 건강세 부과 이후 담배 판매량은 한 갑이므로 정부가 얻는 조세수입은 2천 원이다.

11

정답 ④

명목임금은 150만 원 인상으로 10% 증가했지만, 인플레이션율 12%를 고려한 실질임금은 12-10=2% 감소하였다.

12

정답 ④

A국에서 해외 유학생과 외국인 관광객이 증가하면 달러 공급이 늘어나 A국 화폐의 가치가 상승하므로 환율은 하락한다. 환율이 하락하면 수출은 줄고, 수입은 늘어나서 경상수지가 악화될 것이다. 반면, B국에서는 해외 투자가 증가하고 외국인 투자자들이 자금을 회수하므로 달러 수요가 늘어나 B국 화폐의 가치는 하락한다.

13

정답 ②

누적된 비용인 총비용을 단위생산량으로 나눈 평균이 평균비용이다. 반면, 한계비용은 총비용의 변화분에 따라서 생산량이 하나씩 늘어날 때마다 바뀌는 비용을 말한다. 따라서 한계비용이 하락하는 구간에서는 평균비용도 하락하는 것이고, 반대로 한계비용이 증가하면서부터는 바로 평균비용이 증가하진 않지만, 평균비용의 최저점에서 한계비용을 만난 이후부터는 평균비용도 증가하게 된다. 이는 고정비용의 존재 때문이다. 그러므로 평균비용곡선이 상승하면 한계비용곡선은 평균비용곡선 상방에 위치한다.

14

정답 ②

유동성 함정은 금리가 한계금리 수준까지 낮아져 통화량을 늘려도 소비·투자 심리가 살아나지 않는 현상을 말한다.

오답분석

① 화폐 환상 : 화폐의 실질적 가치에 변화가 없는데도 명목단위가 오르면 임금이나 소득도 올랐다고 받아들이는 현상이다.
③ 구축 효과 : 정부의 재정적자 또는 확대 재정정책으로 이자율이 상승하여 민간의 소비와 투자활동이 위축되는 효과이다.
④ J커브 효과 : 환율의 변동과 무역수지와의 관계를 나타낸 것으로, 무역수지 개선을 위해 환율상승을 유도하면 초기에는 무역수지가 오히려 악화되다가 상당 기간이 지난 후에야 개선되는 현상이다.
⑤ 피셔 방정식 : 명목이자율은 실질이자율과 인플레이션율의 합이라는 관계를 나타낸 공식이다.

15

정답 ④

풋옵션을 매수한 사람은 시장에서 해당 상품이 사전에 정한 가격보다 낮은 가격에서 거래될 경우, 그 권리를 행사함으로써 비싼 값에 상품을 팔 수 있다. 그러나 해당 상품의 시장 가격이 사전에 정한 가격보다 높은 경우는 권리를 행사하지 않을 수도 있다.

16

정답 ②

완전경쟁시장의 균형은 $P=MC$이므로, $P=6$, $Q=4$이다.
합병 후 독점시장에서 $MR=10-2Q$이므로 이윤극대화조건 $MR=MC$에 대입하면 다음 식이 성립한다.
$10-2Q=2$
$\therefore Q=4$

17

ㄷ. 정부의 지속적인 교육투자정책으로 인적자본축적이 이루어지면 규모에 대한 수확체증이 발생하여 지속적인 성장이 가능하다고 한다.

ㄹ. 내생적 성장이론에서는 금융시장이 발달하면 저축이 증가하고 투자의 효율성이 개선되어 지속적인 경제성장이 가능하므로 국가 간 소득수준의 수렴현상이 나타나지 않는다고 본다.

18

광공업생산지수는 경기동행지수에 속하는 변수이다.

> **경기종합지수**
> 경기종합지수는 국민경제 전체의 경기 동향을 쉽게 파악하기 위해 경제지표의 움직임을 지수로 나타낸 것으로 경기선행지수, 경기동행지수, 경기후행지수로 구성된다.
> • 경기선행지수 : 앞으로의 경기 동향을 예측하는 지표로 구인구직비율, 건설수주액, 재고순환지표, 코스피 등 9개의 지표로 구성된다.
> • 경기동행지수 : 현재의 경기 상태를 나타내는 지표로 광공업생산지수, 소매판매액지수, 비농림어업취업자수 등 7개의 지표로 구성된다.
> • 경기후행지수 : 경기의 변동을 사후에 확인하는 지표로 가계소비지출, 생산자제품재고지수, 취업자수 등 5개의 지표로 구성된다.

19

인플레이션이 발생하면 저축된 화폐의 실질적인 가치가 점차 감소하기 때문에 기회비용이 발생하게 된다.

① 완만하고 예측이 가능한 인플레이션은 사람들이 생필품 등 물건의 가격이 상승하기 전에 사들이게 하므로 소비증대 효과가 일어날 수 있다.

② 인플레이션은 수입을 촉진시키고 수출을 저해하여 무역수지와 국제수지를 악화시킨다.

④ 다수의 근로자로부터 기업가에게로 소득을 재분배하는 효과를 가져와 부의 양극화를 심화시킨다.

⑤ 인플레이션을 통해 채무자가 빌린 금액의 액수는 고정된 데 비해 화폐의 가치는 점차 감소하므로 인플레이션은 채무자에게는 이익을, 채권자에게는 손해를 준다.

20

ㅁ. 환불 불가한 숙박비는 회수 불가능한 매몰비용이므로 선택 시 고려하지 않은 ⓒ의 행위는 합리적 선택 행위의 일면이라고 할 수 있다.

PART **3**

최종점검 모의고사

01 직업기초능력평가

01	02	03	04	05	06	07	08	09	10	11	12	13	14	15	16	17	18	19	20
⑤	③	②	②	④	⑤	③	④	①	①	③	①	⑤	①	②	④	③	④	①	③

21	22	23	24	25	26	27	28	29	30										
③	⑤	③	③	②	①	④	④	③	③										

01

정답 ⑤

제시문은 '쓰기(Writing)'의 문화사적 의의를 기술한 글이다. 복잡한 구조나 지시 체계는 이미 소리 속에서 발전해 왔는데 그러한 복잡한 개념들을 시각적인 코드 체계인 '쓰기'를 통해 기록할 수 있게 되었다. 또한 그러한 '쓰기'를 통해 인간의 문명과 사고가 더욱 발전하게 되었다. ⑤는 '쓰기'가 '복잡한 구조나 지시 체계'를 이루는 시초가 되었다고 보고 있으므로 잘못된 해석이다.

02

정답 ③

앞 문장의 '정상적인 기능을 할 수 없는 상태'와 대조를 이루는 표현이면서, 마지막 문장의 '자기 조절과 방어 시스템이 작동하는 과정인 것'이라는 내용에 어울리는 표현인 ③이 빈칸에 들어갈 내용으로 적절하다.

03

정답 ②

제시문은 상품 생산자와 상품의 관계로 인한 인간의 소외에 대해 설명하는 글이다. 따라서 (가) 상품 생산자와 상품의 관계를 제시 → (다) '자립적인 삶'의 부연 설명 → (라) 내용 첨가 : 시장 법칙의 지배 아래에서 사람과 사람과의 관계 → (나) 결론 : 인간의 소외 순서로 나열해야 한다.

04

정답 ②

사원 수를 x명이라 하자.

$50x + 100 = 60x - 500$

$\rightarrow 10x = 600$

$\therefore x = 60$

05

정답 ④

앞의 두 수의 합이 그 다음 항의 수인 피보나치 수열이다.

$\therefore 21 + 34 = 55$

06

매달 1.5%의 이자가 붙으므로 철수가 갚아야 하는 금액의 총합은 다음과 같다.

$30 \times 1.015^{12} = 30 \times 1.2 = 36$만 원

이때, 철수가 이달 말부터 a만 원씩 갚는다고 하면 이자를 포함하여 갚는 금액의 총합은 다음과 같다.

$$a + a \times 1.015 + \cdots + a \times 1.015^{11} = \frac{a(1.015^{12}-1)}{1.015-1} = \frac{a(1.2-1)}{0.015} = \frac{0.2a}{0.015} = \frac{40}{3}a$$

$$\rightarrow \frac{40}{3}a = 36$$

따라서 $a = \frac{27}{10} = 2.7$이므로 철수가 매달 갚아야 하는 금액은 27,000원이다.

07

인터넷전문은행의 활성화 및 빅테크의 금융업 진출 확대 추세는 강력한 경쟁 상대의 등장을 의미하므로 조직 내부의 약점(W)이 아니라 조직 외부로부터의 위협(T)에 해당한다.

[오답분석]
① 조직의 목표 달성을 촉진할 수 있으며 조직 내부의 통제 가능한 강점(S)에 해당한다.
② 조직의 목표 달성을 방해할 수 있으며 조직 내부의 통제 가능한 약점(W)에 해당한다.
④ 조직 외부로부터 비롯되어 조직의 목표 달성에 도움이 될 수 있는 통제 불가능한 기회(O)에 해당한다.
⑤ 조직 외부로부터 비롯되어 조직의 목표 달성을 방해할 수 있는 통제 불가능한 위협(T)에 해당한다.

08

대주가 계약기간이 만료된 뒤 자신의 권리를 이행할 때, 차주는 대주에게 손해를 보장받을 수 없다. 권리금은 전차주와 차주 사이에서 발생한 관행상의 금전으로 법률을 통해 보호받을 수 없으며, 대주는 권리금과 직접적으로 연관되지 않으므로 해당 금액을 지불할 책임 또한 지지 않는다.

[오답분석]
① 권리금은 전차주가 차주에게 권리를 보장받는 관행상의 금전으로, 장기적으로 차주가 상가를 다음 차주에게 이양할 경우 전차주로서 권리금을 요구할 수 있다. 대주는 임차료 외의 권리금과는 관련이 없다.
② 2001년에 상가건물 임대차보호법이 지정되기 전에 대주의 횡포에 대한 차주의 보호가 이루어지지 않았었으므로 현재는 보호받을 수 있다는 것을 알 수 있다.
③ 권리금은 본래 상대적 약자인 차주가 스스로의 권리를 지키기 위하여 이용하는 일종의 관습으로 평가받고 있다.
⑤ 상대적으로 적은 권리금을 지불하고 높은 매출을 기록했을 때, 직접적인 이득을 보는 사람은 새로운 차주이다. 권리금은 전차주가 해당 임대상가에 투자한 것에 대한 유무형의 대가를 차주가 고스란히 물려받는 경우, 가치가 포함된 일종의 이용 대가이기 때문이다.

09

(다)에 따라 나머지 짝수 번호인 2번, 4번 학생은 2번 또는 4번의 의자에만 앉을 수 있다. 2번, 4번 학생이 자기의 번호가 아닌 4번, 2번 의자에 각각 앉을 경우 (가)에 따라 홀수 번호 학생 1명만 다른 번호의 의자에 앉아야 한다. 그러나 홀수 번호의 학생 3명 중 1명만 다른 번호의 의자에 앉는 것은 불가능하므로 2번, 4번 학생은 자기의 번호와 일치하는 번호의 의자에 앉아야 한다. 따라서 1번, 3번, 5번은 모두 자기의 번호와 일치하지 않는 번호의 의자에 앉아야 하므로 1번 의자에 5번 학생이 앉는 경우와 1번 의자에 3번 학생이 앉는 경우로 나누어 볼 수 있다.

구분	1번 의자	2번 의자	3번 의자	4번 의자	5번 의자
경우 1	5번 학생	2번 학생	1번 학생	4번 학생	3번 학생
경우 2	3번 학생	2번 학생	5번 학생	4번 학생	1번 학생

이때, (나)에 따라 2명의 학생은 자기의 번호보다 작은 번호의 의자에 앉아야 하므로 경우 1은 제외된다.

따라서 1번부터 5번까지의 학생들은 다음과 같이 의자에 앉아 있음을 알 수 있다.

1	2	3	4	5
3번 학생	2번 학생	5번 학생	4번 학생	1번 학생

오답분석
② 2번 학생은 2번 의자에 앉아 있다.
③ 3번 학생은 1번 의자에 앉아 있다.
④ 4번 학생은 4번 의자에 앉아 있다.
⑤ 5번 학생은 3번 의자에 앉아 있다.

10 정답 ①

먼저 16진법으로 표현된 수를 10진법으로 변환하여야 한다.
$43=4\times16+3=67$
$41=4\times16+1=65$
$54=5\times16+4=84$
변환된 수를 아스키 코드표를 이용하여 해독하면 67=C, 65=A, 84=T임을 확인할 수 있다. 따라서 철수가 장미에게 보낸 문자의
의미는 'CAT'이다.

11 정답 ③

제시된 상황은 김대리가 공급업체 담당자를 설득해서 공급업체의 요청을 해결해야 되는 상황이다. 자신의 의견을 공감할 수 있도록
논리적으로 이야기하는 것은 상대방을 설득할 때 사용하는 적절한 의사표현법이다.

오답분석
① 상대방에게 부탁해야 할 때 사용하는 의사표현방법이다.
② 상대방의 잘못을 지적해야 할 때 사용하는 의사표현방법이다.
④ 상대방을 칭찬할 때 사용하는 의사표현방법이다.
⑤ 상대방의 요구를 거절할 때 사용하는 의사표현방법이다.

12 정답 ①

김대리는 우선적으로 가격 인상과 납기 조정에 대한 공급처 담당자의 요청을 거절해야 한다. ㉠과 ㉡은 상대방의 요구를 거절할
때 사용하는 의사표현방법이다.

오답분석
㉢ 충고를 할 때 사용하는 의사표현방법이다.
㉣ 설득을 할 때 사용하는 의사표현방법이다.

13 정답 ⑤

문서의 마지막에 반드시 '끝.'자를 붙여서 마무리해야 하는 문서는 공문서이다.

14 정답 ①

더 넣은 소금의 양을 xg이라 하면
$$\frac{4}{100}\times150+x=\frac{10}{100}\times(150+x)$$

$$\rightarrow 600+100x=1,500+10x$$
$$\therefore \ x=10$$

15

모집단에서 크기 n인 표본을 추출하고, 모표준편차를 σ이라고 할 때, 표본표준편차는 $\dfrac{\sigma}{\sqrt{n}}$이다. 따라서 표본크기 n은 64, 모표준편차 σ는 4이므로 표본표준편차는 $\dfrac{\sigma}{\sqrt{n}}=\dfrac{4}{\sqrt{64}}=\dfrac{4}{8}=0.5$가 된다.

16

제시된 그림의 운동장 둘레는 왼쪽과 오른쪽 반원을 합친 지름이 50m인 원의 원주(지름×원주율)와 위, 아래 직선거리 90m를 더하면 된다. 따라서 학생이 운동장 한 바퀴를 달린 거리는 $(50\times3)+(90\times2)=330$m이다.

17

제시문의 네 번째 문단에서 편협형 정치 문화와 달리 최소한의 인식이 있는 신민형 정치 문화의 예로 독재 국가를 언급하고 있으므로 ③은 적절하지 않은 내용이다.

18

갑 지점 설문 응답률은 $100-(23+45)=32$%이다.
인터넷 설문 응답자 '잘 모르겠다'를 제외한 응답자는 5,500명×0.67=3,685명이다.
따라서 갑 지점을 택한 응답자는 3,685명×0.32≒1,179명임을 알 수 있다.

19

실 매입비가 6억 7천만 원인 92m² 주택의 부동산 취득세 세율은 $0.02+0.002+0.002=0.024$이므로 거래금액을 x원이라고 하면 다음 식이 성립한다.
$$x\times(1+0.024)=670,000,000$$
$$\rightarrow 1.024x=670,000,000$$
$$\therefore \ x\fallingdotseq654,290,000(\because \text{만 원 단위 미만 절사})$$

20

ⓒ과 ⓔ이 정언 명제이므로 함축관계를 판단하면 항상 참인 것은 ③이다.

[오답분석]
① 공격수라면 안경을 쓰고 있지 않다.
② A팀의 공격수라면 검정색 상의를 입고, 축구화를 신고 있지 않다.
④ 김과장이 검정색 상의를 입고 있다는 조건으로 안경을 쓰고 있는지 여부를 판단할 수 없다.
⑤ 수비수라면 안경을 쓰고 있다.

21

정답 ③

첫 번째 조건에 따라 회장실의 위치를 기준으로 각 팀의 위치를 정리하면 다음과 같다.

- A에 회장실이 있을 때

  세 번째 조건에 의해 회장실 맞은편인 E는 응접실이다. 네 번째 조건에 의해 B는 재무회계팀이고, F는 홍보팀이다. 다섯 번째 조건에 의해 G는 법무팀이고 일곱 번째 조건에 의해 C는 탕비실이다. 여섯 번째 조건에 의해 H는 연구개발팀이므로 남은 D가 인사팀이다.

- E에 회장실이 있을 때

  세 번째 조건에 의해 회장실 맞은편인 A는 응접실이다. 네 번째 조건에 의해 F는 재무회계팀이고, B는 홍보팀이다. 다섯 번째 조건에 의해 C는 법무팀이고 일곱 번째 조건에 의해 G는 탕비실이다. 여섯 번째 조건에 의해 H는 연구개발팀이므로 남은 D가 인사팀이다.

따라서 인사팀의 위치는 D이다.

22

정답 ⑤

평균 시급 대비 월평균 소득을 구하면 월 근로시간을 알 수 있다.

구분	월 근로시간
2019년	$\dfrac{641,000}{6,200} ≒ 103$시간
2020년	$\dfrac{682,000}{6,900} ≒ 99$시간
2021년	$\dfrac{727,000}{7,200} ≒ 101$시간
2022년	$\dfrac{761,000}{7,400} ≒ 103$시간
2023년	$\dfrac{788,000}{7,900} ≒ 100$시간

따라서 월 근로시간이 가장 적은 해는 약 99시간인 2020년임을 알 수 있다.

오답분석

① 전년 대비 월평균 소득 증가율은 다음과 같다.

구분	월평균 소득 증가율
2020년	$\dfrac{682,000-641,000}{641,000} \times 100 ≒ 6.40\%$
2021년	$\dfrac{727,000-682,000}{682,000} \times 100 ≒ 6.60\%$
2022년	$\dfrac{761,000-727,000}{727,000} \times 100 ≒ 4.68\%$
2023년	$\dfrac{788,000-761,000}{761,000} \times 100 ≒ 3.55\%$

따라서 2023년의 증가율이 가장 낮고, 2021년이 6.60%로 가장 높다.

② 2021년은 2022년보다 주간 평균 근로시간은 1시간 적고, 평균 시급도 200원 낮다. 비례와 반비례 관계로 생각하여 비교하면 빠르다.

③ 전년 대비 2021년 평균 시급 증가액은 7,200−6,900=300원이며, 2023년에는 7,900−7,400=500원이다. 따라서 200원 차이가 난다.

④ 2023년 월평균 소득 대비 2019년 소득 비율은 $\dfrac{641,000}{788,000} \times 100 ≒ 81.34\%$로 70% 이상이다.

23

ㄴ. 연령대별 아메리카노와 카페라테의 선호율의 차이를 구하면 다음과 같다.

구분	20대	30대	40대	50대
아메리카노 선호율	42%	47%	35%	31%
카페라테 선호율	8%	18%	28%	42%
차이	34%	29%	7%	11%

따라서 아메리카노와 카페라테의 선호율 차이가 가장 적은 연령대는 40대임을 알 수 있다.

ㄷ. 20대와 30대의 선호율 하위 3개 메뉴를 정리하면 다음과 같다.
- 20대 : 핫초코(6%), 에이드(3%), 아이스티(2%)
- 30대 : 아이스티(3%), 핫초코(2%), 에이드(1%)

따라서 20대와 30대의 선호율 하위 3개 메뉴는 동일함을 알 수 있다.

오답분석

ㄱ. 연령대별 아메리카노 선호율은 20대 42%, 30대 47%, 40대 35%, 50대 31%로 30대의 선호율은 20대보다 높음을 알 수 있다.

ㄹ. 40대와 50대의 선호율 상위 2개 메뉴가 전체 선호율에서 차지하는 비율을 구하면 다음과 같다.
- 40대 : 아메리카(35%), 카페라테(28%) → 63%
- 50대 : 카페라테(42%), 아메리카노(31%) → 73%

따라서 50대의 선호율 상위 2개 메뉴가 전체 선호율에서 차지하는 비율은 70%를 넘지만, 40대에서는 63%로 70% 미만이다.

24

가장 먼저 물건을 고를 수 있는 동성이가 세탁기를 받을 경우와 컴퓨터를 받을 경우 두 가지로 나누어 생각해 볼 수 있다.

1. 동성이가 세탁기를 받을 경우 : 현규는 드라이기를 받게 되고, 영희와 영수는 핸드크림 또는 로션을 받게 되며, 미영이는 컴퓨터를 받게 된다.
2. 동성이가 컴퓨터를 받을 경우 : 동성이의 다음 순서인 현규가 세탁기를 받을 경우와 드라이기를 받을 경우로 나누어 생각해 볼 수 있다.
   1) 현규가 세탁기를 받을 경우 : 영희와 영수는 로션 또는 핸드크림을 각각 받게 되고, 미영이는 드라이기를 받게 된다.
   2) 현규가 드라이기를 받을 경우 : 영희와 영수는 로션 또는 핸드크림을 각각 받게 되고, 미영이는 세탁기를 받게 된다.

따라서 미영이가 드라이기를 받는 경우도 존재한다.

25

ㄱ. 회사가 가지고 있는 신속한 제품 개발 시스템의 강점을 활용하여 새로운 해외시장의 소비자 기호를 반영한 제품을 개발하는 것은 강점을 통해 기회를 포착하는 SO전략에 해당한다.

ㄷ. 공격적 마케팅을 펼치고 있는 해외 저가 제품과 달리 오히려 회사가 가지고 있는 차별화된 제조 기술을 활용하여 고급화 전략을 추구하는 것은 강점으로 위협을 회피하는 ST전략에 해당한다.

오답분석

ㄴ. 저임금을 활용한 개발도상국과의 경쟁 심화와 해외 저가 제품의 공격적 마케팅을 고려하면 국내에 화장품 생산 공장을 추가로 건설하는 것은 적절한 전략으로 볼 수 없다. 약점을 보완하여 위협을 회피하는 전략을 활용하기 위해서는 오히려 저임금의 개발도상국에 공장을 건설하여 가격 경쟁력을 확보하는 것이 더 적절하다.

ㄹ. 낮은 브랜드 인지도가 약점이기는 하나, 해외시장에서의 한국 제품에 대한 선호가 증가하고 있는 점을 고려하면 현지 기업의 브랜드로 제품을 출시하는 것은 적절한 전략으로 볼 수 없다. 약점을 보완하여 기회를 포착하는 전략을 활용하기 위해서는 오히려 한국 제품임을 강조하는 홍보 전략을 세우는 것이 더 적절하다.

26

순서대로 금고 1번의 암호는 11×11=1210이고, 금고 2번의 암호는 111×111=12321, 금고 3번의 암호는 1111×1111=1234321 이다. 따라서 금고 8번의 암호는 111111111×111111111=12345678987654321이다.

27

정답 ④

1시간 동안 만들 수 있는 상품의 개수는 $\frac{1 \times 60 \times 60}{15}=240$개이다. 안정성 검사와 기능 검사를 동시에 받는 상품은 12와 9의 최소공배수인 $3 \times 3 \times 4=36$번째 상품마다 시행된다. 따라서 1시간 동안 $240 \div 36=6.66\cdots$, 총 6개 상품이 안정성 검사와 기능 검사를 동시에 받는다.

28

정답 ④

한글맞춤법 제4장 제4절 제30항에 따라 적절하지 않은 것은 ㄷ, ㅁ이다.

한글맞춤법 제4장 제4절 제30항
사이시옷은 다음과 같은 경우에 받치어 적는다.
1. 순 우리말로 된 합성어로서 앞말이 모음으로 끝난 경우
   (1) 뒷말의 첫소리가 된소리로 나는 것
      예 바닷가, 쳇바퀴, 나뭇가지
   (2) 뒷말의 첫소리 'ㄴ, ㅁ' 앞에서 'ㄴ' 소리가 덧나는 것
      예 잇몸, 멧나물, 아랫마을
   (3) 뒷말의 첫소리 모음 앞에서 'ㄴㄴ' 소리가 덧나는 것
      예 깻잎, 베갯잇, 도리깻열
2. 순 우리말과 한자어로 된 합성어로서 앞말이 모음으로 끝난 경우
   (1) 뒷말의 첫소리가 된소리로 나는 것
      예 샛강, 탯줄, 전셋집
   (2) 뒷말의 첫소리 'ㄴ, ㅁ' 앞에서 'ㄴ' 소리가 덧나는 것
      예 곗날, 양칫물, 제삿날
   (3) 뒷말의 첫소리 모음 앞에서 'ㄴㄴ' 소리가 덧나는 것
      예 예삿일, 가욋일, 사삿일
3. 두 음절로 된 다음 한자어
  예 곳간(庫間), 셋방(貰房), 숫자(數字), 찻간(車間), 툇간(退間), 횟수(回數)

29

정답 ③

겹받침 'ㄺ, ㄻ, ㄿ'은 어말 또는 자음 앞에서 각각 'ㄱ, ㅁ, ㅂ'으로 발음한다. 다만, 용언의 어간 말음 'ㄺ'은 'ㄱ' 앞에서 'ㄹ'로 발음한다. 그러므로 '맑구나'는 [말꾸나]로 발음해야 한다.

30

정답 ③

조선시대의 미(未)시는 오후 1~3시를, 유(酉)시는 오후 5~7시를 나타낸다. 오후 2시부터 4시 30분까지 운동을 하였다면, 조선시대 시간으로 미(未)시 정(正)부터 신(申)시 정(正)까지 운동을 한 것이 되므로 옳지 않다.

오답분석
① 초등학교의 점심 시간이 오후 1시부터 2시까지라면, 조선시대 시간으로 미(未)시(1~3시)에 해당한다.
② 조선시대의 인(寅)시는 현대 시간으로 오전 3~5시를 나타낸다.
④ 축구 경기가 전반전 45분과 후반전 45분으로 총 90분 동안 진행되었으므로 조선시대 시간으로 한시진(2시간)이 되지 않는다.
⑤ 조선시대의 술(戌)시는 오후 7~9시를 나타내므로 오후 8시 30분은 술(戌)시에 해당한다.

| 01 | 경영

01	02	03	04	05	06	07	08	09	10	11	12	13	14	15	16	17	18	19	20
③	①	③	①	⑤	①	⑤	⑤	④	⑤	①	⑤	①	③	④	④	③	④	②	①
21	22	23	24	25	26	27	28	29	30	31	32	33	34	35	36	37	38	39	40
②	①	①	①	①	②	④	④	③	⑤	②	③	③	①	③	①	②	③	③	⑤
41	42	43	44	45	46	47	48	49	50	51	52	53	54	55	56	57	58	59	60
①	②	①	①	①	②	④	①	②	①	④	④	②	①	②	⑤	⑤	④	④	⑤

01
정답 ③

ㄴ. 황금낙하산 : 적대적 M&A로 당해 기존 임원이 해임되는 경우 거액의 보상금을 지급하도록 미리 규정해 M&A를 저지하는 전략을 말한다.
ㄹ. 팩맨 : 적대적 M&A를 시도하는 공격 기업을 거꾸로 공격하는 방어 전략이다.
ㅁ. 독약조항 : M&A 공격을 당했을 때 기존 주주들이 회사 주식을 저가에 매입할 수 있는 권리를 행사할 수 있도록 콜옵션을 부여해 공격 측의 지분 확보를 어렵게 하는 방어법이다.

[오답분석]
ㄱ. 그린메일 : 투기성 자본이 경영권이 취약한 기업의 지분을 사들인 뒤에 대주주에게 M&A 포기 대가로 보유 지분을 되사줄 것을 요구하는 것으로, 초록색인 미국 달러화를 요구하는 편지를 보낸다는 점에서 그린메일이란 이름이 붙여졌다.
ㄷ. 곰의 포옹 : 적대적 M&A 전략으로 예고를 하지 않고, 경영진에 매수를 제의하여 빠른 결정을 요구하는 방법이다.

02
정답 ①

3C는 Company, Customer, Competitor로 구성되어 있다. 자사, 고객, 경쟁사로 기준을 나누어 현 상황을 파악하는 분석방법으로 PEST 분석 후, PEST 분석 내용을 기반으로 3C의 상황 및 행동을 분석, 예측한다.
• Customer : 고객이 원할 필요와 욕구를 파악하고, 시장 동향과 고객(표적 시장)을 파악한다.
• Company : 자사의 마케팅 전략, 강점, 약점, 경쟁우위, 기업 사명, 목표 등을 파악(SWOT 활용)한다.
• Competitor : 경쟁사의 미래 전략, 경쟁우위, 경쟁 열위(자사와의 비교 시 장점, 약점)를 파악하고, 경쟁사의 기업 사명과 목표를 파악한다.

03
정답 ③

[오답분석]
① 비용편익비율 : 편익과 비용의 할인된 금액의 비율로써 미래에 발생할 것으로 예상되는 비용과 편익을 현재가치로 환산한 값이다.
② 순현재가치 : 비용과 편익을 기준년도의 현재가치로 할인하여 편익에서 비용을 차감한 값이다.
④ 손익분기점 : 일정 기간의 편익과 비용이 같아 편익과 비용의 차가 0인 매출액이다.
⑤ 자본회수기간 : 투자에 소요된 모든 비용을 회수하는 데 소요되는 기간이다.

04
정답 ①

기능별 조직은 전체 조직을 기능별 분류에 따라 형성시키는 조직의 형태이다. 해당 회사는 수요가 비교적 안정된 소모품을 납품하는 업체이기 때문에 환경적으로도 안정되어 있으며, 부서별 효율성을 추구하므로 기능별 조직이 이 회사의 조직구조로 적합하다.

기능별 조직

구분	내용
적합한 환경	• 조직구조 : 기능조직 • 환경 : 안정적 • 기술 : 일상적이며 낮은 상호의존성 • 조직규모 : 작거나 중간 정도 • 조직목표 : 내적 효율성, 기술의 전문성과 질
장점	• 기능별 규모의 경제 획득 • 기능별 기술개발 용이 • 기능 목표 달성 가능 • 중간 이하 규모의 조직에 적합 • 소품종 생산에 유리
단점	• 환경변화에 대한 대응이 늦음 • 최고경영자의 의사결정이 지나치게 많음 • 부문 간 상호조정 곤란 • 혁신이 어려움 • 전체 조직목표에 대한 제한된 시각

05

정답 ⑤

계속기업의 가정이란 보고기업이 예측 가능한 미래에 영업을 계속하여 영위할 것이라는 가정이다. 따라서 기업이 경영활동을 청산 또는 중단할 의도가 있다면, 계속기업의 가정이 아닌 청산가치 등을 사용하여 재무제표를 작성해야 한다.

[오답분석]

① 재무제표는 재무상태표, 포괄손익계산서, 자본변동표, 현금흐름표, 주석으로 구성된다. 법에서 이익잉여금처분계산서 등의 작성을 요구하는 경우 주석으로 공시한다.
② 재무제표는 원칙적으로 최소 1년에 한 번씩은 작성해야 한다.
③ 현금흐름표 등 현금흐름에 대한 정보는 현금주의에 기반한다.
④ 역사적원가는 측정일의 조건을 반영하지 않고, 현행가치는 측정일의 조건을 반영한다. 이때 현행가치는 다시 현행원가, 공정가치, 사용가치(이행가치)로 구분된다.

06

정답 ①

$EOQ = \sqrt{\dfrac{2 \times D \times S}{H}}$ (D=연간 수요량, S=1회 주문비, H=연간단위당 재고유지비용)

$D=20,000$, $S=200$, $H=32$

따라서 $EOQ = \sqrt{\dfrac{2 \times 20,000 \times 200}{32}} = \sqrt{\dfrac{8,000,000}{32}} = \sqrt{250,000} = 500$개이다.

07

정답 ⑤

리엔지니어링은 해머와 챔피(Hammer & Champy)에 의해 제시된 것으로, 정보기술을 통해 기업경영의 핵심적 과정을 전면 개편함으로써 경영성과를 향상시키려는 경영기법이다. 리엔지니어링은 기존의 관리패턴을 근본적으로 바꾸어 기업경영의 질을 높이려는 것으로, 철학이나 사고방식, 더 나아가 문명의 전환까지 염두에 두고 있다.

[오답분석]

① 다운타임(Downtime)에 대한 내용이다.
②・④ 다운사이징(Downsizing)에 대한 내용이다.
③ CKD(Complete Knock Down)에 대한 내용이다.

08

[동기유발력(MF)] $= \sum VIE$

상황별로 VIE의 값을 구하면 유인성(V)은 10점, 수단성(I)은 80%이며, 기대치(E)는 70%이다. 브룸의 기대이론에 따르면 동기유발력은 유인성과 기대치, 그리고 수단성을 서로 곱한 결과를 모두 합한 값이므로 동기유발력은 $VIE=10\times0.8\times0.7=5.6$이다.

09

(부가가치율)$=\dfrac{(\text{매출액})-(\text{매입액})}{(\text{매출액})}\times100=\dfrac{2,000-700}{2,000}\times100=65$

따라서 부가가치율은 65%이다.

10

마이클 포터는 원가우위전략과 차별화전략을 동시에 추구하는 것이 아닌 둘 중 한 가지를 선택하여 추구하는 것이 효과적이라고 주장했다.

11

지수평활법은 가장 최근 데이터에 가장 큰 가중치가 주어지고 시간이 지남에 따라 가중치가 기하학적으로 감소되는 가중치 이동평균 예측 기법으로, 평활상수가 클수록 최근 자료에 더 높은 가중치를 부여한다.

[오답분석]

② 회귀분석법은 인과관계 분석법에 해당한다.

③ 수요예측과정에서 발생하는 예측오차들의 합은 영(Zero)에 수렴하는 것이 바람직하다.

④ 이동평균법에서 과거 자료 수를 증가시키면 예측치를 평활하는 효과는 크지만, 예측의 민감도는 떨어뜨려서 수요예측의 정확도는 오히려 낮아진다.

⑤ 회귀분석법은 실제치와 예측치의 오차를 자승한 값의 총합계가 최소가 되도록 회귀계수를 추정한다.

12

A기업이 폐기물을 배출하여 B기업에 나쁜 영향을 미치는 외부불경제가 발생하는 상황이다. 이 경우 A기업은 폐기물 처리비용을 부담하지 않으므로 생산량이 사회적 적정생산량보다 많아지고, B기업은 강물을 정화하기 위한 비용을 부담해야 하므로 생산량이 사회적 적정생산량보다 적어진다. 코즈의 정리에 따르면 외부성에 대한 소유권이 적절히 설정되면 A기업과 B기업의 협상을 통해 오염물질 배출량이 사회적인 최적수준으로 감소할 수 있고, 이처럼 협상을 통해 외부성 문제가 해결되기 위해서는 반드시 한 당사자가 다른 당사자에게 보상을 하여야 한다.

13

대비오류(Contrast Error)는 대조효과라고도 하며, 연속적으로 평가되는 두 피고과자 간의 평가점수 차이가 실제보다 더 큰 것으로 느끼게 되는 오류를 말한다. 면접 시 우수한 후보의 바로 뒷 순서에 면접을 보는 평범한 후보가 중간 이하의 평가점수를 받는 경우가 바로 그 예라고 할 수 있다.

14

(영업레버리지도)$=$(공헌이익)$\div$(영업이익)

- (공헌이익)$=$(총매출액)$-$(총변동원가)$=$5억 원($=$10,000개$\times$50,000원)$-$2천만 원($=$10,000개$\times$2,000원)$=$4억 8천만 원
- (영업이익)$=$(공헌이익)$-$(총고정원가)$=$5억 7천만 원$-$2억 5천만 원($=$10,000$\times$25,000원)$=$3억 2천만 원

따라서 K기업의 영업레버리지도는 4억 8천만 원$\div$3억 2천만 원$=$1.5이다.

15

성공요인은 기업의 경영전략을 평가하고 이를 통해 정의하는 것으로, 평가 관점에 해당하지 않는다.

> **균형성과평가제도(BSC; Balanced ScoreCard)**
> 조직의 목표 실현을 위해 기존 전략에 대해 재무적, 고객, 업무 프로세스, 학습 및 성장 관점으로 평가하고, 이를 통해 전략
> 목표 달성을 위한 성공요인을 정의하는 성과관리 시스템이다.

16

CPM이란 천 명의 소비자들에게 도달하는 데 필요한 광고비로, 구하는 식은 다음과 같다.
CPM=(광고비용)×[1,000÷(구독자 수)]
따라서 (광고비용)=(CPM÷1,000)×(구독자 수)이다.
∴ (광고비용)=(5,000÷1,000)×100,000=500,000원

17

ⓒ 명성가격은 가격이 높으면 품질이 좋다고 판단하는 경향으로 인해 설정되는 가격이다.
ⓔ 단수가격은 가격을 단수(홀수)로 적어 소비자에게 싸다는 인식을 주는 가격이다(예 9,900원).

[오답분석]
㉠ 구매자가 어떤 상품에 대해 지불할 용의가 있는 최고가격은 유보가격이다.
ⓔ 심리적으로 적당하다고 생각하는 가격 수준은 준거가격이라고 한다. 최저수용가격이란 소비자들이 품질에 대해 의심 없이 구매
   할 수 있는 가장 낮은 가격을 의미한다.

18

[오답분석]
① 강제할당법에 대한 설명이다.
② 대조표법에 대한 설명이다.
③ 중요사건기술법에 대한 설명이다.
⑤ 에세이평가법에 대한 설명이다.

19

프로그램의 최고 단계 훈련을 마치고, 프로젝트 팀 지도를 전담하는 직원은 블랙벨트이다. 마스터 블랙벨트는 식스 시그마 최고과정
에 이른 사람으로 블랙벨트가 수행하는 프로젝트를 전문적으로 관리한다.

20

페이욜의 경영 활동
• 기술적 활동(생산, 제조, 가공)
• 상업적 활동(구매, 판매, 교환)
• 재무적 활동(자본의 조달과 운용)
• 보호적 활동(재화와 종업원의 보호)
• 회계적 활동(재산목록, 대차대조표, 원가, 통계 등)
• 관리적 활동(계획, 조직, 명령, 조정, 통제)

21

㉠ 연간수요는 일정하게 발생하고, 주문량에 따라 재고유지비도 선형적으로 증가한다.
㉢ 각 주문은 끊임없이 공급되어 품절 등이 발생하지 않는다.

[오답분석]
㉡ 주문량은 전량 일시에 입고된다.
㉣ 단위당 구매비, 생산비 등이 일정하며, 할인은 적용하지 않는다.

22

정답 ①

직무현장훈련(OJT; On the Job Training)이란 업무와 훈련을 겸하는 교육훈련 방법을 의미한다. 실습장훈련, 인턴사원, 경영 게임법 등은 (OffJT; Off the Job Training)에 해당한다.

23

정답 ①

미국의 경영자 포드는 부품의 표준화, 제품의 단순화, 작업의 전문화 등 '3S 운동'을 전개하고 컨베이어 시스템에 의한 이동조립방법을 채택해 작업의 동시 관리를 꾀하여 생산능률을 극대화했다.

24

정답 ①

임프로쉐어 플랜은 단위당 소요되는 표준노동시간과 실제노동시간을 비교하여 절약된 노동시간만큼 시간당 임률을 노사가 1 : 1로 배분하는 것으로, 개인별 인센티브 제도에 쓰이는 성과측정방법을 집단의 성과측정에 이용한 방식이다. 산업공학의 원칙을 이용하여 보너스를 산정한다는 특징이 있다.

[오답분석]
② 스캔런 플랜 : 노사협력에 의한 생산성 향상에 대한 대가를 지불하는 방식의 성과배분계획 모형이다.
③ 러커 플랜 : 매출액에서 각종 비용을 제한 일종의 부가가치 개념인 생산가치로부터 임금상수를 도출하여, 실제 부가가치 발생규모를 표준부가가치와 비교하여 그 절약분에 임금상수를 곱한 만큼 종업원에게 배분하는 방식이다.
④ 메리크식 복률성과급 : 표준작업량의 83%와 100%선을 기준으로 하여 83% 미만의 성과자들에게는 낮은 임률을 적용하지만 83 ~ 100% 사이의 성과자들에게는 표준임금률을 약간 상회하는 수준을, 100% 이상의 성과자들에게는 더 높은 수준의 임률을 제공하여 중간 정도의 목표를 달성하는 종업원을 배려하고 있다.
⑤ 테일러식 차별성과급 : 표준작업량을 기준으로 임금률을 고저로 나누는 방식이다.

25

정답 ①

(기계장치의 취득원가)$=20,000,000\times2\div10$(공정가치 비율)$=$₩$4,000,000$

26

정답 ②

분류법은 직무평가의 방법 중 정성적 방법으로, 등급법이라고도 한다.

27

정답 ④

노조가입의 강제성의 정도에 따른 것이므로 '클로즈드 숍 - 유니언 숍 - 오픈 숍' 순서이다.

28

시장이 명확하게 세분화되어 이질적인 시장, 쇠퇴기로 접어드는 제품, 다양성이 높은 제품 등에는 차별적 마케팅 전략이 적합하다.

[오답분석]
① 경영자원이 부족하여 시장지배가 어려운 기업에는 집중적 마케팅 전략이 적합하다.
②·③·⑤ 소비자의 욕구, 선호도 등이 동질적인 시장, 도입기 또는 성장기에 접어드는 제품, 대량생산 및 유통이 가능한 제품 등에는 비차별적 마케팅 전략이 적합하다.

29

정답 ③

주식시장은 발행시장과 유통시장으로 나누어진다. 발행시장이란 주식을 발행하여 투자자에게 판매하는 시장이고, 유통시장은 발행된 주식이 제3자 간에 유통되는 시장을 의미한다. 자사주 매입은 유통시장에서 이루어지며, 주식배당, 주식분할, 유·무상증자, 기업공개 등은 발행시장과 관련이 있다.

30

정답 ⑤

수평적 분화는 조직 내 직무나 부서의 개수를 의미하며, 전문화의 수준이 높아질수록 직무의 수가 증가하므로 수평적 분화의 정도는 높아지는 것이 일반적이다.

31

정답 ②

JIT의 주요 요소는 부품의 표준화, 고품질, 가동준비 시간의 감소, 소규모 로트 사이즈, 예방관리가 있다.

32

정답 ③

(전체 신문의 평균 CPR)×(도달률)=(필요 광고예산)
• 전체 신문의 평균 CPR : 500만 원
• 도달률 : 20%(A신문 전체 열독률)+14%(B신문 전체 열독률)−4%(중복)=30%
∴ 500만×30=1억 5,000만 원

33

정답 ③

집중적 마케팅 전략은 전체 세분시장 중에서 특정 세분시장을 목표시장으로 삼아 집중 공략하는 전략으로, 해당 시장의 소비자 욕구를 보다 정확히 이해하여 그에 걸맞은 제품과 서비스를 제공함으로써 전문화의 명성을 얻을 수 있으며, 그로 인해 생산·판매 및 촉진활동을 전문화함으로써 비용을 절감시킬 수 있다.

34

정답 ①

2부제 가격전략은 제품의 가격체계를 기본가격과 사용가격으로 구분하여 2부제로 부가하는 가격정책을 말한다. 다시 말해, 이 방식은 제품의 구매량과는 상관없이 기본가격과 단위가격이 적용되는 가격시스템을 의미한다.

35
정답 ③

오답분석

① 아웃소싱 : 일부의 자재, 부품, 노동, 서비스를 외주업체에 이전해 전문성과 비용 효율성을 높이는 것을 말한다.
② 합작투자 : 2개 이상의 기업이 공동으로 투자하여 새로운 기업을 설립하는 것을 말한다.
④ 턴키프로젝트 : 공장이나 여타 생산설비를 가동 직전까지 준비한 후 인도해 주는 방식을 말한다.
⑤ 그린필드투자 : 해외 진출 기업이 투자 대상국에 생산시설이나 법인을 직접 설립하여 투자하는 방식으로, 외국인직접투자(FDI) 의 한 유형이다.

36
정답 ①

유연생산시스템(FMS)은 소량의 다품종 제품을 짧은 납기로 해서 수요변동에 대한 재고를 지니지 않고 대처하면서 생산 효율의 향상 및 원가절감을 실현할 수 있는 생산시스템이다.

37
정답 ②

시계열 분석법은 제품 및 제품계열에 대한 수년간의 자료 등을 수집하기 용이하고, 변화하는 경향이 비교적 분명하며 안정적일 경우에 활용되는 통계적인 예측방법이다.

38
정답 ③

부품수요를 관리하기 위한 기법은 자재소요계획(MRP; Material Requirement Planning)이다.

39
정답 ③

- EPS(주당순이익)=(당기순이익)÷(유통주식수) → 300억 원÷1,000만 주=3,000원
- PER(주가수익비율)=(주가)÷(주당순이익) → 24,000원÷3,000원=8배

따라서 적정주가는 24,000원이다.

40
정답 ⑤

테일러(Tailor)의 과학적 관리법에 해당하는 내용으로, 일반 관리론은 앙리 페이욜이 경영관리를 경영자와 경영실무자의 입장에서 주장하였다. 반면 호손 실험으로는 인간관계론이 등장하였다.

41
정답 ①

확률표본추출은 단순확률추출법, 계통추출법, 층화추출법, 군집추출법이 있다.

오답분석

②·③·④·⑤ 비확률표본추출은 확률을 사용하지 않고 조사기관, 조사자 등을 통해 표본 선별을 진행한다. 편의추출법, 판단 추출법, 할당추출법, 눈덩이추출법 등이 있다.

42
정답 ②

유지가능성이란 세분시장이 충분한 규모이거나 이익을 낼 수 있는 정도의 크기가 되어야 함을 말한다. 즉, 각 세분시장 내에는 특정 마케팅 프로그램을 지속적으로 실행할 가치가 있을 만큼의 가능한 한 동질적인 수요자들이 존재해야 한다.

43

마케팅 전략을 수립하는 순서는 STP, 즉 시장세분화(Segmentation) → 표적시장 선정(Targeting) → 포지셔닝(Positioning)이다.

44

포지셔닝 전략은 자사제품의 큰 경쟁우위를 찾아내어 이를 선정된 목표시장의 소비자들의 마음 속에 자사의 제품을 자리잡게 하는 전략이다.

45

배추의 평당 시장가격이 6,000원에서 5,500원으로 하락하여 총 500만 원의 손실이 발생하였지만, 배추가격 하락으로 평당 계약금이 1,500원에서 800원으로 줄었으므로 700만 원의 이익이 발생하게 된다. 따라서 이익과 손실의 합은 200만 원이다.

46

㉠ 집약적 유통은 가능한 많은 중간상들에게 자사의 제품을 취급하도록 하는 방식이다.
㉡ 전속적 유통은 일정 지역 내에서의 독점판매권을 중간상에게 부여하는 방식이다.
㉢ 선택적 유통은 집약적 유통과 전속적 유통의 중간 형태이다.

47

균형 상태란 자신 – 상대방 – 관련 사물의 세 요소가 내부적으로 일치되어 있는 것처럼 보이는 상태를 말한다. 균형이론은 개인(자신), 태도 대상(상대방), 관련 대상(자신 – 상대방과 관련된 사물) 3가지 삼각관계에 대한 이론으로, 이 관계들에 대한 값(−1 또는 +1)을 곱한 결과 양의 값이 나오면 균형 상태이고, 음의 값이 나오면 불균형 상태이다. 값이 음일 경우 사람들은 심리적 불균형 상태가 되어 균형으로 맞추려고 하는 경향이 있다고 본다.

48

집약적 유통은 포괄되는 시장의 범위를 확대시키려는 전략으로, 소비자는 제품 구매를 위해 많은 노력을 기울이지 않기 때문에 주로 편의품이 이에 속한다.

49

㉠ 국제회계기준위원회(IASB)는 회계처리 및 재무제표의 통일성을 목적으로 IFRS를 공표한다.
㉢ 보유자산을 공정가치로 측정함에 따라 현재의 시장가격을 기준으로 해당 자산을 평가한다.

오답분석

㉡ IFRS를 도입한 기업은 연결 재무제표를 기본 재무제표로 사용하여야 한다.
㉣ 우리나라는 2011년부터 상장사, 금융기업 등에 대해 IFRS를 의무 도입하였다.

50

공급사슬관리(SCM)는 공급업체, 구매 기업, 유통업체 그리고 물류회사들이 주문, 생산, 재고수준 그리고 제품과 서비스의 배송에 대한 정보를 공유하도록 하여 제품과 서비스를 효율적으로 구매, 생산, 배송할 수 있도록 지원하는 시스템이다.

51

정답 ④

- 2024년 초 부채요소의 장부금액 : 93,934+3,087(전환권조정 상각액)=₩97,021
- 2024년 전환사채 행사 시 증가하는 주식발행초과금 : 97,021×60%−(자본금)+(전환권대가 대체액)=58,213−(60주×500)+ 6,066×60%=₩31,853

52

정답 ④

허시와 블랜차드의 3차원적 유효성이론에 따르면 부하의 성숙수준이 증대됨에 따라 리더는 부하의 성숙수준이 중간 정도일 때까지 보다 더 관계지향적인 행동을 취하며, 과업지향적인 행동은 덜 취해야 한다.

53

정답 ②

- [저가재고(4,000)]=(실제수량)×80(순실현가능가치)
- (실제수량)=50개

54

정답 ①

고정자산비율은 비유동비율이라고도 하며, 자기자본 중에 비유동자산에 투입되어 있는 비율을 의미한다. 고정자산비율이 낮을수록 고정설비투자가 많지 않음을 의미한다.

오답분석

② 활동성비율(Activity Ratio) : 기업들이 보유한 자산을 얼마나 효율적으로 활용하고 있느냐를 판단할 수 있는 지표다. 이 비율이 100% 이하면 기업이 자산을 100% 활용하지 않고 일부가 잠자고 있다는 의미다.

③ 자본회전율(Turnover Ratio of Capital) : 자기자본과 순매출액과의 관계를 표시하는 비율로, 자기자본의 회전속도를 표시한다.

④ 유동비율(Current Ratio) : 회사가 1년 안에 현금으로 바꿀 수 있는 '유동자산'을 1년 안에 갚아야 할 '유동부채'로 나눈 값이다. 통상 유동비율이 150%를 넘으면 기업의 재무 상태가 안정적이라고 평가한다.

⑤ 부채비율(Debt Ratio) : 어떤 기업의 재정상태나 재무건전성을 분석할 때 대표적으로 활용되는 지표 중 하나로, 기업이 가진 자산 중에 부채가 어느 정도의 비중을 차지하는지를 나타내는 비율이다. 부채비율을 구하는 방법은 부채총액을 자본총계(자기자본)로 나눈 뒤 100을 곱해 산출한다.

55

정답 ②

부채는 유동부채와 비유동부채로 구분되며, 그중 비유동성 부채는 장기차입금, 임대보증금, 퇴직급여충당부채, 장기미지급금 등이 있다. 따라서 보기 중 ㄹ, ㅁ, ㅈ이 비유동부채에 해당된다.

56

정답 ⑤

오답분석

① 두 기법 모두 화폐의 시간가치를 고려하지 않고 있다.

② 단일 투자안의 투자의사결정은 기업이 미리 설정한 최장기간 회수기간보다 실제 투자안의 회수기간이 짧으면 선택하게 된다.

③ 화폐의 시간가치를 고려하지 못하고 회수기간 이후의 현금흐름을 무시하고 있다는 점에서 비판을 받고 있다.

④ 투자안을 평가하는 데 있어 방법이 매우 간단하면서 서로 다른 투자안을 비교하기 쉽고 기업의 자금 유동성을 고려하였다는 장점을 가지고 있다.

57

⑤

차변	대변
자산의 증가	자산의 감소
부채의 감소	부채의 증가
자본의 감소	자본의 증가
비용의 발생	수익의 발생

58

정답 ④

손익분기점 매출액이 주어진 경우 총고정원가를 구하는 문제에서는 손익분기점 매출액 공식을 활용하여 문제를 해결한다.

$$(고정원가)=\frac{(고정비)}{(공헌이익률)}$$

- (공헌이익률) : $\frac{200,000-150,000}{200,000}=25\%$

- (고정원가) : $\frac{[고정원가(x)]}{25\%}=₩120,000(매출액)$

∴ [고정원가(x)]=₩30,000

59

정답 ④

$$(부채비율)=\frac{(타인자본)}{(자기자본)}\times100$$

당기 말 K회사의 부채비율은 200%, 전년도 대비 부채비율은 100% 하락하였다.

따라서 전년도 대비 부채비율의 변동률은 33.33% 하락하였다.

60

정답 ⑤

자기자본비용(k_e)과 타인자본비용(k_d)이 주어졌을 때의 가중평균자본비용(WACC) 공식을 이용한다. 제시된 부채비율이 100%이므로, 자기자본 대비 기업가치의 비율$\left(\frac{S}{V}\right)$과 타인자본 대비 기업가치의 비율$\left(\frac{B}{V}\right)$은 $\frac{1}{2}$임을 알 수 있다.

$$WACC=k_e\times\frac{S}{V}+k_d(1-t)\times\frac{B}{V}$$

$$\rightarrow 10\%=k_e\times\frac{1}{2}+8\%(1-0.25)\times\frac{1}{2}$$

∴ $k_e=14\%$

| 02 | 경제

01	02	03	04	05	06	07	08	09	10	11	12	13	14	15	16	17	18	19	20
②	①	③	②	④	②	②	③	③	①	④	④	⑤	②	④	③	③	④	④	①
21	22	23	24	25	26	27	28	29	30	31	32	33	34	35	36	37	38	39	40
③	④	①	③	④	①	⑤	③	⑤	⑤	⑤	③	⑤	①	③	④	①	④	⑤	④
41	42	43	44	45	46	47	48	49	50	51	52	53	54	55	56	57	58	59	60
②	⑤	④	②	②	①	④	①	④	②	③	①	⑤	④	⑤	⑤	①	③	①	①

01

정답 ②

㉠ 생산비용 절감 또는 생산기술 발전 시 공급이 늘어나 공급곡선이 오른쪽으로 이동한다.
㉢ A의 가격이 높아지면 대체재인 B의 가격이 상대적으로 낮아져 수요가 늘어나게 된다.

[오답분석]
㉡ 정상재의 경우 수입이 증가하면 수요가 늘어나 수요곡선이 오른쪽으로 이동한다.
㉣ 상품의 가격이 높아질 것으로 예상되면 나중에 더 높은 가격에 팔기 위해 공급이 줄어들게 된다.

02

정답 ①

수요의 가격탄력성(ε)이란 가격이 변화할 때, 수요량의 변화정도를 나타낸다.

가격탄력성(ε)의 크기	용어
$\varepsilon=0$	완전비탄력적
$0<\varepsilon<1$	비탄력적
$\varepsilon=1$	단위탄력적
$1<\varepsilon<\infty$	탄력적
$\varepsilon=\infty$	완전탄력적

(사례1)의 경우 비탄력적인 재화이다. 비탄력적인 재화의 경우 다른 조건이 일정할 때, 가격 상승 시 기업의 총수입은 증가한다.
(사례2)의 경우 탄력적인 재화이다. 탄력적인 재화의 경우 다른 조건이 일정할 때, 가격 상승 시 기업의 총수입은 감소한다.

가격탄력성의 크기	판매자의 총수입	
	가격 인상 시	가격 인하 시
$0<\varepsilon<1$	증가	감소
$\varepsilon=1$	불변	불변
$\varepsilon>1$	감소	증가

03

정답 ③

일반적으로 한계대체율 체감과 무차별곡선의 볼록성은 같은 의미이다. 무차별곡선이 볼록할 경우 무차별곡선의 기울기는 X재 소비 증가에 따라 점점 평평해지며, 이는 X재를 많이 소비할수록 Y재 단위로 나타낸 X재의 상대적 선호도가 감소한다는 의미이므로 한계대체율 체감을 의미한다.

04

정답 ②

오쿤의 법칙(Okun's Law)에 따르면 경기 회복기에는 고용의 증가 속도보다 국민총생산의 증가 속도가 더 크고, 불황기에는 고용의 감소 속도보다 국민총생산의 감소 속도가 더 크다. 구체적으로 실업률이 1% 늘어날 때마다 국민총생산은 2.5%의 비율로 줄어드는 데, 이와 같은 실업률과 국민총생산의 밀접한 관계를 오쿤의 법칙이라 한다.

[오답분석]
① 발라스의 법칙(Walars' Law)에 대한 설명이다.
③ 엥겔의 법칙(Engel's Law)에 대한 설명이다.
④ 슈바베의 법칙(Schwabe's Law)에 대한 설명이다.
⑤ 그레셤의 법칙(Gresham's Law)에 대한 설명이다.

05

정답 ④

㉠은 비경합성을, ㉡은 비배제성을 나타낸다.
배제성이란 어떤 특정한 사람이 재화나 용역을 사용하는 것을 막을 수 있는 가능성을 말한다. 반대로 그렇지 못한 경우는 비배제성이 있다고 한다. 경합성이란 재화나 용역을 한 사람이 사용하게 되면 다른 사람의 몫은 그만큼 줄어든다는 것으로 희소성의 가치에 의해 발생하는 경제적인 성격의 문제이다. 일반적으로 접하는 모든 재화나 용역이 경합성이 있으며, 반대로 한 사람이 재화나 용역을 소비해도 다른 사람의 소비를 방해하지 않는다면 비경합성에 해당한다. 비경합성과 비배제성 모두 동시에 가지고 있는 재화나 용역은 국방, 치안 등 공공재가 있다.

06

정답 ②

엥겔지수는 가계 소비지출에서 차지하는 식비의 비율을 의미하며, 가계 소비지출은 소비함수[(독립적인 소비지출)+{(한계소비성향)×(가처분소득)}]로 계산할 수 있다. 각각의 숫자를 대입하면 100만 원+(0.6×300만 원)=280만 원이 소비지출이 되고, 이 중 식비가 70만 원이므로, 엥겔지수는 70만 원÷280만 원=0.25이다.

07

정답 ②

노동자가 10명일 때 1인당 평균생산량이 30단위이므로 총생산량은 10×30=300단위이다. 노동자가 11명일 때 1인당 평균생산량이 28단위이므로 총생산량은 11×28=308이다. 그러므로 11번째 노동자의 한계생산량은 8단위이다.

08

정답 ③

물가가 급속하게 상승하는 인플레이션이 발생하면 화폐가치가 하락하게 되므로 채무자나 실물자산보유자는 채권자나 금융자산보유자보다 유리해진다.

09

정답 ③

㉡ 경제적 후생이란 사회구성원이 느끼는 행복을 물질적 이익 또는 소득으로 측정한 것을 말한다.
㉢ 가격이 하락하면 수요곡선 상 가격의 이동으로 신규 또는 추가의 소비자잉여가 발생한다.

[오답분석]
㉠ 완전경쟁시장은 외부효과가 없는 것으로 가정한다.
㉣ 생산자잉여는 생산자가 수취하는 금액에서 생산비용을 뺀 것을 말한다.

10

정답 ①

솔로우모형은 규모에 대한 보수불변 생산함수를 가정하며, 시간이 흐름에 따라 노동량이 증가하며 기술이 진보하는 것을 고려한 성장모형이다. 솔로우모형은 장기 균형상태에서 더 이상 성장이 발생하지 않으며 자본의 한계생산체감에 의해 일정한 값을 갖게 되는 수렴현상이 발생한다고 설명한다.

11

정답 ④

- (2022년 GDP 디플레이터)$=\dfrac{(명목\ GDP)}{(실질\ GDP)}\times100=\dfrac{100}{(실질\ GDP)}\times100=100\ \rightarrow\ (2022년\ 실질\ GDP)=100$

- (2023년 GDP 디플레이터)$=\dfrac{(명목\ GDP)}{(실질\ GDP)}\times100=\dfrac{150}{(실질\ GDP)}\times100=120\ \rightarrow\ (2023년\ 실질\ GDP)=125$

따라서 2023년의 전년 대비 실질 GDP 증가율은 $\dfrac{125-100}{100}\times100=25\%$이다.

12

정답 ④

특허료 수취는 서비스수지(경상수지)를 개선하는 사례이다.

[오답분석]

① · ③ 투자수지(자본수지) 개선에 대한 사례이다.
② 서비스수지(경상수지) 악화에 대한 사례이다.
⑤ 소득수지(경상수지) 악화의 요인이다.

13

정답 ⑤

완전경쟁시장은 같은 상품을 취급하는 수많은 공급자·수요자가 존재하는 시장이다. 시장 참여자는 가격의 수용자일 뿐 가격 결정에 전혀 영향력을 행사하지 못한다. 기업들은 자유롭게 시장에 진입하거나 퇴출할 수 있다. 완전경쟁시장에서 기업의 이윤은 $P(가격)=AR(평균수입)=MC(한계비용)$인 균형점에서 극대화된다.
그래프에서 이 기업의 평균가변비용의 최소점은 80원이다. 시장가격이 90원으로 평균가변비용을 충당할 수 있어 이 기업은 계속해서 생산을 한다. 균형점($P=AR=MC=90$원)에서 이윤을 얻을 수 있는지는 고정비용의 크기에 달려 있으므로 주어진 그래프만으로는 알 수 없다.

14

정답 ②

옵션(Option)은 파생상품의 하나로 미래의 일정 기간 내에 특정 상품이나 외환, 유가증권 등의 자산을 미리 정한 가격에 사거나 팔 수 있는 권리다. 옵션거래에는 풋옵션과 콜옵션이 있다. 풋옵션은 미리 정한 가격으로 팔 수 있는 권리이고, 콜옵션은 미리 정한 가격으로 살 수 있는 권리다. 옵션 매수자는 꼭 사거나 팔아야 하는 거래 이행의 의무는 없다. 불리할 경우 옵션을 포기할 수 있다. K기업은 환율 하락을 예상해 풋옵션 1,000계약을 계약당 30원에 매수했으므로 옵션 매수비용으로 3만 원을 지출했다. 옵션 만기일에 원·달러 환율이 예상과 달리 1,200원으로 상승했으므로 풋옵션을 행사하지 않는다. 따라서 옵션거래에 따른 손익은 풋옵션 매수비용인 3만 원 손실이다.

15

정답 ④

1단위의 노동을 투입할 때 총생산물은 그때까지의 한계생산물을 합하여 계산한다. 따라서 (가)$=90$, (나)$=90+70=160$, (라)$=210-160=50$이다. 평균생산은 투입된 생산요소 1단위당 생산량을 의미하므로 (다)$=\dfrac{160}{2}=80$, (마)$=\dfrac{210}{3}=70$이다.

16

정답 ③

예측하지 못한 인플레이션은 부의 재분배 효과를 가져온다. 즉, 예상한 인플레이션보다 실제 물가가 더 많이 상승하면 화폐의 실질 가치가 하락하게 되므로 채권자는 손해를 보고 채무자는 이득을 본다. 보기에서 국채를 발행한 정부와 장기 임금 계약을 맺은 회사는 채무자로 볼 수 있다.

17

할당관세는 물자수급을 원활하게 하기 위해 특정물품을 적극적으로 수입하거나, 반대로 수입을 억제하고자 할 때 사용된다.

18

정답 ④

케인스에 따르면 현재소비는 현재의 가처분소득에 의해서만 결정되므로 이자율은 소비에 아무런 영향을 미치지 않는다.

19

정답 ④

루카스의 공급곡선 공식은 $Y = Y_N + \alpha(p - p^e)(\alpha > 0)$이므로 물가예상이 부정확한 경우 단기 총공급곡선은 우상향하게 된다. 즉, 루카스의 불완전정보모형에서는 재화가격에 대한 정보불완전성 때문에 단기총공급곡선이 우상향한다.

20

정답 ①

정부의 확장적 재정정책, 독립적인 민간 투자의 증가, 가계의 소비 증가, 확대금융정책으로 인한 통화량의 증가 등은 총수요곡선을 오른쪽으로 이동시키는 수요견인 인플레이션의 요인이다.

오답분석

②·⑤ 수입 자본재나 국제 원자재 가격의 상승은 총공급곡선을 왼쪽으로 이동시켜 비용인상 인플레이션이 발생하게 된다.
③ 임금이 하락하면 총공급곡선이 오른쪽으로 이동하므로 물가는 하락하게 된다.
④ 환경오염의 감소는 인플레이션과 직접적인 관계가 없다.

21

정답 ③

오답분석

ㄴ. 구매력 평가설에 의하면 빅맥 1개의 가격은 미국에서 5달러, 한국에서는 4400원이므로, 원화의 대미 달러 환율은 880원이다.

ㄷ. (실질환율)$= \dfrac{(\text{명목환율} \times \text{외국물가})}{(\text{자국물가})} = \dfrac{1,100 \times 5,500}{4,400} = 1,375$원이다.

22

정답 ④

자연실업률이란 마찰적 실업만 존재하는 완전고용상태의 실업률을 의미한다. 정부가 구직 사이트 등을 운영하여 취업정보를 제공하는 경우에는 자연실업률이 하락하지만 경제 불확실성의 증가, 정부의 사회보장제도 확대 등은 자연실업률을 상승시키는 요인이다.

23

정답 ①

공급자에게 조세가 부과되더라도 일부는 소비자에게 전가되므로 소비자도 조세의 일부를 부담하게 된다.

24

정답 ③

독점적 경쟁시장에서는 제품의 차별화가 클수록 수요의 가격탄력성은 낮아져서 서로 다른 가격의 수준을 이루게 된다.

25

[오답분석]

① 수요의 가격탄력성이 1보다 작은 경우, 가격이 하락하면 총수입은 감소한다.
② 수요의 가격탄력성이 커질수록 물품세 부과로 인한 경제적 순손실은 커진다.
③ 소비자 전체 지출에서 차지하는 비중이 큰 상품일수록 수요의 가격탄력성은 커진다.
⑤ 대체재가 많을수록 수요의 가격탄력성은 커진다.

26

정부지출의 효과가 크기 위해서는 승수효과가 커져야 한다. 승수효과란 확대재정정책에 따른 소득의 증가로 인해 소비지출이 늘어나게 되어 총수요가 추가적으로 증가하는 현상을 말한다. 즉, 한계소비성향이 높을수록 승수효과는 커진다. 한계소비성향이 높다는 것은 한계저축성향이 낮다는 것과 동일한 의미이다.

27

외부불경제가 발생할 경우 SMC(사회적 한계비용)는 PMC(사적 한계비용)에 EMC(외부 한계비용)를 합한 값으로 계산한다. 따라서 PMC는 $4Q+20$이고, EMC는 10이므로 SMC는 $4Q+30$이다. 사회적 최적생산량은 사회적 한계비용과 수요곡선이 교차하는 지점에서 형성된다. 따라서 $P=SMC$이고 시장수요 $P=60-Q$이므로 $4Q+30=60-Q \rightarrow 5Q=30 \rightarrow Q=6$이다.

28

케인스가 주장한 절약의 역설은 개인이 소비를 줄이고 저축을 늘리는 경우 저축한 돈이 투자로 이어지지 않기 때문에 사회 전체적으로 볼 때 오히려 소득의 감소를 초래할 수 있다는 이론이다. 저축을 위해 줄어든 소비로 인해 생산된 상품은 재고로 남게 되고 이는 총수요 감소로 이어져 국민소득이 줄어들 수 있다.

29

국내총생산(GDP)에 포함되는 것은 최종재의 가치이다. 최종재란 생산된 후 소비자에게 최종 소비되는 재화를 의미하므로 최종재 생산에 투입되는 중간재의 가치는 포함되지 않는다. 분식점에 판매된 고추장은 최종재인 떡볶이를 만드는 재료로 쓰이는 중간재이므로 GDP 측정 시 포함되지 않는다. 또한 토지가격 상승에 따른 자본이득은 아무런 생산과정이 없기 때문에 토지가 매매되기 전까지는 GDP에 포함되지 않는다.

30

외부성은 어떤 행위가 제3자에게 의도하지 않은 혜택이나 손해를 가져다주는데, 이에 대한 대가가 거래되지 않은 것을 말한다. 예방접종은 접종을 맞은 사람뿐만 아니라 맞지 않은 사람의 감염률을 낮추고, 산업시설 등에서 발생하는 환경오염은 대표적인 외부성의 예다. 산림 녹화와 같은 환경개선도 마찬가지다. 하지만 도로가 새로 개통되고, 도로 인근의 부동산 가격이 상승한 것은 외부성에 포함되지 않는다. 도로 개통으로 인한 긍정적인 경제적 효과는 부동산 가격에 반영된다.

31

다. 디플레이션이 발생하면 기업의 실질적인 부채부담이 증가한다.
라. 기업의 채무불이행이 증가하면 금융기관 부실화가 초래된다.

[오답분석]

가. 피셔효과에 따르면 '(명목이자율)=(실질이자율)+(예상인플레이션율)'의 관계식이 성립하므로 예상인플레이션율이 명목이자율을 상회할 경우 실질이자율은 마이너스(−) 값이 될 수 있다. 하지만 명목이자율은 마이너스(−) 값을 가질 수 없다.
나. 명목임금이 하방경직적일 때 디플레이션으로 인해 물가가 하락하면 실질임금은 상승하게 된다.

32

정답 ③

바닷속 물고기는 소유권이 어떤 특정한 개인에게 있지 않고 사회전체에 속하는 공유자원이라고 보아 과다하게 소비되어 결국 고갈되는 사례가 많다. 이를 공유자원의 비극이라고 한다. 공유자원은 공공재처럼 소비에서 배제성은 없지만 경합성은 갖고 있다. 즉, 원하는 사람은 모두 무료로 사용할 수 있지만 한 사람이 공유자원을 사용하면 다른 사람이 사용에 제한을 받는다. 공유자원의 비극을 방지하기 위해서는 공유지의 소유권을 확립하여 자원을 낭비하는 일을 줄여야 한다.

33

정답 ⑤

외부불경제에 해당하는 사례를 고르는 문제이다. 외부효과란 한 사람의 행위가 제3자의 경제적 후생에 영향을 미치지만 그에 대한 금전적 보상이 이뤄지지 않는 현상을 의미한다. 공해와 같은 외부불경제는 재화 생산의 사적 비용이 사회적 비용보다 작기 때문에 사적 생산이 사회적 최적 생산량보다 과다하게 이루어진다. 외부불경제로 인한 자원배분의 비효율성을 해결하기 위해 정부는 세금·벌금 등을 부과하거나 규제를 가하게 된다. 반면, 외부경제는 사적 비용이 사회적 비용보다 크기 때문에 사적 생산이 사회적 최적 생산량보다 작게 이뤄진다.

34

정답 ①

코즈의 정리란 민간 경제주체들이 자원 배분 과정에서 거래비용 없이 협상할 수 있다면 외부효과로 인해 발생하는 비효율성을 시장 스스로 해결할 수 있다는 이론이다. 한편, 코즈의 정리에 따르면 재산권이 누구에게 부여되는지는 경제적 효율성 측면에서 아무런 차이가 없지만 소득분배 측면에서는 차이가 발생한다.

35

정답 ③

$$(\text{노동수요의 임금탄력성}) = \frac{(\text{노동수요량의 변화율})}{(\text{임금의 변화율})}$$

$$(\text{노동수요량의 변화율}) = \frac{10,000 - 9,000}{10,000} \times 100 = 10\%$$

$$(\text{임금의 변화율}) = \frac{5,000 - 6,000}{5,000} \times 100 = |-20| = 20\%$$

따라서 노동수요의 임금탄력성은 $\frac{10\%}{20\%} = 0.5\%$이다.

36

정답 ④

두 나라 간 화폐의 교환비율인 환율을 결정하는 요소는 물가와 이자율 차이다. 빅맥 지수로 잘 알려진 구매력평가설이 물가에 따른 환율결정이론이라고 한다면 이자율평가는 이자율에 따른 환율결정이론이라고 할 수 있다.

자본은 투자의 수익과 위험을 고려하여 동일한 위험에 대해 최대의 수익을 얻기 위해 국가 간에 이동한다. 이자율평가는 자본의 국가 간 이동이 자유로운 경우 국제 자본거래에서 이자율과 환율 간 관계를 나타낸다. 이자율평가는 (국내금리)=(외국의 금리)+[(미래환율)−(현재환율)]÷(현재환율)의 식으로 표현된다. 따라서 0.1=[(미래환율)−1,000]÷1,000에서 미래환율은 1,100원임을 알 수 있다.

37

정답 ①

공동소유 목초지와 같은 공동자원은 한 사람이 소비하면 다른 사람이 소비할 수 없으므로 경합성은 있으나 다른 사람이 소비하는 것을 막을 수는 없으므로 배제성은 없다. 유료도로는 통행료를 내지 않은 차량은 배제가 가능하므로 공유자원이 아닌데 비해, 막히는 무료도로는 누구나 이용할 수 있으나 소비가 경합적이므로 공유자원으로 볼 수 있다. 공유자원의 이용을 개인의 자율에 맡길 경우 서로의 이익을 극대화함에 따라 자원이 남용되거나 고갈되는 공유지의 비극이 발생할 수 있다.

38

정답 ④

자동차 사고가 발생하면 보험료를 할증하는 것은 보험가입 후에 태만을 방지하기 위한 것이므로 도덕적 해이를 줄이기 위한 방안에 해당된다.

39

정답 ⑤

학습효과 모형은 의도적인 교육투자가 아니라 통상적인 생산과정에서 나타나는 학습효과의 중요성을 강조하는 모형으로, 의도적인 교육투자를 강조하는 모형은 인적자본모형이다.

40

정답 ④

제1급 가격차별은 각 소비자의 수요가격으로 가격을 차별한 완전가격차별로 소비자잉여가 전부 독점기업에 귀속된다. 제1급 가격차별의 경우 가격과 한계비용이 일치하여 자중손실이 발생하지 않으므로 자원배분이 효율적으로 이루어진다. 제2급 가격차별은 구매량이 클수록 가격을 낮추는 가격차별로, 서로 다른 구매량에 적용되는 단위당 가격이 달라 소비자가 지불하는 가격은 구매량에 따라 다르다. 제2급 가격차별의 일종인 이부가격제는 최대 소비자잉여만큼의 기본가 부과되어 소비자잉여가 독점기업에 귀속된다. 제3급 가격차별은 수요의 가격탄력도가 높은 시장에 낮은 가격, 낮은 시장에 높은 가격을 매기는 가격차별이다.

41

정답 ②

효율성 임금이론이란 평균임금보다 높은 임금을 지급해 주는 것을 유인으로 생산성 높은 노동자를 채용하여 생산성을 결정짓는 이론이다.

42

정답 ⑤

$TR = P \times Q = (100 - 2Q) \times Q = 100Q - 2Q^2$

이윤극대화의 조건은 한계수입과 한계비용이 같아야 하기 때문에 $MR = MC$가 된다.

이때 한계비용은 1단위당 60원이므로 $MC = 60$이 된다.

$MR = \dfrac{\Delta TR}{\Delta Q} = 100 - 4Q$이므로

$100 - 4Q = 60$

$4Q = 40$

$\therefore \ Q = 10$

이 값을 시장수요곡선식인 $P = 100 - 2Q$에 대입하면 $P = 80$이다.

따라서 이 독점기업의 이윤극대화 가격은 80원이고, 생산량은 10개이다.

43

정답 ④

조세부담의 전가란 조세가 부과되었을 때 세금이 납세의무자에게 부담되지 않고 각 경제주체의 가격조정 과정을 통해 조세부담이 다른 경제주체에게 이전되는 현상을 말한다. 한편, 조세부담의 전가는 해당 재화의 시장에서 수요와 공급의 가격탄력성에 따라 결정된다. 즉, 수요의 가격탄력성이 작으면 소비자가 조세를 더 많이 부담하고, 공급의 가격탄력성이 작으면 판매자가 조세를 더 많이 부담한다.

PART 3

44

정답 ②

돼지고기 값이 상승하는 경우는 돼지고기에 대한 수요가 늘거나, 공급이 줄거나, 대체재 소비가 줄어들 때이다. 돼지 사육두수가 점차 감소하면 공급이 줄어들어 돼지고기 값이 상승하고, 정부 예상보다 경기 회복세가 강한 경우에도 돼지고기에 대한 수요가 증가하여 돼지고기 값이 상승한다.

45

정답 ②

환율의 하락은 외환시장에서 외환의 초과공급 또는 국내통화의 수요증가를 의미한다. 미국 달러 자본의 국내 투자 확대, 국내 부동산 매입, 국내 주식 매입, 국내산 제품의 수출 증가는 모두 외환의 초과공급과 국내통화의 초과수요라는 결과를 가져오므로 국내통화의 가치가 상승하면서 환율은 하락하게 된다.

46

정답 ①

독점시장에서 사회 전체의 후생수준이 극대화되는 경우는 완전경쟁의 시장과 동일한 상황을 의미한다. 따라서 시장의 수요곡선과 한계비용곡선이 만나는 곳이 사회 전체의 후생수준이 극대화되는 생산량수준이다. $Q_D = 45 - \frac{1}{4}P \rightarrow P = 180 - 4Q$이고, $MC = 2Q$에서 $P = MC$이므로 $Q = 30$이 도출된다.

47

정답 ④

GDP 디플레이터(GDP Deflator)는 명목 GDP와 실질 GDP 간의 비율로서 국민경제 전체의 물가압력을 측정하는 지수로 사용되며, 통화량 목표설정에 있어서도 기준 물가상승률로 사용된다.

48

정답 ①

우상향하는 총공급곡선이 왼쪽으로 이동하는 경우는 부정적인 공급충격이 발생하는 경우이다. 따라서 임금이 상승하는 경우 기업의 입장에서는 부정적인 공급충격이므로 총공급곡선이 왼쪽으로 이동하게 된다.

[오답분석]

②·③·④ 총수요곡선을 오른쪽으로 이동시키는 요인이다.
⑤ 총공급곡선을 오른쪽으로 이동시키는 요인이다.

49

정답 ④

시장균형점은 수요곡선과 공급곡선이 만나는 지점이므로
$7 - 0.5Q = 2 + 2Q$
$\rightarrow 2.5Q = 5$
$\therefore Q = 2,\ P = 6$
공급의 탄력성은 가격이 1% 변할 때, 공급량이 몇 %가 변하는지를 나타낸다.

$$[\text{공급탄력성}(\eta)] = \frac{\frac{\Delta Q}{Q}}{\frac{\Delta P}{P}} = \frac{\Delta Q}{\Delta P} \times \frac{P}{Q} = \frac{1}{2} \times \frac{6}{2} = \frac{3}{2} = 1.5$$

$$\left(\because \text{공급곡선 } P = 2 + 2Q \text{에서 } Q = \frac{1}{2}P - 1 \quad \therefore \frac{\Delta Q}{\Delta P} = \frac{1}{2} \right)$$

50

정답 ②

문제의 효용함수는 두 재화가 완전보완재일 때이다. 효용함수가 $U = min[X, \ Y]$이므로 효용을 극대화하려면 X재와 Y재를 항상 1 : 1로 소비해야 한다.

소득이 100이고 Y재의 가격이 10일 때, X재와 Y재의 양은 항상 같으므로 두 재화를 같은 양 X라고 설정하고 예산선식($M = P_X$ $X + P_Y Y$)에 대입해 보면, $100 = P_X \times X + 10 \times X$이다. 이를 정리하면, $X = \dfrac{100}{P_X + 10}$임을 알 수 있다.

51

정답 ③

콥 - 더글라스 생산함수인 $Q = L^2 K^2$을 미분하여 계산한 한계기술대체율($MRTS_{LK}$)은 $\dfrac{K}{L}$이다.

$MRTS_{LK} = \dfrac{K}{L}$에 등량곡선과 등비용선이 접하는 점에서 비용극소화가 달성되므로 $MRTS_{LK} = \dfrac{w}{r} \rightarrow \dfrac{w}{r} = \dfrac{4}{6} = \dfrac{K}{L}$이다.

식을 정리하면 $K = \dfrac{4}{6} L$이며,

예산제약식인 $TC = wL + rK = 4L + 6K$에 대입하면,

$120 = 4L + 6K$

$\rightarrow 120 = 4L + 6 \times \dfrac{4}{6} L$

$\rightarrow 120 = 8L$

$\therefore 15 = L$

52

정답 ①

$$(실업률) = \frac{(실업자\ 수)}{(경제활동인구)} \times 100 = \frac{(실업자\ 수)}{(취업자\ 수) + (실업자\ 수)} \times 100$$

실업자는 경제활동인구 중 일할 뜻이 있는 데도 일자리를 갖지 못한 사람이다. 따라서 일할 능력이 있어도 의사가 없다면 실업률 계산에서 제외되며, 학생이나 주부는 원칙적으로 실업률 통계에서 빠지지만 수입을 목적으로 취업하면 경제활동인구에 포함된다. 또한, 군인, 수감자 등은 대상에서 제외한다. 따라서 취업자가 퇴직하여 전업주부가 되는 경우는 취업자가 빠져나가 경제활동인구가 감소, 즉 분모 값이 작아지게 되는 것을 의미하므로 실업률이 높아지게 된다.

53

정답 ⑤

수요의 가격탄력성이 1일 경우는 수용곡선상의 중점이므로 이때의 X재 가격은 50원이다. 독점기업은 항상 수요의 가격탄력성이 1보다 큰 구간에서 재화를 생산하므로 독점기업이 설정하는 가격은 50원 이상이다.

[오답분석]

① 수요곡선의 방정식은 $P = -Q + 100$이다. 즉, 가격이 100원이면 X재의 수요량은 0이다.

② 수요곡선이 우하향의 직선인 경우 수요곡선 상의 우른방으로 이동할수록 수요의 가격탄력성이 점점 작아진다. 그러므로 수요곡선 상의 모든 점에서 수요의 가격탄력성이 다르게 나타난다.

③ X재는 정상재이므로 소득이 증가하면 수요곡선이 오른쪽으로 이동한다.

④ X재와 대체관계에 있는 Y재의 가격이 오르면 X재의 수요가 증가하므로 X재의 수요곡선은 오른쪽으로 이동한다.

54

정답 ④

균형국민소득식은 $Y = C + I + G + X - M$이므로(Y : 국내총생산, C : 소비지출, I : 투자, G : 정부지출, X : 수출, M : 수입)

$900 = 200 + 50 + 300 + X - 100$

$\therefore X = 450$

55

- [한계소비성향(MPC)]$=\dfrac{\Delta C}{\Delta Y_d}$, 처분가능소득이 1단위 증가할 때 소비가 증가하는 비율

- [한계저축성향(MPS)]$=\dfrac{\Delta S}{\Delta Y_d}$, 처분가능소득이 1단위 증가할 때 저축이 증가하는 비율

- [평균소비성향(APC)]$=\dfrac{C}{Y_d}$, 처분가능소득에서 소비가 차지하는 비중

- [평균저축성향(APS)]$=\dfrac{S}{Y_d}$, 처분가능소득에서 저축이 차지하는 비중

따라서 $APC + APS = 1$이다.

[오답분석]
① 평균소비성향(APC)은 항성 정(+)의 값을 가진다.
② 한계소비성향(MPC)은 항상 $0 < MPC < 1$의 값을 가진다.
③ $APC + APS = 1$
④ $MPC + MPS = 1$

56

예금이 400, 법정지급준비율이 20%일 때 법정지급준비금은 80이다. K은행의 경우 실제지급준비금 120을 보유하고 있으므로 초과지급준비금은 40이다. 따라서 초과지급준비금 40을 신규로 대출할 때 증가할 수 있는 최대 총예금창조액은 $200\left(=\dfrac{1}{z_l}\times 40\right.$ $\left.=\dfrac{1}{0.2}\times 40\right)$이다.

※ z_l＝법정지급준비율

57

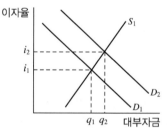

기업들에 대한 투자세액공제가 확대되면, 투자가 증가하므로 대부자금에 대한 수요가 증가($D_1 \rightarrow D_2$)한다. 이렇게 되면 실질이자율이 상승($i_1 \rightarrow i_2$)하고 저축이 늘어난다. 그 결과, 대부자금의 균형거래량은 증가($q_1 \rightarrow q_2$)한다.

58

소국의 수입관세 부과 시 국내가격은 상승하고 생산량은 증가한다. 그에 따라 생산자잉여도 증가하게 된다.

[오답분석]
① 부과한 관세만큼 국내가격이 상승하게 된다.
② 국내가격이 상승하므로 소비량은 감소하게 된다.
④ 수입관세 부과 시 정부는 관세수입을 얻고, 관세 부과로 인한 가격 조정에 따른 사회적 후생손실이 발생한다.
⑤ 소국은 국제 시장에서의 가격설정능력이 없다. 따라서 관세를 부과해도 교역조건은 변화하지 않는다. → 대국의 경우 수입관세 부과 시 교역조건이 개선된다.

59

정답 ①

통화승수는 총통화량을 본원통화로 나눈 값으로, 총통화량을 구하는 공식은 다음과 같다.

- (총통화량)=(현금통화)+(예금통화)

- (통화승수)=$\dfrac{(총통화량)}{(본원통화)}$

- [총통화량(M)]=$\dfrac{1}{c+\gamma(1-c)}B$

  (c : 현금통화비율, γ : 지급준비율, B : 본원통화)

여기서 $c=\dfrac{150}{600}=0.25$, $\gamma=\dfrac{90}{450}=0.2$이므로 통화승수는 $\dfrac{1}{c+\gamma(1-c)}=\dfrac{1}{0.25+0.2(1-0.25)}=2.5$이다.

60

정답 ①

- (테일러 법칙)=(균형 이자율)+(인플레이션 갭)−(산출 갭)
- (인플레이션 갭)=(실제 인플레이션율)−(목표 인플레이션율)
- (목표 이자율)=$0.03+\dfrac{1}{4}\times$[실제 인플레이션율(4%)−0.02]−$\dfrac{1}{4}\times$[GDP 갭(1%)]

  =$0.03+\dfrac{1}{4}\times(0.04-0.02)-\dfrac{1}{4}\times0.01=0.0325$

따라서 목표 이자율(3.25%)은 균형 이자율(3%)보다 높다.

PART 3

01 직업기초능력평가

01	02	03	04	05	06	07	08	09	10	11	12	13	14	15	16	17	18	19	20
④	③	③	④	③	③	④	②	②	③	④	②	③	④	⑤	③	③	②	③	①
21	22	23	24	25	26	27	28	29	30										
①	③	④	③	②	④	③	①	④	①										

01
정답 ④

제시문에 따르면 영국의 BBC에서 뉴스 시그널로 베토벤의 5번 교향곡을 사용한 것이 제2차 세계대전 때이고, 작곡은 그 전에 이루어졌다.

02
정답 ③

A, B, C설탕물의 설탕 질량을 구하면 다음과 같다.
• A설탕물의 설탕 질량 : $200 \times 0.12 = 24$g
• B설탕물의 설탕 질량 : $300 \times 0.15 = 45$g
• C설탕물의 설탕 질량 : $100 \times 0.17 = 17$g

A, B설탕물을 합치면 설탕물 500g에 들어있는 설탕은 $24+45=69$g, 농도는 $\frac{69}{500} \times 100 = 13.8\%$이다. 합친 설탕물을 300g만 남기고, C설탕물과 합치면 설탕물 400g이 되고 여기에 들어있는 설탕의 질량은 $300 \times 0.138 + 17 = 58.4$g이다. 이 합친 설탕물도 300g만 남기면 농도는 일정하므로 설탕물이 $\frac{3}{4}$으로 줄어든 만큼 설탕의 질량도 같이 줄어든다. 따라서 설탕의 질량은 $58.4 \times \frac{3}{4} = 43.8$g이다.

03
정답 ③

A ~ E의 평균은 모두 70점으로 같으며 분산은 다음과 같다.

A : $\dfrac{(60-70)^2 + (70-70)^2 + (75-70)^2 + (65-70)^2 + (80-70)^2}{5} = 50$

B : $\dfrac{(50-70)^2 + (90-70)^2 + (80-70)^2 + (60-70)^2 + (70-70)^2}{5} = 200$

C : $\dfrac{(70-70)^2 + (70-70)^2 + (70-70)^2 + (70-70)^2 + (70-70)^2}{5} = 0$

D : $\dfrac{(70-70)^2 + (50-70)^2 + (90-70)^2 + (100-70)^2 + (40-70)^2}{5} = 520$

E : $\dfrac{(85-70)^2 + (60-70)^2 + (70-70)^2 + (75-70)^2 + (60-70)^2}{5} = 90$

표준편차는 분산의 양의 제곱근이므로 표준편차를 큰 순으로 나열한 것과 분산을 큰 순으로 나열한 것은 같다. 따라서 표준편차가 큰 순서대로 나열하면 $D > B > E > A > C$이다.

04

A대리가 맞힌 문제를 x개, 틀린 문제는 $(20-x)$개라고 가정하여 얻은 점수에 대한 식은 다음과 같다.
$$5x-3(20-x)=60 \rightarrow 8x=120 \rightarrow x=15$$
따라서 A대리가 맞힌 문제의 수는 15개이다.

05

보유한 글로벌 네트워크를 통해 해외 시장에 진출하는 것은 강점을 활용하여 기회를 포착하는 SO전략이다.

[오답분석]
① SO전략은 강점을 활용하여 외부환경의 기회를 포착하는 전략이므로 적절하다.
② WO전략은 약점을 보완하여 외부환경의 기회를 포착하는 전략이므로 적절하다.
④ ST전략은 강점을 활용하여 외부환경의 위협을 회피하는 전략이므로 적절하다.
⑤ WT전략은 약점을 보완하여 외부환경의 위협을 회피하는 전략이므로 적절하다.

06

제시문에서는 우리나라가 지식 기반 산업 위주의 사회로 바뀌면서 내부 노동시장에 의존하던 인력 관리 방식이 외부 노동시장에서의 채용으로 변화함에 따라 지식 격차에 의한 소득 불평등과 국가 간 경제적 불평등 현상이 심화되고 있다고 말하고 있다. 따라서 글의 제목으로 가장 적절한 것은 ③이다.

[오답분석]
① 정보통신 기술을 통해, 전 지구적 노동시장이 탄생하여 기업을 비롯한 사회 조직들이 국경을 넘어 인력을 충원하고 재화와 용역을 구매하고 있다고 언급했다. 하지만 이러한 국가 간 노동 인력의 이동이 가져오는 폐해에 대해서는 언급하고 있지 않다.
② 지식 기반 경제로의 이행은 지식 격차에 의한 소득 불평등 심화 현상을 일으킨다. 하지만 이것에 대한 해결책은 언급하고 있지 않다.
④ 생산 기능은 저개발국으로 이전되고 연구 개발 기능은 선진국으로 모여들어 정보 격차가 확대되고 있다. 하지만 국가 간의 격차 축소 정책의 필요성은 언급하고 있지 않다.
⑤ 사회 불평등 현상은 지식 기반 산업 위주로 변화하는 국가에서 나타나거나 국가들 사이에서 나타나기도 한다. 이는 제시문에서 언급한 내용이지만 전체 주제를 포괄하고 있지 않으므로 적절하지 않다.

07

- A : 기본 점수 80점에 오탈자 33건이므로 5점 감점, 전체 글자 수 654자이므로 3점 추가, A등급 2개와 C등급 1개이므로 15점 추가하여 총 $80-5+3+15=93$점이다.
- B : 기본 점수 80점에 오탈자 7건이므로 0점 감점, 전체 글자 수 476자이므로 0점 추가, B등급 3개이므로 5점 추가하여 총 $80+5=85$점이다.
- C : 기본 점수 80점에 오탈자 28건이므로 4점 감점, 전체 글자 수 332자이므로 10점 감점, B등급 2개와 C등급 1개이므로 0점 추가하여 총 $80-4-10=66$점이다.
- D : 기본 점수 80점에 오탈자 25건이므로 4점 감점, 전체 글자 수가 572자이므로 0점 추가, A등급 3개이므로 25점 추가하여 총 $80-4+25=101$점이다.
- E : 기본 점수 80점에 오탈자 12건이므로 1점 감점, 전체 글자 수가 786자이므로 8점 추가, A등급 1개와 B등급 1개와 C등급 1개이므로 10점 추가하여 총 $80-1+8+10=97$점이다.

따라서 점수가 가장 높은 학생은 D이다.

08

(가) 문단에서는 전자 상거래 시장에서 소셜 커머스 열풍이 불고 있다는 내용을 소개하고 국내 소셜 커머스 현황을 제시하고 있다. (다) 문단은 소셜 커머스가 주로 SNS를 이용해 공동 구매자를 모으는 것에서 그 명칭이 유래되었다고 언급하며, (나) 문단은 소셜 쇼핑과 개인화된 쇼핑 등 소셜 커머스의 유형과 향후 전망을 제시하였다.

09

제시문에서 사치재와 필수재의 예에 대해서는 언급하고 있지 않다.

오답분석
① 세 번째 문단을 통해 알 수 있다
③ 네 번째 문단을 통해 알 수 있다.
④ 두 번째 문단을 통해 알 수 있다.
⑤ 첫 번째 문단을 통해 알 수 있다.

10

정답 ③

(마름모의 넓이)=(한 대각선의 길이)×(다른 대각선의 길이)×$\frac{1}{2}$ 이므로

두 마름모의 넓이의 차는 $\left(9×6×\frac{1}{2}\right)-\left(4×6×\frac{1}{2}\right)=27-12=15$이다.

11

정답 ④

1차 면접시험 응시자를 x명으로 가정하면, 2차 면접시험 응시자는 $0.6x$명이다. 2차 면접시험 남성 불합격자는 63명이며, 남녀 성비는 7 : 5이므로 여성 불합격자는 7 : 5=63 : a → 5×63=7a → a=45이므로 45명이다. 따라서 2차 면접시험 불합격자 총인원은 45+63=108명임을 알 수 있다. 세 번째 조건에서 2차 면접시험 불합격자는 2차 면접시험 응시자의 60%이므로 2차 면접시험 응시자는 $\frac{108}{0.6}$=180명이고, 1차 면접시험 응시자는 $x=\frac{180}{0.6}$=300이므로 300명이 된다. 따라서 1차 면접 합격자는 응시자의 90%이므로 300×0.9=270명이다.

12

정답 ②

제시문은 아담 스미스의 '보이지 않는 손'에 대해 반박하기 위해 정부가 개인의 이익 활동을 제한하지 않으면 발생할 수 있는 문제점을 예를 들어 설명하고 있다. 수용 한계가 넘은 상황에서 개인의 이익을 위해 상대방의 이익을 침범한다면, 상대방도 자신의 이익을 늘리기 위해 사육 두수를 늘릴 것이다. 이러한 상황이 장기화가 된다면 목초가 줄어들어 그 목초지에서 양을 키워 얻을 수 있는 전체 생산량이 줄어든다. 따라서 ㉠ 농부들의 총이익은 기존보다 감소할 것이고, 이는 ㉡ 한 사회의 전체 이윤이 감소하는 결과를 초래한다.

13

정답 ③

• (가) : 외부의 기회를 활용하면서 내부의 강점을 더욱 강화시키는 SO전략에 해당한다.
• (나) : 외부의 기회를 활용하여 내부의 약점을 보완하는 WO전략에 해당한다.
• (다) : 외부의 위협을 회피하며 내부의 강점을 적극 활용하는 ST전략에 해당한다.
• (라) : 외부의 위협을 회피하고 내부의 약점을 보완하는 WT전략에 해당한다.
따라서 보기의 전략이 바르게 나열된 것은 ③이다.

14

정답 ④

우리나라는 30개의 회원국 중에서 OECD 순위가 매년 20위 이하이므로 상위권이라 볼 수 없다.

① 우리나라의 CPI는 2021년에 5.6점으로 가장 높아 가장 청렴했다고 볼 수 있다.

② 2022년에 39위를 함으로써 처음으로 30위권에 진입했다.

③ 청렴도는 2017년에 4.5점으로 가장 낮고, 2023년과 차이는 5.4−4.5=0.9점이다.

⑤ CPI 조사대상국은 2020년까지 증가하고 이후 2022년까지 유지되었다.

15

⑤

조건에 따라 최고점과 최저점을 제외한 3명의 면접관의 평균과 보훈 가점을 더한 총점은 다음과 같다.

구분	총점	순위
A	$\dfrac{80+85+75}{3}=80$점	7위
B	$\dfrac{75+90+85}{3}+5≒88.33$점	3위
C	$\dfrac{85+85+85}{3}=85$점	4위
D	$\dfrac{80+85+80}{3}≒81.67$점	6위
E	$\dfrac{90+95+85}{3}+5=95$점	2위
F	$\dfrac{85+90+80}{3}=85$점	4위
G	$\dfrac{80+90+95}{3}+10≒98.33$점	1위
H	$\dfrac{90+80+85}{3}=85$점	4위
I	$\dfrac{80+80+75}{3}+5≒83.33$점	5위
J	$\dfrac{85+80+85}{3}≒83.33$점	5위
K	$\dfrac{85+75+75}{3}+5≒83.33$점	5위
L	$\dfrac{75+90+70}{3}≒78.33$점	8위

따라서 총점이 가장 높은 6명의 합격자를 면접을 진행한 순서대로 나열하면 G−E−B−C−F−H 순이다.

16

③

ㄱ. 대형마트의 종이봉투 사용자 수는 2,000×0.05=100명으로, 중형마트의 종이봉투 사용자 수인 800×0.02=16명의 $\dfrac{100}{16}=$ 6.25배이다.

ㄷ. 비닐봉투 사용자 수를 정리하면 다음과 같다.
- 대형마트 : 2,000×0.07=140명
- 중형마트 : 800×0.18=144명
- 개인마트 : 300×0.21=63명
- 편의점 : 200×0.78=156명

따라서 비닐봉투 사용률이 가장 높은 곳은 78%인 편의점이며, 비닐봉투 사용자 수가 가장 많은 곳도 156명인 편의점이다.

ㄹ. 마트규모별 개인장바구니의 사용률을 살펴보면, 대형마트가 44%, 중형마트가 36%, 개인마트가 29%이다. 따라서 마트의 규모가 커질수록 개인장바구니 사용률이 커짐을 알 수 있다.

ㄴ. 전체 종량제봉투 사용자 수를 구하면 다음과 같다.
- 대형마트 : 2,000×0.28=560명
- 중형마트 : 800×0.37=296명
- 개인마트 : 300×0.43=129명
- 편의점 : 200×0.13=26명
- 전체 종량제봉투 사용자 수 : 560+296+129+26=1,011명

따라서 대형마트의 종량제봉투 사용자 수인 560명은 전체 종량제봉투 사용자 수인 1,011명의 절반을 넘는다.

17 정답 ③

문서작성 시 주의사항
- 문서는 육하원칙에 의해서 써야 한다.
- 문서는 그 작성시기가 중요하다.
- 문서는 한 사안을 한 장의 용지에 작성해야 한다.
- 문서작성 후 반드시 다시 한 번 내용을 검토해야 한다.
- 문서의 첨부자료는 반드시 필요한 자료 외에는 첨부하지 않도록 한다.
- 문서내용 중 금액, 수량, 일자 등의 기재에 정확성을 기하여야 한다.
- 문장표현은 작성자의 성의가 담기도록 경어나 단어사용에 신경을 써야 한다.

18 정답 ②

②는 '모두 하나와 같이'라는 의미로 쓰였고, ①·③·④·⑤는 '변함없이'와 같은 의미로 쓰였다.

한결같다
1. 처음부터 끝까지 변함없이 같다.
2. 여럿이 모두 꼭 같이 하나와 같다.

19 정답 ③

인상적인 의사소통이란 의사소통 과정에서 상대방에게 같은 내용을 전달해도 이야기를 새롭게 부각시켜 인상을 주는 것을 의미한다.

① 회사 내에서만 생활하는 직업인의 경우 인상적인 의사소통의 중요성을 잊기 쉽다.
② 인상적 의사소통에서는 선물 포장처럼 자신의 의견도 적절히 꾸미고 포장하는 것이 필요하다.
④ 자신에게 익숙한 말이나 표현만을 사용하면 전달하고자 하는 이야기의 내용에 신선함과 풍부함 등이 떨어져 의사소통에 집중하기 어렵다.
⑤ 상대가 어느 정도 예측했다는 반응을 나타나게 하는 것이 아니라 상대방으로 하여금 감탄하게 만드는 것이다.

20 정답 ①

각각의 구매 방식별 비용을 구하면 다음과 같다.
- 스마트폰 앱 : 12,500×0.75=9,375원
- 전화 : (12,500-1,000)×0.9=10,350원
- 회원카드와 쿠폰 : (12,500×0.9)×0.85≒9,563원
- 직접 방문 : (12,500×0.7)+1,000=9,750원
- 교환권 : 10,000원

따라서 피자 1판을 가장 싸게 살 수 있는 구매 방식은 스마트폰 앱이다.

21

800g 소포의 개수를 x, 2.4kg 소포의 개수를 y라 하면 다음 식이 성립한다.

$800 \times x + 2,400 \times y \leq 16,000 \rightarrow x + 3y \leq 20 \cdots \bigcirc$

A회사는 동일지역, B회사는 타지역이므로

$4,000 \times x + 6,000 \times y = 60,000 \rightarrow 2x + 3y = 30 \rightarrow 3y = 30 - 2x \cdots \bigcirc$

$\bigcirc$을 $\bigcirc$에 대입하면

$x + 30 - 2x \leq 20 \rightarrow x \geq 10 \cdots \bigcirc$

따라서 $\bigcirc$, $\bigcirc$을 동시에 만족하는 x, y값은 $x=12$, $y=2$이다.

22

8번의 '우 도로명주소' 항목에 따르면 우편번호를 먼저 기재한 다음, 행정기관이 위치한 도로명 및 건물번호 등을 기재해야 한다.

[오답분석]

① 6번 항목에 따르면 직위가 있는 경우에는 직위를 쓰고, 직위가 없는 경우에는 직급을 온전하게 써야 한다.
② 7번 항목에 따르면 시행일과 접수일란에 기재하는 연월일은 각각 마침표(.)를 찍어 숫자로 기재해야 한다.
④ 11번 항목에 따르면 전자우편주소는 행정기관에서 공무원에게 부여한 것을 기재해야 한다.
⑤ 10번 항목에 따르면 지역번호는 괄호 안에 기재해야 한다.

23

(앞 두 항의 합)+1=(다음 항)

$4 \rightarrow 5 \rightarrow 10 \rightarrow (16) \rightarrow 27 \rightarrow 44 \rightarrow (72)$

따라서 A=72, B=16이므로 A−2B=40

24

이달 말부터 a만 원씩 갚는다고 하면 이자를 포함하여 갚는 금액의 총합은

$a + a \times 1.015 + \cdots + a \times 1.015^{11} = \dfrac{a(1.015^{12}-1)}{1.015-1} = \dfrac{a(1.2-1)}{0.015} = \dfrac{0.2a}{0.015} = \dfrac{40}{3}a$이다.

40만 원의 12개월 후의 원리합계는 $40 \times 1.015^{12} = 40 \times 1.2 = 48$이므로 $\dfrac{40}{3}a = 48$

$\therefore a = \dfrac{18}{5} = 3.6$

따라서 K씨는 매달 3만 6천 원씩 갚아야 한다.

25

$\bigcirc \sim \bigcirc$을 이용하여 표로 정리하면 다음과 같다.

구분	월	화	수	목	금
서울	일본		미국		중국
수원	미국	미국			
인천	중국			미국	
대전	한국				미국

ⓒ에 따라 한국은 화, 수요일에는 인천에서 연습을 한다. 그러면 목요일에는 서울, 금요일에는 수원에서 연습을 한다. ㉠, ㉡, ㉣를 이용하여 표로 정리하면 다음과 같다.

구분	월	화	수	목	금
서울	일본	일본	미국	한국	중국
수원	미국	미국	일본	중국	한국
인천	중국	한국	한국	미국	일본
대전	한국	중국	중국	일본	미국

따라서 옳지 않은 것은 ②이다.

26

두 번째 조건에 의해 B가 2022년에 독일에서 가이드를 하였으므로 첫 번째 조건에 의해 2021년에는 네덜란드에서 가이드를 하였다. 세 번째 조건에서 C는 2021년에 프랑스에서 가이드를 하였고 네 번째 조건에 의해 2023년에 독일에서 가이드를 하지 않았으므로 C는 2022년에 네덜란드에서 가이드를 하지 않았다. 따라서 2022년에 C가 갈 수 있는 곳은 네덜란드를 제외한 영국, 프랑스, 독일이다. 하지만 첫 번째 조건과 마지막 조건에 의해 C는 독일과 프랑스를 갈 수 없으므로 2022년 C는 영국에서 가이드를 하였다. 2023년 C가 갈 수 있는 곳은 독일과 네덜란드이며 첫 번째 조건에 의해 독일은 제외되므로 2023년 C는 네덜란드에서 가이드를 하였다.
다섯 번째 조건에서 2022년 B와 2021년 D는 같은 곳에서 가이드를 하였음을 알 수 있다. 따라서 2021년 D는 독일에서 가이드를 하였다. 따라서 마지막 조건에 의해 2021년 A는 영국에서 가이드를 하였다.
2022년 A와 D가 갈 수 있는 곳은 네덜란드와 프랑스이다. D가 네덜란드를 갈 경우 2023년에 반드시 독일을 가야 한다. 그러면 같은 곳은 다시 가지 않는다는 마지막 조건에 부합하지 않으므로 2022년에 A는 네덜란드, D는 프랑스에서 가이드를 하였고, 이에 따라 2023년 A는 독일, D는 영국에서 가이드를 하였다. 2023년 B와 C가 갈 수 있는 곳은 프랑스와 네덜란드인데, 마지막 조건에 의해 C가 프랑스에 갈 수 없으므로, B가 프랑스, C는 네덜란드에 간다.
이를 표로 정리하면 다음과 같다.

구분	2021년	2022년	2023년
A	영국	네덜란드	독일
B	네덜란드	독일	프랑스
C	프랑스	영국	네덜란드
D	독일	프랑스	영국

따라서 2023년에 네덜란드에서 가이드를 한 C는 첫 번째 조건에 의해 2024년에 독일에서 가이드를 한다.

오답분석
① 2022년 A와 2021년 B는 네덜란드에서 가이드를 하였으므로 옳지 않다.
② 2023년 B는 프랑스에서 가이드를 하였다.
③ 2021 ~ 2023년간 A는 영국, 네덜란드, 독일에서 가이드를 하였고, D는 독일, 프랑스, 영국에서 가이드를 하였으므로 옳지 않다.
⑤ D는 2022년에 프랑스에서 가이드를 하였다.

27

제시문은 태양의 온도를 일정하게 유지해 주는 에너지원에 대한 설명이다. 태양의 온도가 일정하게 유지되는 이유는 태양 중심부의 온도가 올라가 핵융합 에너지가 늘어나면 에너지의 압력으로 수소를 밖으로 밀어내어 중심부의 밀도와 온도를 낮춰주기 때문이다. 즉 태양 내부에서 중력과 핵융합 반응의 평형상태가 유지되기 때문에 태양은 50억 년간 빛을 낼 수 있었고, 앞으로도 50억 년 이상 더 빛날 수 있는 것이다. 따라서 빈칸에 들어갈 내용으로 '태양이 오랫동안 안정적으로 빛을 낼 수 있게 된다.'가 가장 적절하다.

28

정답 ①

입사순서는 해당 월의 누적 입사순서이므로 'W05240401'은 4월의 첫 번째 입사자임을 나타낼 뿐, 해당 사원이 생산부서 최초의 여직원인지는 알 수 없다.

29

정답 ④

M01240903	W03241005	M05240912	W05240913	W01241001	W04241009
W02240901	M04241101	W01240905	W03240909	M02241002	W03241007
M03240907	M01240904	W02240902	M04241008	M05241107	M01241103
M03240908	M05240910	M02241003	M01240906	M05241106	M02241004
M04241101	M05240911	W03241006	W05241105	W03241104	M05241108

따라서 여성(W) 입사자 중 기획부(03)에 입사한 사원은 모두 5명이다.

30

정답 ①

ㄱ. 1m³당 섞여 있는 수증기량이 가장 적은 날은 5월 3일이다.
ㄷ. 4월 19일 공기와 4월 26일 공기의 기온은 같고 수증기량은 4월 19일이 더 적으므로 이슬점은 4월 19일이 더 낮다. 따라서 4월 19일 공기는 4월 26일 공기보다 더 높은 곳에서 응결된다.

오답분석

ㄴ. 4월 5일 공기와 4월 26일 공기의 수증기량은 같고 기온은 4월 5일이 더 높으므로 이슬점과의 차이는 4월 5일이 더 높다. 따라서 4월 5일 공기는 4월 26일 공기보다 더 높은 곳에서 응결된다.
ㄹ. 기온이 높을수록 포화 수증기량이 많으므로 포화 수증기량이 가장 많은 날은 기온이 가장 높은 5월 3일이다.

PART 3

| 01 | 경영

01	02	03	04	05	06	07	08	09	10	11	12	13	14	15	16	17	18	19	20
⑤	⑤	③	④	⑤	④	④	⑤	③	④	③	④	④	⑤	③	①	②	④	④	②
21	22	23	24	25	26	27	28	29	30	31	32	33	34	35	36	37	38	39	40
③	①	④	⑤	⑤	①	②	③	③	②	②	②	⑤	③	①	③	③	②	①	④
41	42	43	44	45	46	47	48	49	50	51	52	53	54	55	56	57	58	59	60
②	②	③	⑤	③	③	②	⑤	④	①	②	⑤	④	④	①	②	④	③	①	②

01
정답 ⑤

민츠버그(Mintzberg)는 크게 대인적 직무, 의사결정 직무, 정보처리 직무로 경영자의 역할을 10가지로 정리하였다. 제시된 내용은 의사결정 직무 중 기업가 역할에 해당한다.

> **민츠버그(Mintzberg) 경영자의 역할**
> • 대인적 직무 : 대표자 역할, 리더 역할, 연락자 역할
> • 의사결정 직무 : 기업가 역할, 문제처리자 역할, 지원배분자 역할, 중재자 역할
> • 정보처리 직무 : 정보수집자 역할, 정보보급자 역할, 대변자 역할

02
정답 ⑤

정인은 시스템 이론에 대한 설명이 아닌 시스템적 접근의 추상성을 극복하고자 하는 상황 이론에 대한 설명을 하고 있다.

03
정답 ③

양적 평가요소는 재무비율 평가항목으로 구성된 안정성, 수익성, 활동성, 생산성, 성장성 등이 있고, 질적 평가요소는 시장점유율, 진입장벽, 경영자의 경영능력, 은행거래 신뢰도, 광고활동, 시장규모, 신용위험 등이 있다.

04
정답 ④

자원기반관점(RBV; Resource Based View)은 기업 경쟁력의 원천을 기업의 외부가 아닌 내부에서 찾는다. 진입장벽, 제품차별화 정도, 사업들의 산업집중도 등은 산업구조론(I.O)의 핵심요인이다.

05
정답 ⑤

네트워크 조직은 다수의 다른 장소에서 이루어지는 프로젝트들을 관리ㆍ통솔하는 과정에서 다른 구조보다 훨씬 더 많은 층위에서의 감독이 필요하며 그만큼 관리비용이 증가한다. 이러한 다수의 관리감독자들은 구성원들에게 혼란을 야기하거나 프로젝트 진행을 심각하게 방해할 수도 있다. 이에 따른 단점을 상쇄하기 위해 최근 많은 기업들은 공동 프로젝트 통합관리 시스템 개발을 통해 효율적인 네트워크 조직운영을 목표로 하고 있다.

> **네트워크 조직(Network Organization)**
> 자본적으로 연결되지 않은 독립된 조직들이 각자의 전문 분야를 추구하면서도 제품을 생산과 프로젝트 수행을 위한 관계를 형성하여 상호의존적인 협력관계를 형성하는 조직이다.

06

④

LMX는 리더 – 구성원 간의 관계에 따라 리더십 결과가 다르다고 본다.

07

정답 ④

빠르게 변화하는 환경에 적응하는 데에는 외부모집이 내부노동시장에서 지원자를 모집하는 내부모집보다 효과적이다.

08

정답 ⑤

요소비교법은 기업이나 직무의 핵심이 되는 기준직무를 선정하여 각 직무를 평가요소별로 분해하고, 점수 대신 임률로 기준직무를 평가한 후, 타 직무를 기준직무에 비교하여 각각의 임률을 결정하는 방법이다.

오답분석

① 점수법(Point Rating Method)에 대한 설명이다.
② 분류법(Classification Method)에 대한 설명이다.
③ 직무평가의 목적성에 대한 설명이다.
④ 서열법(Ranking Method)에 대한 설명이다.

09

정답 ③

수직적 마케팅 시스템(VMS)은 생산자와 도매상, 소매상들이 하나의 통일된 시스템을 이룬 유통경로체제이다.

오답분석

ㄴ. 수직적 마케팅 시스템은 구성원인 제조업자, 도매상, 소매상, 소비자를 각각 개별적으로 파악하는 것이 아니라, 구성원 전체가 소비자의 필요와 욕구를 만족시키는 유기적인 전체 시스템을 이룬 유통경로체제이다.
ㄷ. 수직적 마케팅 시스템에서는 구성원들의 행동이 각자의 이익을 극대화하는 방향이 아닌 시스템 전체의 이익을 극대화하는 방향으로 조정된다.

10

정답 ④

마일즈(Miles)와 스노우(Snow)의 전략유형
- 공격형 : 새로운 제품과 시장기회를 포착 및 개척하려는 전략으로 진입장벽을 돌파하여 시장에 막 진입하려는 기업들이 주로 활용한다. 신제품과 신기술의 혁신을 주요 경쟁수단으로 삼는다.
  - 위험을 감수하고 혁신과 모험을 추구하는 적극적 전략
  - 분권화(결과)에 의한 통제
  - 충원과 선발은 영입에 의함
  - 보상은 대외적 경쟁성과 성과급 비중이 큼
  - 인사고과는 성과지향적이고 장기적인 결과를 중시함
- 방어형 : 효율적인 제조를 통해 기존 제품의 품질을 높이거나 가격을 낮춰 고객의 욕구를 충족시키며 가장 탁월한 전략이다.
  - 조직의 안정적 유지를 추구하는 소극적 전략
  - 틈새시장(니치)을 지향하고, 그 밖의 기회는 추구하지 않음
  - 기능식 조직
  - 중앙집권적 계획에 의한 통제
  - 보상은 대내적 공정성을 중시하고, 기본급 비중이 큼
  - 인사고과는 업무과정 지향적이고, 단기적인 결과를 중시함
- 분석형 : 먼저 진입하지 않고 혁신형을 관찰하다가 성공가능성이 보이면 신속하게 진입하는 전략으로, 공정상의 이점이나 마케팅 상의 이점을 살려서 경쟁한다. 공격형 전략과 방어형 전략의 결합형으로, 한편으로 수익의 기회를 최대화하면서 다른 한편으로 위험을 최소화하려는 전략이다.

11

정답 ③

미시적 마케팅은 선행적 마케팅과 후행적 마케팅으로 구분되며, 생산이 이루어진 이후의 마케팅 활동을 의미한다. 대표적인 활동으로 경로, 가격, 판촉 등이 이루어지는 것은 후행적 마케팅이다.

12

정답 ④

기업이 일방적으로 기부나 봉사활동을 하는 것에서 나아가 기업이 공익을 추구하면서도 이를 통해 실질적인 이익을 얻을 수 있도록 공익과의 접점을 찾는 것을 코즈 마케팅이라 한다.

오답분석

① 그린 마케팅(Green Marketing) : 자연환경을 보전하고 생태계 균형을 중시하는 기업 판매 전략이다.
② 앰부시 마케팅(Ambush Marketing) : 교묘히 규제를 피해가는 마케팅 기법이다.
③ 니치 마케팅(Niche Marketing) : 특정한 성격을 가진 소규모 소비자를 대상으로 판매하는 전략이다.
⑤ 프로 보노(Pro Bono) : 각 분야의 전문가들이 사회적 약자를 돕는 활동이다.

13

정답 ④

ERP(Enterprise Resource Planning : 전사적 자원관리)의 특징
• 기업의 서로 다른 부서 간의 정보 공유를 가능하게 한다.
• 의사결정권자와 사용자가 실시간으로 정보를 공유하게 한다.
• 보다 신속한 의사결정과 효율적인 자원 관리를 가능하게 한다.

오답분석

① JIT(Just – In – Time) : 과잉생산이나 대기시간 등의 낭비를 줄이고 재고를 최소화하여 비용 절감과 품질 향상을 달성하는 생산 시스템이다.
② MRP(Material Requirement Planning : 자재소요계획) : 최종제품의 제조과정에 필요한 원자재 등의 종속수요 품목을 관리하는 재고관리기법이다.
③ MPS(Master Production Schedule : 주생산계획) : MRP의 입력자료 중 하나로, APP를 분해하여 제품이나 작업장 단위로 수립한 생산계획이다.
⑤ APP(Aggregate Production Planning : 총괄생산계획) : 제품군별로 향후 약 1여년 간의 수요예측에 따른 월별 생산목표를 결정하는 중기계획이다.

14

정답 ⑤

다품종 생산이 가능한 것은 공정별 배치에 해당한다.

제품별 배치와 공정별 배치

구분	제품별 배치	공정별 배치
장점	• 높은 설비이용률 • 노동의 전문화 • 낮은 제품단위당 원가	• 다품종 생산이 가능 • 저렴한 범용설비 • 장려임금 실시 가능
단점	• 수요 변화에 적응이 어려움 • 설비 고장에 영향을 받음 • 장려임금 실시 불가 • 단순작업	• 낮은 설비이용률 • 높은 제품단위당 원가 • 재공품 재고 증가 • 경로와 일정계획의 문제

15

오답분석

① 빅데이터(Big Data) : 디지털 환경에서 생성되는 데이터로, 그 규모가 방대하고 생성 주기도 짧으며 형태도 수치 데이터뿐만 아니라 문자와 영상 데이터를 포함하는 대규모 데이터이다.
② 클라우드 컴퓨팅(Cloud Computing) : 컴퓨터를 활용하는 작업에 있어서 필요한 요소들을 인터넷 서비스를 통해 다양한 종류의 컴퓨터 단말 장치로 제공하는 것으로, 가상화된 IT자원을 서비스로 제공한다.
④ 핀테크(Fintech) : 금융(Finance)과 기술(Technology)을 결합한 합성어로, 첨단 정보 기술을 기반으로 한 금융 서비스 및 산업의 변화를 일으키고자 하는 움직임이다.
⑤ 사물인터넷(Internet of Things; IoT) : 인터넷을 기반으로 모든 사물을 연결하여 사람과 사물, 사물과 사물 간의 정보를 상호 소통하는 지능형 기술 및 서비스이다.

16

정답 ①

포괄손익계산서에 특별손익 항목은 없다.

17

정답 ②

- (가중평균유통주식수)$=(18,400\times1.02\times6+20,400\times2+18,900\times4)\div12=19,084$
- (무상증자비율)$=400\div(18,400+1,600)=2\%$
- 공정가치 미만 유상증자는 무상증자비율을 구하여 소급조정한다.

18

정답 ④

내용이론은 무엇이 사람들을 동기부여시키는지, 과정이론은 사람들이 어떤 과정을 거쳐 동기부여가 되는지에 초점을 둔다.
애덤스(Adams)의 공정성이론은 과정이론에 해당하며, 자신과 타인의 투입 대비 산출율을 비교하여 산출율이 일치하지 않는다고 느끼게 되면 불공정하게 대우받고 있다고 느끼며, 이를 해소하기 위해 동기부여가 이루어진다고 주장한다.

유형	이론
내용이론	• 욕구단계이론 • XY이론 • 2요인이론 • ERG이론 • 성취동기이론
과정이론	• 기대이론 • 공정성이론 • 목표설정이론
내재적 동기이론	• 직무특성이론 • 인지적평가이론 • 자기결정이론

19

정답 ④

[자본자산가격결정모형(CAPM)]$=\text{rf}+\{E(\text{rm})-\text{rf}\}\times\sigma\text{m}$
$=0.05+(0.18-0.05)\times0.5$
$=11.5\%$

PART 3

20

정답 ②

- 연구개발에 착수해야 하는지의 결정

  연구개발 후 예상되는 기대수익은 0.7×2,500만=1,750만 달러이므로 초기 연구개발비 200만 달러보다 훨씬 크므로 투자를 하는 것이 유리하다.
- 특허를 외부에 팔아야 할지의 결정

  1,000만 달러를 추가 투자해 얻을 수 있는 기대수익은 (0.25×5,500만)+(0.55×3,300만)+(0.20×1,500만)=3,490만 달러이고, 추가 투자비용 1,000만 달러를 빼면 2,490만 달러를 얻을 수 있다. 이는 기술료를 받고 특허를 팔 경우에 얻을 수 있는 수익 2,500만 달러보다 적다(이미 투자한 연구개발비 200만 달러는 이 단계에서 매몰비용이므로 무시).

  따라서 상품화하는 방안보다 기술료를 받고, 특허를 외부에 판매하는 것이 옳은 선택이다.

21

정답 ③

마이클 포터(Michael Porter)의 가치사슬 모형에서 부가가치를 추가하는 기본 활동들은 크게 본원적 활동과 지원적 활동으로 볼 수 있다.

- 본원적 활동(Primary Activities)

  기업의 제품과 서비스의 생산과 분배에 직접적으로 관련되어 있다. 유입 물류, 조업, 산출 물류, 판매와 마케팅, 서비스 등이 포함된다.
- 지원적 활동(Support Activities)

  본원적 활동이 가능하도록 하며 조직의 기반구조(일반관리 및 경영활동), 인적자원관리(직원 모집, 채용, 훈련), 기술(제품 및 생산 프로세스 개선), 조달(자재구매) 등으로 구성된다.

22

정답 ①

카츠(Kartz)는 경영자에게 필요한 능력을 크게 인간적 자질, 전문적 자질, 개념적 자질 3가지로 구분하였다. 그중 인간적 자질은 구성원을 리드하고 관리하며, 다른 구성원들과 함께 일을 할 수 있게 하는 것으로 모든 경영자가 갖추어야 하는 능력이다. 타인에 대한 이해력과 동기부여 능력은 인간적 자질에 속한다.

[오답분석]

②·④ 전문적 자질(현장실무)에 해당한다.

③·⑤ 개념적 자질(상황판단)에 해당한다.

23

정답 ④

기업이 글로벌 전략을 수행하면 외국 현지법인과의 커뮤니케이션 비용이 증가하고, 외국의 법률이나 제도 개편 등 기업 운영상 리스크에 대한 본사 차원의 대응 역량이 더욱 요구되므로, 경영상의 효율성은 오히려 낮아질 수 있다.

[오답분석]

① 글로벌 전략을 통해 대량생산을 통한 원가절감, 즉 규모의 경제를 이룰 수 있다.

② 글로벌 전략을 통해 세계 시장에서 외국 기업들과의 긴밀한 협력이 가능하다.

③ 외국의 무역장벽이 높으면, 국내 생산 제품을 수출하는 것보다 글로벌 전략을 통해 외국에 직접 진출하는 것이 효과적일 수 있다.

⑤ 글로벌 전략을 통해 국내보다 상대적으로 인건비가 저렴한 국가의 노동력을 고용하여 원가를 절감할 수 있다.

24

정답 ⑤

지식경영시스템은 조직 안의 지식자원을 체계화하고 공유하여 기업 경쟁력을 강화하는 기업정보시스템으로, 조직에서 필요한 지식과 정보를 창출하는 연구자, 설계자, 건축가, 과학자, 기술자 등을 반드시 포함하는 것과는 관련이 없다.

25

정답 ⑤

1. 상대평가 : 선별형 인사평가
   • 상대평가의 개념
     상대평가는 피평가자들 간에 비교를 통하여 피평가자를 평가하는 방법으로, 피평가자들의 선별에 초점을 두는 인사평가이다.
   • 평가기법 : 서열법, 쌍대비교법, 강제할당법 등
     – 서열법 : 피평가자의 능력·업적 등을 통틀어 그 가치에 따라 서열을 매기는 기법
     – 쌍대비교법 : 두 사람씩 쌍을 지어 비교하면서 서열을 정하는 기법
     – 강제할당법 : 사전에 범위와 수를 결정해 놓고 피평가자를 일정한 비율에 맞추어 강제로 할당하는 기법
2. 절대평가 : 육성형 인사평가
   • 절대평가의 개념
     절대평가는 피평가자의 실제 업무수행 사실에 기초한 평가방법으로, 피평가자의 육성에 초점을 둔 평가방법이다.
   • 평가기법
     평정척도법, 체크리스트법, 중요사건기술법 등
     – 평정척도법 : 피평가자의 성과, 적성, 잠재능력, 작업행동 등을 평가하기 위하여 평가요소들을 제시하고, 이에 따라 단계별 차등을 두어 평가하는 기법
     – 체크리스트법 : 직무상 행동들을 구체적으로 제시하고 평가자가 해당 서술문을 체크하는 기법
     – 중요사건기술법 : 피평가자의 직무와 관련된 효과적이거나 비효과적인 행동을 관찰하여 기록에 남긴 후 평가하는 기법

26

정답 ①

집단사고(Groupthink)는 응집력이 높은 집단에서 의사결정을 할 때, 동조압력과 전문가들의 과다한 자신감으로 인해 사고의 다양성이나 자유로운 비판 대신 집단의 지배적인 생각에 순응하여 비합리적인 의사결정을 하게 되는 경향이다.

27

정답 ②

에이전시 숍은 근로자들 중에서 조합가입의 의사가 없는 자에게는 조합가입이 강제되지 않지만, 조합가입에 대신하여 조합에 조합비를 납부함으로써 조합원과 동일한 혜택을 받을 수 있도록 하는 제도이다.

28

정답 ③

근로자가 스스로 계획하고 실행하여 그 결과에 따른 피드백을 수집하고 수정해 나가며, 일의 자부심과 책임감을 가지고 자발성을 높이는 기법은 직무충실화 이론에 해당한다. 직무충실화 이론은 직무확대보다 더 포괄적으로 구성원들에게 더 많은 책임과 더 많은 선택의 자유를 요구하기 때문에 수평적 측면으로는 질적 개선에 따른 양의 증가, 수직적 측면으로는 본래의 질적 개선의 증가로 볼 수 있다.

29

정답 ③

SWOT 분석은 기업을 Strength(강점), Weakness(약점), Opportunity(기회), Threat(위협)의 4가지 요인으로 분석하여 마케팅 전략을 세우는 방법이다. ①·②·④·⑤는 Strength(경쟁기업과 비교하여 소비자로부터 강점으로 인식되는 것이 무엇인지)에 해당하지만, ③은 Opportunity(외부환경에서 유리한 기회요인), Threat(외부환경에서 불리한 위협요인)에 해당한다.

30

정답 ②

시계열 분석법은 시계열 자료수집이 용이하고 변화하는 경향이 뚜렷하여 안정적일 때 이를 기초로 미래의 예측치를 구하지만, 과거의 수요 패턴이 항상 계속적으로 유지된다고 할 수 없다.

PART 3

31

- 2월 예측치 : $220+0.1\times(240-220)=222$
- 3월 예측치 : $222+0.1\times(250-222)=224.8$
- 4월 예측치 : $224.8+0.1\times(230-224.8)=225.32 \fallingdotseq 225.3$
- 5월 예측치 : $225.3+0.1\times(220-225.3)=224.77 \fallingdotseq 224.8$
- 6월 예측치 : $224.8+0.1\times(210-224.8)=223.32 \fallingdotseq 223.3$

따라서 6월 매출액 예측치는 223.3만 원이다.

> **단순 지수평활법 공식**
> $Ft = Ft = Ft-1+a[(At-1)-(Ft-1)]$
> $\quad = a\times(At-1)+(1-a)\times(Ft-1)$
> [Ft＝차기 예측치, $(Ft-1)$＝당기 예측치, $(At-1)$＝당기 실적치]

32

성장기에는 신제품을 인지시키기 위한 정보제공형 광고에서 소비자의 선호도를 높이기 위한 제품선호형 광고로 전환한다.

33

토빈의 Q－비율은 주식시장에서 평가된 기업의 시장가치(분자)를 기업의 실물자본의 대체비용(분모)으로 나눠서 도출할 수 있다.

[오답분석]
① 특정 기업이 주식 시장에서 받는 평가를 판단할 때 토빈의 Q－비율을 활용한다.
② Q－비율이 1보다 높은 것은 시장에서 평가되는 기업의 가치가 자본량을 늘리는 데 드는 비용보다 더 큼을 의미하므로 투자를 증가하는 것이 바람직하다.
③ Q－비율이 1보다 낮은 것은 기업의 가치가 자본재의 대체비용에 미달함을 의미하므로 투자를 감소하는 것이 바람직하다.
④ 이자율이 상승하면 주가가 하락하여 Q－비율 또한 하락한다. 이에 따라 투자를 감소시켜야 하는 것이 바람직하다.

34

균형성과표(Balanced Score Card)는 조직의 비전과 전략을 달성하기 위한 도구로써, 전통적인 재무적 성과지표뿐만 아니라 고객, 업무 프로세스, 학습 및 성장과 같은 비재무적 성과지표 또한 균형적으로 고려한다. 즉, BSC는 통합적 관점에서 미래지향적・전략적으로 성과를 관리하는 도구라고 할 수 있다.

(A) 재무적 관점 : 순이익, 매출액 등
(B) 고객 관점 : 고객만족도, 충성도 등
(C) 업무 프로세스 관점 : 내부처리 방식 등
(D) 학습 및 성장 관점 : 구성원의 능력개발, 직무만족도 등

35

- 7,000(현금)＋1,000(주식선택권)－5,000(자본금)＝₩3,000
- (주식발행초과금)＝35명×10개×60%×3,000＝₩630,000

36

공정가치를 측정하기 위해 사용하는 가치평가기법은 관측할 수 있는 투입변수를 최대한 사용하고 관측할 수 없는 투입변수는 최소한으로 사용한다.

37

정답 ③

제시문은 영업권에 대한 설명이다. 내부적으로 창출한 영업권은 자산으로 인식하지 않는다.

38

정답 ②

(자본증가액)$=(80,000 \times 1.1 - 2,000) \times 40\% = $ ₩34,400

39

정답 ①

[오답분석]

② 자기자본을 발행주식수로 나누어 계산한다.
③ 성장성이 아닌 안정성을 보여주는 지표이다.
④ 채권자가 아닌 주주가 배당받을 수 있는 자산의 가치를 의미한다.
⑤ 순자산보다 주가가 높게 형성되어 고평가되었다고 판단한다.

40

정답 ④

장기이자율이 단기이자율보다 높으면 우상향곡선의 형태를 취한다.

41

정답 ②

5가지 성격 특성 요소(Big Five Personality Traits)

1. 개방성(Openness to Experience) : 상상력, 호기심, 모험심, 예술적 감각 등으로 보수주의에 반대하는 성향
2. 성실성(Conscientiousness) : 목표를 성취하기 위해 성실하게 노력하는 성향. 과제 및 목적 지향성을 촉진하는 속성과 관련된 것으로, 심사숙고, 규준이나 규칙의 준수, 계획 세우기, 조직화, 과제의 준비 등과 같은 특질을 포함
3. 외향성(Extraversion) : 다른 사람과의 사교, 자극과 활력을 추구하는 성향. 사회와 현실 세계에 대해 의욕적으로 접근하는 속성이며 사회성, 활동성, 적극성과 같은 특질을 포함
4. 수용성(Agreeableness) : 타인에게 반항적이지 않은 협조적인 태도를 보이는 성향. 사회적 적응성과 타인에 대한 공동체적 속성을 나타내는 것으로, 이타심, 애정, 신뢰, 배려, 겸손 등과 같은 특질을 포함
5. 안정성(Emotional Stability) : 스트레스를 견디는 개인의 능력. 정서가 안정적인 사람들은 온화하고 자신감이 있음

42

정답 ②

(손상차손)$=3,500 - [\max(1,200, \ 1,800)] = $ ₩1,700

43

정답 ③

테일러(Tailor)의 과학적 관리론은 노동자의 심리상태와 인격은 무시하고, 노동자를 단순한 숫자 및 부품으로 바라본다는 한계점이 있다. 이러한 한계점으로 인해 직무특성이론과 목표설정이론이 등장하는 배경이 되었다.

44

정답 ⑤

기업의 생산이나 판매과정 전후에 있는 기업 간의 합병으로, 주로 원자재 공급의 안정성 등을 목적으로 하는 것은 수직적 합병이다. 수평적 합병은 동종 산업에서 유사한 생산단계에 있는 기업 간의 합병으로, 주로 규모의 경제적 효과나 시장지배력을 높이기 위해서 이루어진다.

PART 3

45

맥그리거(Mcgregor)는 두 가지의 상반된 인간관 모형을 제시하고, 인간모형에 따라 조직관리 전략이 달라져야 한다고 주장하였다.
• X이론 : 소극적·부정적 인간관을 바탕으로 한 전략 − 천성적 나태, 어리석은 존재, 타율적 관리, 변화에 저항적
• Y이론 : 적극적·긍정적 인간관을 특징으로 한 전략 − 변화지향적, 자율적 활동, 민주적 관리, 높은 책임감

46

규범기는 역할과 규범을 받아들이고 수행하며 성과로 이어지는 단계이다.

> **터크만(Tuckman)의 집단 발달의 5단계 모형**
> 1. 형성기(Forming) : 집단의 구조와 목표, 역할 등 모든 것이 불확실한 상태. 상호 탐색 및 방향 설정
> 2. 격동기(Storming) : 소속감, 능력, 영향력은 인식한 상태. 권력분배와 역할분담 등에서 갈등과 해결 과정을 겪음
> 3. 규범기(Norming) : 집단의 구조, 목표, 역할, 규범, 소속감, 응집력 등이 분명한 상태. 협동과 몰입
> 4. 성과달성기(Performing) : 비전 공유 및 원활한 커뮤니케이션으로 집단목표 달성. 자율성, 높은 생산성
> 5. 해체기(Adjourning) : 집단의 수명이 다하여 멤버들은 해산됨

47

행동기준고과법은 평가직무에 적용되는 행동패턴을 측정하여 점수화하고 등급을 매기는 방식으로 평가한다. 따라서 등급화하지 않고 개별행위 빈도를 나눠서 측정하는 기법은 옳지 않다. 또한 BARS는 구체적인 행동의 기준을 제시하고 있으므로 향후 종업원의 행동변화를 유도하는 데 도움이 된다.

48

질문지법은 구조화된 설문지를 이용하여 직무에 대한 정보를 얻는 직무분석 방법이다.

49

㉠·㉡ 푸시 전략(Push Strategy)에 대한 설명이다.

[오답분석]

㉢·㉣ 풀 전략(Pull Strategy)에 대한 설명이다.

50

서브리미널 광고는 자각하기 어려울 정도의 짧은 시간 동안 노출되는 자극을 통하여 잠재의식에 영향을 미치는 현상을 의미하는 서브리미널 효과를 이용한 광고이다.

[오답분석]

① 애드버커시 광고 : 기업과 소비자 사이에 신뢰관계를 회복하려는 광고이다.
③ 리스폰스 광고 : 광고 대상자에게 직접 반응을 얻고자 메일, 통신 판매용 광고전단을 신문·잡지에 끼워 넣는 광고이다.
④ 키치 광고 : 설명보다는 기호와 이미지를 중시하는 광고이다.
⑤ 티저 광고 : 소비자의 흥미를 유발시키기 위해 처음에는 상품명 등을 명기하지 않다가 점점 대상을 드러내어 소비자의 관심을 유도하는 광고이다.

51

정답 ⑤

주어진 사례는 기업이 고객의 수요를 의도적으로 줄이는 디마케팅이다. 프랑스 맥도날드사는 청소년 비만 문제에 대한 이슈로 모두가 해당 불매운동에 동감하고 있을 때, 청소년 비만 문제를 인정하며 소비자들의 건강을 더욱 생각하는 회사라는 이미지를 위해 단기적으로는 수요를 하락시킬 수 있는 메시지를 담아 디마케팅을 실시하였다. 결과적으로는 소비자를 더욱 생각하는 회사로 이미지 마케팅에 성공하며, 가장 대표적인 디마케팅 사례로 알려지게 되었다.

52

정답 ④

시장세분화는 수요층별로 시장을 분할해 각 층에 대해 집중적인 마케팅 전략을 펴는 것으로, 인구통계적 세분화는 나이, 성별, 라이프사이클, 가족 수 등을 세분화하여 소비자 집단을 구분하는 데 많이 사용한다.

[오답분석]

① 시장포지셔닝은 소비자들의 마음속에 자사제품의 바람직한 위치를 형성하기 위하여 제품 효익을 개발하고 커뮤니케이션하는 활동을 의미한다.
② 행동적 세분화는 구매자의 사용상황, 사용경험, 상표애호도 등으로 시장을 나누는 것이다.
③ 시장표적화는 포지셔닝할 고객을 정하는 단계이다.
⑤ 사회심리적 세분화는 사회계층, 준거집단, 라이프 스타일, 개성 등으로 시장을 나누는 것이다.

53

정답 ④

공급사슬관리(SCM)란 공급자로부터 최종 고객에 이르기까지 자재 조달, 제품 생산, 유통, 판매 등의 흐름을 적절히 관리하는 것으로, 이를 통해 자재의 조달 시간을 단축하고, 재고 비용이나 유통 비용 등을 절감할 수 있다.

[오답분석]

① 자재소요량계획(MRP)에 대한 설명이다.
② 업무재설계(BPR)에 대한 설명이다.
③ 적시생산방식(JIT)에 대한 설명이다.
⑤ 지식관리시스템(KMS)에 대한 설명이다.

54

정답 ①

- (과소배부액)=650,000-(18,000시간×30)=₩110,000
- (제조간접비 배부율)=600,000÷20,000시간=30
- (매출총이익)=400,000-110,000=₩290,000

55

정답 ②

MRPⅡ(Manufacturing Resource Planning Ⅱ)는 제조자원을 계획하는 관리시스템으로, 자재소요계획(MRP; Material Requirement Planning)과 구별을 위해 Ⅱ를 붙였다.

[오답분석]

① MRP(Material Requirement Planning) : 자재소요량계획으로서 제품(특히 조립제품)을 생산함에 있어서 부품(자재)이 투입될 시점과 투입되는 양을 관리하기 위한 시스템이다.
③ JIT(Just In Time) : 적기공급생산으로 재고를 쌓아 두지 않고서도 필요한 때 제품을 공급하는 생산방식이다.
④ FMS(Flexible Manufacturing System) : 다품종 소량생산을 가능하게 하는 생산 시스템으로, 생산 시스템을 자동화, 무인화하여 다품종 소량 또는 중량 생산에 유연하게 대응하는 시스템이다.
⑤ BPR(Business Process Reengineering) : 경영혁신기법의 하나로서, 기업의 활동이나 업무의 전반적인 흐름을 분석하고, 경영 목표에 맞도록 조직과 사업을 최적으로 다시 설계하여 구성한다.

PART 3

56

정답 ④

증권회사의 상품인 유가증권과 부동산 매매회사가 정상적 영업과정에서 판매를 목적으로 취득한 토지 · 건물 등은 재고자산으로 처리된다.

[오답분석]

① 매입운임은 매입원가에 포함한다.

② · ③ 선입선출법의 경우에는 계속기록법을 적용하든 실지재고조사법을 적용하든, 기말재고자산, 매출원가, 매출총이익 모두 동일한 결과가 나온다.

⑤ 재고자산을 순실현가능가치로 감액한 평가손실과 모든 감모손실은 감액이나 감모가 발생한 기간에 비용으로 인식한다.

57

정답 ③

- (당기법인세부채)=($\text{₩}150,000+\text{₩}24,000+\text{₩}10,000)\times25\%=\text{₩}46,000$
- (이연법인세자산)=$\text{₩}10,000\times25\%=\text{₩}2,500$
- (법인세비용)=$\text{₩}46,000-\text{₩}2,500=\text{₩}43,500$

58

정답 ③

- (만기금액)=$\text{₩}5,000,000+\text{₩}5,000,000\times6\%\times6/12=\text{₩}5,150,000$
- (할인액)=$\text{₩}5,150,000\times(할인율)\times3/12=\text{₩}5,150,000-\text{₩}4,995,500=\text{₩}154,500$
- (할인율)=12%

59

정답 ①

$Ks=(D_1\div P_0)+g=(2,000\div30,000)+0.04\fallingdotseq10\%$

60

정답 ②

- [재무레버리지도(DFL)]=(영업이익)÷[(영업이익)-(이자비용)]=$40\div(40-30)=4$
- [영업레버리지도(DOL)]=[(매출액)-(영업변동비)]÷[(매출액)-(영업변동비)-(영업고정비)]
  =$(100-30)\div(100-30-30)=1.75$
- [결합레버리지도(DCL)]=(영업레버리지도)×(재무레버리지도)=$4\times1.75=7$

| 02 | 경제

01	02	03	04	05	06	07	08	09	10	11	12	13	14	15	16	17	18	19	20
①	④	①	①	③	①	④	③	⑤	③	⑤	②	④	①	③	⑤	⑤	④	④	②
21	22	23	24	25	26	27	28	29	30	31	32	33	34	35	36	37	38	39	40
④	④	③	②	①	④	④	②	⑤	⑤	⑤	⑤	②	⑤	⑤	④	②	④	④	④
41	42	43	44	45	46	47	48	49	50	51	52	53	54	55	56	57	58	59	60
②	④	⑤	⑤	②	④	③	④	②	④	④	⑤	②	②	⑤	③	⑤	⑤	⑤	①

01
정답 ①

$minC=3L+5K$, $s.t.4L+8K=120$을 풀면 재화 120을 생산하기 위해 비용을 최소화하는 요소 묶음을 도출할 수 있다. 두 식 모두 $L-K$ 평면에서 직선이므로 $3L+5K$가 최소화되기 위해서는 $L=0$, $K=15$여야 한다.

02
정답 ④

실업률이 20%이고 취업자 수가 120만 명이라면 실업자 수와 경제활동인구는 다음과 같이 구한다.

$$(\text{실업률})=\frac{(\text{실업자 수})}{(\text{경제활동인구})}\times100=\frac{(\text{실업자 수})}{(\text{취업자 수})+(\text{실업자 수})}\times100$$

$$20\%=\frac{(\text{실업자 수})}{120\text{만 명}+(\text{실업자 수})}\times100$$

(실업자 수)=30만 명

(경제활동인구)=(취업자 수)+(실업자 수)=120만 명+30만 명=150만 명

즉, 실업자 수가 30만 명, 경제활동인구가 150만 명이므로 경제활동참가율은 다음과 같이 75%가 된다.

$$(\text{경제활동참가율})=\frac{(\text{경제활동인구})}{(\text{노동가능인구})}\times100=\frac{150\text{만 명}}{200\text{만 명}}\times100=75\%$$

03
정답 ①

제시문은 케인스가 주장하였던 유동성 함정(Liquidity Trap)의 상황이다. 유동성 함정이란 시장에 현금이 흘러 넘쳐 구하기 쉬운데도 기업의 생산·투자와 가계의 소비가 늘지 않아 경기가 나아지지 않고, 마치 경제가 함정(Trap)에 빠진 것처럼 보이는 상황을 말한다. 즉, 유동성 함정의 경우에는 금리를 아무리 낮추어도 실물경제에 영향을 미치지 못하게 된다.

04
정답 ①

틀짜기효과(Framing Effect)란 똑같은 상황이더라도 어떤 틀에 따라 인식하느냐에 따라 행태가 달라지는 효과를 뜻한다.

[오답분석]
② 닻내림효과(Anchoring Effect) : 어떤 사항에 대한 판단을 내릴 때 초기에 제시된 기준에 영향을 받아 판단을 내리는 현상을 뜻한다.
③ 현상유지편향(Status Quo Bias) : 사람들이 현재의 성립된 행동을 특별한 이득이 주어지지 않는 이상 바꾸지 않으려는 경향을 뜻한다.
④ 기정편향(Default Bias) : 사람들이 미리 정해진 사항을 그대로 따르려는 행태를 뜻한다.
⑤ 부존효과(Endowment Effect) : 어떤 물건을 갖고 있는 사람이 그렇지 않은 사람에 비해 그 가치를 높게 평가하는 경향을 뜻한다.

05

정답 ③

제1기와 제2기의 소득이 증가하면 소득효과로 제1기와 제2기의 소비가 모두 증가한다. 실질이자율이 상승하면 대체효과와 소득효과가 발생한다. 따라서 현재소비의 기회비용의 상승에 따른 대체효과에 의해 개인은 현재소비를 감소하고, 저축은 증가하여 제2기의 소비가 증가한다.

06

정답 ①

레온티에프형 효용함수는 항상 소비비율이 일정하게 유지되는 완전보완재적인 효용함수이므로, X재의 가격이 변화해도 소비량은 일정하게 유지된다. 그러므로 대체효과는 0이고, 효용극대화점에서 효용함수가 ㄱ자형으로 꺾인 형태이기 때문에 한계대체율은 정의되지 않는다. 따라서 ㄱ은 옳고 ㄷ은 옳지 않다. 또한 소비비율이 일정하게 유지되는 특성으로 가격 변화 시 두 재화의 소비방향은 항상 같은 방향으로 변화하므로 ㄹ도 옳지 않다.

효용극대화 모형을 풀면 $max\ u(x,y)=min[x,y]\ \ s.t.p_x x+p_x y=M$에서 효용극대화조건 $x=y$를 제약식에 대입하면

$x=\dfrac{M}{P_x+P_y}$, $y=\dfrac{M}{P_x+Py}$ 이다.

$P_x=P_y=10$, $M=1,800$을 대입하면 $x=y=900$이고,

$P_x=8, P_y=10$, $M=1,800$을 대입하면 $x=y=100$이므로,

소득효과는 10이다.

따라서 옳은 것은 ㄱ, ㄴ이다.

07

정답 ④

효용이 극대화가 되는 지점은 무차별곡선과 예산선이 접하는 점이다. 따라서 무차별곡선의 기울기인 한계대체율과 예산선의 기울기 값이 같을 때, 효용이 극대화된다.

$MRS_{xy}=\dfrac{MU_x}{MU_y}=\dfrac{P_x}{P_y}$ 이고, $MU_x=600$, $P_x=200$, $P_y=300$이므로

$MU_y=900$이 되고, 한계효용이 900이 될 때까지 Y를 소비하므로, Y의 소비량은 4개가 된다.

08

정답 ③

십분위분배율은 0과 2 사이의 값을 갖고, 그 값이 작을수록 소득분배가 불평등함을 나타낸다. 이에 비해 지니계수와 앳킨슨지수는 모두 0과 1 사이의 값을 갖고, 그 값이 클수록 소득분배가 불평등함을 나타낸다.

09

정답 ⑤

수요의 가격탄력성이 1보다 작은 경우에는 가격이 대폭 상승하더라도 판매량이 별로 감소하지 않으므로 소비자의 총지출은 증가하고 판매자의 총수입도 증가한다.

[오답분석]
① 수요의 가격탄력성은 수요량의 변화율을 가격의 변화율로 나누어 구하므로 가격이 1% 상승할 때 수요량이 2% 감소하였다면 수요의 가격탄력성은 2이다.
② 기펜재는 대체효과보다 소득효과가 더 큰 열등재인데, 소득이 증가할 때 구입량이 증가하는 재화는 정상재이므로 기펜재가 될 수 없다.
③ 교차탄력성이란 한 재화의 가격이 변화할 때 다른 재화의 수요량이 변화하는 정도를 나타내는 지표이다. 잉크젯프린터의 가격이 오르면(+) 잉크젯프린터의 수요가 줄고, 프린터에 사용할 잉크카트리지의 수요도 줄어들 것(-)이므로 교차탄력성은 음(-)의 값을 가진다는 것을 알 수 있다. 잉크젯프린터와 잉크젯카트리지 같은 관계에 있는 재화들을 보완재라고 하는데, 보완재의 교차탄력성은 음(-)의 값을, 대체재의 교차탄력성은 양(+)의 값을 가지게 된다.
④ 수요의 소득탄력성은 0보다 작을 수 있고 이러한 재화를 열등재라고 한다.

10

정답 ③

오답분석

① 2020년도에 A국이 자동차 1대를 생산하기 위한 기회비용은 TV 2대이며, B국이 자동차 1대를 생산하기 위한 기회비용은 TV $\frac{1}{2}$대이므로 상대적으로 자동차 생산에 대한 기회비용이 적은 B국에서 자동차를 수출해야 한다.

② 2020년 B국의 자동차 1대 생산에 대한 기회비용은 TV $\frac{1}{2}$대인 반면, 2023년 B국의 자동차 1대 생산에 대한 기회비용은 TV 2대이므로 기회비용은 증가하였다.

④ 2023년도에 A국은 비교우위가 있는 자동차 생산에 특화하고, B국은 비교우위가 있는 TV 생산에 특화하여 교환한다. 이 경우 교환 비율이 자동차 1대당 TV 2대이면, B국은 아무런 무역이익을 가지지 못하고, A국만 무역의 이익을 갖는다.

⑤ 2020년도에 A국의 생산 가능한 총생산량은 TV 400대 또는 자동차 200대이다.

11

정답 ⑤

오답분석

① 수요곡선이 우하향하고 공급곡선이 우상향하는 경우 물품세가 부과되면 조세부과에 따른 자중적 손실의 크기는 세율의 제곱에 비례한다.

②·④ 다른 조건이 일정할 때 수요가 가격에 탄력적이면 소비자 부담은 작아지고 자중적 손실은 커진다.

③ 단위당 조세액 중 일부만 소비자에게 전가되므로 세금부과 후에 시장가격은 단위당 조세액보다 작게 상승한다.

12

정답 ②

내생적 성장이론에서는 자본에 대한 수확체감 현상이 발생하지 않으므로 경제성장률은 1인당 자본량에 관계없이 결정된다. 따라서 내생적 성장이론에서는 국가 간 소득이 동일한 수준으로 수렴하는 현상이 발생하지 않는다.

13

정답 ④

피구효과란 경제 불황이 발생하여 물가가 하락하면 민간이 보유한 화폐의 구매력이 증가하므로 실질적인 부가 증가하는 효과가 발생하고, 실질부가 증가하면서 소비도 증가하여 IS곡선이 오른쪽으로 이동하는 효과를 말한다. 즉, 피구효과는 IS곡선의 기울기가 아닌 IS곡선 자체의 이동을 가져오는 효과이다.

14

정답 ①

프리드만에 의해 제시된 소비함수론인 항상소득가설에서는 소비가 항상소득에 의해 결정된다고 가정한다. 즉, 항상소득가설에서 실제소득은 항상소득과 임시소득의 합으로 구성되지만 소비에 미치는 영향이 크고 항구적인 것은 항상소득인 것이다. 반면 임시소득은 소득 변동이 임시적인 것으로 소비에 영향을 미치지 못하거나 영향을 미치는 정도가 매우 낮다.

15

정답 ③

조세정책을 시행하는 곳은 기획재정부이며, 한국은행은 통화신용정책을 시행한다.

오답분석

① 조세정책은 재정지출이나 소득재분배 등 중요한 역할을 담당한다.

② 소득세, 법인세 감면은 기업의 고용 및 투자를 촉진하는 대표적인 정부정책이다.

④ 지하경제 양성화, 역외탈세 근절 등은 조세정의뿐만 아니라 국가재정 확보에도 매우 중요한 문제이다.

⑤ 래퍼 곡선에 대한 설명이다.

16

정답 ⑤

단기 총공급곡선이 우상향하게 되는 것은 케인스의 시각을 반영한 것이다.

단기 AS곡선은 우상향하는데 노동시장과 생산물 시장에서의 불완전정보로 인한 경우와 임금과 가격의 경직성으로 인한 두 가지 측면에서 설명이 가능하다.

구분	불완전정보	가격경직성
노동시장	노동자 오인모형(ㄴ)	비신축적 임금모형(ㄹ)
생산물 시장	불완전 정보모형(ㄱ)	비신축적 가격모형(ㄷ)

ㄱ. 불완전 정보모형 : 루카스의 섬모형으로 개별생산자는 물가상승이 전반적인 물가상승에 기인한 것인지 아닌지 자신의 상품만 가격이 상승한 것인지를 정보의 불완전성으로 알지 못한다는 것이다.

ㄴ. 노동자 오인모형 : 노동자들은 기업에 비해서 정보가 부족하여 명목임금의 변화를 실질임금의 변화로 오인하여 화폐환상에 빠지게 되어 총공급곡선이 우상향하게 된다.

ㄷ. 비신축적 가격모형 : 메뉴비용으로 대표적으로 설명되는 것으로 가격을 신축적으로 조정하지 않는 기업이 많을수록 총공급곡선은 수평에 가까워진다.

ㄹ. 비신축적 임금모형 : 명목임금이 계약기간 내에는 경직적이므로 물가상승은 실질임금 하락으로 이어져 노동고용량의 증가로 이어진다.

17

정답 ⑤

주어진 자료로는 구매력평가환율만을 구할 수 있을 뿐 명목환율을 구할 수 없으므로 판단할 수 없다.

[오답분석]

① 빅맥의 원화가격은 5,000원에서 5,400원으로 변화했으므로 8% 상승했다.

② 빅맥의 1달러당 원화 가격은 1,000원에서 900원으로 변화 했으므로 10% 하락했다.

③ 환율의 하락은 원화의 평가절상을 의미하므로, 달러 대비 원화의 가치는 10% 상승했다.

④ 구매력평가설이 성립한다면 실질환율은 항상 1이므로 실질 환율은 두 기간 사이에 변하지 않았다.

18

정답 ④

필립스곡선이란 인플레이션율과 실업률 간에 단기 상충관계가 존재함을 보여주는 곡선이다. 하지만 장기적으로 인플레이션율과 실업률 사이에는 특별한 관계가 성립하지 않는다. 대상기간이 길어지면 사람들의 인플레이션에 대한 기대가 바뀔 수 있고 오일 쇼크와 같은 공급 충격도 주어질 수 있기 때문에 장기적으로는 필립스곡선이 성립하지 않는 것이다. 따라서 인플레이션 기대나 원자재 가격 상승 때문에 물가가 상승할 때는 실업률이 하락하지 않을 수 있다.

19

정답 ④

독점시장의 시장가격은 완전경쟁시장의 가격보다 높게 형성되므로 소비자잉여는 줄어든다.

20

정답 ②

총가변비용(TVC)은 총비용(TC)에서 총고정비용(TFC)을 차감하여 구한다. 즉, $TVC = 100 - 40 = 60$이다. 한편, 총가변비용과 총비용을 생산량($Q = 1,000$)으로 나누면 평균가변비용(AVC)은 600원, 평균비용(AC)은 1,000원이다. 그러므로 형돈이가 단기에는 햄버거 가게를 운영하나 장기적으로 폐업할 예정이라면 햄버거 가격은 600원 이상 1,000원 미만일 것이다.

21

정답 ④

화폐의 기능 중 가치 저장 기능은 발생한 소득을 바로 쓰지 않고 나중에 지출할 수 있도록 해준다는 것이다.

오답분석

① 금과 같은 상품화폐의 내재적 가치는 변동한다.

② M2에는 요구불 예금과 저축성 예금이 포함된다.

③ 불태환화폐(Flat Money)는 상품화폐와 달리 내재적 가치를 갖지 않는다.

⑤ 다른 용도로 사용될 수 있더라도 교환의 매개 수단으로 활용될 수 있다.

22

정답 ④

화폐수요의 이자율 탄력성이 높은 경우(=이자율의 화폐수요 탄력성은 낮음)에는 총통화량을 많이 증가시켜도 이자율의 하락폭은 작기 때문에 투자의 증대효과가 낮다. 반면, 화폐수요의 이자율 탄력성이 낮은 경우(=이자율의 화폐수요 탄력성은 높음)에는 총통화량을 조금만 증가시켜도 이자율의 하락폭은 커지므로 투자가 늘어나고 이로 인해 국민소득이 늘어나므로 통화정책의 효과가 높아진다.

23

정답 ③

노동시장에서 기업은 한계수입생산(MRP)과 한계요소비용(MFC)이 일치하는 수준까지 노동력을 수요하려 한다.

- 한계수입생산 : $MRP_L = MR \times MP_N$, 생산물시장이 완전경쟁시장이라면 한계수입과 가격이 일치하므로 $P \times MP_N$, 주어진 생산함수에서 노동의 한계생산을 도출하면 $Y = 200N - N^2$, 이를 N으로 미분하면 $MP_N = 200 - 2N$이 된다.

- 한계요소비용 : $MFC_N = \dfrac{\Delta TFC_N}{\Delta N} = \dfrac{W \cdot \Delta N}{\Delta N} = W$, 여가의 가치는 임금과 동일하므로 $W = 40$이 된다.

- 균형노동시간의 도출 : $P \times MP_N = W \rightarrow 1 \times (200 - 2N) = 40$

따라서 $N = 80$이 도출된다.

24

정답 ②

- 수요곡선 : $2P = -Q + 100 \rightarrow P = -\dfrac{1}{2}Q + 50$

- 공급곡선 : $3P = Q + 20 \rightarrow P = -\dfrac{1}{3}Q + \dfrac{20}{3}$

$-\dfrac{1}{2}Q + 50 = \dfrac{1}{3}Q + \dfrac{20}{3}$

$\rightarrow \dfrac{5}{6}Q = \dfrac{130}{3}$

$\therefore Q = 52, \ P = 24$

따라서 물품세 부과 전 균형가격은 $P = 24$, 균형생산량은 $Q = 52$이다.

공급자에게 1대당 10의 물품세를 부과하였으므로, 조세부과 후 공급곡선은 $P = \dfrac{1}{3}Q + \dfrac{50}{3}$ 이다.

$-\dfrac{1}{2}Q + 50 = \dfrac{1}{3}Q + \dfrac{50}{3}$

$\rightarrow \dfrac{5}{6}Q = \dfrac{100}{3}$

$\therefore Q = 40$

조세부과 후 생산량이 40이므로, $Q = 40$을 수요곡선에 대입하면 조세부과 후의 균형가격 $P = 30$이 도출된다.

이와 같이 조세가 부과되면 균형가격은 상승(24 → 30)하고, 균형생산량은 감소(52 → 40)함을 알 수 있으며, 소비자가 실제로 지불하는 가격이 6원 상승하고 있으므로 10의 물품세 중 소비자 부담은 6원, 공급자 부담은 4원임을 알 수 있다.

이때 공급자가 부담하는 총조세부담액은 (거래량)×(단위당조세액)=40×4=160이 된다.

25

기회비용이란 어떤 행위를 선택함으로써 포기해야 하는 여러 행위 중 가장 가치가 높게 평가되는 행위의 가치를 의미한다. 따라서 도담이가 주식에 투자함으로써 포기해야 하는 연간 기회비용은 예금에 대한 이자수익 150만 원이다.

26

가·마. 전월세 상한제도나 대출 최고 이자율을 제한하는 제도는 가격의 법정 최고치를 제한하는 가격상한제(Price Ceiling)에 해당하는 사례이다.

> **가격차별(Price Discrimination)**
> 동일한 상품에 대해 구입자 혹은 구입량에 따라 다른 가격을 받는 행위를 의미한다. 노인이나 청소년 할인, 수출품과 내수품의 다른 가격 책정 등은 구입자에 따라 가격을 차별하는 대표적인 사례이다. 한편, 물건 대량 구매 시 할인해 주거나 전력 사용량에 따른 다른 가격을 적용하는 것은 구입량에 따른 가격차별이다.

27

인플레이션은 구두창 비용, 메뉴비용, 자원배분의 왜곡, 조세왜곡 등의 사회적 비용을 발생시켜 경제에 비효율성을 초래한다. 특히 예상하지 못한 인플레이션은 소득의 자의적인 재분배를 가져와 채무자와 실물자산소유자가 채권자와 화폐자산소유자에 비해 유리하게 만든다. 인플레이션으로 인한 사회적 비용 중 구두창 비용이란 인플레이션으로 인해 화폐가치가 하락한 상황에서 화폐보유의 기회비용이 상승하는 것을 나타내는 용어이다. 이는 사람들이 화폐보유를 줄이게 되면 금융기관을 자주 방문해야 하므로 거래비용이 증가하게 되는 것을 의미한다. 메뉴비용이란 물가가 상승할 때 물가 상승에 맞추어 기업들이 생산하는 재화나 서비스의 판매가격을 조정하는 데 지출되는 비용을 의미한다. 또한 예상하지 못한 인플레이션이 발생하면 기업들은 노동의 수요를 증가시키고, 노동의 수요가 증가하게 되면 일시적으로 생산량과 고용량이 증가하게 된다. 하지만 인플레이션으로 총요소생산성이 상승하는 것은 어려운 일이다.

28

[오답분석]

다·라. 역선택의 해결방안에 해당한다.

29

자연독점이란 규모가 가장 큰 단일 공급자를 통한 재화의 생산 및 공급이 최대 효율을 나타내는 경우 발생하는 경제 현상을 의미한다. 자연독점 현상은 최소효율규모의 수준 자체가 매우 크거나 생산량이 증가할수록 평균총비용이 감소하는 '규모의 경제'가 나타날 경우에 발생한다. 최소효율규모란 평균비용곡선상에서 평균비용이 가장 낮은 생산 수준을 나타낸다.

30

리카도의 비교우위론이란 한 나라가 두 재화생산에 있어서 모두 절대우위 혹은 절대열위에 있더라도 양국이 상대적으로 생산비가 낮은 재화생산에 특화하여 무역을 할 경우 양국 모두 무역으로부터 이익을 얻을 수 있다는 이론을 말한다. 따라서 각 나라의 생산의 기회비용을 비교해 보면 비교우위를 알 수 있다.

구분	甲국	乙국
TV	0.3	0.5
쇠고기	10/3	2

위 표에서 보는 바와 같이 TV 생산의 기회비용은 甲국이 낮고 쇠고기 생산의 기회비용은 乙국이 더 낮으므로 甲국은 TV 생산, 乙국은 쇠고기 생산에 비교우위를 갖는다. 따라서 무역이 이루어지면 甲국은 TV만 생산하여 수출하고 乙국은 쇠고기만 생산하여 수출하게 된다.

31

정답 ⑤

수요의 가격탄력성이란 어떤 재화의 가격이 변할 때 그 재화의 수요량이 얼마나 변하는지를 나타내는 지표이다. 수요의 가격탄력성은 수요량의 변화율을 가격의 변화율로 나누고 음의 부호(−)를 부가하여 구할 수 있으며, 이 값이 1보다 큰 경우를 '탄력적'이라고 하고 가격 변화에 수요량이 민감하게 변한다는 것을 의미한다. 이 문제에서 가격 변화율은 10%, 제품 판매량은 5% 감소하였으므로 수요의 가격탄력성은 $\frac{5\%}{10\%}=0.5$이다.

32

정답 ⑤

생산에 투입된 가변요소인 노동의 양이 증가할수록 총생산이 체증적으로 증가하다가 일정 단위를 넘어서면 체감적으로 증가하기 때문에 평균생산과 한계생산은 증가하다가 감소한다. 한계생산물곡선은 평균생산물곡선의 극대점을 통과하므로 한계생산물과 평균생산물이 같은 점에서는 평균생산물이 극대가 된다. 한편, 한계생산물이 0일 때 총생산물이 극대가 된다.

33

정답 ④

산업 내 무역(Intra - Industry Trade)은 동일한 산업 내에서 재화의 수출입이 이루어지는 것을 말한다. 산업 내 무역은 시장구조가 독점적 경쟁이거나 규모의 경제가 발생하는 경우에 주로 발생하며, 부존자원의 차이와는 관련이 없다. 산업 내 무역은 주로 경제발전의 정도 혹은 경제 여건이 비슷한 나라들 사이에서 이루어지므로 유럽연합 국가들 사이의 활발한 무역을 설명할 수 있다.

34

정답 ②

코즈의 정리란 재산권(소유권)이 명확하게 확립되어 있고, 거래비용 없이도 자유롭게 매매할 수 있다면 권리가 어느 경제 주체에 귀속되는가와 상관없이 당사자 간의 자발적 협상에 의한 효율적인 자원배분이 가능해진다는 이론이다. 그러나 현실적으로는 거래비용의 존재, 외부성 측정 어려움, 이해당사자의 모호성, 정보의 비대칭성, 협상능력의 차이 등으로 코즈의 정리로 문제를 해결하는 데는 한계가 있다.

35

정답 ⑤

한국은행은 금융기관을 대상만으로만 예금 수신 및 대출 업무를 한다.

[오답분석]
① 우리나라 지폐 4종류 및 동전 6종류를 발행하고 있다.
② 국민세금 등 국고금을 정부예금으로 수신하고 정부가 필요로 할 때 자금을 출금하거나 대출을 해주는 정부은행이다.
③ 국내외 경제여건, 금융시장 안정성, 금융시스템 건전성 등을 종합적으로 점검하고, 이를 토대로 금융안정보고서를 발표한다.
④ 통화금융통계, 국민계정, 국제수지표, 자금순환표 등 경제 관련 주요통계를 조사 및 발표한다.

36

정답 ④

[오답분석]
가. 여가, 자원봉사 등의 활동은 생산활동이 아니므로 GDP에 포함되지 않는다.
다. GDP는 마약밀수 등의 지하경제를 반영하지 못하는 한계점이 있다.

37

정답 ②

최근에는 만기일 이전에도 결제가 가능하도록 변형된 형태의 선도계약도 많이 나타나고 있다.

① 선도계약과 선물계약 모두 만기일 당일 현물가격의 기댓값에 따라 가격이 결정된다.

③ 통화 선도계약은 원금 자체가 교환대상으로 이자율만 교환하는 통화 스와프에 비해 수익과 손실의 범위가 크다.

④ 미래의 특정한 시점에 계약된 통화를 사거나 팔 수 있어 환위험을 줄일 수 있다.

⑤ 선도계약은 계약 당사자 간 합의에 의해 거래하고, 거래장소, 규제 등도 자유로워 계약 당사자의 신용이 그만큼 중요하다고 할 수 있다.

38
정답 ④

사회후생의 극대화는 자원배분의 파레토효율성이 달성되는 효용가능경계와 사회무차별곡선이 접하는 점에서 이루어진다. 그러므로 파레토효율적인 자원배분하에서 항상 사회후생이 극대화되는 것은 아니며, 사회후생 극대화는 무수히 많은 파레토효율적인 점들 중의 한 점에서 달성된다.

39
정답 ④

라. 케인스는 절대소득가설을 이용하여 승수효과를 설명하였다.

40
정답 ④

IS곡선이란 생산물시장의 균형이 이루어지는 이자율(r)과 국민소득(Y)의 조합을 나타내는 직선을 말하며, 관계식은 다음과 같다.

$$r = \frac{-1 - c(1-t) + m}{b} Y + \frac{1}{b}(C_0 - cT_0 + I_0 + G_0 + X_0 - M_0)$$

즉, IS곡선의 기울기는 투자의 이자율탄력성(b)이 클수록, 한계소비성향(c)이 클수록, 한계저축성향(s)이 작을수록, 세율(t)이 낮을수록, 한계수입성향(m)이 작을수록 완만해진다. 한편, 소비, 투자, 정부지출, 수출이 증가할 때 IS곡선은 오른쪽으로, 조세, 수입, 저축이 증가할 때 왼쪽으로 수평이동한다. 외국의 한계수입성향이 커지는 경우에는 자국의 수출이 증가하므로 IS곡선은 오른쪽으로 이동한다.

41
정답 ②

풋옵션 매도자는 시장이 급락할 경우 손실이 크게 발생할 수 있다.

③ 콜옵션은 조기상환권, 풋옵션은 조기상환청구권에 해당된다.

④ 풋옵션 매수자는 아무리 시장 또는 자산 가격이 상승해도 풋옵션을 매수한 금액(프리미엄)으로 손실이 제한된다.

⑤ 풋옵션 매수자는 시장 또는 자산 가격이 하락할수록 이익이 발생한다.

42
정답 ④

제시된 조건을 통해 시장균형가격은 60, 균형거래량은 680임을 알 수 있다. 가격상한제 시행으로 인한 상한 가격이 50이므로 가격이 10 하락하면서 공급이 30 감소하기 때문에 공급량 650(=500+3×50)을 충족하는 수요곡선상 가격은 75이다. 따라서 사중손실을 계산하면 (10×30÷2)+[(75−60)×30÷2]=375이다.

43
정답 ⑤

물은 우리 삶에 필수적으로 필요한 유용하고 사용가치가 높은 재화이지만 다이아몬드의 가격이 더 비싸다. 이는 다이아몬드가 물보다 희소성이 크기 때문이다. 여기서 희소성이란 인간의 욕망에 비해 그것을 충족시키는 수단이 질적으로나 양적으로 한정되어 있거나 부족한 상태를 의미한다.

44

정답 ⑤

지현·진솔 : 필수재일수록, 소득에서 차지하는 비중이 큰 지출일수록 가격에 대한 수요의 가격탄력성이 크다.

[오답분석]

- 보검 : 가격에 대한 수요가 탄력적인 경우에 가격이 인상되면, 가격 인상률보다 수요 하락률이 더 커지기 때문에 매출은 감소하게 된다.
- 지철 : 우하향하는 직선의 수요곡선상에서 가격탄력성은 무한대로 시작하여 가격이 낮아질수록 작아지다가 가격이 '0'일 때는 '0'의 값을 갖는다.

45

정답 ②

쿠르노 모형에서 완전경쟁기업의 생산량이 a라면, 독점기업의 생산량은 $\dfrac{a}{2}$, 복점기업의 생산량은 $\dfrac{a}{3}$ 이다. 완전경쟁시장의 생산량은 $P=60-Q=30$, $Q=30$이므로, 각 복점기업의 생산량은 10이다. 따라서 복점시장의 생산량은 20이므로, 시장가격 $P=60-20=40$이다.

46

정답 ④

공공재의 시장수요곡선은 각각의 수요곡선의 합이다. 그러므로 K시 공공재의 시장수요곡선 $P=(10-Q)+(10-0.5Q)=20-1.5Q$이고, 한계비용 $MC=5$이므로 $20-1.5Q=5$가 된다. 따라서 $Q=10$이다.

47

정답 ③

'공짜 점심은 없다.'라는 의미는 무엇을 얻고자 하면 보통 그 대가로 무엇인가를 포기해야 한다는 뜻으로 해석할 수 있다. 즉, 어떠한 선택에는 반드시 포기하게 되는 다른 가치가 존재한다는 의미이다. 시간이나 자금의 사용은 다른 활동에의 시간 사용, 다른 서비스나 재화의 구매를 불가능하게 만들어 기회비용을 유발한다. 정부의 예산배정, 여러 투자상품 중 특정 상품의 선택, 경기활성화와 물가안정 사이의 상충관계 등이 기회비용의 사례가 될 수 있다.

48

정답 ④

비교우위를 계산하기 위해서는 각 상품을 생산할 때의 기회비용을 계산해야 한다. 두 국가의 기회비용을 표로 나타내면 다음과 같다.

구분	C상품	D상품
A국가	$\dfrac{6}{10}$	$\dfrac{10}{6}$
B국가	$\dfrac{6}{2}$	$\dfrac{2}{6}$

따라서 A국가는 B국가에 C상품을, B국가는 A국가에 D상품을 수출하면 두 국가 모두에게 이득이다.

49

정답 ②

균형임금을 구하면 $300-2w=-100+8w$이므로 $w=40$이다. 최저임금은 50이므로 이때의 시장고용량은 $L=300-2\times50=200$이다.

따라서 노동수요의 임금탄력성은 $\dfrac{(노동수요의 \ 변화율)}{(임금의 \ 변화율)}=\dfrac{\dfrac{200-0}{200}}{\dfrac{150-50}{50}}=\dfrac{50}{150-50}=0.5$이다.

50

무관세 자유무역과 비교하면 관세부과로 인해 CGH+FIK라는 총잉여가 감소했으며, 관세에 의한 경제적 순손실이 발생하였다. CGH는 과잉생산으로 인한 경제적 순손실이며, FIK는 과소소비에 의한 경제적 순손실이다.

51

어떤 재화 1단위의 산출에 필요한 요소 i의 투입량이 $a_i=(i=1, 2, \cdots, n)$로 고정되어 있을 때, 투입$(x_1, \cdots, x_n)$으로부터 얻을 수 있는 산출량 y는 $y=min\{x_1/a_1, \cdots, x_n/a_n\}$이고, 이러한 생산함수를 레온티에프 생산함수라 한다. 레온티에프 생산함수에서는 하나의 요소투입을 감소시키면 다른 요소를 아무리 증가시키더라도 결코 원래의 산출량을 생산할 수 없기 때문에 요소 간에 대체가 불가능함을 내포하고 있다. 한편 제시된 레온티에프형 생산함수로부터 $L=\dfrac{Q}{2}$, $K=Q$를 도출할 수 있다. $TC=wL+rK$이므로 $TC=2\left(\dfrac{Q}{2}\right)+5Q=6Q$이다. 따라서 $MC=6$이다.

52

오답분석

① 콥 - 더글라스 생산함수 $Q=AL^\alpha K^\beta$에서 $\alpha+\beta>1$인 경우 규모에 대한 수익은 체증한다. 문제의 경우 1.5이므로 규모에 대한 수익이 체증한다.

② 노동의 한계생산 $MP_L=\dfrac{\partial Q}{\partial L}=0.5L^{-0.5}K$가 된다. 이때 노동을 늘릴수록 노동의 한계생산은 감소한다.

③ 자본의 한계생산 $MP_K=\dfrac{\partial Q}{\partial K}=L^{0.5}$가 된다. 이때, 노동을 늘릴수록 자본의 한계생산은 증가한다.

④ • 최적상태의 도출 : $\min C=wL+rK$, $s.t\ L^{0.5}K=Q$

　• 비용극소화 조건 : $MRTS_{LK}=\dfrac{MP_L}{MP_K}=\dfrac{0.5L^{-0.5}K}{L^{0.5}}=\dfrac{K}{2L}=\dfrac{w}{r} \rightarrow 2Lw=rK$

　따라서 노동과 자본의 단위당 가격이 동일하다면 $2L=K$이므로 자본투입량은 노동투입량의 2배가 된다.

53

(경제적 이윤)=(총수입)-(명시적 비용)-(암묵적 비용)이다. 이 문제에서 (호떡집의 수입)=2,000만 원이고, (호떡집의 명시적 비용)=500만+2×180만=860만 원이며, (호떡집으로 포기한 암묵적 비용)=100만+200만=300만 원이다. 따라서 호떡집 개업으로 인한 경제적 이윤은 한 달에 2,000만-860만-300만=840만 원이다.

54

두 상품이 완전대체재인 경우의 효용함수는 $U(X, Y)=aX+bY$의 형태를 갖는다. 따라서 무차별곡선의 형태는 MRS가 일정한 직선의 형태를 갖는다.

55

펀더멘털(Fundamental)은 국가나 기업의 경제 상태를 가늠할 수 있는 기초경제여건이다. 대개 경제성장률, 물가상승률, 실업률, 경상수지 등 경제 상태를 표현하는 데 기초적인 자료가 되는 주요 거시경제지표가 이에 해당한다.

56

정답 ③

통화승수는 통화량을 본원통화로 나눈 값이다.

통화승수 $m = \dfrac{1}{c+z(1-c)}$ 이므로, 현금통화비율(c)이 하락하거나 지급준비율(z)이 낮아지면 통화승수가 증가한다.

57

정답 ⑤

원화가치 상승에 따라 수출감소 및 수입증대 현상이 나타난다.

[오답분석]
① 기준금리 인상은 경기 과열을 진정시킨다.
② 투자, 소비 활동이 줄어들면 경기둔화로 이어져 물가하락 효과를 기대할 수 있다.
③ 단기시장금리가 가장 먼저 움직이고, 점차 장기시장금리 상승으로 이어진다.
④ 예금금리, 대출금리 모두 단기시장금리의 영향을 받기 때문에 함께 상승한다.

58

정답 ③

원자재 가격 상승으로 인한 기업 생산비의 증가는 총공급곡선을 왼쪽으로 이동시킨다. 한편, 기준금리 인상으로 이자율이 상승하면 투자와 소비가 위축되므로 총수요곡선도 왼쪽으로 이동한다. 이 경우 총생산량은 크게 감소하게 되는 반면, 물가는 증가하는지 감소하는지 알 수 없다. 따라서 보기에서 옳은 것은 ㄱ, ㄴ, ㄷ이다.

59

정답 ⑤

[오답분석]
① 완전고용은 실업률이 0인 상태를 의미하지는 않는다. 일자리를 옮기는 과정에 있는 사람들이 실업자로 포함될 가능성이 있기 때문이다.
② 경기적 실업이나 구조적 실업은 비자발적 실업이다. 자발적 실업에는 마찰적 실업과 탐색적 실업이 있다.
③ 실업률은 실업자 수를 경제활동인구 수로 나누고 100을 곱한 수치이다.
④ 취업의사가 있더라도 지난 4주간 구직활동을 하지 않았다면 구직단념자로 보고, 이들은 비경제활동인구로 분류된다.

60

정답 ①

• 리카도 대등정리의 개념
  정부지출수준이 일정할 때, 정부지출의 재원조달 방법(조세 또는 채권)의 변화는 민간의 경제활동에 아무 영향도 주지 못한다는 것을 보여주는 이론이다.
• 리카도 대등정리의 가정
  − 저축과 차입이 자유롭고 저축이자율과 차입이자율이 동일해야 한다.
  − 경제활동인구 증가율이 0%이어야 한다.
  − 합리적이고 미래지향적인 소비자이어야 한다.
  − 정부지출수준이 일정해야 한다.

배우고 때로 익히면, 또한 기쁘지 아니한가.

- 공자 -

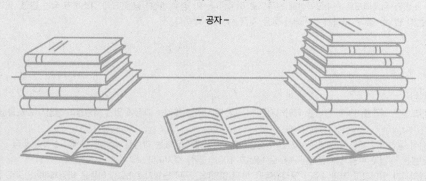

한국주택금융공사 필기전형 답안카드

성 명

지원 분야

문제지 형별기재란

( )형   Ⓐ Ⓑ

수험번호

	⓪	①	②	③	④	⑤	⑥	⑦	⑧	⑨
	⓪	①	②	③	④	⑤	⑥	⑦	⑧	⑨
	⓪	①	②	③	④	⑤	⑥	⑦	⑧	⑨
	⓪	①	②	③	④	⑤	⑥	⑦	⑧	⑨
	⓪	①	②	③	④	⑤	⑥	⑦	⑧	⑨
	⓪	①	②	③	④	⑤	⑥	⑦	⑧	⑨
	⓪	①	②	③	④	⑤	⑥	⑦	⑧	⑨

감독위원 확인

(인)

NCS

번호	①	②	③	④	⑤		번호	①	②	③	④	⑤
1	①	②	③	④	⑤		21	①	②	③	④	⑤
2	①	②	③	④	⑤		22	①	②	③	④	⑤
3	①	②	③	④	⑤		23	①	②	③	④	⑤
4	①	②	③	④	⑤		24	①	②	③	④	⑤
5	①	②	③	④	⑤		25	①	②	③	④	⑤
6	①	②	③	④	⑤		26	①	②	③	④	⑤
7	①	②	③	④	⑤		27	①	②	③	④	⑤
8	①	②	③	④	⑤		28	①	②	③	④	⑤
9	①	②	③	④	⑤		29	①	②	③	④	⑤
10	①	②	③	④	⑤		30	①	②	③	④	⑤
11	①	②	③	④	⑤							
12	①	②	③	④	⑤							
13	①	②	③	④	⑤							
14	①	②	③	④	⑤							
15	①	②	③	④	⑤							
16	①	②	③	④	⑤							
17	①	②	③	④	⑤							
18	①	②	③	④	⑤							
19	①	②	③	④	⑤							
20	①	②	③	④	⑤							

전공

번호	①	②	③	④	⑤		번호	①	②	③	④	⑤		번호	①	②	③	④	⑤
1	①	②	③	④	⑤		21	①	②	③	④	⑤		41	①	②	③	④	⑤
2	①	②	③	④	⑤		22	①	②	③	④	⑤		42	①	②	③	④	⑤
3	①	②	③	④	⑤		23	①	②	③	④	⑤		43	①	②	③	④	⑤
4	①	②	③	④	⑤		24	①	②	③	④	⑤		44	①	②	③	④	⑤
5	①	②	③	④	⑤		25	①	②	③	④	⑤		45	①	②	③	④	⑤
6	①	②	③	④	⑤		26	①	②	③	④	⑤		46	①	②	③	④	⑤
7	①	②	③	④	⑤		27	①	②	③	④	⑤		47	①	②	③	④	⑤
8	①	②	③	④	⑤		28	①	②	③	④	⑤		48	①	②	③	④	⑤
9	①	②	③	④	⑤		29	①	②	③	④	⑤		49	①	②	③	④	⑤
10	①	②	③	④	⑤		30	①	②	③	④	⑤		50	①	②	③	④	⑤
11	①	②	③	④	⑤		31	①	②	③	④	⑤		51	①	②	③	④	⑤
12	①	②	③	④	⑤		32	①	②	③	④	⑤		52	①	②	③	④	⑤
13	①	②	③	④	⑤		33	①	②	③	④	⑤		53	①	②	③	④	⑤
14	①	②	③	④	⑤		34	①	②	③	④	⑤		54	①	②	③	④	⑤
15	①	②	③	④	⑤		35	①	②	③	④	⑤		55	①	②	③	④	⑤
16	①	②	③	④	⑤		36	①	②	③	④	⑤		56	①	②	③	④	⑤
17	①	②	③	④	⑤		37	①	②	③	④	⑤		57	①	②	③	④	⑤
18	①	②	③	④	⑤		38	①	②	③	④	⑤		58	①	②	③	④	⑤
19	①	②	③	④	⑤		39	①	②	③	④	⑤		59	①	②	③	④	⑤
20	①	②	③	④	⑤		40	①	②	③	④	⑤		60	①	②	③	④	⑤

한국주택금융공사 필기전형 답안카드

NCS

번호	①	②	③	④	⑤		번호	①	②	③	④	⑤
1	①	②	③	④	⑤		21	①	②	③	④	⑤
2	①	②	③	④	⑤		22	①	②	③	④	⑤
3	①	②	③	④	⑤		23	①	②	③	④	⑤
4	①	②	③	④	⑤		24	①	②	③	④	⑤
5	①	②	③	④	⑤		25	①	②	③	④	⑤
6	①	②	③	④	⑤		26	①	②	③	④	⑤
7	①	②	③	④	⑤		27	①	②	③	④	⑤
8	①	②	③	④	⑤		28	①	②	③	④	⑤
9	①	②	③	④	⑤		29	①	②	③	④	⑤
10	①	②	③	④	⑤		30	①	②	③	④	⑤
11	①	②	③	④	⑤							
12	①	②	③	④	⑤							
13	①	②	③	④	⑤							
14	①	②	③	④	⑤							
15	①	②	③	④	⑤							
16	①	②	③	④	⑤							
17	①	②	③	④	⑤							
18	①	②	③	④	⑤							
19	①	②	③	④	⑤							
20	①	②	③	④	⑤							

전공

번호	①	②	③	④	⑤		번호	①	②	③	④	⑤		번호	①	②	③	④	⑤
1	①	②	③	④	⑤		21	①	②	③	④	⑤		41	①	②	③	④	⑤
2	①	②	③	④	⑤		22	①	②	③	④	⑤		42	①	②	③	④	⑤
3	①	②	③	④	⑤		23	①	②	③	④	⑤		43	①	②	③	④	⑤
4	①	②	③	④	⑤		24	①	②	③	④	⑤		44	①	②	③	④	⑤
5	①	②	③	④	⑤		25	①	②	③	④	⑤		45	①	②	③	④	⑤
6	①	②	③	④	⑤		26	①	②	③	④	⑤		46	①	②	③	④	⑤
7	①	②	③	④	⑤		27	①	②	③	④	⑤		47	①	②	③	④	⑤
8	①	②	③	④	⑤		28	①	②	③	④	⑤		48	①	②	③	④	⑤
9	①	②	③	④	⑤		29	①	②	③	④	⑤		49	①	②	③	④	⑤
10	①	②	③	④	⑤		30	①	②	③	④	⑤		50	①	②	③	④	⑤
11	①	②	③	④	⑤		31	①	②	③	④	⑤		51	①	②	③	④	⑤
12	①	②	③	④	⑤		32	①	②	③	④	⑤		52	①	②	③	④	⑤
13	①	②	③	④	⑤		33	①	②	③	④	⑤		53	①	②	③	④	⑤
14	①	②	③	④	⑤		34	①	②	③	④	⑤		54	①	②	③	④	⑤
15	①	②	③	④	⑤		35	①	②	③	④	⑤		55	①	②	③	④	⑤
16	①	②	③	④	⑤		36	①	②	③	④	⑤		56	①	②	③	④	⑤
17	①	②	③	④	⑤		37	①	②	③	④	⑤		57	①	②	③	④	⑤
18	①	②	③	④	⑤		38	①	②	③	④	⑤		58	①	②	③	④	⑤
19	①	②	③	④	⑤		39	①	②	③	④	⑤		59	①	②	③	④	⑤
20	①	②	③	④	⑤		40	①	②	③	④	⑤		60	①	②	③	④	⑤

성 명

지원 분야

문제지 형별기재란

( )형 Ⓐ Ⓑ

수 험 번 호

⓪	①	②	③	④	⑤	⑥	⑦	⑧	⑨
⓪	①	②	③	④	⑤	⑥	⑦	⑧	⑨
⓪	①	②	③	④	⑤	⑥	⑦	⑧	⑨
⓪	①	②	③	④	⑤	⑥	⑦	⑧	⑨
⓪	①	②	③	④	⑤	⑥	⑦	⑧	⑨
⓪	①	②	③	④	⑤	⑥	⑦	⑧	⑨
⓪	①	②	③	④	⑤	⑥	⑦	⑧	⑨

감독위원 확인

(인)

한국주택금융공사 필기전형 답안카드

NCS

번호	답란
1	① ② ③ ④ ⑤
2	① ② ③ ④ ⑤
3	① ② ③ ④ ⑤
4	① ② ③ ④ ⑤
5	① ② ③ ④ ⑤
6	① ② ③ ④ ⑤
7	① ② ③ ④ ⑤
8	① ② ③ ④ ⑤
9	① ② ③ ④ ⑤
10	① ② ③ ④ ⑤
11	① ② ③ ④ ⑤
12	① ② ③ ④ ⑤
13	① ② ③ ④ ⑤
14	① ② ③ ④ ⑤
15	① ② ③ ④ ⑤
16	① ② ③ ④ ⑤
17	① ② ③ ④ ⑤
18	① ② ③ ④ ⑤
19	① ② ③ ④ ⑤
20	① ② ③ ④ ⑤
21	① ② ③ ④ ⑤
22	① ② ③ ④ ⑤
23	① ② ③ ④ ⑤
24	① ② ③ ④ ⑤
25	① ② ③ ④ ⑤
26	① ② ③ ④ ⑤
27	① ② ③ ④ ⑤
28	① ② ③ ④ ⑤
29	① ② ③ ④ ⑤
30	① ② ③ ④ ⑤

전공

번호	답란
1	① ② ③ ④ ⑤
2	① ② ③ ④ ⑤
3	① ② ③ ④ ⑤
4	① ② ③ ④ ⑤
5	① ② ③ ④ ⑤
6	① ② ③ ④ ⑤
7	① ② ③ ④ ⑤
8	① ② ③ ④ ⑤
9	① ② ③ ④ ⑤
10	① ② ③ ④ ⑤
11	① ② ③ ④ ⑤
12	① ② ③ ④ ⑤
13	① ② ③ ④ ⑤
14	① ② ③ ④ ⑤
15	① ② ③ ④ ⑤
16	① ② ③ ④ ⑤
17	① ② ③ ④ ⑤
18	① ② ③ ④ ⑤
19	① ② ③ ④ ⑤
20	① ② ③ ④ ⑤
21	① ② ③ ④ ⑤
22	① ② ③ ④ ⑤
23	① ② ③ ④ ⑤
24	① ② ③ ④ ⑤
25	① ② ③ ④ ⑤
26	① ② ③ ④ ⑤
27	① ② ③ ④ ⑤
28	① ② ③ ④ ⑤
29	① ② ③ ④ ⑤
30	① ② ③ ④ ⑤
31	① ② ③ ④ ⑤
32	① ② ③ ④ ⑤
33	① ② ③ ④ ⑤
34	① ② ③ ④ ⑤
35	① ② ③ ④ ⑤
36	① ② ③ ④ ⑤
37	① ② ③ ④ ⑤
38	① ② ③ ④ ⑤
39	① ② ③ ④ ⑤
40	① ② ③ ④ ⑤
41	① ② ③ ④ ⑤
42	① ② ③ ④ ⑤
43	① ② ③ ④ ⑤
44	① ② ③ ④ ⑤
45	① ② ③ ④ ⑤
46	① ② ③ ④ ⑤
47	① ② ③ ④ ⑤
48	① ② ③ ④ ⑤
49	① ② ③ ④ ⑤
50	① ② ③ ④ ⑤
51	① ② ③ ④ ⑤
52	① ② ③ ④ ⑤
53	① ② ③ ④ ⑤
54	① ② ③ ④ ⑤
55	① ② ③ ④ ⑤
56	① ② ③ ④ ⑤
57	① ② ③ ④ ⑤
58	① ② ③ ④ ⑤
59	① ② ③ ④ ⑤
60	① ② ③ ④ ⑤

성명

지원 분야

문제지 형별기재란 ( )형 Ⓐ Ⓑ

수 험 번 호
⓪ ① ② ③ ④ ⑤ ⑥ ⑦ ⑧ ⑨

감독위원 확인 (인)

2024 최신판 SD에듀 한국주택금융공사
NCS + 전공 + 최종점검 모의고사 5회 + 무료NCS특강

초 판 발 행	2024년 06월 20일 (인쇄 2024년 05월 24일)
발 행 인	박영일
책 임 편 집	이해욱
편 저	SDC(Sidae Data Center)
편 집 진 행	김재희 · 윤소빈
표 지 디 자 인	박수영
편 집 디 자 인	장하늬 · 곽은슬
발 행 처	(주)시대고시기획
출 판 등 록	제10-1521호
주 소	서울시 마포구 큰우물로 75 [도화동 538 성지 B/D] 9F
전 화	1600-3600
팩 스	02-701-8823
홈 페 이 지	www.sdedu.co.kr

I S B N	979-11-383-7226-8 (13320)
정 가	24,000원

한국주택금융공사

NCS + 전공 + 모의고사 5회

최신 출제경향 전면 반영

기업별 맞춤 학습 "기본서" 시리즈

공기업 취업의 기초부터 심화까지! 합격의 문을 여는 **Hidden Key!**

기업별 시험 직전 마무리 "모의고사" 시리즈

실제 시험과 동일하게 마무리! 합격을 향한 **Last Spurt!**

SD에듀가 합격을 준비하는
당신에게 제안합니다.

결심하셨다면 지금 당장 실행하십시오.
SD에듀와 함께라면 문제없습니다.

성공의 기회!
SD에듀를 잡으십시오.

NEXT STEP!

기회란 포착되어 활용되기 전에는 기회인지조차 알 수 없는 것이다. — 마크 트웨인 —